天
Borderless
下

天下，在乎正义和你

天
Borderless
下

法律文化研究文丛

本书是国家社科基金项目
“中法法律交流档案研究（1877-1958）”成果

法学知识的壮游

近代中法法学交流史

朱明哲——著

法律出版社 LAW PRESS·CHINA
北京

图书在版编目（CIP）数据

法学知识的壮游：近代中法法学交流史 / 朱明哲著
. -- 北京：法律出版社, 2023
（法律文化研究文丛 / 梁治平主编）
ISBN 978-7-5197-7874-3

Ⅰ. ①法… Ⅱ. ①朱… Ⅲ. ①法学－研究－中国、法国 Ⅳ. ①D90

中国国家版本馆CIP数据核字（2023）第080816号

法学知识的壮游
——近代中法法学交流史
FAXUE ZHISHI DE ZHUANGYOU
—JINDAI ZHONGFA FAXUE JIAOLIUSHI

作　　者：朱明哲
责任编辑：韩满春
装帧设计：贾丹丹
出版发行：法律出版社
编辑统筹：学术·对外出版分社
责任校对：张翼羽
责任印制：陶　松
经　　销：新华书店
开　　本：A5
印　　张：13.5
字　　数：280千
版　　本：2023年7月第1版
印　　次：2023年7月第1次印刷
印　　刷：保定市中画美凯印刷有限公司
书　　号：ISBN 978-7-5197-7874-3
定　　价：98.00元

销售电话：010-83938349　客服电话：010-83938350　咨询电话：010-63939796
地　　址：北京市丰台区莲花池西里7号(100073)
网　　址：www.lawpress.com.cn
投稿邮箱：info@lawpress.com.cn
举报盗版邮箱：jbwq@lawpress.com.cn
凡购买本社图书，如有印装错误，我社负责退换。电话：010-83938349

作者简介

朱明哲

中国政法大学比较法学研究院副教授、博士生导师，巴黎政治大学法学博士。他以中、英、法三种语言写作，主要探讨现代国家和资本主义对生态环境的影响。他还担任格拉斯哥大学公正生态转型教席和艾克斯—马赛大学博士生导师。

主编者言

《法律文化研究文丛》自 1996 年始，先后由中国政法大学出版社和广西师范大学出版社出版，收有海内外学者专著、文集、译著约二十种，内容涉及法律理论、法律史、比较法、法律社会学、法律人类学等诸多领域。如今，这套丛书转由法律出版社出版，编者不改初衷，将通过本丛书的编撰，继续坚持批评和反思的学术立场，倡导和推动法律的跨学科研究，为深入探究和理解中国法律与社会的历史、文化和现实，改善中国的法学研究，推进中国的法治事业，略尽绵薄。

梁治平

己亥年冬月

目　　录

人　物

事　件

绪　论

法学交流的实践理论

“啊，东方是东方，西方是西方，

两者永远不会相遇，

直到天和地跪在上帝面前，接受审判。”

——鲁德亚德·吉卜林:《东西方民谣》(1889)

“夫天地者，万物之逆旅也；光阴者，百代之过客也。”

——李白:《春夜宴从弟桃花园序》

东方巴黎

1877年，福州船政局派遣的第一批留欧学生在李凤苞、日意格率领下放洋。同年5月7日，33岁的马建忠和26岁的陈季同抵达马赛港。[1]随着法国在东南亚、北非和中东的殖民扩张和苏伊士运河的开通，19世纪末的马赛港吸引着来自各地的移民和劳工，无论是人口还是经济规模都处于高速的增长中。但是在全欧洲范围内，汉堡、安特卫普和鹿特丹也在迎头赶上，并且在19世纪末挑战马赛欧洲第一大港口的位置。抵达马赛后，马建忠和陈季同乘火车继续北上巴黎，并在这座"世纪末的都市"开始学习法律、行政、外交等现代国家组织所不可或缺的知识。此外，他们还有机会在1878年参观第三次在巴黎举办的世界博览会，正是在这一次盛会上，汽车、冰箱、留声机为世人所知。作为李鸿章手下的得力干将，马、陈二人肯定知道自己在法国学到的知识将会为洋务派所用，并有益于他们本人的仕途。不过，他们恐怕未必能够意识到，随着他们在西法东渐和东

---

〔1〕 参见马骥：《高第（考狄）档案中的马建忠法文信函——兼论高第与马建忠关系》，载《宁波大学学报（人文科学版）》2017年第6期，第73-79页。

学西渐两个方向上所作努力，近代中法法律文化交流的序幕也徐徐拉开。

如果说晚清留法主要还是依靠以船政局生员为代表的官派，到了民国时期，官费或自费留法学习法律的学生已经成为当时留洋潮中不可忽视的一部分力量了。从 1907 年到 1962 年，超过 230 名中国学生在法国取得了博士学位，在数量上明显超过了在其他国家受教育的中国法学家。[1]此外，尚有法国法学家作为外国顾问供职于中国。这些留法学生和来华法国人作为法学交流的媒人，在中国谋求富强的过程中发挥了重要作用。在外交界，出马解决朝鲜危机并在《马关条约》和《辛丑条约》谈判中为李鸿章出谋划策的马建忠自不待言，法国顾问宝道（Georges Padoux）也作为巴黎和会中国代表团的一员为中国争取合法权益作出了贡献。在立法界，留法归国的郑毓秀、宝道和他的继任者爱斯嘉拉（Jean Escara）都参与了《中华民国民法典》的编纂。至于在其他政法实务和法学教育领域，留法学生的贡献更是不胜枚举。他们所带来的法国法知识在关于法典具体制度设计、法律渊源的种类、现代法与传统文化的关系乃至法学社会功能的讨论中，都成了不可忽视的理论渊源。的确，中法两国之间在法律文化中的交流可以作为一面镜子，照出中国法制近代化道路上的一个侧面。

这一段历史——正如任何一段历史，都难以避免晦暗、矛盾和碎片化。任何追求“权威”“本真”“原汁原味”的努力恐怕注定要失败。作为学说的翻译者、介绍者和传播者，每一个人对同一套理论的理解

---

〔1〕 参见王伟：《中国近代留洋法学博士考（1905－1950）》，上海人民出版社 2011 年版，第 180 页。

都可能截然不同。

“我固有之法律思想，素以义务为本位，未闻有所谓权利其物者。晚近社会学派之法学家，复盛倡社会连带说（法théorie de la solidarité sociale），崇尚义务而否认权利，尤以法儒狄骥氏，主之最力。良以社会之共同生活，端赖互助与合作，舍仁义而交征利，殊有乖‘夫生以服务为目的，不以夺取为目的’之遗训也。”〔1〕

“权利观念被排斥了，是否就剩下义务观念呢？……权利与义务应当是属于同一系统的观念。权利观念不存在了，哪里能有义务观念存在的余地。不过在我们中国，这问题似乎有其特殊的重要性。第一，因为我们文字的缺乏，对于狄骥所用 obligation 一字，很难而几乎不能找出一个名词来表达其正确的意义，勉强称之为义务，很可能引起误解。次之，在我们的传统思想上，原来就只有义务观念，倘把他和狄骥被误解了的义务观念拉扯一下，贻祸将不堪言。”〔2〕

“狄骥在‘宪法论’中……提出所谓连带关系和社会职能的谬论。……这个谬论完全抹杀了社会分裂为阶级并且日益分化的事实，抹杀了资产阶级残酷剥削无产阶级和劳动群众从而引起激烈的阶级斗争的事实。……狄骥的否认个人权利，也是垄断资产阶级对于资产阶级上升时期宣布的某些资

〔1〕 梅仲协：《民法要义》（第一册），上海昌明书屋1947年版，第26页。
〔2〕 王伯琦：《狄骥的实证主义》，载《法学丛刊》1956年第2期。

产阶级民主法制的破坏，它反映了垄断资产阶级在法律上层建筑方面从形式民主走向了公开露骨的政治反动。”〔1〕

对比这三段同是针对狄骥（Léon Duguit）学说的评论，人们很容易就能发现其不同。梅仲协在“权利”一章下质疑权利本位的法学思想，同时引用了狄骥和中国传统哲学的权威。他不仅把这位深深植根于波尔多的法学家描述成一个社会主义者，还多少有些强制地让他唱起了中国哲学和三民主义的调子。梅仲协尚坚持，尽管权利观念中的个人主义思想不兼容于我国思考社会的传统方式，法学家仍无妨从西方学习，因为仍然有一些西方思想适合播撒于华夏大地，狄骥正是其中代表。到了王伯琦笔下，他花费了可观的精力以纠正同行在理解狄骥、若斯兰（Louis Josserand）和惹尼（François Gény）时的偏差和夸大，〔2〕甚至可以说他不点名地批评了梅仲协教授关于结合中国哲学与狄骥社会连带论的主张，并强调自己提出的才是对狄骥最权威的理解；而在 16 年后（《民法要义》初版于 1943 年），《宪法论》的新中译版出版者则认为有必要提醒读者注意狄骥及其学说的资产阶级本质，且狄骥对个人主义的奇怪否定只是另一种形式试图掩盖阶级斗争的谎言，且注定要失败，社会主义的法学家读其著作仅仅是为了批判其谬误与揭露其本质。从表面上看，三种理解没有任何共同之处。

然而，上述截然相反的理解在一定意义上同样成功，即它们都在

〔1〕［法］狄骥：《宪法论》（第 1 卷），钱克新译，商务印书馆 1959 年版，“出版说明”，第 2-3 页。

〔2〕参见王伯琦：《狄骥的实证主义》，载《法学丛刊》1956 年第 2 期。

不同的语境下提供了了解这位法国宪法学家理论的正当性。对于梅仲协,昭示融合我国传统、社会连带论和“三民主义”的可能恰好回应了蔡枢衡的批评:一个曾经在巴黎的学生的确自有一套狄骥的学说,但这样做有助于调和外来法律与传统思想。对于王伯琦,因为担心《中华民国民法典》中的个人主义和自由主义立场让位于传统文化中的家族主义、身份主义,有必要强调狄骥本身的思想背景。对于钱克新,狄骥的所谓谬论相反说明提醒他人注意的必要,出版此书将其谬论昭告天下反而更有利于坚定马克思主义信仰。变动的语境让学术话语的生产也如此不同。中国法学家如何向他们的同事介绍法国学说因而得以为我们打开一扇观察这些个人与所处时代互动的窗。

为了从这个窗口中窥见近代法学史展现的各种风景,我们尚需要一种视角、一种方法。实际上,中西法学交流一直是我国法学界研究的重心,其中关于法律移植的作品可谓汗牛充栋。[1]我国在20世纪先后移植欧洲法典、苏俄法律,改革开放后又为了加入世界贸易组织而大规模参考外国民商法修订法律,这样的历史经验使理解我国现行法几乎离不开对制度移植的研究。[2]除制度外,近年来越来越多的成果

---

〔1〕 代表性文献包括何勤华:《法的移植与法的本土化》,载《中国法学》2002年第3期,第3-15页;李秀清:《中国近代民商法的嚆矢——清末移植外国民商法述评》,载《法商研究》2001年第6期,第126-140页。最近,更多的关注放在了对具体制度或者概念的移植进行分析上,见陈新宇:《继受与变革——以日本过渡刑律下“断罪无正条”与“不应为”的变化为中心》,载《清华法学》2008年第3期,第107-118页;李启成:《法律继受中的“制度器物化”批判——以近代中国司法制度设计思路为中心》,载《法学研究》2016年第2期,第191-208页;鲁楠:《正法与礼法——慧远〈沙门不敬王者论〉对佛教法文化的移植》,载《清华法学》2020年第1期,第28-51页。

〔2〕 参见孙宪忠:《中国近现代继受西方民法的效果评述》,载《中国法学》2006年第3期,第166-174页;王晨光:《法律移植与转型中国的法制发展》,载《比较法研究》2012年第3期,第25-35页。

重视中西交流在彼此法文化演变中的作用。[1]研究的对象不再是立法文本，而是法学知识与法文化的形成过程。随着研究素材的丰富和深入，人们开始更加重视具体历史时刻的中国现实对制度与知识形成的塑造作用。单向的"移植"或"继受"也让位于更强调互动关系的"交流"。同时进入研究视野的还有投身于法学知识交流的个人与他们的社会关系和策略性选择。[2]

对于法学知识传播的研究同时暴露了缺乏方法论反思和忽视社会理论的缺陷。如果说社会理论已经在近年成为研究当代中国法实践的一种重要范式，[3]那么，它在法史学和比较法上的应用还较为少见。[4]其结果是，虽然人们意识到有必要把法学知识的传播和形成作为一种事件来研究，但缺乏足够成熟的分析框架从当时的人物与机构之间的关系之中去理解各种策略性选择，并最终呈现甚至评价这一事件的结果。本章试图从社会理论的角度提出一种实践范式，作为理解法学交流的新思路。本章将首先介绍目前研究法学交流的三种范式，

---

〔1〕 参见李秀清：《中法西绎〈中国丛报〉与十九世纪西方人的中国法律观》，上海三联书店2015年版；于明：《晚清西方视角中的中国家庭法——以哲美森译〈刑案汇览〉为中心》，载《法学研究》2019年第3期，第190-208页。

〔2〕 比如刘星：《民国时期的"法学权威"——个知识社会学的微观分析》，载《比较法研究》2006年第1期，第20-35页；陈霓珊：《民国民事立法中的"保守"与"激进"——基于爱斯嘉拉本土化立法方案的考察》，载《近代史研究》2018年第3期，第141-154页；朱明哲：《法学知识的跨国旅行——马建忠和19世纪末的法国法学》，载《政法论坛》2020年第1期，第177-191页；朱明哲：《中国近代法制变革与欧洲中心主义法律观——以宝道为切入点》，载《比较法研究》2018年第1期，第155-170页。

〔3〕 参见泮伟江：《超越"错误法社会学"——卢曼法社会学理论的贡献与启示》，载《中外法学》2019年第1期，第37-53页；陆宇峰：《社会理论法学：定位、功能与前景》，载《清华法学》2017年第2期，第93-109页。

〔4〕 从知识社会学角度探索我国法学现代化的代表性成果参见张生：《王宠惠与中国法律近代化——一个知识社会学的分析》，载《比较法研究》2009年第3期，第123-138页；刘星：《民国时期的"法学权威"——一个知识社会学的微观分析》，载《比较法研究》2006年第1期，第20-35页。

并重点讨论实践反思范式的可能贡献。然后，我们将通过特殊利益、习性、等级秩序等关键概念阐述“法学场”的构成。

理解法学交流的三种范式

一、继受移植范式

在我国，研究法律移植的最主要范式是将其视为一种现代化的手段的继受范式。在这一视角下，研究最为充分的莫过于对《德国民法典》的移植，重要研究成果不胜枚举。究其原因，恐怕和梅仲协所言“采德国立法例者，十之六七，瑞士立法例者，十之三四，而法、日、苏之成规，亦尝撷取一二，集现代各国民法之精英，而弃其糟粕”的《中华民国民法典》不无关系。正是因为在立法上受德国影响明显，法学家很自然地认为以德国法学知识解释从德国继受的大量立法规范实在是顺水推舟。在民法典规则受法国民法影响较多的日本，德国法学知识的传入则要经过北川善太郎所说从“立法继受”向“学说继受”的转变。相比之下，在我国对德国立法和学说的引入相辅相成，在法学史发展上并未表现为转变，似乎只是相互衔接、相互支持的两个阶段。于是，关于我国继受德国学说的大量研究也就应运而生。〔1〕

〔1〕 最近的例子包括段晓彦：《物权债权区分论在近代中国的继受——以民初大理院民事裁判为中心》，载《环球法律评论》2019 年第 5 期，第 97-113 页。这一范式较早的代表则是王泽鉴、朱虎等：《德国民法的继受与台湾“民法”的发展》，载《比较法研究》2006 年第 6 期，第 1-16 页。

这种范式首先阐述了一种师生之间的尊卑关系。王泽鉴就在演讲中承认，他个人学习的经验就是学习德国民法。他回忆起在学术生涯中始终要求自己坚持在德国学到的法律解释学、教义学、比较法等研究方法，并举例同样心仪德国法的日本教授定期仔细阅读恩吉施（Karl Engisch）论文集的状态，作为好学生的代表。演讲接下来的内容无非是关于德国法的制度和方法如何优秀，继受德国法又能有多少好处。留学生负笈异乡、寻访名师，以谦虚的态度向老师学习是理所当然的事情。只不过“师从拉伦茨（Karl Larenz）学习民法”和“向德国人学习法律思维”两种表述实在有天壤之别。前者表达了学生对老师应有的尊敬，后者则有些过于高估一国法学知识之普遍适应性和一国人民之整体法学水平了。处在尊卑关系中的学生往往进一步把他们学到别国法学知识理想化为一种可以在母国适用的科学真理。同样的逻辑应用到对中国古代法的域外传播上，也让人们视这一现象为一种彰显国家软实力形成、文化认同扩大的丰功伟绩。[1]总之，这一范式最重要的特点是强调不同法学知识的等级秩序，自然只有处于等级秩序上较低档的国家向更高档国家学习的道理，断然没有文明“互鉴”的可能。

在这种叙事中，知识在中心国家完成生产和包装，原封不动地送到处于知识版图边缘的地区，寄望于好学生们以“原汁原味”的方式再现。人的主体性缩减到只剩下充满敬畏地学习先进法学知识的学生形象。中心国家知识界内部的竞争、继受者自身的思考和阐释、不同

---

〔1〕 例如胡兴东：《“开元六典”的继受传播及对中华法系的影响》，载《中国法学》2020年第3期，第70–88页。

继受者之间的互动都消失在历史的尘埃中。

与这种被动接受的态度相关的则是稍微更看重有意识选择的主动性的“法律移植”。学者早就用这一术语描述法律体系从一个国家到另一个国家之运动。〔1〕在一篇折射了20世纪中期比较法发展心态的演讲中，卡恩－弗洛因德（Otto Kahn-Freund）就已经提醒我们必须注意从国外引进的法律是否能够在本地发挥同样的功能。正如“移植”一词所暗示的，外来的法律不一定真的能发挥移植者所期待的作用，它终究会在与原有制度、知识、文化系统的互动中形成一种移植者自己也无法预料的新制度。〔2〕同样的观察也适用于对法学知识的传播。外国学生并不仅仅是课堂上所教授的法律学说中立、被动的接受者，他们有自己的抱负和眼光、了解自己祖国的过去与未来，并根据这些因素挑选和重述他们所接触到的学说。当人们用“移植”替代“继受”时，似乎已经承认在中心学习后回到边缘的法学家的能动性，因为他们可能已经根据本地的实践选择了最适宜的商品。而且，他们移植而来的学说也将在新的社会中发挥不一样的作用。

无论是被动的继受还是主动的移植，都在两个方面无法满足更

---

〔1〕 Alan Watson, *Legal Transplants: An Approach to Comparative Law* (University of Georgia Press 1993); Otto Kahn-Freund, ‘On Uses and Misuses of Comparative Law’ (1974) 37 Modern Law Review 1; Pierre Legrand, ‘The Impossibility of “Legal Transplants”’ (1997) 4 Maastricht Journal of European and Comparative Law 111. 沈宗灵教授对沃森和卡恩－弗洛因德争论的批判性反思颇有见地，参见沈宗灵：《论法律移植与比较法学》，载《外国法译评》1995年第1期，第1-7页。其实在比较法学界，关于法律移植到底移植些什么、外来法律规范的移植与本土法律文化的龃龉已经有不少新的探索，参见高鸿钧：《法律移植——隐喻、范式与全球化时代的新趋向》，载《中国社会科学》2007年第4期，第116-129页；高鸿钧：《文化与法律移植——理论之争与范式重构》，载《环球法律评论》2008年第5期，第5-14页；高鸿钧：《法律文化与法律移植：中西古今之间》，载《比较法研究》2008年第5期，第12-24页。

〔2〕 Gunther Teubner, ‘Legal Irritants: Good Faith in British Law or How Unifying Law Ends up in New Divergences’ (1998) 61 *The Modern Law Review* 11.

细节的历史—哲学探问。首先，它们预设了一种法律文明比另一种法律文明更加发达、先进、优越。那些从不那么文明的国家前往更文明国家学习的青年精英，就像是偷火的普罗米修斯，为其祖国带来了文明的火种。而且这种叙事在另一个侧面不但粉饰了继受国的知识，也粉饰了作为知识交流之媒人的留学生和教师，让他们通过教与学所能实现的社会目标隐而不彰。〔1〕其次，它们都假设知识生产与继受国经验无关。当一个社会问题在别国已经有更好的解决方案时，就应该向别国学习、从别国引进一个更“先进”的法律制度和学说。这种解决方案只能在中心设计、在边缘实践。继受国的现实虽然可以为是否移植、如何移植提供参照借鉴，但是法学知识本身在文明等级较高的国家的法学院中，仅仅依据事物的本质和形式逻辑生产出来。

二、殖民批判范式

正如月球有长期不为地球人所见的暗面、启蒙既拥有康德(Immanuel Kant)的笔又没放弃弗里德里希大帝的剑，〔2〕法学交流除了有它作为现代化之桥梁、文明互鉴之实例的一面，还有其作为殖民征服的一面。20 世纪 80 年代中期以来，批判法学促进的比较法中新范式的出现，视角从民族中心转向自我批判、从法律中心转向对法律

---

〔1〕 参见本书第三章和第四章。

〔2〕 Michel Foucault, ‘What Is Critique?’, in James Schmidt(ed), *What is Enlightenment?: Eighteenth-Century Answers and Twentieth-Century Questions*(University of California Press 1996)382-398.

的批判、从对法律简单明了的陈述转向对复杂和暧昧的观察。[1]于是，一种聚焦于法学交流和法律移植之负面效应、揭露进步—现代性表象背后之社会现实的范式也就随之而来。在继受移植范式的研究中，高低尊卑的区隔十分明显，但仍表现为一种温情脉脉的师生关系。中心之所以为中心首先是因为其在知识方面的优越性，制度、经济、军事方面的优势不过是这种知识优势的物质表现。在 19 世纪的“文明等级”话语中，认为一个国家不具备成熟、现代、文明的法律体系本身就否认了平等交流的必要性。取而代之的是一种师心自用、以产生自中心国家之法律与法学去教化和征服边缘国家的心态。[2]就是在这种话语中，西方完全垄断了主体性，并通过把东方贬低为没有法律或者只有很拙劣的法律的国度，正当化通过军事征服、强迫纳入世界市场所取得的优势地位。[3]

作为一种后殖民批判的“法律东方主义”提出了一种颇有启发的视角。[4]它指出，一套关于法律的叙事创造出了“东方”与“西方”的差别，并在此过程中把前者变成认知的客体、言语的对象，赋予后者认知与言语之主体的地位。从表面上看，对东方法律制度感兴趣的西方法学家正在通过比较研究建立关于人类法律经验的普遍知识。然而，这一历史进程的实质后果是从学理上确证了东方社会专制、落后的状

---

〔1〕 Gunter Frankenberg, 'Critical Comparisons: Re-thinking Comparative Law' (1985) 26 *Harvard International Law Journal* 411.

〔2〕 Emmanuelle Jouannet, «Le droit international de la reconnaissance», *Revue générale du droit international public*, décembre 2012, n°4, p.769-800.

〔3〕 Gerrit W.Gong, *The Standard of Civilization in International Society* (Oxford University Press 1984) 98.

〔4〕 Teemu Ruskola, *Legal Orientalism* (Harvard University Press 2013).

态，并在比较中进一步确立了西方社会文明、先进的形象。在此过程中，西方的学者、学术和政治机构掌握了设置研究议题、观察与分析方法、价值判断的标准等一系列学术权力，东方的人物与机构只能遵循这些标准，并提供经验、素材。殖民主义不仅否定了被殖民地区的政治自主，更否定了殖民地人民在认识论上的自主。〔1〕不同于强调西方法学在帮助落后国家改造传统社会、实现现代化之工具意义的传统继受移植模式，法律东方主义揭示了“现代”与“传统”分类法背后、内在于全球秩序的结构性不平等：原本征服者—失败者之间的关系在西方的知识体系中变成了文明—不文明的关系，并进一步粉饰为教化者—学生的关系。

如同所有批判理论，这种视角有助于我们理解现在全球秩序中的深层不平等。晚近有些学者把这种研究西方法学近代发展的视角用于研究以标准、行为守则等为代表的软法在各国通过合同等私人法律文件移植的现象，认为这种“私人法律移植”在弥补全球化之弊病的同时，消除了本土法律人对本国法律知识可以带来的比较优势，让来自发达国家的法律人从中牟利。〔2〕

“权力—知识—话语”的重叠关系是批判殖民范式的贡献，但是，对于批判地理解中西法律交流和比较法的历史，它尚有缺陷。〔3〕目前，

---

〔1〕 Boaventura de Sousa Santos, *Epistemologies of the South* (Routledge 2014) 40–42.

〔2〕 Tomaso Ferrando, 'Codes of Conduct as Private Legal Transplant: The Case of European Extractive MNEs' (2013) 19 *European Law Journal* 799; Tomaso Ferrando, 'Land Rights at the Time of Global Production: Leveraging Multi-Spatiality and Legal Chokeholds' (2017) 2 *Business and Human Rights Journal* 1.

〔3〕 针对法律东方主义本身实践后果的反思，参见鲁楠：《功能比较法的误用与东方主义的变异——从络德睦的〈法律东方主义——中国、美国与现代法〉谈起》，载《比较法研究》2017 年第 6 期，第 187–198 页。本书的批判主要聚焦于东方主义的认识论问题。

这种范式大部分把东西方法律的相遇描述成一种单向叙事。西方法学家意识到东方国家的存在、观察东方的法律实践，最后据以提出西方相对于东方的优越性——“*veni*, *vidi*, *vici*”。来自东方的行动者在叙事中缺席。西方在构建他者时也在形塑自我，这种说法当然没错，但只是故事的一面。尚需研究的是东方如何认知自我与他者的关系。如果把每一份文本当作作者对讨论的参与，那么，前述关于东方法律的叙事本来应该是由来自各方的行动者共同书写的一场对话，而法律东方主义只记录了这场对话里西方法学家对自身优越性的建构，东方法学家的回应不见踪影。

此外，另一个常见的误区是把“西方”和“东方”分别视为内部无差别的整体。实际上，殖民地各个社会群体对于殖民的感受并不一样，也不能用当代主权国家的边界为他们的经验划定地理界限。〔1〕参与对话的西方法学家之间也千差万别，他们对东方法律的认识更是五花八门，甚至有很多人其实并不认为应该以当时的西方法律作为改革的蓝本。〔2〕一种关于法律交流的全面研究应该先向我们展现不同的行动者的选择与互动，然后才评估这种互动所造成的实践结果；而不是在只处理了一些经过选择的片面材料后就急于作出大而化之的价值判断。

从广义上来说，殖民批判范式与继受移植范式的区别还在于试图

---

〔1〕 最近，越来越多的研究者开始关注不同族群经验的多样性。Mohammad Shahabuddin, *Minorities and the Making of Postcolonial States in International Law* (Cambridge University Press 2021); Hiroshi Fukurai, ‘Fourth World Approaches to International Law (FWAIL) and Asia’s Indigenous Struggles and Quests for Recognition under International Law’ (2018) 5 *Asian Journal of Law and Society* 221.

〔2〕 参见本书第六章和第七章。

强调边缘国家法学家对主流法律学说的创造性解释或殖民地经验对中心知识生产的反哺作用。这些研究更强调围绕着发生在边缘地区的法律实践或者牵扯到与中心—边缘国家之法律争议如何在法学研究中成为议题、来自不同国家的法学家如何加入这些讨论，他们彼此的文化、社会、政治背景又如何影响他们在讨论中的立场选择和论点组织。无论是法律东方主义还是其他政治倾向不那么明显的进路，殖民批判范式都推进了对法学交流的研究。〔1〕

三、反思实践范式

上述两种视角有助于我们从宏观的角度理解法律移植和法学交流的静态结果，但是它们假设了主体—客体的二元对立，既忽视了双方的互动，又忽略了每一个行动者与其所处的社会条件之间的互动。在二元图式之下，要么是一方已经独立生产甚至打包好了规范和知识，等待另一方整个带走（继受移植范式）；要么是一方强加，另一方只能被动接受（殖民批判范式）。就算批判范式下的研究已经关注到了知识生产与殖民经验之间的关系，它仍然否定传播者和接收者的能动性（agency）。最近，逐渐有研究关注到了接受国的地方经济、社会、政治现实在法学知识传播过程的决定作用，强调多元的“中心”知识

〔1〕 参见李秀清：《中法西绎》，上海三联书店 2015 年版；赖骏楠：《国际法与晚清中国：文本、事件与政治》，上海人民出版社 2015 年版；Martti Koskenniemi, *The Gentle Civilizer of Nations: The Rise and Fall of International Law 1870–1960*（Cambridge University Press 2004）；Arnulf Becker Lorca, *Mestizo International Law: A Global Intellectual History 1842–1933*（Cambridge University Press 2015）。

在“边缘”的重组和创新。[1]不过，行动者自身的利益仍然是知识传播研究中缺少的一块拼图。

在对法律移植的研究中，不同行动者根据自身利益采取的策略性行动所形成的互动本应得到更多重视。法律移植作为一种通过立法实现的变革，意味着在一个相对稳定的法律秩序中加入一些外来的改变，必然会引起不同观念和利益之间的对峙、冲撞、整合。在此过程中，法律精英发挥着其他群体所无法企及的作用。[2]规范和知识的移植反过来也影响着法律精英在社会中的地位：“通过他们与所移植之外国法之间的关联，个人和群体可以创造出他们原本所缺乏的社会资本。外国学位、专业知识以及国际联系都可以用于在国内争取位置。”[3]他们不必然出于自利和功利算计而移植规范和知识，甚至可以说大部分人诚心诚意认为他们所移植的学说确实能够为国家谋富强、为人民求解放。只不过从客观上讲，移植的努力是一种终将变现的投资。[4]此外，对规范和知识的移植也可以为一个接受移植的国家或者

---

〔1〕 Assaf Likhovski, ‘A Colonial Legal Laboratory’(2021) 67 *American Journal of Comparative Law* 44; Assaf Likhovski, ‘Peripheral Vision: Polish-Jewish Lawyers and Early Israeli Law’(2018) 36 *Law and History Review* 235; Diego Eduardo Lopez Medina, *Teoria Impura Del Derecho*(Legis 2004).

〔2〕 参见刘星：《重新理解法律移植——从“历史”到“当下”》，载《中国社会科学》2004年第5期，第24–36页。

〔3〕 Jonathan M.Miller, ‘A Typology of Legal Transplants: Using Sociology, Legal History and Argentine Examples to Explain the Transplant Process’(2003) 51 *The American Journal of Comparative Law* 839, 851.

〔4〕 就连支持继受移植视角的作者也不会否认学习外国法与社会资本之间的关系，比如王泽鉴先生就观察到：“念行政法到德国拿博士回来的，在我国台湾（地区）现在有80个人左右，都找不到工作了，因为人太多了。本来是到大学里教书，现在都到专科学校、技术学校去工作了。”王泽鉴、朱虎等：《德国民法的继受与台湾“民法”的发展》，载《比较法研究》2006年第6期，第12页。

机构提供合法性。[1]希望通过法律现代化实现不平等条约撤废的近代中国法律精英、希望通过降低贸易保护门槛加入 WTO 的哈萨克斯坦法律精英、希望通过废除死刑加入欧盟的前社会主义国家法律精英对此再清楚不过。[2]

在近年这些研究的基础之上，本书提出一种反思实践范式。这是一种实践(practical)范式，因为它把法学交流视为具体社会空间中的一种实践。和所有的社会实践一样，每一次学术交流都发生在一个具体的时间、空间，牵涉具体的人。人们通过学术交流沟通、学习、探索、发现，也借由学术交流交换、协作、对抗、斗争。在所有这些互动中，行动者投资着自己的社会资本，也在换取其他形式的社会资本。每一个行动者都出于某种具体的目的参与实践并不断进行决策，每一个决策或多或少都会带来特定的现实后果。创造者固然可以出于文明教化或贬低征服的目的生产法学知识，传播者固然也可以或出于祖国现代化或现实利益的需求移植法学知识，知识传播的过程固然也不妨形成一种文明话语的霸权。但一切主观的思虑都不可能预先决定传播的效果，一切客观的结果也不可能是自上而下精心设计的结果。[3]无论碎片化能否写出好史学，历史只能是碎片化的。每一位行动者在作出任何一个决策时都不得不绝望地考虑其他行动者的决策，却永远

---

〔1〕 Jonathan M.Miller, 'A Typology of Legal Transplants: Using Sociology, Legal History and Argentine Examples to Explain the Transplant Process' (2003) 51 *The American Journal of Comparative Law* 839, 854.

〔2〕 民国法律精英积极学习国际法规则，并以此参与国际外交实践，也可看作此类知识移植，参见何勤华:《略论民国时期中国移植国际法的理论与实践》，载《法商研究》2001 年第 4 期，第 136-144 页。

〔3〕 Michel Foucault, «Nietzsche, la généalogie, l' histoire», *in Hommage à Jean Hyppolite*, Paris, Presses Universitaires de France, 1971, vol. Ⅱ, p.145-172.

不可能确定地知道所有行动者的决策，而每一个行动的后果又最终取决于其他所有行动。任何个体的主观意愿对于她的决策可能具有决定性，但是对于其决策的后果却无足轻重。无论决策的主观意愿是什么，决策的结果终将呈现为决策者客观、可以衡量的利益。无怪乎布尔迪厄（Pierre Bourdieu）称学术实践为一场“人人为我，我为人人”“一切人反对一切人”的斗争。〔1〕

这是一种反思范式，因为它试图呈现两对反思性关系（reflexivity）。所谓反思性关系可以用尼采（Friedrich Nietzsche）的名言简单概括：“当你凝望深渊时，深渊也报以凝视。”第一对反思性关系存在于社会的本相（reality）和表象（representation）之间。任何一种社会实践都发生在一个具体的社会条件之中，必须有一系列独特的政治制度、经济条件、生计状况的客观现实让该实践得以发生。与此同时，又必须存在一套认知方式、心智结构、知识体系为该实践及其所得以发生的客观现实赋予意义。客观现实所构成的本相让关于这些事实的认识与叙述所构成的表象得以存在；同时，表象又合理化、批判或否定本相的存在，并通过行动者基于这些判断所进行的实践创造出新的现实。

第二对反思性关系则存在于具体实践及其所发生的社会空间之间。行动者的决策必须发生在外在于其决策的、包括了本相和表象的社会空间中。在每一个特殊的历史断面中，社会空间为决策提供了可能性。但是在时间之流中，每一个社会空间的现状都无非是行动者之间无穷无尽、永不停止的交换、合作、共谋、斗争在此刻的凝结。当聚

〔1〕 Pierre Bourdieu, *Homo Academicus*, Paris, Minuit, 1988, p.32.

合于这一刻的社会条件为新的社会实践创造条件、施加限制时，它们也为新实践所创造的新条件打开了大门。如同物种进化：每一种随机产生的基因突变只有在适应当时“环境”的情况下才能保留下来，同时成为环境的一部分，要求其他的突变适应它的存在。换言之，结构/现实和实践/表象之间并不存在由一种决定另一种的决定论关系。它们时刻处于动态的对话和变化之中。

社会空间中的实践

一、逆旅・过客・行人

带着实践反思的视角，我们其实还是要回到那个史学研究的老问题：“法学交流中发生了什么？”反思实践范式有助于我们更好地把空间和时间的概念纳入研究。继受移植范式下对西法东渐的传统研究忽视了空间和时间的概念。它名为历史，却往往把“西方”与“东方”分别理解成统一、有确定内核、可以用一个或少数几个重要理论或者概念代表的质点，或是永恒不变地存在彼岸，或是仅仅在其内部沿着一个确定的辩证法逻辑自我展开。从罗马法以来一脉相承生生不息的“西方”是单一的，自董仲舒以降不断儒家化却于近代遭遇突变的“东方”也是单一的。后者对前者的继受（或者前者对后者的取代）依然是一个凝结于时间中一个具体节点的事件。在这种同质化的史观下，“罗马法复兴”勾连起公元前5世纪罗马人的法律和中世纪欧洲人的“罗马法”，从而讲述长达两千多年文脉不绝之学者传统的宏大叙事。

历史的一端是那些几乎从虚空中创造出法律规范的罗马先贤，另一端则是那些人们尊敬地称为“大师”的现代法学家，两端之间是继受法学群星璀璨的伟大历程，任何有追求的学生唯一的抱负，就是成为这一历程的一部分。在这种同质化的史观下，得到关注的只有文本，只有表象。具体的历史时刻、地理空间、经济社会状态现实并不重要，互动所创造出来的新现实也不重要。或者用勒格朗(Pierre Legrand)的话来说，这是一种抽象、空洞的研究范式，“它承认空间却否定了位置，承认时间却无视其流失”。[1]

殖民批判范式处理空间和时间时更加严肃。在这种视角下，复数的殖民者在不同的殖民地创造了各种不同的知识，这些知识在不同的历史条件和不同的地点受到了不同的人群的不同接受，于是又产生了复数的殖民故事。更重要的是，批判范式引出了对什么是时间、空间、人群的思考。或者说，当我们主张要研究一个特定时空背景下的特定行动者与知识再生产之间的关系时，我们到底要收集和分析关于此时、此地、此人的哪些信息？又应该以什么手段来分析？不同的学科或许会给出不同的答案。既然本书选择了历史社会学的研究方法，我们希望通过观察法学知识再生产揭示的就是不同社会群体展开互动的深层结构，以及让社会关系得以再生产或变革的机制。

只有在实践反思范式下，法学交流的研究才可以从对文本的重述真正转变成一种历史社会学的工作。“法学交流中发生了什么”这个老问题被重述为两个新问题：参与法学交流的人在什么社会结构中决

---

[1] Pierre Legrand, ‘Jameses at Play: A Tractation on the Comparison of Laws’ (2017) 65 *American Journal of Comparative Law* 1.

策？他们的决策又如何进一步改变了所处的结构？在一个由不同行动者、他们所占据的位置、彼此之间的关系形成的社会空间中，我们要研究的是他们如何根据对自己在此间的位置的认识展开互动，永无休止的互动又如何改变他们所处的位置，并通过这样对人、象征性的位置、社会动力学的观察，最终揭示法学交流和法学场之间的反思性关系。我们此前提到，在一个社会空间的客观真相（“本相”）和这一实践领域为外界创造的认识形象（“表象”）之间存在差异。与此同时，人群也分成了参与一个社会空间之实践的“局内人”和只能从外部观察这一社会场的“局外人”。每一个场都会有其局内人和局外人；每一个人也都会在人生的某个阶段成为某个或某几个场的局内人和其他场的局外人。局内人或多或少地掌握了一些该空间中既稀缺又分配不平等的资源，同时必须受制于其竞争规则，并孜孜以求地追求竞争中的特殊利益。局外人则与此间的特殊利益绝缘，甚至认识不到其中的利益和规则到底是什么，也就无法认识到参与这场互动、交换、竞争、斗争的意义何在，从而也就不会具备成为局内人所必需的习性。〔1〕当然，成为局内人并不一定就意味着能够认清场的本相，否则社会学分析就很多余了。

以学术场为例，学术界同时为局内人对自己关于学术场本相之知识的自我隐瞒和放大本相与表象之间的差异提供了其他社会场无法比拟的自由和制度支持。〔2〕其结果是学术场的本相与表象之间的巨大鸿

〔1〕 Pierre Legrand, ‘Jameses at Play: A Tractation on the Comparison of Laws’ (2017) 65 *American Journal of Comparative Law* 1, 98–100.

〔2〕 Pierre Bourdieu, *Homo Academicus*, Paris, Minuit, 1988, p.32.

沟既遮蔽了发生在其中的象征性斗争，又让这一斗争之中无人必须出局，从而可以不断延续："对这一鸿沟的容忍无疑是既允许又赞赏所有形式的自我分裂的领域中最深刻的真理。在自我分裂的形式中，同时并存着一切让人们无法理解的客观事实和对这些事实的否定。正是它们让那些最缺乏象征性资本的人也可以在这场'人人为我，我为人人'，'一切人反对一切人'的斗争中生存下来，这些局内人同时是彼此的竞争者和顾客、对手和法官，而他们彼此争斗是为了决定社会场的真相和价值，也就是它象征性的生与死。"〔1〕

每个由特殊利益和习性组成的社会场都是整个社会宇宙的一个切面。每个行动者都处于不同的社会场中。所以，学术场的参与者同时参与其他的社会实践，他们在其他场中获得的社会资本当然也可以用于学术场的投资，反之亦然。然而，相较于其他社会场，学术场的维系几乎全然取决于行动者对于科学独立和卓越的信念，以及他们以科学的名义要求局外人接受他们判断的能力。〔2〕换言之，学术场中的悖论就是行动者必须在使用各种社会资本逐利的同时否定他们的逐利竞争，也就是表象对本相公开的自我否定。局内人留下的文字记载只能提供他们集体创造出的表象，研究者必须借助各种材料发现他们象征性斗争的本相——亦即他们所掌握的资本、所竞争的特殊利益、让法学场得以存在的生存心态、投资策略与深层结构之间的反思关系。为了尊重空间的位置、时间的流逝、个人的主体性，必须从过去的行动

〔1〕 Pierre Bourdieu, *Homo Academicus*, Paris, Minuit, 1988, p.32.
〔2〕 Pierre Bourdieu, *Homo Academicus*, Paris, Minuit, 1988, p.27.

者所留下的文字线索中找到他们不愿说出的那些东西。[1]为此，我们要发掘两种主要的文字资料：档案和论述。对机构和人物之档案的发掘，可以让我们把此前扁平化为被动接受过程的中西法学交流还原为更加立体、全面的样子。

二、场与行动的反思关系

为了弥补过去对法学知识交流的范式缺乏空间和时间的缺憾，我们转向社会学，用“场”作为一种中介工具来理解作为一种实践的法学知识传播。社会场提供了一种空间的隐喻，让我们得以理解行动者在实践中的位置、策略和对社会结构的影响（实践效果）。对法学知识传播的研究必须能够揭示参与知识交流的人和机构、他们所掌握的不同资本与权力、他们在知识界与实务界的位置、在知识再生产时的策略选择、他们之间的互动关系所形成的意义，甚至最终评价他们对中国当代法学形成的贡献。社会场的概念同时为行动者的互动提供了空间和时间的维度。但这种空间并非地理意义的空间，而是社会意义的。决定社会空间的不是甲地和乙地之间的长度单位或旅行平均时间，而是不同行动者之间的相互关系形成的网络。类似地，各个事件之间的时间序列虽然重要，但时间的意义在于记录行动者之间永恒、持续、没有终结的互动。

在社会空间中理解知识交流的目的是“揭示构成社会空间的不

---

〔1〕 Marc Bloch, *Apologie pour l'histoire ou métier d'historien*, Paris, Armand Colin, 1952, p.19–22.

同社会人群的最深层的结构，以及倾向于确保社会空间的再生产或变革的机制”。[1]对学说史所发生的社会空间的探索意味着同时发掘客观条件和主观认知结构，因为每一个特定的行动者所形成的具体认识必然是当下、此地客观社会结构和她所具有的认知结构共同作用的产物。更进一步说，“在社会结构和心智结构之间，在社会世界的客观划分（尤其是不同场域中的支配者与被支配者）和行动者划分社会世界的关注原则与划分原则之间，存在对应关系”。[2]所以，必须把个人重置于宏大社会结构中，正是后者让他们的选择和决策变得不可避免。尽管经验现象的观察者无法在不考察个人之行动的基础上建构社会场，但社会科学的首要目标不是合理化、正当化个人的行为和策略，而是发现社会—心智双重结构。

社会场为行动者之间持续展开、永无终止的互动提供了必要空间。它无法化约为一个物理意义上的力场、一个由客观的力线支配的空间。我们必须像莎士比亚（William Shakespeare）那样同时把它想象成行动者的舞台和战场。[3]在这个结构性的竞技场中，处于位置各异、能力各异、愿望各异的行动者彼此斗争，不断定义并重新定义着社会场的边界和结构。[4]于是，对于我们的社会学观察而言，在行动者和结构的了解之间形成了一个无休止的循环。要想描绘出社会场，就必须

---

〔1〕［法］P. 布尔迪厄：《国家精英——名牌大学与群体精神》，杨亚平译，商务印书馆2004年版，第1页。

〔2〕［法］P. 布尔迪厄：《国家精英——名牌大学与群体精神》，杨亚平译，商务印书馆2004年版，第1页。

〔3〕正是他同时在环球剧场的入口写下了“人生一舞台，你我皆戏子”的句子，又让《麦克白》以“待得烽烟静四陲，败军高奏凯歌回”开场。

〔4〕Loïc Wacquant et Pierre Bourdieu, ‘For a Socio-Analysis of Intellectuals’ (1989) 34 *Berkeley Journal of Sociology* 1, 8.

找到在其中运作的行动者能够用来博弈的资本形式；可是要了解有哪些形式的资本在博弈中发挥作用，我们又必须对场有足够了解。[1]

场的引入将便于我们揭示结构与行动的反思性，特别是对于揭示象征性权力实践至关重要的社会结构和心智结构之间的对应关系。权力不但要具备获得服从的能力，还要同时具备生产关于这种服从的合法性信念的能力："正是在客观结构与作为其产物的认知结构之间的原始共谋关系的基础上，绝对的、即时的服从才得以建立，这种服从就是人们出生所在的人群的教条经验中的服从。"[2]在布尔迪厄的社会学范式中，用以表达这一反思性关系的概念是"习性"（habitus）。布迪厄同时反对人文主义的自由意志理论和科学主义的决定论。他认为人类行动的真相是："社会行动者既非仅仅由外因决定的粒子，也不是仅仅受内在理性引导、执行某种合理行动计划的孤立社会单子。"[3]每一个行动、行动计划以及它们的作者都是历史的产物，嵌套于每个具体社会场的所有经验的加总，进而嵌套于整个社会场的历史中。于是，每一个决策都要放在决策者在社会场的位置上加以理解。

行动者在社会空间中的位置即是他所拥有的社会资本总量和各种资本的比例，社会空间最终取决于不同的社会资本类别之间的力量关系。不同社会资本（或权力）的持有者在这一社会空间中进行互动。小到单个的行动者个体，大到一个十几名教员的法学院，再大到可以

---

〔1〕 Loïc Wacquant et Pierre Bourdieu, 'For a Socio-Analysis of Intellectuals' (1989) 34 *Berkeley Journal of Sociology* 1, 7. 我们会在下文解释社会资本的类型。

〔2〕 ［法］P. 布尔迪厄：《国家精英——名牌大学与群体精神》，杨亚平译，商务印书馆 2004 年版，第 7 页。

〔3〕 Loïc Wacquant et Pierre Bourdieu, 'For a Socio-Analysis of Intellectuals' (1989) 34 *Berkeley Journal of Sociology* 1, 10.

为政府的合法性背书的学术重镇，乃至一国的政治机构，每个行动者都享有大量的特殊资本。这些资本的总量、每一种不同的社会资本在总量中的比例、各种社会资本之间的兑换率定义了每个行动者在作为社会空间的学术场中所享有的特定位置。他们依据其所处的位置进行决策，从而形成某些旨在维护或者改变彼此力量关系的策略，并因此展开互动——斗争、对抗、交易、合作、共谋。个体或机构的行动者的互动取决于所有这些策略旨在维护或改变的东西本身。〔1〕与此同时，无论行动者的策略目的是改变还是维持他们的关系，每一次互动总归会形成新的资本总和、社会资本比例，乃至改变各种资本之间的兑换率。市场经济的隐喻可以帮我们更好地理解这种互动。我花 100 元钱从你那里买了 80 斤黄瓜，〔2〕无论我买黄瓜和你卖黄瓜的目的到底是什么，我的总资产中少了 100 元人民币，但是多了 80 斤黄瓜，于是我的资产中货币和黄瓜的比例也发生了改变。更进一步，当有人大量购入黄瓜时，黄瓜的价格——即黄瓜与货币资本的兑换率——也会发生改变。这些或微不足道或影响深远的变化又构成了下一次互动的背景和条件。的确，法学场就是一种权力场的独特形式。

三、资本的类型

布尔迪厄称一个社会行动者所能掌握的一切资源为“资本”。他

---

〔1〕 参见［法］P. 布尔迪厄：《国家精英——名牌大学与群体精神》，杨亚平译，商务印书馆 2004 年版，第 457 页。

〔2〕 按照本书撰写时（2020 年 7 月 21 日）北京新发地市场行情，黄瓜的平均价格为 1.25 元 / 斤。

对资本的使用非常接近霍布斯（Thomas Hobbes）所定义的权力："一个人可以用于取得未来的好处的手段。"〔1〕人们最习以为常的是经济资本和文化资本之间的区别，布尔迪厄也用这个二分法完成了对许多重要社会空间的分析。〔2〕从整体上看，他的文化社会学主要关注的是经济资本、文化资本、社会资本的相互转化。〔3〕不过，布尔迪厄在进入法兰西公学（Collège de France）前后兴趣转向对国家的社会学分析，并且在后期著作中提出了象征性资本的概念。〔4〕对法学知识再生产的分析聚焦于法学家同时作为法学知识提供者和法律规范创造者的双重角色，也就是主要依靠文化资本和象征性资本的概念。在任何一个社会场中，行动者的互动又表现为他们所掌握的资本之间的互相转化。资本只有在向其他资本的转换中才能凸显其实践意义。

经济资本（capital économique）是所有经济资源的加总，包括生产因素、经济财产、财政收入、经济利益等，其最重要的制度化表现即是财产权。之所以有必要引入经济资本，既因为它是最直观的资本形式，也因为它最容易以货币的形式表现出来。换言之，经济资本的象征化程度最低。正因如此，在了解了某个具体的场之后，也就是了解了每个社会空间中不同资本的兑换率之后，我们总是可以把象征性程

---

〔1〕 Thomas Hobbes, *Leviathan: With selected variants from the Latin edition of 1668* (Underlined, Notations edition., Hackett Publishing Company 1994) 50.

〔2〕 如国内学界较为熟悉的他对法国高等教育的分析，参见［法］P. 布尔迪厄：《国家精英——名牌大学与群体精神》，杨亚平译，商务印书馆2004年版。

〔3〕 Helmut K.Anheier, Jurgen Gerhards, et Frank P.Romo, 'Forms of Capital and Social Structure in Cultural Fields: Examining Bourdieu' s Social Topography' (1995) 100 *American Journal of Sociology*, 859.

〔4〕 Pierre Bourdieu, *Sur l'État.Cours au Collège de France*, Paris, Le Seuil, 2012; Pierre Bourdieu, *Langage et pouvoir symbolique*, Paris, Seuil, 2001.

度更高的资本转换为经济资本，最终以货币的形式表现出来。虽然本书不会真的用货币表达一篇论文、一本书、一个学说的提出、一个学位的取得、加入一部法典的起草委员会、担任重要机构的领导职务等成就对于社会行动者的意义（或许因此让读者们失望了），但是经济资本的存在让对知识社会学的定量研究变得可能。不仅如此，一定的初始经济资本往往是行动者参与外国法学知识传播的前提。以王伯琦为例，如果没有姑母的经济支持，他或许难以在巴黎大学攻读民法博士学位。〔1〕

文化资本（capital culturel）并不是指行动者所享有的抽象知识或者“文化”，而是那些或者已经与行动者的人身相连，或者物质化，或者制度化的可以客观感知和测量的因素：包括学位、学衔、学术界的荣誉和奖项，也包括了书写的风格、研究的领域、某种特殊的生活情调，等等。这些都最终为社会行动者赋予了或高或低的定义和正当化某种知识的能力。一个取得了美国名校法学院的 SJD 学位、任教于北京知名综合性大学的法学院、曾经主持多个国家社科项目，甚至获聘各种客座教授的学者，显然就比初出茅庐、厕身专科政法院校的青年学者掌握着更多的文化资本。所以前者显然比后者更容易说服他人接受其对某个法律规范或学说的解释。对期刊选题和文风的了解、对着装和行止的品位，甚至对艺术品的鉴赏能力虽然看上去仅仅是知识或者口味，却也同样可以在行动者书写和说话的时候实体化为一种文化资本。比如，能写一笔端正的馆阁体显然有利于提高一个清朝文人在政学两界的地位。

〔1〕 参见王启中：《王伯琦先生生平》，载王伯琦：《近代法律思潮与中国固有文化》，清华大学出版社 2005 年版，第 3 页。

想要在专业期刊发表观点的作者必须懂得使用“承认规则”“请求权基础理论”“不真正义务”“社会空间”等一系列对于外人而言毫无意义的“行话”和它们所附着的一套书写风格撰写论文。同样，学科或者方法的选择也很重要。法学院中最接近文史哲的知识显然比社会学、人类学、经济学这样形而下的方法更能为作者赋能。

社会资本（capital social）指行动者可以通过其所处社会关系网调动的所有现存或潜在的资源，也就是一个人或者机构能通过另一个人或机构调动的资源。在每两个相互联系的行动者之间，就构成了社会关系网的一段，在这一段所凝结的社会资本同时取决于其关系的紧密程度和各自可以调动之资源的总量。最能说明这一等式的宣言毫无疑问是“我爸是李刚”。[1]无论出于何种动机，行动者通过指出他与具有高资本总量的公安局副局长之间紧密的父子关系，希望对话的其他参与者了解到自己所享有的较高社会资本。与此类似，上一段所说的那个留美归国、任教于知名大学的法学教授显然有更大的机会维持与美国法学界和知名法学院的良好关系。对于有志于赴美求学的学生而言，能够取得他的推荐信甚至是私人推荐，显然大有裨益。

相比之下，象征性资本（capital symbolique）更为复杂。经济、文化、社会资本都有一定程度的“象征性”，即它们不仅构成了行动者所能够使用的资源，也合法化了行动者所占有的实际或潜在资源和不同的资本之间的转化关系。一个典型的例子是 EMBA 课程——占有较高经济资本的行动者通过支付高额学费而换取了名校所能够提供的文

---

〔1〕 关于具体的案情，参见河北省望都县人民法院刑事判决书，(2011)望刑初字第006号。

化资本，同时名校通过生产文凭换取了经济资本，想必很少人会质疑这种“交换”的合法性。同样，政治地位可以为法学交流的行动者提供丰厚的象征性资本。以王宠惠为例，31 岁回国即担任民国首任外交总长，此后一直身居政界，虽然其主要的法学论述以介绍为主，其学术仍为人所称道。〔1〕

与此同时，似乎又有一些资源看上去完全无法进入交换，比如各种形式的特权、吸引力、魅力。当一个社会行动者的金钱、学历或学衔、社会关系有所增长，其特权、吸引力、魅力自然会增加，但是我们只能说金钱、学历、社交圈带来了特权、吸引力、魅力，却不能说那些资本就是特权、吸引力、魅力。真正区别于其他资本类型之处在于象征性资本纯粹是一种要求其他社会行动者承认的权力。〔2〕换言之，象征性资本是一种关于正当性的资本，掌握这种资本意味着掌握了决定特定的社会场之内资本转化规则的权力和获得他人认可的权力。

“法学场”的结构

本书所试图展现的互动、交易、共谋、斗争发生在一个可以称为“法学场”的社会空间中。法学家通过他们的话语行动同时完成了知识的再生产和规范的再生产，当然也因此进一步完成了社会地位的再

〔1〕 参见刘猛：《法学家王宠惠的思想与学术》，载《政法论坛》2019 年第 3 期，第 153-163 页。

〔2〕 Pierre Bourdieu, *Langage et pouvoir symbolique*, Paris, Seuil, 2001, p.72.

生产。法学同时生产着一种关于法律现象的知识(广义的法学)或关于法律规范的知识(狭义的法学),也生产着一种解释和应用法律规范的技术和方法,并由此在每一个具体的个案中为每一个具体的法律规范确定了独特的含义。所以,不只比较法学家,所有的法学家都站在法院与书院之间。[1]换言之,他们同时追求两个不同的场中的特殊利益。法学场因此同时服从法律场和学术场的规律。

一、特殊利益与习性

在1986年《法律的力量:法律场的社会学基础》中,布尔迪厄如此定义法律场:

> 法律场(champ juridique)是人们为了垄断说出法律(好的分配或秩序)的权利而竞争的场所。在竞争中相遇的行动者具有一种兼具社会和技术性质的权能,其中最关键的方面是他们可以相对自由地解释一套把合法、正确的社会观念神圣化的文本,这种能力为社会所承认。[2]

不妨开门见山地说,法律场的竞争所要追求的特殊利益就是决定

---

〔1〕 参见[英]巴兹尔·马克西尼斯:《比较法:法院与书院》,苏彦新等译,清华大学出版社2008年版。

〔2〕 Pierre Bourdieu, «La force du droit.Éléments pour une sociologie du champ juridique», *Actes de la recherche en sciences sociales*, septembre 1986, vol.64, n°1, p.3-19.

法律规范之意义的垄断权。[1]一切社会空间中的竞争都是为了获得定义权力、将权力合法化的权力。法律场也不例外。无论题目中使用的“法律的力量”（la force du droit）还是解说时所使用的“说出法律”的用词，都明确表明他要回应的是孟德斯鸠在《论法的精神》中使用的著名比喻：“一个国家的法官仅仅是说出法律之语的嘴巴，他们是没有生命的存在物，既不能降低法律的力量，也不能降低其严格程度。”孟德斯鸠的比喻完美地总结了法学论争的终极问题：谁有权以何种方式以法律的名义发言？以法律的名义发言意味着有权定义法律，并以无可争议的态度确定法律的意义。所以，掌握以法律之名言说就等于掌握了一种关于权力的权力。但法官或者其他法律的解释者不是无生命的造物。两种不同的秩序以及它们之间的反思性关系使法律场区别于其他的社会场。（1）由规范和学说建立的象征性秩序，本身蕴含了发展的客观可能，却无法完全独自运作。（2）由行动者与体制之间客观关系建立的秩序，行动者和机制时刻处于竞争中。[2]孟德斯鸠所谓“说出法律之语的嘴巴”只重视了第一种秩序，却没有认识到行动者参与之后产生的第二种秩序。

决定法律规范意义的权力必然同时定义法律的权力和定义“正确的”法律解释方法的权力。[3]孟德斯鸠的话同时道出了法律场的习性：由规范构成的金字塔同时具备效力与合法性，应该得到尊重，此

---

〔1〕 争夺垄断权并不意味着某一个或者某一类行动者可以真的哪怕在一瞬间掌握这种垄断权。正是对这种求而不得的权力不切实际的幻想，让一个社会空间中的斗争可以持续。

〔2〕 Pierre Bourdieu, «La force du droit.Éléments pour une sociologie du champ juridique», *Actes de la recherche en sciences sociales*, septembre 1986, Vol.64, n°1, p.3-19.

〔3〕 在这个意义上，只有自封为法律的定义者和解释规则的制定者的法理学家才有可能掌握法律场的至上权力。或者说，只要想“制霸”法律场，那就必须至少懂一点法理学。

间的行动者并不创造规范，仅仅“解释和适用”那些已经存在、已经由别人创造出来的规范。但是在每一次法律的适用中，法律的解释者总是在重新创造着法律。当法官把教堂钟声和火灾报警器的声音解释成“无体物侵入”〔1〕、把二氧化碳解释为“污染物”〔2〕、把同性之间的结合解释为“婚姻”〔3〕、把拒绝为孩子安排洗礼解释为“不堪忍受之虐待”〔4〕、把窗外 LED 灯对住户可能的健康影响解释为“侵害”〔5〕时，他们毫无疑问地改变了这些规则制定者对那些需要解释的术语的理解，从而也改变着法律。改变一个法律的规范意义和适用改变这个法律没什么区别。同样，改变一个旧的规范和创造一个新的规范也是完全一样的。所以，正如每一次离别都是一次小型死亡，每一次对法律的解释也都是一次小小的法律革命。当人们争相提出关于解释法律的正确方法和对某个法律规范的正确解释的时候，他们竞争的不是旁的，正是定义规范和规范之意义的垄断权。在法律实践中，法官、法学家、律师、法警等一系列行动者采取不同的策略，从而最大化他们“象征性资本”的收益，在共同接受法律规范之存在和正当性（“习性”）的前提下，竞争着终局确定法律意义的垄断权（“特殊利益”）。每一个行动者可以采取的策略取决于各个行动者实际上拥有的资源。

类似于法律场，学术场的特殊利益也是定义知识、决定何为“正

〔1〕 OVG Lüneburg NVwZ 1985, 357（357）; OVG Hamburg NJW 1986, 2333（2333）.

〔2〕 *Massachusetts v Environmental Protection Agency* 549 US 497（2007）.

〔3〕 *Obergefell v Hodges* 576 US'644（2015）.

〔4〕 Req.30 novembre 1898, *D.*1899, 1, 358.

〔5〕 参见李劲诉华润置地（重庆）有限公司环境污染责任纠纷案，（2018）渝 0116 民初 6093 号。

确知识”的权力，并进一步具体化为对知识再生产所必需的物质、组织、社会工具的控制。〔1〕对这些工具的控制既是学术特权本身，又是进一步争取更多特权的工具。“凡有的，还要加给他，叫他有余；凡没有的，连他所有的也要夺去”的“马太效应”在学术界尤其明显，不但让权力分配的不平等更加明显，甚至威胁了知识生产的质量。〔2〕与此同时，参与学术场和参与其他场的实践一样，都要求行动者不断地投入经济、文化、社会、象征性资本以在竞争中谋取权力和特权。学术界的规则一方面致力于建设一个客观、公正、中立的评价平台，另一方面却从来无法阻止学术外的因素影响竞争的样态。一个不需要为房贷发愁的学者有更多的闲暇从事基础性研究。出身学术世家的学者很早就能接触到一种口头语的书面表达风格，也可以从其家庭在学术界的人际关系中获益，从而更能获得好评。作为某个法律起草委员会的成员，甚至领导这一小组，会自然而然让他成为该法的权威解释者。不过，因为我们所能接触到的材料尚不足以让我们了解这些中法法律交流中的中间人的家庭背景、经济地位和社会关系，我们只能如此前所述，关注他们如何利用自己的文化资本和象征性资本谋求更多的学术权力。

法学场和其他学科的社会空间所不同的是法学场所产生的知识直接决定着法律的定义、正当性和“正确”的法律适用。哪怕我们抛

---

〔1〕 严格来说，布尔迪厄所描述的学术场还可以进一步分成由法学院和医学院代表的“暂时支配”学科和自然科学所代表的文化自主学科。但是因为我们只分析法学院，所以就不再作进一步区分了。

〔2〕 参见舒国滢：《认真对待劣势知识生产与奖励之马太效应的畸形叠合》，载《清华大学学报（哲学社会科学版）》2014年第5期，第82-83页。

开不同的法哲学流派对于要多么背离道德才会让法律失效的争论，也不难理解不同理论的支持者在具体的法律适用中会产生的争议。比如，认为中国民法接受了物权行为独立性理论的学者和他们的反对者对同一个法律争议可能持完全不同的立场。强调尊重立法者原意的人和强调要让法律文本适应时代发展的人可能对同一个条文解释出完全不同的意思。能否认识到判例无论如何都以分散、静默的方式改变着法律的风景也会让人们对如何使用先例持截然相反的态度。关于法律的知识同时具有了科学和政治的权威。在这个意义上，“知识就是权力”在法学场中表现得淋漓尽致。

二、等级秩序

所有斗争或者竞争所服务的总的目的，并不是获取更多的权力，而是掌握那种支配其他权力的权力，即对总体权力的垄断。为更多的权力而斗争只是获得至上权力的手段。〔1〕在法学场的等级秩序中，处在最高点的就是那些掌握了最多法学知识生产工具和资源的人，或者说是那些所有资本的总量最多的人。他们任职于最重要的法学院，甚至出任院长等重要职位。〔2〕他们的文章发表在最重要的法学期刊上，甚至他们就是期刊的主编。他们撰写的教科书一次又一次再版。他们

〔1〕 福柯在《规训与惩罚》中暗示了主权者所享有的至上权力（surpouvoir）向日常生活中的“基层权力”（infra-pouvoir）的转移。确实，弱者总是能根据自己的地位塑造出一种便利的武器参与斗争。但我们仍假设每一个社会场的行动者都在努力争取垄断地位。Michel Foucault, *Surveiller et punir*: *Naissance de la prison*, Paris, Gallimard, 1975, p.90.

〔2〕 在我们所研究的历史时段，法国大学的“校长”（Recteur）只是虚位。真正负责法学院管理与资源分配的人是院长。院长直接向教育部汇报。

的学生出任重要的上诉法院、最高法院、最高行政法院的法官，或就职于重要的部门（如总理府、外交部、司法部）。有时候，他们自己也曾担任过重要司法机构的院长或立法起草委员会、调查委员会的主席。如我们在后文中将要看到的那样，他们中许多人深深介入政治生活，是一些政党的地方或中央代表，甚至进入内阁。就这样，他们坚定地站在科学与政治之间，审时度势，时刻准备着用大学教职所证明的科学权威为自己的政治立场背书，或者反过来用公共生活所赋予的政治权威促进他们的科学发现。但是，正如我们在书中将要看到的那样，不谨慎的政治参与也会威胁到他们的学术地位。

在这些声震儒林的行动者的光芒掩盖下，还有形形色色没那么耀眼的人或机构，同样投资着自己所能动用的文化或象征性资本，力求在这场“人人为我，我为人人”“一切人反对一切人”的战争中幸存。他们可能任教于一个边缘的、只有本地学生的法学院，虽然在地方上受到爱戴，甚至可以作为院长在礼堂中留下画像，但是一生也没有机会真正成为学术发展的风向标。他们可能偶尔有机会在本地出版社出版一些短篇的作品，但是这些作品很难进入期刊书评栏目的视野，而且他们从来没机会撰写教科书。他们可能甚至根本没有大学的正式教职，只是作为律师在一些小的法学院中授课，或者作为最高行政法院的法官去自由政治学院（l’École libre de sciences politiques）授课。他们可能也出任过地方议会的议员，但是一生与更高的公职绝缘。无论是文化资本还是象征性资本，他们可以用来为自己争取更多特权的能力都小得多。但相对较小的资本总量并没有妨碍他们精打细算地安排自己的投资。在精英主义支配下的学说史叙事中，这些人往往就成了

“失踪者”。〔1〕但是为这些失意者做传才更有挑战，也是历史社会学方法可以为法律学说史提供的贡献。〔2〕

在任何一个时代，学术权威终归只是少数，大多数法学家在传统学说史的视野中仍然只是“边缘人”和“失踪者”。然而作为同行，权威、边缘人、失踪者在一个具体的时间和空间中就算不在同一个机构共事，也总会以问题探讨或会议交流等种种方式产生互动，使法学场不断自我生产并与其他的社会场中的互动形成合力，改变一个社会本身的结构或者制度基础。不同行动者的互动在国内法的语境下很容易理解。如法国关于世俗化的讨论就广泛牵涉了狄骥这样的学术权威、跻身于共和政府支持的巴黎法学院的主流法学家、选择任教于天主教学校的边缘人和那些仅仅在法律实务的余暇在法学院授课的失踪者。〔3〕今人眼中的“权威”并未主宰当时讨论的议程，更无法决定学说和实务的发展方向。同样，领事裁判权的撤废让政学两界精英和一般舆论在同一个问题上发声，并在相当程度上形塑了近代中国法学乃至于大众情感。〔4〕同样的事件也发生在跨国的法学交流之中——边缘人和失踪者并不必然屈服于伟大作者的权威，而是利用自己所掌握的社会资本在法学场的竞争中积极地为自己谋得一席之地。

---

〔1〕 最近，对这些边缘人的关注逐渐兴起，主要的成就包括陈新宇：《寻找法律史上的失踪者》，广西师范大学出版社 2015 年版。

〔2〕 John Merriman, *History on the Margins: People and Places in the Emergence of Modern France* (University of Nebraska Press 2018) 144.

〔3〕 参见朱明哲：《论法国“世俗性”原则的斗争面向》，载《欧洲研究》2016 年第 6 期，第 117-135 页。

〔4〕 参见李启成：《治外法权与中国司法近代化之关系——调查法权委员会个案研究》，载《现代法学》2006 年第 4 期，第 26-37 页；张仁善：《论中国司法近代化进程中的耻感情结》，载《江苏社会科学》2018 年第 4 期，第 132-141 页。

所以，在本书中，我们会频繁遇到这些“小作者”或者“失踪作者”。只有当我们从传统学说史转向一种历史社会学 / 知识考古学，才有可能重现他们的斗争。传统的学说史研究关心人们说了什么、怎么说，亦即那些用以形成学说的“话语”。我们则把话语理解为一种通过语言而为的实践，我们应该关心的是那些并不连续的话语实践所以形成的历史条件、它们彼此叠加的形态、它们转变和消灭的规则。换言之，我们不但要去展现、描述一个话语实践发生的客观条件，还要试着理解客观结构中的行动者通过有意识的实践到底做了什么。于是，作为理论载体的文本成了写作者的话语，又进一步成了他们在给定历史情境之下所为之事。这种对反思性的关注创造了把伟大人物和重要事件赶出历史、向平时为幽暗所支配的角落投下一束光芒的可能性。那些没有在标准学说史写作中留下名字的男男女女一直默默站在黑暗中，等待着一种关于实践的理论向他们投下的这一束光芒，照亮他们面孔。在那一瞬间，他们终于成了法学的主角。

需要补充的是，法学家也并未垄断法学场。规范本身就像是一个“正当性的源泉”，从象牙塔顶端的学说权威到最基层的法官、法警、狱警，所有参与法律实践的人都回溯到规范中寻求自己行动的正当性。对规范之存在和正当性的共同接受构成了法律场的习性，法律场不能在没有这一习性的情况下存在。忽视第一种秩序的法律现实主义因此必然也误解了法律实践。[1]在接受了规范的情况下，每一个法律场的参与者又都参与到对规范解释之垄断权的竞争中。虽然在实践中

---

〔1〕 Pierre Bourdieu, «La force du droit.Éléments pour une sociologie du champ juridique», *Actes de la recherche en sciences sociales*, septembre 1986, vol.64, n°1, p.3–19.

不可能有任何一个机构能够真正垄断规范，但每一个群体（作为社会学之研究对象）无疑都希望能够让自己的解释更具有权威性。判例性质之争的实质就是法律场内特殊利益之争。立法机关、司法机关和学说在竞争中都有各自的策略和工具。立法机关不但直接确定很大一部分规范的文本内容，也直接确定司法权行使的方式和范围。司法机关既通过判决决定每个个案的利益分配，又通过法律确定的上下级关系统一法律在实践中的意义。学说则借助法律本身在科学上的严格性，以构建融贯体系的名义获得了对法律的最终解释权和决定其他解释之质量的权力。但每一种关于法律的话语都不是终局性的。每一种渊源都制衡和补充着另一种渊源。不过，我们这本小书归根结底书写的是那些可以为自己发声、以话语为生计的人的故事。只能希望日后能有一部关于那些无法自我言说者的思想史，思想史也因此能真正变成一种社会史。〔1〕

〔1〕 为无法自我言说者代言当然是一种非常困难的事业，却也是一种值得我们追求的事业。如果认同上述观点，那么“我们必须去理解那些属于失业者、乞丐、流氓、妓女的时间和空间……直到每个边缘人都拥有自己的领地，正如每一块土地上都有边缘人。”〔J.Authier, «Centre-ville et marginalité.Les “groupes” de jeunes dans la rue de la république à Lyon», dans Vant André (ed), *Marginalité sociale*, *Marginalité spatiale*, Paris, Editions du CNRS, 1986, p.21-22.〕像社会史学家一样，比较法学家也可以去处理其他国家的犯罪记录、庭审记录、医疗档案、工伤和失业保险申请、税收记录、工会会员登记表。正是在这些档案之中，一片土地上的边缘人留下了他们在世间活过的证据，也留下了他们对法律的否定和法律对他们的否定。我们还可以阅读大众媒体对一系列法律争议的讨论。法学家总是习惯于高傲地宣告大众媒体误解了法律的争议。我们往往忘记了，非法律人对法律的误解和法律人对法律的理解一样，既折射出文化赋予法律的意义，也折射出文化本身。不同的是，法律人的意识让我们看到文化的正面形象，而非法律人则帮我们看到文化的月之暗面。后者藏在我们的视野之外，却依然以其独特的方式存在着。一个可能让许多法律人感到不适的事实是：我们并未也不可能垄断对法律意义的赋予。正如法国《法律与文化》（*Droit et cultures*）杂志发刊词说的那样：“只有对照法律的缺位和对法律的否定谈论法律才有意义。”

作为实践的法学交流

每一个行动者分散的社会实践聚合起来也终将改变法学场本身的空间秩序。蔡枢衡在点评他同时代人时曾不无辛辣地指出："今日中国法学之总体，直为一幅次殖民地风景图：在法哲学方面，留美学成回国者，例有一套 Pound 学说之转播；出身法国者，必对 Duguit 之学说服膺拳拳；德国回来者，则于新康德派之 Stammler 法哲学五体投地。"[1]为了解释和评价通过移植而实现的法律现代化，有留洋背景的学者提供了多种相互竞争的解决方案。在这些纷繁复杂的西方知识占据主导地位背后，是传统律学和儒家经典知识的式微，也说明当时中国大学所能提供的文化资本很低，难以满足希望在法学场中占据一席之地的青年。在由海归法学生和他们所带回的法学知识的形塑下，法学场的风景图上丘壑纵横。一名行动者处于高峰还是谷底很大程度上取决于他所能获得的外国法学知识。任何想要参与这场象征性斗争的人都必须接受这一现实。

蔡枢衡的评论虽然较为准确地描述了当时中外法学交流的状况，不过，所谓"无一为国家民族利益之代表者；无一能负建国过程中法学理论应负之责任"的批评则过于严苛。当 1840 年以来的中国在外来压力下建立新的制度、机构，以及与它们配套的法学知识时，撼动的不仅是过去的知识体系，而且还有旧的社会关系风景图。中国社会产生了无数缝隙，让过去难以进入权力中枢的社会阶级突然看到了机

---

〔1〕 蔡枢衡：《中国法理自觉的发展》，清华大学出版社 2005 年版，第 98-99 页。

遇。“摩登法律人”们要想在此时把握住难得的历史机遇，那就必须小心地讲述他们所了解的庞德（Roscoe Pound）、狄骥、施塔姆勒，把他们的理论说成是中国问题的真解决。这一过程并不是一种对现成国外法学知识的完整转述或误读，而是一种关于中国法律实践的新知识的形成。在试图用西方法救国救民和处于文明等级压迫之下的宏大叙事之间，个体或群体的行动者在他们无法选择的时间、地点、社会关系之中，为了更多的资本总量和资本象征化不断互动。

在法律场中，人们竞逐着决定关于法律之话语真实性的垄断权。为此，他们必须既相信法学知识对法律规范的整合、评判和正当化功能，又相信法律规范本身的实在性与正当性。然后，他们必须接受不同的机构和职位之间存在的等级秩序，认清自己所掌握的经济、文化、社会、象征性资本，并谨慎地使用这些资本进行策略性实践，从而迈向法学知识生产的中心。在这场象征性斗争中，手握或多或少社会资本的人们不断进行法学知识的再生产，并同时再生产着文本背后的一套社会现实——不同群体、机构、地点之间的不平等关系和对这种不平等的接受。然而，只要社会结构不产生剧变，无人需要彻底出局，直到下一次新的制度、机构、职位革新并产生对新法学知识的需求那一刻，直到新历史变迁彻底重写这一互动机制的规则。

英国诗人吉卜林（Rudyard Kipling）曾经在《东西方歌谣》（*Ballad of East and West*）中写道：“东方是东方，西方是西方，两者永远不会相遇 / 直到天和地跪在上帝面前，接受审判。”当骄傲的马建忠在1877年从一个刚显现衰败征兆的老大帝国来到欧亚大陆另一端的新生共和国时，东西方就此相遇。无论是参与法学知识交流的人还是他们所传播的法学知识，都在交流过程中经历了从一个语境中脱离（decontextualization），再进入另一个语境（recontextualization）的过程，我们也可以把这一过程说成是与某个领土空间脱离（deterritorialization），再形成与另一个领土空间相联系（reterritorialization）的过程。[1]一个文本从它所产生的语境中脱离，在另一个语境中为人所阅读、阐释、用以解释法律现象或者解决法律问题、支持或者反对某种社会或政治立场，并因此产生了一套新的词汇、习语、想象方式，或者分配了物质、文化、社会、象征性资本，从而在语境中创造了新的因素。类似地，当西方的教师来到东方，或者东方的学生来到西方时，他们都暂时与原来的社会关系脱钩，也必须在一个或长或短的时限里发生新的社会关系；当他们回到自己的祖国时，这一过程再次重演。本书要讲述的就是这些文本从一个语境到另一个语境、这些人从一个社会网络到另一个社会网络的故事，也就是关于理论如何创造新的讨论法律问题的方式、学人又如何创造新的学术权威的故事。

本书所记录的故事首先是关于文化资本的故事。在谋求富强的中国，留洋博士往往一回国即可获聘学术重镇的教授职位。如人们早已遗忘的翟俊千，1927 年从里昂法学院博士毕业后即获得暨南大学邀请出任副校长。他的校友卢干东也在回国后立刻成为中山大学教授。国外学位和名校教席当然也就让他们比那些没有出洋经历、厕身私立

---

〔1〕 索尼在他研究明朝军户制度的书中也使用了这一概念，参见 Michael Szonyi, *The Art of Being Governed*: *Everyday Politics in Late Imperial China*（Princeton University Press 2017）27。

法学院的同行更容易说服他人接受其对某个法律规范或学说的解释。与此同时，对国外法学知识的了解和对人们难以阅读的外文文献的掌握，也同样可以在行动者书写和说话的时候具体化为一种文化资本。与此同时，我们的故事也是一个关于社会资本的故事。当时，家族能为行动者提供的社会资本更是不可小视。如开启中法百年法学交流的马建忠，就在仕途上获二哥马建勋引荐、在学术上则受四哥马相伯襄助。年轻的商法学家爱斯嘉拉能够获中国政府的邀请成为顾问，也离不开同为巴黎法学院毕业生的前辈宝道推荐。〔1〕就连哈佛法学院的院长庞德，能够在 1946 年第二次来华亦有赖于他的学生、时任司法行政部刑事司司长的杨兆龙之邀请。〔2〕通过血缘、乡谊、学缘，一层层社会网络铺开在跨国法学发展史的桃李江湖之中。最后，它还是个关于象征性资本的故事：书中人物所有的实践就是为了掌握垄断法律规则的定义及其解释的权力，他们还或长或短、或多或少都曾在政界一展身手。

留法学子之中，有不少中国现代化的弄潮儿。比如，中法大学培养的第一位法学博士吴凯声，他主动要求法国比较法学奠基人之一朗贝尔（Édouard Lambert）作为博士学位指导老师，并提出以几份中国宪法草案的比较作为自己的论文主题。〔3〕1925 年，他的博士论文完成并答辩通过。实际上，该书一半的篇幅是“双十宪法”法文翻译，质量只

---

〔1〕 参见朱明哲：《中国近代法制变革与欧洲中心主义法律观——以宝道为切入点》，载《比较法研究》2018 年第 1 期，第 155-170 页。

〔2〕 参见王婧：《培养中国的社会工程师——评庞德的中国法律教育改革建议》，载《中国法律评论》2017 年第 5 期，第 128-139 页。

〔3〕 Archives l' IFCL：Dossiers Wu Kaisheng，Sous-dossier#1，No.25.

能说差强人意。即便如此，在吴凯声和中法大学管理人员的努力下，朗贝尔还是改变了最初的想法，同意放入他主编的“比较法丛书”中出版并作序。[1]毕业后，他很快回到了中国，在上海法租界开了一家律师事务所，事业蒸蒸日上。[2]在法国获得文化资本迅速地转换成了经济资本。但是，在所有的资本都必须不断象征化的铁律下，吴凯声果断地抓住了进入政界的机会，在1929年成了国民政府驻国联大使，而且不忘致信母校报喜，并表达希望有机会从日内瓦前往里昂探访叙旧的心愿。[3]从外交事业回到律师界之后，他参与了为廖承志辩护等重大历史事件，此后又历任汪伪政权考试院考选委员会委员、驻意大利大使、外交部次长、撤废治外法权委员会秘书长，后因在南京审判中获刑退出历史舞台。[4]他的师弟们的命运也大抵如此，翟俊千、卢干东、陈廪等人都成功说服学校管理方和自己的导师，选择用法国理论来分析中国问题作为博士的选题，甫一回国即就任重要职位，辗转于政学二界之间，本可以获得更高的成就，却无奈形势比人强。然而，就在从归国到沉寂之间短短十几年中，他们仍然通过选题、师承、就业等一系列选择不断实现经济、文化、社会和象征性资本的积累。

一种视法学交流为社会实践的史学研究要求突破传统史学聚焦于“事件”的研究，要关注参与互动、使事件得以发生的行动者，以及行动者们展开互动的具体历史背景。所以，本书依据语境、机构、人

---

〔1〕 Archives l' IFCL: Dossiers Wu Kaisheng, Sous-dossier#1, Nos.37-38.

〔2〕 Archives l' IFCL: Dossiers Wu Kaisheng, Sous-dossier#3, No.81.

〔3〕 Archives l' IFCL: Dossiers Wu Kaisheng, Sous-dossier#3, No.84.

〔4〕 参见陈同:《在法律与社会之间：民国时期上海本土律师的地位和作用》，载《史林》2006年第1期，第55-69页。

物、事件的顺序排列。后文将首先介绍19世纪法国法学的传统与嬗变。当中法法学交流的大幕在1877年拉开时，法国法学界正处于激烈的变革之中。其次，以巴黎自由政治学院和里昂中法大学这两个机构作为个案，揭示中法法学交流中的机构行动者以及它们为个人行动者提供的平台。再次，将聚焦马建忠、宝道、爱斯嘉拉和王伯琦这四名深入参与法学交流的人物，试图呈现行动者的主观意图与其所处的客观结构之间的反思性关系。最后，将通过围绕家庭法改革、自由法学、判例造法这三项议题展开的争论，凸显类似的学术话语如何在中法两国不同的语境中产生完全不同的实践效果。

语境

第一章

19 世纪法国法学传统的形成

“我真正的光荣不在于打了四十次胜仗，

滑铁卢之战抹去关于这一切胜利的记忆，

只有我的《民法典》

无法为任何事物所磨灭，

将永垂不朽！”

——拿破仑

第一节　“长 19 世纪”：法典化的时代

一、政治与科学之间的民法典

从 1793 年《法国民法典》第一份草案问世到 1931 年《中华民国民法典》全部生效之间的岁月，可以说是属于现代法典化的“长 19 世纪”，也可以说是一个“法典化时代”。那些传统上不在讨论范围之列的国家——如美国和英国，也不但出现了法典化的努力，更产生了关于法典的重要讨论。[1]就连“法典化”这个词也由边沁（Jeremy Bentham）所创造。[2]在 19 世纪末受法典化波及的国家甚少，就连亚非拉各国也在卷入殖民主义的浪潮后被动接受了法典化的议程，甚至说法典化是 19 世纪法学发展最重要的推动力亦不为过。[3]尽管在经历

〔1〕 Wienczyslaw Wagner, 'Codification of Law in Europe and the Codification Movement in the Middle of the Nineteenth Century in the United States' (1953) 1 *Saint Louis University Law Journal* 335; Dean Alfange, 'Jeremy Bentham and the Codification of Law', 1 *Cornell Law Review* 55, 58–77.

〔2〕 Dean Alfange, 'Jeremy Bentham and the Codification of Law', 1 *Cornell Law Review* 55, 58–77; Jean-Louis Halpérin, *Histoire des droits en Europe de 1750 à nos jours*, Paris, Flammarion, 2006, p.60.

〔3〕 我国法制近代化也是 19 世纪法典化浪潮中的一个部分。

了“解法典化现象”之后，当代民法典编纂工作的任务肯定不同于19世纪。[1]当前的法典观乃至法律观仍然是上一个法典化时代的遗产。整个19世纪中，欧洲的法学家也就法典的制定、解释、修订展开了漫长的探讨。可以说，19世纪的法学也是围绕着法典化这一现象展开的。我们奉为经典的那些法学知识和我们每天实践的法学方法其实都属于法典化之“长19世纪”的产物。

从更长的时间序列来说，19世纪的法典化是启蒙时代的产物。在法国，这一过程开启于路易十四统治下，在拿破仑时代达到巅峰。两幅古典主义油画在说明皇帝与法典的关系上胜过千言万语！在里戈(Hyacinthe Rigaud)为路易十四创作的皇室定妆画上，一名启蒙专制君主的形象表现得淋漓尽致。华袍上的金百合、权杖、腰间的佩剑，无不是王权的象征；但是背景的柱子基座上刻着的缪斯同时传达着两个信息：君主的权威最终能得到理性的认可，君主又时刻准备用他的权威捍卫艺术和科学。启蒙时代对法律的认识也一样：好的法律既是理性的产物，又能得到权力的执行。法国大革命虽然短暂推翻了君主制，却保留了启蒙时代的理想明君形象。共和派的代言画家雅克-路易·达维德(Jacques-Louis David)在为刚加冕成为皇帝的拿破仑创作他在书房中的形象时，有意强调了地面上普鲁塔克的《列传》和桌面上的《法国民法典》草案。法典草案之前是象征君主权威和力量的宝剑，暗示着这名伟人不但亲力亲为参与法典的编纂工

---

〔1〕 参见陆青：《论中国民法中的“解法典化”现象》，载《中外法学》2014年第6期，第1483-1499页。

作，而且时刻准备以武力捍卫法典。[1]康德在《什么是启蒙》中把启蒙精神概括为“勇于知道”(aude sapere)。当福柯(Michel Foucault)重读他的文本时加了一条：“勇于利用自己的理解去判断，但是也要知道在什么时候应该服从。”[2]换言之，启蒙的光明面是康德的笔，但是其月之暗面是弗里德里希大帝的剑。二者相辅相成，缺一不可。

法典化时代的诞生亦摇摆在笔与剑之间。自启蒙早期开始，哲学家和法学家就表达了对犬牙交错的管辖权和错综复杂、相互矛盾的多种法律渊源心存不满。他们认为君主敕令、罗马法、习惯法、判例法和教会法并存竞争的状态让人们无法形成对法律之判断的清晰预测，从而无法以稳定的预期开展社会生活。经历了 16 世纪晚期的习惯法学家对“法国法”的整理后，多玛(Jean Domat)和波蒂埃(Robert-Joseph Pothier)终于在绝对君主的庇护之下，手握灌注了理性精神的鹅毛笔完成了《法国民法典》的前期整理工作。

多玛与同为冉森派的帕斯卡尔(Blaise Pascal)过从甚密，并受帕斯卡尔影响痴迷于数学的精密推理。多玛对法国法学最重要的贡献在于提出了体系建构的主张，试图调和个人主义的主观权利理念和来自宗教的仁爱原则，并澄清了来自罗马法和习惯法的许多规则的表达。他之所以有闲暇撰写最重要的作品《自然秩序中的民法》，是因为得

---

〔1〕 以上两幅画作见朱明哲：《法律格言》，载《中国法律评论》2019 年第 3 期，第 140-145 页。

〔2〕 Michel Foucault, ‘What Is Critique?’, in James Schmidt(ed), *What is Enlightenment?: Eighteenth-Century Answers and Twentieth-Century Questions*(University of California Press 1996)382-398.

益于路易十四所赋予的丰厚退休金。在多玛去世后才出生的波蒂埃继续追寻着前辈的足迹，坐拥一座让所有法学家嫉妒的图书馆，成了著作等身的作者。他的《债论》不但是此前所有债法学说的集大成者，更为后来《法国民法典》的起草者提供了原封照搬的素材。比如合同的定义和合同的解释，更不用说《法国民法典》修改以前大名鼎鼎的第 1134 条："依法成立的契约，在缔结契约的当事人之间有相当于法律的效力。"这一条款可谓是波蒂埃把多玛的合意主义推向极致的示例。

启蒙主义之理性精神所重整和缔造的法律体系随着法国大革命的大地春雷，获得了稍纵即逝的政治契机。民族国家一方面以"同一个民族、同一种语言、同一部法律"的口号替代了"同一个国王、同一种信仰、同一套法令"，并在民族精神的旗帜下进行内部整合；另一方面把法律视作民族独特历史的产物。这种用理性精神洗礼的本国法汇编与集成最终成就了 1804 年的《法国民法典》，也标志着 1789 年革命后真正成为一个现代民族国家的法国在法律上的统一。政治的一面不但体现在民法典的诞生上，也体现在对民法典的拒绝上。在莱茵河的另一侧，法军的入侵不但依靠强力实现了原本邦国林立的德意志地区西南部的统一（莱茵邦联），而且让《法国民法典》在占领期内（1806~1813 年）适用于这片土地。统一民法典的诱惑如此之大以至于以蒂堡（Anton Thibaut）为代表的一些法学家认为不妨在统一的德意志建立起来之前，先用法国法作为德意志各邦的共同法。这种论调激起了以萨维尼（Karl von Savigny）为代表的保守派反击，后者主张法律就像语言一样形成于民族共同生活的历史。〔1〕论战直接导致了德国历史法学派的诞生，这一学派反对把法律看作人类普遍理性之具体化的法国自然法学的主张。既然法律不是普遍的，那么寻找德意志特有的法秩序自然要比吸收法国法更好。只不过他同样也主张罗马法上的技术和成熟的概念应该是构建法律科学大厦的基石。无论法国的启蒙主义者如何强调理性的普遍性，无论德国的历史法学派门徒如何强调法律内容的地方性，他们在民族国家的时代来临时完成的几乎是同样的任务：缔造一种结合了罗马法和当地习惯的法律并使之实现政治共同体内部法秩序的统一和对外的独立。

既受到启蒙思想家的生花妙笔背书，又得到政治强人的铁腕庇佑，属于法典化的 19 世纪也就为我们贡献了一个典型的启蒙故事。这一个故事从法国开端，却随着整个世纪的国际局势发展而扩展到全欧乃至全世界。拿破仑战争重构了欧洲的政治和法律版图，使法国法一直延伸到俄罗斯的边境。〔2〕随着法国的军队陆续把欧洲的各个地区收入麾下，拿破仑的法典也在莱茵地区、比利时、卢森堡、皮埃蒙特、热那亚、米兰、日内瓦这样成为法国领土的地区和荷兰、瑞士联邦、华沙大公国及贝格大公国、威斯特伐利亚王国以及法兰克福等附属国生效。在这个意义上，拿破仑所谓“我真正的光荣不在于打了四十次胜

---

〔1〕 Paolo Becchi, ‘German Legal Science: The Crisis of Natural Law Theory, the Historicisms, and Conceptual Jurisprudence’, *in* Damiano Canale, Paolo Grossi, Hasso Hofmann et Patrick Riley (eds), *A Treatise of Legal Philosophy and General Jurisprudence: A History of the Philosophy of Law in the Civil Law World, 1600-1900* (Springer Science & Business Media 2009) 185-224.

〔2〕 参见［法］西尔万·布洛凯：《〈法国民法典〉解释的起源：二元主义及其渊源》，刘泽宁译，载《京师法律评论》（第 11 卷），中国法制出版社 2019 年版。

仗，滑铁卢之战抹去关于这一切胜利的记忆……只有我的《民法典》无法为任何事物所磨灭，将永垂不朽”的说法无疑是给《法国民法典》贴金了。虽然这部伟大的作品因为其简洁、为日后的发展留有余地而成为各国政治强人竞相效仿的对象，但是没有滑铁卢之前那四十多场胜仗，其影响绝不至于如此深远。无论如何，《法国民法典》成了19世纪的典范法典，其各种各样的翻版陆续出现在意大利、西班牙、葡萄牙、塞尔维亚、罗马尼亚、保加利亚、墨西哥、巴西、阿根廷、秘鲁、玻利维亚、哥斯达黎加、巴拿马、圣多米尼格、海地、路易斯安那、奥斯曼帝国（突尼斯、摩洛哥、埃及）甚至日本。

二、适应社会的民法典

在空间上，《法国民法典》无远弗届；在时间上，它历久弥新。除关于离婚自由的条款随着政府对天主教的态度有所反复，1804年的文本在最初的100年里基本上没有受到什么实质性的挑战。直到现在，我们也还能数出其经历的重要变革：在数十年间逐步实现的妇女财产平等、1970年的家庭法改革、2013年的同性婚姻合法化、2016年的债法（主要是合同法）改革，以及尚在酝酿中的侵权责任法改革。[1]我们在后文会讨论法学对这种惊人的文本稳定性的贡献。此处需要指出的是法典的编纂者在一开始就没打算把它写成事无巨细的“社会生活百科全书”，反而希望仅仅规定一些常见的、原则性的事项，赋予法律的

〔1〕 当然，法典不能等同于法律。《法国民法典》变化缓慢并不意味着“民法”没有随着时代发展。

解释者广泛的自由来应对后续的细节事项。

当然，以我们的后见之明，当然可以提出各种洞若观火的解释。但是，更棘手的任务是让我们设身处地揣度当时正在创造民法典的人心里的想法。毕竟在 1791 年《法国民法典》开始起草时，欧洲虽然已经有了一些法律汇编的尝试，但人们还很难理解用一个统一的、简洁的文本统一所有的规范、一扫此前多元状态的想法。所以，大革命之后登上历史舞台的人物不仅对他们要建立一个什么政权感到迷茫，对于将要制定什么样的民法也颇为踌躇。考虑到这一点，回顾《法国民法典》诞生之初关于它的话语就至关重要了。而其中最能代表当时法典编纂者观念的，莫过于 1801 年波塔利斯（Jean-tienne-Marie Portalis）代表《法国民法典》起草委员会面对资政院（Conseil d' État）就法典草案所作的说明（《法典起草委员会关于民法典草案的演讲》）。

时间是 1801 年 1 月 21 日（共和历 9 年雨月 1 日），听众是资政院成员，〔1〕“第一执政”拿破仑也在座。起草并发表演讲的是法国民法学家波塔利斯。〔2〕后来波塔利斯还多次向资政院说明过草案的其他内容。不过这一次说明因为是以起草委员会名义所为之第一次公

〔1〕 在法国执政府（Consulat）时代，根据 1799 年（共和历 9 年）宪法，资政院是负责法律起草的机关。现在这一机构（Conseil d' État）成了法国的最高行政司法机关，所以一般译为“最高行政法院”。

〔2〕 波塔利斯的儿子说他是演讲稿的唯一起草人，但有证据显示波塔利斯的秘书们至少合作起草了演讲的初稿。Jean-Étienne-Marie（1746-1807）Auteur du texte Portalis, *Discours, rapports et travaux inédits sur le Code civil*, Paris, Joubert, 1844, p.1; Bernard Beignier, «Potalis et le droit naturel dans le code civil», *Revue d'histoire des facultés de droit et de la science juridique*, 1988, n°6, p.77-101. 这名普罗旺斯法学家 19 岁就在律师协会注册，在为包括各界名流的辩护中获得了极高的知名度。大革命的风暴中，他因为在 1793 年坚称不应处死国王而遭流放。后在拿破仑邀请下返回法国，成为民法典起草委员会中最重要的一员。

开演讲，所以自1827年整理出版以来流传最广，并在传播过程中添附了越来越多的传奇色彩。〔1〕相较于家庭和财产部分在各价值取向之间的微妙平衡，我们最看重的是对“序编”（Livre préliminaire）的说明。〔2〕虽然这一编“法与立法”的大部分内容没有出现在投票表决的草案中，〔3〕但波塔利斯如此精练地概括了支配起草委员会工作，并在此后作为法国模式之蓝本影响了多个国家民法典编纂的哲学，以至于每当人们探讨“真正的”法典化概念时，总会追溯到这次演讲。〔4〕

波塔利斯的核心问题是“法典到底是什么”。他提出的种种洞见中，有两个主张最为明显：（1）法典化也就是对既存规范的体系化；（2）法典无法包括所有规范。〔5〕波塔利斯明确提出民法典编纂应该保留传统和习惯。“立法为了满足人而创造，人却不是为了满足立法而创造。”所以，“立法必须适应它们所服务的人民的特点、习俗和社会

---

〔1〕 Bernard Beignier, «Potalis et le droit naturel dans le code civil», *Revue d'histoire des facultés de droit et de la science juridique*, 1988, n°6, p.77-101. 但他们并非第一个委员会，他们的草案也非第一个草案。此前康巴塞雷斯的委员会已经提交了三个完整的草案。

〔2〕 关于《法国民法典》各草案中主导意识形态的比较，参见朱明哲：《“民法典时刻”的自然法——从〈法国民法典〉编纂看自然法话语的使用与变迁》，载《苏州大学学报（法学版）》2016年第2期，第10-28页。

〔3〕 虽然法典编纂时期的讨论记录已经汇编出版，但我们仍没有明确的证据说明为何“序编”大部分的条文在草案第二次提交审议的时候就已经删去了。一种猜测是议员们认为其中包括了过多“属于法哲学而非民法典”的内容。Pierre-Yves Gautier, «Pour le rétablissement du livre préliminaire du code civil», *Droits*, 21 octobre 2005, n°41, p.37-52.

〔4〕 其中最著名的例子莫过于惹尼从中找到了法官解释权扩张的论据。François Gény, *Méthode d'interprétation et sources en droit privé positif*: *essai critique*, Paris, Pichon et Durand-Auzias, tome Ⅱ, 1899, p.87-90. 对于其中关于民法典编纂的全面检讨，参见石佳友：《法典化的智慧——波塔利斯、法哲学与中国民法法典化》，载《中国人民大学学报》2015年第6期，第91-101页。

〔5〕 参见石佳友：《法典化的智慧——波塔利斯、法哲学与中国民法法典化》，载《中国人民大学学报》2015年第6期，第91-101页。

情况”。[1]而让立法适应人民的最佳方式，就是尊重和保全他们的习惯。大革命摧毁了旧制度，却并不意味着一定要改变所有的习惯，因为“习惯当然有些早期野蛮时代的印记，但也有那些前辈智慧的光荣遗产，塑造了民族特性，应当得以保存”。[2]言下之意，法典编纂者的工作与其说是在砸烂一个旧社会后也不分青红皂白地砸烂所有旧社会的制度，还不如说是在建立一个新社会之后从旧社会的制度中去芜存菁：“只要没必要摧毁的，留下来都是有用的。只要现存的习惯不是恶习，立法就应该容纳他们。”[3]可见，波塔利斯极力为旧制度下的民事法律规范辩护，认为法典化应该是对过去数世纪成果的整理和汇编，而非重新创造。

最大限度地保留和继承旧制度下优秀民法成果的法典也只能在内容上保证尽可能完善，却无法做到完美，更无法一劳永逸地解决所有可能出现的争议。波塔利斯很严肃地提出了这一点：“认为可以存在一系列提前预知所有可能案件的法律体系，哪怕仅涉及一小部分公民，这种想法也是错误的。”[4]既然立法无法提前安排好一切，而法官又不能拒绝裁判，那么必然存在并未包含在法典之中的规范，有待法

---

〔1〕 Jean-Etienne-Marie Portalis, «Discours préliminaire prononcé par Portalis, le 24 thermidor an Ⅷ, lors de la présentation du projet arrêté par la commission du gouvernement», *in Recueil complet des travaux préparatoires du Code civil*, Paris, Videcoq, 1836, vol. Ⅰ, p.466.

〔2〕 Jean-Etienne-Marie Portalis, «Discours préliminaire prononcé par Portalis, le 24 thermidor an Ⅷ, lors de la présentation du projet arrêté par la commission du gouvernement», *in Recueil complet des travaux préparatoires du Code civil*, Paris, Videcoq, 1836, vol. Ⅰ, p.481.

〔3〕 Jean-Etienne-Marie Portalis, «Discours préliminaire prononcé par Portalis, le 24 thermidor an Ⅷ, lors de la présentation du projet arrêté par la commission du gouvernement», *in Recueil complet des travaux préparatoires du Code civil*, Paris, Videcoq, 1836, vol. Ⅰ, p.481.

〔4〕 Jean-Etienne-Marie Portalis, «Discours préliminaire prononcé par Portalis, le 24 thermidor an Ⅷ, lors de la présentation du projet arrêté par la commission du gouvernement», *in Recueil complet des travaux préparatoires du Code civil*, Paris, Videcoq, 1836, vol. Ⅰ, p.471.

官发现。对波塔利斯而言，这是法典化时代最大的挑战：要么是立法规定得过于细致和琐碎、自命无所不包，以致法官只能在出现无法预料的情况时牵强附会；要么是立法没有给法官足够的指引，以致法官恣意妄为。所幸，这两种情况《法国民法典》都可以避免。他以三个气势磅礴的排比段分别列出了令沐浴在法典化曙光中的法国如此幸运的原因：

> 在我们的社会，幸运的是法学成了一种人们可以奉献智慧、满足自尊、激发斗志的科学。……幸运的是有那么多汇编，有通过习俗、公理和规则建立起来的传统，让我们可以在今天如昨日一样裁判。……幸运的是当法官有必要调查、研究、深入了解他所需要裁判的案件时，他必须牢记不能放任自己的恣意和意志。〔1〕

法学家的学说和对习惯和判例的汇编恰如其分地成了立法的补充和法官裁判的指引。于是，立法只要以一般性的、适用于所有情况的规则指引法官即可，法官在遇到立法未加规定的情况时完全有能力借助判例、习惯和学说裁判。可见，第一部现代民法典的作者并不指望用一个文本一劳永逸地解决所有问题。相反，他们承认法律必须随着社会生活的发展而发展。理解这一点对于我们探索 19 世纪末到 20

---

〔1〕 Jean-Etienne-Marie Portalis, «Discours préliminaire prononcé par Portalis, le 24 thermidor an Ⅷ, lors de la présentation du projet arrêté par la commission du gouvernement», *in Recueil complet des travaux préparatoires du Code civil*, Paris, Videcoq, 1836, vol. Ⅰ, p.471-472. 为了行文简洁，我们只能引用每一段的第一句。

世纪初法学的革新至关重要。

不过，他的演讲也非常明确地揭示了一种法律的创造观。现代读者不能忘记的是，当时的语境是革命后共和主义观念占主导地位的时代。在 19 世纪的共和主义意识形态中，立法是规范的唯一来源，只有所有人平等地服从同一种法律，人才能保障自由和平等。〔1〕正因为当时立法至上的革命观念已经深入人心，波塔利斯才集中精力讨论如果立法者想要制定一部“好”民法典，他们应该在哪些方面加以节制。波塔利斯把“好的民事立法”说成是“人们可以给予和获得的至善”“道德的根源”“财产权的圣殿”“公共与个人和平的保证”。〔2〕拥有这一切美好事物的前提是“法兰西民族选为其首席法官的伟人”在制定民法典时“始终致力于民族的荣耀和人民的幸福”。〔3〕要做到这一点，就必须牢记“立法并非纯粹权力的行使，它还是智慧、正义、理性的体现。立法者虽然仰仗权威，但更肩负使命”。〔4〕至于具体的措施，无非上文已经提到过的，允许法官在未来出现的具体事项上决断、尊重和保守习惯与传统。

---

〔1〕 Jacques-Guy Petit, «La Justice en France, 1789-1939.Une étatisation modèle ?», *Crime*, *Histoire & Sociétés*, juillet 2002, vol.6, n°1, p.85-103.

〔2〕 Jean-Etienne-Marie Portalis, «Discours préliminaire prononcé par Portalis, le 24 thermidor an Ⅷ, lors de la présentation du projet arrêté par la commission du gouvernement», *in Recueil complet des travaux préparatoires du Code civil*, Paris, Videcoq, 1836, vol. Ⅰ, p.465.

〔3〕 Jean-Etienne-Marie Portalis, «Discours préliminaire prononcé par Portalis, le 24 thermidor an Ⅷ, lors de la présentation du projet arrêté par la commission du gouvernement», *in Recueil complet des travaux préparatoires du Code civil*, Paris, Videcoq, 1836, vol. Ⅰ, p.466.

〔4〕 Jean-Etienne-Marie Portalis, «Discours préliminaire prononcé par Portalis, le 24 thermidor an Ⅷ, lors de la présentation du projet arrêté par la commission du gouvernement», *in Recueil complet des travaux préparatoires du Code civil*, Paris, Videcoq, 1836, vol. Ⅰ, p.466.

作为法典化时代的法哲学之先声，波塔利斯的演讲明确指出立法的局限性。立法者无法预计社会生活发展中会出现何种需要法官裁判的纠纷，也就意味着他模糊地意识到有必要根据世事变迁发展法律。虽然他没进一步说“改变法律”，他所倚重的习惯也更多的是面向过去而非未来的规范，然而他至少承认现在的规范有补充和发展的可能。只有在接受了法律创造论的情况下，人们才有可能主动依照时代需求补充、发展、改变法律。而且，如果法律来源于人的创造而非神的意志或遥不可知的传统，那么人们很容易进一步主张应该用法律来实现人的某些目的。波塔利斯确实说立法者是“自然公平的虔敬解释者”，〔1〕但他也强调了好的民法对于繁荣、秩序、公民自由的保证，后者恰恰是大革命后立法者所希望实现的目的。在法典化的曙光刚刚照入欧洲的政治实践时，《法国民法典》的起草者已经意识到通过解释适用保持法律与社会同步发展的必要性了。半个世纪后，当革命在欧洲四起的 1848 年，这一思想进一步推进到了巅峰。

三、服从社会的法律

时间已经来到了 1847 年，地点在普鲁士王国的首都柏林，场合是柏林法学会（Juristischen Gesellschaft zu Berlin），演讲者是检察官基

---

〔1〕 Jean-Etienne-Marie Portalis, «Discours préliminaire prononcé par Portalis, le 24 thermidor an Ⅷ, lors de la présentation du projet arrêté par la commission du gouvernement», *in Recueil complet des travaux préparatoires du Code civil*, Paris, Videcoq, 1836, vol. Ⅰ, p.465.

尔希曼(Julius Hermann von Kirchmann)。[1]这名莱比锡大学的毕业生早年是刑事庭法官,1846年开始在柏林担任检察官,同时还是柏林哲学协会的主席。他的政治生活更加漫长且丰富。[2]1848年革命后他成为普鲁士议会中代表自由立场的议员。革命失败后他加入了进步党,并在1867年帝国议会(Reichstag)创立时便成为其议员。基尔希曼的演讲在两个重要的方面与波塔利斯的演讲不同。波塔利斯需要资政院支持他,所以必须避免引起普遍的反感;基尔希曼则希望唤醒听众反思当时流行的历史法学,所以需要用更激烈的言辞刺激他们。[3]对草案的说明为波塔利斯赢得了长久的掌声、为起草委员会赢得了支

---

〔1〕 德国法学史上的一个争议是,1847年基尔希曼演讲的这个学会到底是不是我们所熟悉、现在仍在活动的那个"柏林法学会"。后者1859年才正式成立。在一部关于柏林法学会的博士论文中,作者提出基尔希曼发表演讲的学会是1848年革命前夕众多公民讨论场所之一,和现在我们所说的柏林法学会没有渊源上的联系。Vgl.Andreas Fijal, Die Geschichte der Juristischen Gesellschaft zu Berlin in den Jahren 1859 bis 1933.Berlin.Walter de Gruyter 1991, S.7. 但拉伦茨1966年在柏林法学会发表演讲回应基尔希曼时,说自己有幸在"同一个协会"发言,而且这句话出版时保留下来了,至少说明学会本身乐于放任人们认为基尔希曼1847年发表演讲的组织是自己的前身。柏林法学会成立125周年的纪念大会以及相应文集中,也收录了一篇讨论基尔希曼演讲的讲话,其作者承认,对两个协会之关系的探讨至今没有结论。Vgl. Sendler Horst, Zur Makulaturproduktion des Gesetzgebers, in: Dieter Wilke, (Hrsg.), Festschrift zum 125 jährigen Bestehen der Juristischen Gesellschaft zu Berlin, Berlin.Walter de Gruyter, 1984, S.753–773. 不过,在"三月革命"以前很有影响力的一家报纸在报道这次演讲时说"现场观众反响并不强烈"。(Rainer Maria Kiesow, *L'unité du droit*, Paris, Éditions de l' École des hautes études en sciences sociales, 2015, p.38.)对比现场听众的平静和基尔希曼讲稿印刷后在德国法学界引起的强烈反响,似乎应该认为现场听众的立场更接近于基尔希曼而非后来猛烈抨击他的那些法学家。在这个意义上,可能当时邀请基尔希曼发表演讲的协会更接近于一个志同道合者组织的小型学者团体,而非一个能代表整个大都会法律行业的正式协会。

〔2〕 关于基尔希曼的政治生涯,参见Rainer A.Bast, Julius Hermann von Kirchmann: 1802–1884.Jurist, Politiker, Philosoph, Berlin.Meiner Verlag 1993, S.15 ff。另外,贝伦茨(Okko Behrends)评价他"固执己见、毫无妥协余地……又在思想上极具生产力的人物",参见[德]冯·耶林:《法学是一门科学吗?(上)》,李君韬译,载《比较法研究》2008年第1期,第152–159页。

〔3〕 拉伦茨就认为他采取了"论战形式"和"夸张修辞",以"唤醒自我反思"。[德]卡尔·拉伦茨:《论作为科学的法学的不可或缺性——1966年4月20日在柏林法学会的演讲》,赵阳译,载《比较法研究》2005年第3期,第144–155页。

持，而且此后两个世纪各国法学家都满怀谦卑地阅读他的文本；《作为科学的法学的无价值性——在柏林法学会的演讲》则为基尔希曼带来了争议和批评。最直观的不利影响是一次职务上的明升暗降：1850 年基尔希曼收到一纸调令，离开当时已经有 40 万人口的普鲁士首都柏林，前往偏远的、刚成为普鲁士领土不久、人口不过数万的拉齐布日（Racibórz）任法院副院长。即便如此，又不得不承认这次演讲至少在两个意义上相当成功。首先，基尔希曼提出的法律科学性问题从此成了法学上一个重要的议题，经久不衰。〔1〕其次，基尔希曼揭示了不同于历史法学之概念化、体系化努力的一种进路，转而更加关注经验。〔2〕

《作为科学的法学的无价值性——在柏林法学会的演讲》以法律的创造论为前提，强调立法因为是人的创造物所以可以改变，并由此阐述了一种法律的进化论。

就从基尔希曼最让人印象深刻的那句名言开始："立法者的三个更正词就可以使所有的文献成为废纸。"〔3〕它首先传达了两层意思：（1）法学把立法当作主要对象，而立法是立法者意志的创造；（2）立法

---

〔1〕 他的演讲付梓后，不但马上引起了鲁道夫（Adolf Rudorff）的反驳，而且让耶林（Rudulf von Jhering）在 1868 年的维也纳大学就职讲座上以"法学是一门科学吗"为题作为回应，甚至 1966 年当拉伦茨在柏林法学会发表演讲时，也选择了基尔希曼的论题。参见［德］冯·耶林：《法学是一门科学吗？（上）》，李君韬译，载《比较法研究》2008 年第 1 期，第 152–159 页；［德］冯·耶林：《法学是一门科学吗？（下）》，载《比较法研究》2008 年第 2 期，第 152–159 页；［德］卡尔·拉伦茨：《论作为科学的法学的不可或缺性——1966 年 4 月 20 日在柏林法学会的演讲》，赵阳译，载《比较法研究》2005 年第 3 期，第 144–155 页。

〔2〕 Hubert Rottleuthner, Rechtswissenschaft als Sozialwissenschaft, in: Eric Hilgendorf/Jan Joerden (Hrsg.): Handbuch Rechtsphilosophie, Stuttgart.J.B.Metzler, 2017, S.251–254; Eric Hilgendorf, Revolutionskritik, Deutscher Idealismus, Utilitarismus, Marxismus und Positivismus, in: Eric Hilgendorf/Jan Joerden (Hrsg.): Handbuch Rechtsphilosophie, Stuttgart.J.B.Metzler, 2017, S.152–159.

〔3〕 ［德］J.H. 冯·基尔希曼：《作为科学的法学的无价值性——在柏林法学会的演讲》，赵阳译，载《比较法研究》2004 年第 1 期，第 146 页。

者可以随时改变作为法律一部分的立法。这两种观念相互联系，在法典化时代成型并流传下来成为我们法律观的一部分。如果说波塔利斯在 1801 年还不愿意直言立法者可以根据其意志创造任何规范、希望说服立法者接受起草委员会专家的指引，那么，基尔希曼在 1847 年已经可以毫无顾忌地说，即便立法者“无知、粗俗和狂热”，也不妨创造作为立法的实在法。这说明至少在 19 世纪中叶，德意志法学家已经广泛接受了立法源于人类创造这种想法；否则基尔希曼也不会批评他们只研究立法，甚至只关心“实在法的漏洞、歧义、矛盾”。〔1〕当时，德意志各邦国既未完成法国在大革命后实现的中央集权民族国家建设，也没有正式接受卢梭式共和主义的政体和政治思想，但法典编纂早就已经于 1794 年《普鲁士普通邦法典》开始编纂时启动了。这恰恰说明法律创造论虽然可能在法国与共和主义相关，却可以脱离共和主义在法典化时代独立存在。在这个意义上，基尔希曼的名言首先延续了波塔利斯早在半个世纪以前表达过的想法，只是更加大胆和直接。

从法律的创造论往前再迈一小步，基尔希曼就踩在了法律进化论的台阶上。既然立法者可以创造规则，自然也可以修改规则。既然法学家们可以认识到立法存在的漏洞、歧义和矛盾，那么立法者自然也可以至少借助法学的“评注、释义、专著、解析、思辨、论文以及案例”

〔1〕［德］J.H. 冯·基尔希曼：《作为科学的法学的无价值性——在柏林法学会的演讲》，赵阳译，载《比较法研究》2004 年第 1 期，第 138-155 页，第 146 页。此处“实在法”在原文中为“positive Gesetz”，指的实际上就是本书用的“立法”。下文中除非直接引用译文，否则将还是使用“立法”一词。类似的情况是基尔希曼用来表达“自然法”的词是“natürliche Recht”，而非人们现在更习惯的“Naturrecht”。

了解这些缺陷的存在。基尔希曼用词的严谨就在此处体现：他说的是（drei berichtigende Worte des Gesetzgebers），而非“三个词的改动”。更正意味着立法文本的改变填补了漏洞、消除了歧义、调和了矛盾。大部分引用这句话的作者用它来说明对法学之客观性的挑战。拉伦茨的高明之处在于意识到这句话讨论的是时间性问题，但他因为论题选择的局限性，只提到了“法学在获得能够经受实践考验的认识方面的无能”，并把其原因归结为“实在法的飘忽不定”。〔1〕这种理解既夸大了这句话所涉及的范围，又低估了基尔希曼思想中的进步因素。基尔希曼说会变成废纸堆的仅仅是法学图书馆中那些围着漏洞、歧义和矛盾打转的部分。〔2〕在他的嘲讽背后，恰恰隐藏着对未来的乐观主义：创造法律的立法者不但可以改变法律，更可以（无论是否参照法学的成果）改善法律。如果立法不断改善，那么，基尔希曼所批判的以立法为立足点的法学其实始终考察着一种更好的对象，本身也可以不断地发展。基尔希曼所描绘的立法和法学似乎并不像大多数引用他名言的人想的那样悲观。

一种有价值的法学必须认识到法律的可变性。他所批判的那种作为科学没有价值的法学是忽略了法律之可变性的法学。法学的研究对象是法律，“就是在一个民族中生存着并且由每个人在各自的范围内实现的法律，我们也可以把它称为‘自然法’”。〔3〕然后他又说：

---

〔1〕［德］卡尔·拉伦茨：《论作为科学的法学的不可或缺性——1966年4月20日在柏林法学会的演讲》，赵阳译，载《比较法研究》2005年第3期，第145页。

〔2〕参见［德］冯·耶林：《法学是一门科学吗？（上）》，李君韬译，载《比较法研究》2008年第1期，第152-159页。

〔3〕［德］J.H.冯·基尔希曼：《作为科学的法学的无价值性——在柏林法学会的演讲》，赵阳译，载《比较法研究》2004年第1期，第140页。

“首先进入我们视野的一个特征就是作为法学研究对象的自然法的可变性。”〔1〕正是对象的可变性让法学区别于其他的科学。如果一门学科研究的对象是在时间流之内不断变化的，那么，这一对象在每个时代不但表现的特征不同，也具有不同的本质。所以研究不同时代的法律，根本就是在研究完全不同的事物。既然如此，历史法学试图用过去的法律制度来构建现今的制度的做法就完全是错误的。因为这一做法背后的假设是包括家庭、国家、债乃至所有权在内的一切法律制度都各自有一个核心的本质，通过研究过去的制度可以了解这一本质，从而推论现在应该存在的制度。于是，他认为“按照过时的条条框框来构建现今的制度”就成了“法学罹患的第一个重症”，其结果是“法学自身成了法律向前发展的绊脚石”。〔2〕要治愈这一重症，就有必要抛弃对制度之历史连续性的迷梦，转而研究那些在本质上就和此前的制度不同的现实法律。

如果法学应该以法律为研究对象，又不应该囿于过去的法律和当前的立法，那么，留给法学的可能性只剩下一个了：研究未来的法律。基尔希曼把法律分成自然法和立法。“对于现实的法律却完全视而不见，很自负地把现实的法律推给那些受到轻视的实务工作者”〔3〕这句话中“现实的法律”说的绝不仅仅是“现行有效的实证法”，它同时包括了“现在的自然法”。于是马上浮现的一个问题是：如何判断自

〔1〕［德］J.H. 冯·基尔希曼：《作为科学的法学的无价值性——在柏林法学会的演讲》，赵阳译，载《比较法研究》2004年第1期，第141页。

〔2〕［德］J.H. 冯·基尔希曼：《作为科学的法学的无价值性——在柏林法学会的演讲》，赵阳译，载《比较法研究》2004年第1期，第142页。

〔3〕［德］J.H. 冯·基尔希曼：《作为科学的法学的无价值性——在柏林法学会的演讲》，赵阳译，载《比较法研究》2004年第1期，第143页。

然法？为了解决这个问题，基尔希曼提出，[1]而且法律同时作为一种知识和一种感受的特征正是人们应该予以保留和重视的："对于法律的这一特征不应视为瑕疵，恰恰相反，它或许正是法律的最高价值所在。"[2]既然法律包括了感受的一面，那么，法律的可变性实际上是与这种感受的可变性联系在一起的。所以他才指出，"任何时代都有深刻触动整个民族的法律问题……这些问题告诉人们在哪些领域就有的概念已经逐渐死亡，法律迫切需要新的创造"。[3]这反过来解释了为何每个时代的法律即便在外观上有着重要的共性，却具有不同的本质：人们的感受发生了改变，理解那些看上去一样的法律概念时便不可能遵循前人的理解。于是，如果法学"从来就不曾对现实有所感悟"，[4]那么就无法洞察现实中正在发生的关于法律之感受的变化。更重要的是，法感受不仅仅时刻在变化，而且在不断进步："对于以上的指摘，人们不能反驳说这不是法学的事，而是属于立法的政策和艺术，当其他学科以掌握或者引导新事物作为最重要的任务、作为终极目标时，法学却自外于政策，对新事物无能为力，这是法学的悲哀。"[5]如果法学想要让这种悲哀终结，就有必要把新产生的法感受作为自然法的要求接受下来，然后用立法的工具实现它。如此分析演讲的文本就不

---

〔1〕 参见［德］J.H. 冯 · 基尔希曼：《作为科学的法学的无价值性——在柏林法学会的演讲》，赵阳译，载《比较法研究》2004 年第 1 期，第 143 页。

〔2〕 ［德］J.H. 冯 · 基尔希曼：《作为科学的法学的无价值性——在柏林法学会的演讲》，赵阳译，载《比较法研究》2004 年第 1 期，第 144 页。

〔3〕 ［德］J.H. 冯 · 基尔希曼：《作为科学的法学的无价值性——在柏林法学会的演讲》，赵阳译，载《比较法研究》2004 年第 1 期，第 154 页。

〔4〕 ［德］J.H. 冯 · 基尔希曼：《作为科学的法学的无价值性——在柏林法学会的演讲》，赵阳译，载《比较法研究》2004 年第 1 期，第 155 页。

〔5〕 ［德］J.H. 冯 · 基尔希曼：《作为科学的法学的无价值性——在柏林法学会的演讲》，赵阳译，载《比较法研究》2004 年第 1 期，第 154 页。

难看出，此处的“现实的法律”不仅仅是“如其所是”的现行实在法（lex lata），也包括了由法感受表达的、“如其所应是”的未来之法（lex ferenda）。所以，有科学价值的法学必须研究人民感受中体现的未来之法，而这种法学必然认为法律本身是可以向前发展的。

基尔希曼的演讲中既承认了立法者对法律的创造，又蕴含了法学家要“通过立法、超越立法”的意思。其言外之意是法律的解释者必须构想比立法文本所表达的规范更高明的“自然法”。超越立法文本的想法虽然在波塔利斯的演讲中表达过，但 19 世纪的主要法典仍致力于阻止解释者的僭越。文义解释和逻辑解释还是各国立法者用以限制法学家们的解释原则。比如《巴登大公国民法典》（1809）第 6 条 a 款规定：“本法典各条款对民事法律相关事项或作出明确规定，或通过逻辑解释可以得出，除非其他条款作出了相反的规定。”19 世纪中叶的民法典则加入了立法者意图的考虑。比如《撒丁王国民法典》（1848）第 14 条要求法官“在适用法律的过程中，不允许超出条文本身、不同条文之间的组合以及立法者意图之外赋予其他的意义”。《摩德纳民法典》（1852）也类似：“在法律适用过程中，不应当赋予条文超出其用词本义或立法者明示意图之外的其他意义。”〔1〕然而 19 世纪初的法学家——所谓的“解经法学家”们——在试图理解法典“文义”时已经广泛援引罗马法、法学家法和其他渊源了。到了 19 世纪 30 年代末，随着社会生活日趋复杂、立法中的缺陷暴露得越来越多，已经有强有力的声音主张在通过判例寻找法律所能实现的“社会目标”，从而

〔1〕 Sylvain Bloquet, *La loi et son interprétation à travers le Code civil*, Issy-les-Moulineaux, Librairie Générale de Droit et de Jurisprudence, 2017, p.394.

让判例参与法律演化。[1]从他同时代人这种对解释方法和法律渊源的探讨中，基尔希曼又往前迈了一步，提出立法只是法律的一部分，而且立法不过是实现不断发展演进的“人民的自然法”之形式工具。

正是这种对法律进步的信念最为直接地刺激了19世纪历史法学的神经。不要忘记1847年演讲的地点是柏林，此时，柏林大学的教授萨维尼“及其创立的历史法学派统治着整个德国法学”，“柏林大学取代了哥廷根大学、海德堡大学成为德国法律学术的中心”。[2]借着对回首历史、整理国故方法之科学性的批判，基尔希曼也否定了19世纪德国历史法学中秩序、确定性、封闭性之梦。[3]历史法学所强调的法学中立性和科学性在那个特定的历史语境下实际上就是保守和反对改革的政治立场。[4]基尔希曼强调的法学政治性则要求法学认真考虑政治进步、经济自由、民族统一的要求。与其说基尔希曼标新立异地批判了历史法学，不如说19世纪40年代末的革命氛围中对历史法学的普遍不满通过他表达了出来。[5]演讲发表的次年，即1848年，革命的浪潮席卷全欧，德国爆发了历史上第一次大规模的革命——“三月革命”，象征着德意志民族意识觉醒的艺术形象“日耳曼尼亚”广泛流传。在这种革命氛围中，可以说法律的科学性并不是基尔希曼关心的主要方

---

〔1〕 Alexandre Ledru-Rollin, «Coup d' œil sur les praticiens, les arrêtistes et la jurisprudence», *Journal du Palais*, 1842, vol.3, p. Ⅸ.

〔2〕 舒国滢：《德国1814年法典编纂论战与历史法学派的形成》，载《清华法学》2016年第1期，第92-111页。

〔3〕 Rainer Maria Kiesow, *L'unité du droit*, Paris, Éditions de l' École des hautes études en sciences sociales, 2015, p.37.

〔4〕 参见[德]霍尔斯特·海因里希·雅科布斯：《十九世纪德国民法科学与立法》，王娜译，法律出版社2003年版，第57-58页。

〔5〕 Vgl.Eric Hilgendorf, Revolutionskritik, Deutscher Idealismus, Utilitarismus, Marxismus und Positivismus.

面，他只是以此介入 1814 年论战以来的法学传统。这名日后的进步党人关心的是民主、是当下、是创造适应时代精神的新法律的可能性，是人民通过政治运动表达出来的对变革的要求。[1]也正是在这种革命氛围中，历史法学以科学之客观性拒绝政治运动影响的努力终告失败，标志性的事件便是《历史法学杂志》(Zeitschrift für geschichtliche Rechtswissenschaft)仅仅在“三月革命”之后两年，就在 1850 年第 15 期出版后宣告停刊。当然，期刊停刊并不必然意味历史法学的衰败，更不意味着以科学驯服政治的法学家法传统的终止。继起的学说汇纂学派传承、改造并发展了历史法学的成果与精神，并促成了《德国民法典》的最终问世。[2]然而无论是概念法学、利益法学还是自由法学，“三月革命”后的法学思潮或多或少接受了进化的法律观。它们的区别仅仅在于到底是精英法学家还是大众在推动法律进化。

第二节　法典至上及其危机

一、“解经法学”的百年探索

(一) 关于“解经法学”的错误观念

热斯塔茨和雅曼曾经指出过关于 19 世纪法学发展的正统叙述中关于“解经法学”的三个错误观念：解经法学家止步于对法典条文字

---

〔1〕 Rainer Maria Kiesow, *L'unité du droit*, Paris, Éditions de l' École des hautes études en sciences sociales, 2015, p.55-56.

〔2〕 参见舒国滢:《19 世纪德国“学说汇纂”体系的形成与发展——基于欧陆近代法学知识谱系的考察》，载《中外法学》2016 年第 1 期，第 5-36 页。

面意思的解读，而且所有人都完全不关注判例；解经法学家们形成了独一无二的“解经法学派”；解经法学派支配了整个19世纪，并且其发展历程可以分为创立（1804~1830年）、顶峰（1830~1880年）、衰落（1880~1900年）三个阶段。[1]正如下文将要具体解释的那样，所谓“解经法学”虽然把法典奉为圭臬，但是除其中少数几个缺乏创造力的学者外，更普遍的倾向是展现法典所确定之法律体系，并在这一体系中通过判例解释规则的意义，而非斤斤于文辞。而且，这种以典为经的风格在19世纪前期中的优势地位也是相对的，它从未一统天下，更没有支配整个19世纪。其实，对19世纪法学的误解不限于此。更重要的其实是19世纪末以来对于解经法学在政治、社会、学术三个层面上的歪曲。这三方面歪曲解释了为何19世纪末法国法学的嬗变会建立在对“解经法学”这一稻草人的攻讦上。

关于“解经法学”的流行观念从19世纪行将结束时开始散见于萨莱耶（Raymond Saleilles）、惹尼、普拉尼奥（Marcel Planiol）等的著作中，并于博纳卡斯（Julien Bonnecase）1924年彻底的清算作品《民法中的解经学派》（*L'école de l'exégèse en droit civil*）达到巅峰。[2]当惹尼开始批评19世纪的作者时，关于这些人能够形成统一“学派”的想法尚未出现。他只认为前辈们提出了某些方法，这种属于19世纪的“解经方法”（la méthode exégétique）或者传统方法与他所主张的“自

---

〔1〕 参见［法］菲利普·热斯塔茨、［法］克里斯托弗·雅曼：《作为一种法律渊源的学说——法国法学的历程》，朱明哲译，中国政法大学出版社2020年版，“第二章”。

〔2〕 Julien Bonnecase, *L'école de l'exégèse en droit civil*, Paris, de Boccard, 1924. 这些作者虽然出道于19世纪末，但除萨莱耶外，皆活跃于20世纪前期，所以我们认为他们属于“20世纪”的作者。

由科学的研究”(la libre recherche scientifique)方法对立。所谓的解经方法，在当时还是第戎大学年轻教授的惹尼眼中乃立足于两个主要前提：第一，法律科学的性质仅仅是从表达了立法者意志的文本中逻辑地推导出结论而已；[1]第二，所有的立法构成了一个完整而和谐的体系。[2]他认为这种方法贯彻的是“革命的法典化”观念——立法者有权对社会生活的一切方面作出他们认为合理的规定，而且社会生活的所有事项都必须等待立法者规定后才能得到法律的仲裁。于是，惹尼把解经法学的政治哲学立场等同于立法至上主义，并批评他的前辈们让法学从属于立法者的意志。

如此一来，又可以引出对解经方法的第二个批评：解经法学让昨天的立法者拿着早已泛黄的旧船票，堂而皇之地登上了今天社会生活的航船。体现在立法中的意志毕竟已经是明日黄花，还用他们的观念约束已经日新月异的社会体现了解经法学的麻木不仁。不仅如此，关于这一方法之科学性的质疑也就呼之欲出了：既然法学家追求的是“意志”，那么19世纪的法学自然是缺乏一些“科学”了。传统方法对形式逻辑和概念分析的执着最多只是中世纪诠释法的延续，与当代的实证科学可谓方枘圆凿。所以法学方法的革新者们才称自己为“科学学派”，因为他们声称自己不再受立法者意志的禁锢，而可以通过探索“事物的本质”实现法学的科学属性。

于是，在“科学学派”的猛烈攻击下，19世纪前期的法学似乎变

---

〔1〕 François Gény, *Méthode d'interprétation et sources en droit privé positif: essai critique*, Paris, Pichon et Durand-Auzias, tome Ⅱ, 1899, p.55-56.

〔2〕 François Gény, *Méthode d'interprétation et sources en droit privé positif: essai critique*, Paris, Pichon et Durand-Auzias, tome Ⅱ, 1899, p.56-59.

成了一种推崇立法者的无上权威、对社会生活的迅速变迁视而不见、痴迷于形式逻辑的古板教条。这种形象又与莱茵河对岸的概念法学遥相呼应，共同构成了人们关于 19 世纪欧陆法学的刻板印象，甚至可以在大洋彼岸的哈佛法学院兰德尔（Christopher Langdell）院长身上找到它的影子。在这种刻板印象下，整个 19 世纪似乎就是一个对文本的概念进行机械分析的年代。〔1〕类似的大而化之、似是而非、缺乏细节历史材料支持的观念，在法理学的发展中尤其常见，也尤其有害。

下面将从 19 世纪前期对法典原理的探索和 19 世纪中后期对新素材的探索两方面澄清法典化时代法学的面貌。〔2〕

（二）对法典原理的探索

所谓“解经法学”的代表人物无疑是德莫隆布（Charles Demolombe）。“《民法典》乃市民生活之真宪法”的名言就出自其口。他与《法国民法典》生于同一年，他在 1826 年于巴黎法学院取得博士学位时年仅 24 岁。1827 年，德莫隆布在卡昂法学院取得了候补教授的职位，一直到 1887 年辞世，从未离开，一直在此注解并讲授《法国民法典》，可谓皓首穷经。他拒绝了包括最高法院法官任命在内几乎所有人世间可以提供的荣誉。其成果是《〈拿破仑民法〉讲义》(*Cours de Code Napoléon*)，从《法国民法典》第 1 条开始，逐条注释，直至其

〔1〕 Duncan Kennedy, 'Three Globalizations of Law and Legal Thought: 1850–2000', in Alvaro Santos et David Trubek (eds), *The New Law and Economic Development* (Cambridge University Press 2006) 19–73.

〔2〕 这两部分的内容主要参考了［法］菲利普·热斯塔茨、［法］克里斯托弗·雅曼：《作为一种法律渊源的学说——法国法学的历程》，朱明哲译，中国政法大学出版社 2020 年版，“第二章”。

生命最终消逝时于第 1386 条戛然而止。这项未完成的事业给后人留下了 31 卷的鸿篇巨制，也为他赢得了“解经王子”的称号。如今，拥有整套的《〈拿破仑民法〉讲义》已经成了藏书家的梦想。

可以说《〈拿破仑民法〉讲义》奠定了法典条文分析的写作范式。作者总是从需要评注的文本出发，紧接着提出一个虚构的案例，凸显文本的应用和疑难。然后，再提出一个一般性的原则来分析文本，最后回归到一个古老的公式或者教条来确定法律规则的意义。更重要的是，德莫隆布在书中提出了文本注解的核心信条：“文本优先于一切！”他解释道：“我把自己的《民法典》课程出版，因此我需要完成的任务是解释、阐明法典本身，把它视作活生生的法律、可以适用的法律和必须适用的法律。我对教义学方法的偏爱也没有阻止我永远以立法的条文作为基础。”〔1〕他显然认为解释清楚规则的含义是从事法律实践的第一步。既然是讲义，本书的对象毫无疑问是那些有志于从事法律实践的年轻人。德莫隆布也在前言中说明，写作本书的目的乃是让学生可以直接从法学院走向法院。言下之意，把法典当作经典解释这一事业背后的推动力是实用职业的需求，而不是对科学真理的追求。

如果说 19 世纪上半叶的法学家有什么共性的话，绝不是他们的写作风格，而是集中表现在德莫隆布评注中的职业精神和随之而来对实证法的强烈依赖，也就是一种“立法 / 法典至上主义”的心态特征。巴黎法律学校的院长德尔万古（Claude-Étienne Delvincourt）枯燥的教科书只不过是对《法国民法典》和《法国商法典》的重述。斯特拉

---

〔1〕 Charles Demolombe, *Cours de Code Napoléon*, A.Lahure, 1880, p. vi.

斯堡的奥布里（Charles Aubry）和劳（Frédéric-Charles Rau）的教科书使用的是潘德克吞式的综合方法，更接近此后为德国法学的钟爱者所津津乐道的“提取公因式”。德莫隆布的注释与司法文书的风格高度相似，而且严谨的分析也无法掩盖其轻松愉快的散文笔法。以特罗隆（Raymond-Théodore Troplong）为代表的大评注家的作品在实务人士中赢得了巨大的声望。而且，他们的作品中也或多或少会加入一些庸俗的神学或者哲学讨论，用这些天主教徒们耳熟能详的道德说教为自己的观点背书。

现在，对 19 世纪早期的立法 / 法典至上主义最流行的概括来自比奈（Jean Joseph Bugnet）的一句名言：“我不知道民法是什么。我教的是《拿破仑民法典》。”（je ne connais pas le droit civil, je n’ enseigne que le code Napoléon）但这一宣言本身值得进一步分析。我们要问的是：到底所谓的解经法学以何种方式只知《拿破仑民法典》而不知民法。

答案显然不是他们对政治与社会动荡漠不关心。抛开远离公共生活的德莫隆布、奥布里和劳（就连他们也是当地律师公会的主席），19 世纪前期的法学家往往是公共生活中的重要角色。第戎法学院的院长蒲鲁东（Voctor Proudhon）拒绝惩戒律师在政治审判时过于激进的言论，也不愿制裁高呼“自由派万岁！自由万岁”的学生，并因此遭到了复辟政府的惩罚。只是因为他太受学生欢迎，惩戒也就不了了之。德尔万古作为一个极其强势的院长，公开抵制 1819 年把公法课程加入法学院教育的政令，而且作为一名保守派，主张不能让年轻人接触任何搅动危险的思想。相反，特罗隆坚定不移地支持拿破仑三世的自由政体，主张民众所支持的领袖应该享有绝对权力，并身居最高法院和参议院主席高位。

答案显然不是他们只研究法典文本而不关注判例。“文本至上”并未遮蔽19世纪早期法学家对判例的使用。德莫隆布在参与创办的《判例评论》(*Revue critique de jurisprudence*)中称判例为“民法的鲜活声音”，而且尝试过编纂了一部判例举要。而且，在评价同行争议时，他所引用的那些司法判决似乎就在手边。〔1〕他恰好可以作为一个极具说服力的例子，说明所谓的解经法学家并不像人们后来批评的那样，把法典看作抽象的、没有历史的、与判例完全隔离的文本。他们对文本的分析也并不囿于体系融贯性和句法。然而，如果说法典的文本总是要在判例的帮助下得以澄清，那么判决更不可能脱离法典的文本而具有独立的意义。判例的作用在此时无非是“在行动中彰显立法的戏剧”而已。法典的注释者只是通过判决所提供的实例阐明法典的规则在实务中可能出现的解释争议，并用最高法院那些经过学者精挑细选的少数判例阐明这些争议的解决办法。甚至在判例过于纠结于证明事实时，他们会毅然决然使用自己编出来的案例来阐明问题。〔2〕他们最担心的还不是学生无视判例，而是这些年轻人掉进判例支离破碎的泥淖之中不能自拔，反而无法理解法典已经形成的清晰、稳定的秩序。

对于法典的忠实拥护者而言，波塔利斯的忠告言犹在耳：社会生活不断发展，要保持法典的整全性和立法者借由法典确立的清晰、稳

---

〔1〕 参见［法］菲利普·热斯塔茨、［法］克里斯托弗·雅曼：《作为一种法律渊源的学说——法国法学的历程》，朱明哲译，中国政法大学出版社2020年版，第78页。

〔2〕 这一点和我国一些著名法学院最近几年期末考试时喜欢围绕着知识点编写考试案例的风气颇为相似。

定秩序，那么仅仅靠那几千条规则就不够。相反，“必须让学生学到的是独立解决每天以新面目出现的种种问题的能力。为此，就必须为他们指引那些构成科学原理的知识”。〔1〕这些科学原理不是旁的，就是法典的文本所确定的那些法律原则。于是，如果我们翻开一本典型的19世纪上半叶的民法教科书，不难发现作者总是试图提出一系列原理或者“一般法律原则”。而且这些原理并不是在自然法精神的指导下从自然秩序中发现的，而是体现在法典之中的实证法秩序的一部分。他们认为自己在解释法典条文时不但发现了超越文本的原则，同时反过来用这些原则在支撑着具体条文的解释。真正重要的不是文本的语法结构，更不是对于自然法成文化这一理念的执着热爱，而是对法典中存在一以贯之的法律理念这一想法无比坚定的信念。用今天的法学方法论的术语来说，“解经法学家”们想要做的是以法典的文本为素材建立起一个体系，并让每一次具体的法律解释活动都在这一体系中获得意义。〔2〕所以，与其说他们是“立法至上主义者”，不如说他们是“法典至上主义者”。

真正让法典化时代的法学家区别于他们的前辈和后进的特点是，他们所使用的将法典文本奉为圭臬的独特方法。只要我们抛开一些人云亦云的成见，至少去下载法国国立图书馆扫描的高清历史文本亲眼阅读一下，很快就会发现所谓解经法学不关心判例、不关心法律与社会生活的联系这样的说法是多么不负责。实际上，很多所谓的解经家

---

〔1〕 Antoine Marie Demante, *Programme du cours de droit civil français fait à l'école de Paris*, Paris, Alex-Gobelet, 1830, p. Ⅷ.

〔2〕 关于法律体系在德国法学方法论传统中的形成，参见雷磊：《适于法治的法律体系模式》，载《法学研究》2015年第5期，第3-27页。

还保留着旧制度下法学家的惯习，在书院和法院之间频繁穿梭，游刃有余，并时刻准备着出任高级政府官员的职位。但在不同的研究素材所形成的星空中，他们确实把法典放在了北斗的地位。无论是纷繁复杂的判例，还是瞬息万变的社会生活，在他们眼中都是法典中所贯彻的原则需要规训的对象，却不能对法典构成挑战。

（三）对新素材的探索

至此，我们已经对 1850 年以前的法学发展作了一些澄清甚至辩护。无论我们如何强调《法国民法典》只是整合了早已存在的罗马法和习惯法规则，[1]法典毕竟是一个新的形式，法学家首先把精力放在解释文本上无可厚非。[2]同样不可否认的是，尽管围绕着法典展开的 19 世纪法学并非不关心实践，也并非流于形式，但是其对研究的素材缺乏批判的教条主义弊病，确实在 19 世纪中期逐渐变成了法学发展的障碍。

道理其实很简单：以《法国民法典》为代表的一系列法典中有大量基于具体现实问题考虑而制定的规则，这些规则背后与其说是一以贯之的抽象原则，不如说是活色生香的社会生活。比如从第 516 条开始，整个第二编中不厌其烦地具体列举各种不同的物：风磨或水磨（第 519 条），已经收割的谷物（第 520 条），河川的冲积地（第 556 条），小树、幼树、树苗（第 590 条），因供葡萄架用的材料而采取的树木（第

〔1〕 Jean-Louis Halpérin, *Histoire du droit privé français depuis 1804*, Paris, Presses Universitaires de France, 2001, p.11-12.

〔2〕 参见朱明哲：《"民法典时刻"的自然法——从〈法国民法典〉编纂看自然法话语的使用与变迁》，载《苏州大学学报（法学版）》2016 年第 2 期，第 10-28 页。

592 条),坐落于水流出口处的不动产(第 644 条)……这种个别列举的逻辑在第 524 条达到巅峰。为了阐明因为拟制而成为不动产的物,条文详尽地把耕作用家畜、农业用具、供给佃农或小佃农的种子、鸽舍中的鸽子、兔园中的兔、巢中蜜蜂、池塘中的鱼、各种酿酒设备、稻草及肥料一一列举。这种做法当然牺牲了体系上的严谨性,其中谷物的一生就是最好的范例:在一株麦子还是青苗的时候,它属于不动产的范畴,而一旦成熟收割,则立刻成了动产。细读《法国民法典》,我们几乎可以了解 19 世纪初法国乡村生活的风貌。而且每个规则都希望解决一个具体的争议。但是,随着面向具体生产生活的规则进入大学课堂,它们在社会中的根系也就断裂了,它们所服务的社会目的也从此隐而不彰。更糟糕的是,当学者们试图用附着物和定着物这样的人造概念和抽象原则去整合这些规则后,它们背后生动多彩的社会生活进一步让位于空洞的教条。〔1〕

其结果是法学也变得枯燥乏味,这可以从法国两位文豪的逸事中看出。在 1840 年写给巴尔扎克(Balzac)的信中,司汤达(Stendhal)承认:“在写作《帕尔马的修道院》时,我不时会读几页《民法典》来寻找韵律。”两年后,刚进入巴黎法学院学习的福楼拜(Gustave Flaubert)在写给好友舍瓦利耶(Ernest Chevalier)的信中则全然不见这种轻松,反而充斥着他在学校的焦虑:“在过去的一月中,我没有读一句诗,没有听一个音符,也没有超过三小时的好梦——简言之,我没有哪怕一

〔1〕 Théodore Jouffroy, «Comment les dogmes finissent», *Globe*, mai 1825, Ⅱ, p.1–22; E.Caro, «Comment les Dogmes finissent et comment ils renaissent», *Revue des Deux Mondes*, 1886, vol.73, n°3, p.481–520.

分钟在生活。我的老朋友，你能想象我所受的煎熬吗？昨晚，我梦见了法律。我反而因为这些梦境中的荣耀而备感屈辱。我忍受着巨大的痛苦，可是如果没法把乌多（Charles François Oudot）老师的课堂笔记背下来，我就完蛋了！学校明年就要把我开除了。我所有的心愿也不是旁的什么，只是通过考试而已。”〔1〕随后，在 1844 年的信中，年轻的福楼拜的焦虑已经转化为埋怨：“告诉我你过得如何、在做什么。你有没有不时在梦里遇见乌多？迪朗东（Alexandre Duranton）有没有在噩梦中压上你的胸口？瞧瞧法律学校为了让人无聊都发明了什么啊！它肯定是所有造物中最无趣的……”〔2〕没过多久，《包法利夫人》的作者因为癫痫离开了法学院。可见，《法国民法典》的语言无疑生动、形象、朗朗上口，但是法学在 19 世纪中叶已经变得味如嚼蜡、沉闷压抑。所以福楼拜才在《情感教育》中借主角之口抱怨当时的法学院：“三百名天真无知的年轻人坐满阶梯教室，听着红袍老头自说自话。”〔3〕

对上一代风气的不满呼吁新的变革。首要的就是对研究素材的拓展，19 世纪中叶的改革者们就这样在探索法典以外的对象的过程中开始与他们的前辈竞争起知识生产的权力。法史学和比较法的萌芽也就在此时崭露头角，同时从时间和空间两方面为法学研究争取

〔1〕 Correspondance, de Gustave Flaubert à Ernest Chevalier, le 22 juillet 1842.

〔2〕 Correspondance, de Gustave Flaubert à Ernest Chevalier, le 7 juin 1844.

〔3〕 在法国很多法学院，低年级的讲授课依然如此，唯一的区别只是除一位南特的同事外，大部分教授都不穿红色的礼袍了。当时因为没有法典、大多数人也不想要一部法典的德国似乎可以培养真正的法学家和学者，但是德国法学院的氛围似乎也并不比索邦广场好多少。那些早年因为希望找一份体面职业而投靠法学院的才子们（如歌德、席勒、马克思、雅斯贝尔斯）也“不堪承受法律所造成的‘心灵折磨’，后来纷纷放弃从事法律职业”。参见舒国滢：《从美学的观点看法律——法美学散论》，载《北大法律评论》2000 年第 2 期，第 300-313 页。

到了更多的自由。其中，以短命的《忒弥斯》(*Thémis*)杂志为主要阵地，法国发展起了一种独特的历史法学。他们虽然受德国历史法学派的启发，试图重振罗马法史的研究，但是并未提出关于民族精神的思想。他们的野心是重新发现所谓的“时间之流”，破除《法国民法典》是启蒙精神产物的迷思，在历史发展的渊源中解释法律规则。与此同时，他们还认为历史也并未终结于 1804 年，人们还能够通过各种素材特别是判例的发展来改善法典。也就是在此时，判例首次具有了独立于法典、补充法典的地位。对外国法的研究也在制度上获得突破。1831 年，法兰西公学为莱米尼耶(Eugène Lerminier)开设比较立法史(Histoire générale et philosophique des Législations comparées)教席。此后，拉布莱(Édouard Laboulaye)和弗拉赫(Jacques Flach)先后出任这一教席，直至 1920 年它为科学史教席所取代。[1]拉布莱随后于 1869 年创办了比较立法研究会(Société de législation comparée)，这也是世界上第一个比较法学会。出生于德国的巴黎律师弗利克斯(Jean-Jacques Foelix)于 1834 年创办了《外国立法与政治经济学评论》(*Revue étrangère de législation et d'économie politique*)。但早期的比较法期刊和法史学期刊一样早夭。当弗利克斯于 1853 年去世时，他的期刊也就停刊了。另外几份在刊名中明确提到“外国”字眼的刊物也在创办不久后实际上变成了纯粹的国内法期刊。

更重要的探索则是在书院之外悄然兴起的对判例的兴趣。随着

〔1〕 Georges Navet and Frédéric Audren, «Note Sur La Carrière d' Eugène Lerminier Au Collège de France(1831-1849)», *Revue d'histoire Des Sciences Humaines*, janvier 2001, vol.4, n°1, p.57-67.

统一高等法院在大革命之后建立，当然也有赖于革命政府关于最高法院判决必须结集公布的要求和印刷业的长足发展，判例汇编的质量在19世纪大幅提高，私人书商也开始尝试通过编纂判决而从实务人士处谋利。毕竟对于律师而言，法典的条文在历史长河或比较视野中有何意义只是一个过于学究气的话题，法官如何使用这些条文来裁判才是关乎稻粱的知识。随着以时间顺序编纂判例的出版物，特别是以期刊形式出版的判例汇编逐渐增多，高高在上的法学家最终也不得不正视在实务界地位崇高的判例。当勒德吕－罗兰在（Alexandre Ledru-Rollin）在1842年呼吁教授们参与案例编纂时，这看上去还是一个有些异想天开的号召。〔1〕毕竟直到1859年拉贝才为他的期刊撰写了第一篇判例分析。〔2〕他们绝对想不到判例评论竟能在此后短短数十年之内成为占据法学期刊一半篇幅的重要作品，更想不到受邀撰写判例评论会在今天成为一种属于学者的殊荣。

在19世纪后半叶，法学家对待判例的态度也出现了转变。如果说他们的前辈只希望用判例来讲解法典条文，在判例明显与立法文义不一致时随时可以将前者抛入故纸堆，那么19世纪晚期的学者则开始承认判例独立的规范价值。一开始，他们只是小心翼翼地主张判决让法学可以践行实验方法，从而让法学不再对社会生活麻木不仁。〔3〕

〔1〕 Alexandre Ledru-Rollin, «Coup d' œil sur les praticiens, les arrêtistes et la jurisprudence», *Journal du Palais*, 1842, vol.3, p. Ⅸ.

〔2〕 Christophe Jamin, «Relire Labbé et ses lecteurs», *Archives de Philosophie du Droit*, 1992, vol.37, p.247-267.

〔3〕 Lemoine Devilleneuve et Antoine Auguste Carette, «Préface», *in* Jean Baptiste Sirey (ed), *Recueil général des lois et des arrêts: avec notes et commentaires, présentant sur chaque question le résumé de la jurisprudence e la doctrine des auteurs; rédigé sur l'ancien Recueil généal des lois arrêts*, Paris, M.Pouleur, 1840, p. Ⅵ.

再晚些时候，人们更大胆地指出，法律的真谛蕴藏在判例而非法典之中。此时，随着所谓“晚期解经法学家”对不同素材的探索，在19世纪末20世纪初法学方法革新的各种条件已经准备好，改革本身也与新世纪的曙光一同出现在地平线上了。

二、世纪末的挑战

（一）社会主义法学的诞生

持平而论，在法典文本刚出台的时候，总是需要先梳理清楚文本的内容，而且其中的具体规则也确实比较能适应当时社会生活的需要。但在19世纪席卷全欧的产业革命的推动下，必须适用这些规则的社会日新月异。特别是在19世纪的最后30年里，也就是在第三共和国建立以后，虽然经济和社会的整体发展进入了繁荣的“美好年代”，但城镇化、工业化所带来的社会问题也日益凸显。从工人阶级的角度看，19世纪末是属于左拉的《萌芽》的时代，也是1905年工人国际法国分部成立和1906年《亚眠宪章》所代表的年代。新世纪的开始是“长夜”的深处，但只要“团结起来到明天”，就可以赢得“最后的斗争”。〔1〕从1880年到1890年，平均每年发生400场罢工，5倍于上一个十年。每年有78,000人次参与罢工。〔2〕1884年允许设立行业工会的法律既是对工人运动的积极回应，又推动了罢工的发展。它本来

〔1〕 Maurice Tournier, «Le Grand Soir, un mythe de fin de siècle», *Mots*, 1989, vol.19, n°1, p.79–94.

〔2〕 Vincent Viet, «Les républicains face aux grèves : intervenir pour ne plus avoir à intervenir（1880–1914）», *Cahiers Jaurès*, 1 mars 2011, N°　199, n°1, p.53–69.

是延续 1881 年结社自由法的逻辑发展，最终则超越了原先自由主义立法的计划，开启了以特别立法适应工业生产环境和劳资双方特殊关系的时代。[1]终于，罢工的规模在 1906 年达到了历史的高点。关于罢工的认识也在改变，从 1890 年开始，组织和参与罢工的人开始认识到这一产业运动不妨作为政治动员的一种方式。马克思主义迅速传播，各国社会主义政党也越发活跃，阶级意识在工人中以不亚于物质进步的方式迅速形成。[2]尽管在经典马克思主义理论的影响下坚定地拒绝议会政治，法国的社会主义者仍然组成了人数上并不在少数的政党。1905 年，以在总罢工时举行的巴黎会议为契机，工人国际法国支部宣告成立，作为法国第一个统一的社会主义政党，登上了政治舞台。

我们最好用一个在刑法史和大众媒体上都引发了重要讨论的判决说明当时的状况：

> "年轻姑娘梅纳尔受盗窃之指控，她承认自己从皮埃尔面包店拿了一个面包，对自己竟然作出此种行为表示深切悔恨。被告必须独立抚养一名两岁的幼儿，而且她虽然竭力谋职，却已经有一段时间处于失业状态了。她在市镇居民中素有令誉，人们都知道她是一名勤勉的好母亲。她的母亲、她本人、她的孩子现在唯一可以仰赖的就是夏尔利（Charly）的济贫办公室每周发放的两公斤面包和两磅肉类。

---

〔1〕 Jean-Louis Halpérin, *Histoire des droits en Europe de 1750 à nos jours*, Paris, Flammarion, 2006, p.265.

〔2〕 Maddalena Carli, «Le socialisme en France et en Europe», *Cahiers Jaurès*, 1 octobre 2012, N° 205-206, n°3, p.11-47; Eric Hobsbawm, *The age of empire, 1875-1914*, New York, Vintage, 1989, p.112-142.

“当被告从皮埃尔面包店拿走面包的时候，她身无分文，食物在 36 小时以前就已耗尽。在这段时间内，她和她的母亲都粒米未进，只让孩子喝下了家中仅剩的几口牛奶。对于一个组织良好的社会而言，一名社会成员、一名母亲竟然会在没有任何过错的情况下无以糊口。当法官面对此种情况——也就是梅纳尔小姐所处的这种情况，可以也应当人道地解释不灵活的法律规定。

“处在长期缺乏食物所造成的极度痛苦中，本来就不该认为行为人有多少恶意，更何况此案中的情况是一位母亲如此自然地希望在她照顾之下的幼儿能够避免这种痛苦。

“[……]

“某一些病理状态，比如怀孕，往往能在哪怕盗窃并非必要的情况下免除当事人的责任。那么，我们有更强的理由认为，当人们在无可抵挡的饥饿驱使之下行动的时候，应该有同样的豁免。

“所以，根据《刑法典》第 64 条，判决当事人无罪释放。”

城市中的劳动女性、年轻的未婚母亲、嗷嗷待哺的幼童、因为饥饿而盗窃面包……1898 年的这份判决中所陈述的案情让人不由得把被告想象成冉阿让和芳汀的结合体。轻罪法庭（tribunal correctionnel）的法官马尼奥（Paul Magnaud）在判决中提出，《刑法典》第 64 条不适用于“绝对必要状态”（l’état d’absolue nécessité），并自掏腰包补偿了面包店的损失。克列孟梭（Georges Clemenceau）极力赞扬其为“好法官”（bon juge）。社会史的研究者也把处于饥饿之中的人为了维持生命而进行的盗窃称为“必要盗窃”。[1]

于是，新的法学家开始批评过去的法学既然无法认识社会需要，也就无法满足社会需要。法律解释者的任务不是“仅仅按照纯粹法律—逻辑上的前提进行推论”，而是“根据客观事实中得到的实验性观察，根据法律的后果判断和评价法律”。[2]换言之，法律解释方法也面临着重大改变，拘泥于法典文义不再具有吸引力。其实文义解释的支配地位早在《法国民法典》的起草文件于 1836 年整理出版时便已经受到挑战。[3]得益于立法材料，当民法典的注释家需要在 19 世纪 50 年代“依照自由主义精神解释民事立法”时，[4]他们可以主张上一代民法典注释家所使用的文义方法有时需要让位于可以从立法辩论中求得的“立法者原意”。[5]而他们解释的正当性则通过立法者的权威得以保证。当然，1836 年出版的记录到底多大程度可以揭示“立法

〔1〕 Virginie Berger, «Le vol nécessaire au XIXème siècle.Entre réalité sociale et lacune juridique, une histoire en construction.», *Revue d'histoire de l'enfance« irrégulière ».Le Temps de l'histoire*, 15 novembre 2001, Hors-série, p.241-251.

〔2〕 Raymond Saleilles, «L' École historique et droit naturel», *Revue trimestrielle de droit civil*, 1902, v°l.1, no1, p.82-112.

〔3〕 Pierre-Antoine Fenet, *Recueil complet des travaux préparatoires du Code civil*, Paris, Videcoq, 1836, vol.15.

〔4〕 战后较早反思法国民法意识形态偏见的研究主张，民法典从一开始就建立了以“市民阶级的和平”（la paix bourgeoise）为表象的自由主义、个人主义经济。此说渐次为晚近的研究者所反对。“合同连带运动”（solidarisme contractuel）的提倡者曾主张 1880~1930 年是民法理论转向自由主义、个人主义的关键时刻。较为流行的观点是法学上的自由主义与法国经济政策上的自由主义共轭，都出现在 19 世纪中叶。André Jean Arnaud, *Les Origines doctrinales du Code civil français*, Paris, Librairie générale de droit et de jurisprudence, 1969 Introduction; Christophe Jamin, «Plaidoyer pour le solidarisme contractuel», *in Le contrat au début du XXIème siècle*, Paris, LGDJ, 2001, p.441-472; Sylvain Bloquet, «Quand la science du droit s' est convertie au positivisme», *Revue trimestrielle de droit civil*, janvier-mars 2015, n°1, p.59.

〔5〕 Sylvain Bloquet, «Quand la science du droit s' est convertie au positivisme», *Revue trimestrielle de droit civil*, janvier-mars 2015, n°1, p.59.

者”的原意，本身非无疑问，更何况辩论记录中所体现的参与法典起草的法学家对民法的认识更倾向于家父主义和保护主义，而非1850年前后的法学家所宣称的个人主义和自由主义。〔1〕到了19世纪末，法律解释者则需要变得更加积极。他们要尝试通过对事实的观察和评价，把规则解释得更加适应当时社会的发展。〔2〕因为人们开始意识到，19世纪初的立法者意思已经无法用来解决19世纪末出现的法律问题了。更加自由地解释法律甚至创造法律，也就成了剧烈变动后的社会向法学提出的任务。

在法学界，因耶林的作品而进入法学词汇的“斗争”二字，如今有了新的含义。越来越大的贫富差距和产业工人在工业社会有目共睹的悲惨状况甚至已经减损了对民法基础的信念——人们越来越倾向于相信，实际上对于广大的贫困人口而言，“权利”“义务”这对民法的基本概念因为他们的经济状况而根本没有意义。〔3〕于是，不仅仅在政界和一般性的知识界，就连在法学界，着力改变制度以实现社会公平的呼声，也取得了相当的同情。〔4〕民法学家的一套社会主义理论变得紧俏起来，又恰逢社会科学对事实的强调，无怪乎当时的一位观察家评论：

---

〔1〕 参见朱明哲：《“民法典时刻”的自然法——从〈法国民法典〉编纂看自然法话语的使用与变迁》，载《苏州大学学报（法学版）》2016年第2期，第10-28页。

〔2〕 按照我国继受自德国的法学方法论术语，19世纪中叶到19世纪末的解释方法转变大体上可以称为从“主观目的说”向“客观目的说”的转变，参见雷磊：《再论法律解释的目标——德国主/客观说之争的剖析与整合》，载《环球法律评论》2010年第6期，第39-54页。法国学界无此说法，故不轻易采用。

〔3〕 Georges Plastara, «Nouvelles tendances dans le droit : libertés et patrimoines», *Revue trimestrielle de droit civil*, 1912, n°11, p.887-906.

〔4〕 在参加工人国际法国支部的全部251位法律职业人士中，有11位法学教授，比例远远高于法学教授在法律职业人中的比例。见 Ji-Hyun Jeon, «Quelques jalons pour une histoire des juristes au sein du parti socialiste SFIO (1905-1939)», dans Carlos-Miguel Herrera (ed), *Les juristes face au politique: le droit, la gauche, la doctrine sous la IIIe république*, Paris, Kimé, 2003。

"法律社会主义呼应了由一种新方法所反映的新精神状态。"[1]

与此同时，法学还面临着"社会学危机"。对比已经成为科学主流的实证方法，19 世纪早期发展起来的法典解释技术显得过于教条，法哲学也显得迂腐和抽象。[2]"实证主义"思潮在科学的审判庭前审判自然法思想和那种无视事实、认为从一般定理和原则出发通过纯粹推演就可以合理化法律的信念。一系列反省与思考因此在"1900 时刻"——从 1880 年到 1914 年这段第三共和国较为稳定的时期——出现于法学院门墙之内，而促使其产生的关键因素就是社会科学的诞生。[3]作为回应 19 世纪末在法学革新上具有重要意义的法国学者大多参与了对实证主义的反驳。巴黎的民法学教授伯当（Charles Beudant）、[4]法国行政法创始人之一奥里乌（Maurice Hauriou）[5]和现代比较法的先行者萨莱耶[6]只是其中几个例子。尽管他们每个人的观点之间存在差别，但法学家合作实现了对他们学科在科学上之正当

---

〔1〕 Joseph Hitier, *La dernière évolution doctrinale du socialisme.Le socialisme juridique*, Paris, L.Larose & L.Tenin, 1906, p.5.

〔2〕 Maurice Hauriou, «Philosophie du droit et science sociale», *Revue du droit public et de la science politique en France et à l'étranger*, 1899, vol.12, n°2, p.462-476; Maurice Hauriou, «La crise de la science sociale», *Revue du Droit Public et de la science politique en France et à l'étranger*, 1894, vol.1, n°2, p.294-321.

〔3〕 Frédéric Audren, «Le "moment 1900" dans l' histoire de la science juridique française. Essai d' interprétation», *in* Olivier Jouanjan et Élisabeth Zoller (ed), *Le« moment 1900 »: Critique sociale et critique sociologique du droit en Europe et aux États-Unis*, Paris, Panthéon Assas, 2015, p.55-74.

〔4〕 Charles Beudant, *Le droit individuel et l'État : introduction à l'étude du droit*, Paris, A.Rousseau, 1891; Charles Beudant, «L' application des méthodes biologiques à l' étude des sciences sociales», *Revue du Droit Public et de la science politique en France et à l'étranger*, 1896, vol.5, n°1, p.434-456.

〔5〕 Maurice Hauriou, «La crise de la science sociale», *Revue du Droit Public et de la science politique en France et à l'étranger*, 1894, vol.1, n°2, p.294-321.

〔6〕 Raymond Saleilles, «Y a-t-il vraiment une crise de la science politique ?», *Revue politique et parlementaire*, 1903, vol.35, p.91-123.

性的集体防卫。〔1〕

以上便是法学在世纪之交面对的双重难题：在实践层面，人们认为优先考虑文本或立法者意图的解释方法不关心社会现实，所以无法让法律适应工业化下的新情势；在方法论方面，实证研究质疑法律科学向来对“应然”的依赖。〔2〕于是对于法学教授来说，从他们的学科内部找到新方法就变得非常紧迫了，这种方法既要能够让他们研究社会问题、回应社会需要，又不能丧失法学作为规范学科之基本前提。方法论创新因而成了第三共和国时期特别是第一次世界大战以前，最重要的任务。〔3〕其重要性同时体现在科学考虑和体制性考虑上，因为社会学家不仅在学术上挑战法学家的权威地位，还要分享法学家长期以来垄断地了解（savoir）并让他人了解（faire savoir）法律的知识权力

---

〔1〕 有不少关于社会科学兴起对于法学影响的研究：Frédéric Audren, *Les juristes et les mondes de la science sociale en France : deux moments de la rencontre entre droit et science sociale au tournant du XIXe siècle et au tournant du XXe siècle*, Thèse de doctorat, Dijon, Dijon, 2005; Frédéric Audren, «Explorer les mondes de la science sociale en France», *Revue d'histoire des sciences humaines*, 2006, vol.15, n°2, p.3-14; Pierre Favre, *Naissances de la science politique en France (1870-1914)*, Paris, Fayard, 1989; Christophe Jamin, «L' Oubli et la science : regard partiel sur l' évolution de la doctrine privatiste à la charnière des XIXème et XXème siècles», *Revue trimestrielle de droit civil*, 1994, p.815-827; Jean-Louis Halpérin et Frédéric Audren, «La science juridique entre politique et sciences humaines (XIXème-XXème siècles)», *Revue d'histoire des sciences humaines*, 2001, n°1, p.3-7。以上只是一些获学界肯定较多的作品。随着法国学说史研究对19世纪末越来越重视，类似的研究还会不断增加。

〔2〕 Léon Duguit, *Les transformations générales du droit privé depuis le Code Napoléon*, Paris, F.Alcan, 1912; Louis Josserand, *De l'esprit des droits et de leur relativité*, Paris, Dalloz, 1927; Emmanuel Lévy, *La vision socialiste du droit*, Paris, Giard, 1926.

〔3〕 Nader Hakim et Fabrice Melleray, «Présentation», *in* Nader Hakim et Fabrice Melleray (ed), *Le renouveau de la doctrine française : les grands auteurs de la pensée juridique au tournant du XXe siècle*, Paris, Dalloz, 2009, p.1-11.

(pouvoir du savoir)。[1]

(二)亟待驯服的活跃立法

虽然19世纪初的法典似乎在19世纪末显露老态,似乎已经不能应对当时的社会发展,但法学的革新仍只是应对危机的其中一个选项,而不是必然的出路。另一个显而易见的可能性是通过立法权的运用,改变法典特别是民法典的规则,甚至制定新的法典。而且当时风起云涌的政治变革也确实大有清算所有旧法,以无产阶级的民法取而代之之势。然而,恰恰是这一可能性加速了法学的变革,并最终让法典大部分的规则延续了下来。

在法国大革命之后,与法律创造论同时出现的还有一种立法至上的观念。正如1794年出版的思想教育课本《无套裤汉的新共和派教义问答》(*Nouveau catéchisme républicain à l'usage des sans-culottes*)所写的那样,共和主义者依赖的"永远是法律,只有法律,而不是其他任何事物"。这种观念还主张,由每个公民的私意经由众意而形成的公意掌握的立法权可以在任何事项上制定任何法律,不受任何限制。与此同时,恰恰是从第三共和国开始,法国的立法权不但在范围

---

〔1〕 最近法国学说史开始从外部考察学说对于法律和社会的功能。Frédéric Audren, *Les juristes et les mondes de la science sociale en France : deux moments de la rencontre entre droit et science sociale au tournant du XIXe siècle et au tournant du XXe siècle*, Thèse de doctorat, Dijon, Dijon, 2005, p.483; Philippe Jestaz et Christophe Jamin, *La doctrine*, Paris, Dalloz, 2004, p.3-6; Nader Hakim, *L'Autorité de la doctrine civiliste française au XIXème siècle*, Paris, Librairie générale de droit et de jurisprudence, 2002, p.6-10; Pierre-Nicolas Barenot et Nader Hakim, «La jurisprudence et la doctrine: retour sur une relation clef de la pensée juridique française contemporaine», *Quaderni Fiorentini per la storia del pensiero giuridico moderno*, 2012, vol.42, p.251-297.

上大大扩张，而且行使得更加频仍。选择与共和派政府合作的法学家由此阐述了一种共和主义法学：民主代议机关可以制定任何其认为适当的立法，除代议机关外，任何人——包括法官和法学家——都无权制定具有普遍拘束力的规范。〔1〕立法至上主义的思想此后在卡雷·德·马尔贝格（Raymond Carré de Malberg）笔下形成了一种以“主权者的自我约束”为主题的公法学说。〔2〕国家除受其自己的限制外不受任何其他主体或者规范的约束，这种观念恰恰是19世纪末的自然法学家所担心的。自然法的复兴也正是他们出于这种担忧而作出的反应。

虽然立法至上的观念诞生在法国大革命之后，但是直到第三共和国建立以后才真正变成一种实践。至于为什么会出现这种延时效应，恐怕需要以另一部专著的篇幅，在整个19世纪风云激荡的法国政治史中来解释。至少我们可以指出，在1870年，立法权的行使并不常见。特别是在民法领域，大部分的特别立法只是对既有规范的补充和细化。真正改变《法国民法典》实质内容的立法极少。这种立法上相对的稳定直到兼具必胜的决心和高超政治手腕的共和派在普法战争造成的动荡中掌权后方才改观。对于这些随时准备为了保卫共和政体、打击保皇党的政治家而言，手中掌握的立法权无疑是最确定和有效的

---

〔1〕 Jean-Louis Halpérin, «Un modèle français de droit républicain ?», *in* Annie Stora-Lamarre, Jean-Louis Halpérin et Frédéric Audren (eds), *La République et son droit, 1870–1930*, Presses universitaires de Franche-Comté, 2011, p.479–495; Marc Milet, «La Faculté de droit de Paris sous la Troisième République: une domination sans partage? (1879–1939)», *in* Jean-Louis Halpérin (ed), *Paris, capitale juridique (1804–1950) : Étude de socio-histoire sur la Faculté de droit de Paris*, Paris, Rue d'Ulm, 2011, p.143–176.

〔2〕 Raymond Carré de Malberg, *Contribution à la théorie générale de l'Etat : spécialement d'après les données fournies par le droit constitutionnel français*, Paris, Sirey, 1920.

武器。不仅如此，在共和政体奠基的最初几年建立了议会制、引入了男性普选权之后，立法权不但在名义上具有了卢梭的背书，在法律上也把这种民主合法性的外观彻底搭建起来。于是，一系列对重要民法制度釜底抽薪的特别立法在共和国的立法者手下生效：1882 年的《费里法》在全国范围内贯彻了公立学校的免费、世俗的义务教育，1905 年的《国家与教会分离法》把大量教会财产收归国有，1907 年的《已婚妇女工资法案》允许妻子保留工资收入作为个人财产而不与共同财产混同，以及 1908 年允许别居 3 年后单方申请离婚的立法都属此列。从表面上看，所有权绝对、合同自由、过失责任这三大法国民法学的基本原则尚未动摇。然而考究这些个别立法的内容，它们不断撼动着围绕着“善良家父”这一形象建立起的罗马式大陆民法的基础。换言之，父权和夫权一再遭到打击。在 1804 年作为启蒙和传统的调和呈现于人们眼前的《法国民法典》，如今传统的一面不断削弱，而启蒙的一面相应彰显。

对于相对保守的民法学家而言，父权制家庭和天主教道德受到挑战已经是一个不得不令人警醒的信号了。更何况共和派政府还表现出了与社会主义者携手、把所有权绝对等启蒙信条一并推翻的倾向。当然，19 世纪末的法国法学家对社会主义的理解还非常幼稚，往往和巴黎公社后的动荡局势联系在一起。与布特米（Émile Boutmy）一起创办自由政治学院的博西尔（Émile Beaussire）就提醒人们注意公社本身虽然结束，但其代表的精神持续威胁着社会秩序：“不，它并没有死亡！它还活在自己所造就的废墟之中；它永远存在于那些错误的想法、那些它所代表的野蛮激情中。”[1]在他们看来，把政治代表的决定权交给那些没有能力理解公共事务和至高原则的人手中只能导致政府中充满平庸之辈。最终，普选制一定会让人数最大的群体——也就是无产阶级掌握权力。所以舍农（Émile Chénon）才认为，关于重大社会问题的讨论所带来的政治平等是“福音的承诺、本身就是好事”，但“工人阶级因此幻想的经济平等却是毫无意义的空想”。[2]无产阶级自然会认为没有经济平等的政治平等只是谎言，而且一旦工人阶级掌握权力，经济平等也就不再是空想。只是在法学家笔下，他们不过是一些没有获取真实信息、受错误思想蛊惑而提出既不现实也不可欲的政治主张的人而已。

对立法至上的担忧集中体现在巴黎大学法学教授伯当的小册子《个人权利与国家》中。他警告人们共和派政府很可能构成对个人自由的干预，以致1789年的混乱重现。他把法学定义为“关于自由的科学”。[3]然而，他认为个人的自由和独立有一定的前提，必须有良好的社会秩序、法律、共同的行动目的，“国家的主人”才能存在。他认为法律的目的就是确定什么是正义的实践，并且保证对它的尊重。伯当把对确定秩序、风俗和共同权威的尊重视为文明的基石。他引用孟德斯鸠的话来说明只有在确保社会安定的情况下，才有可能实现个人心灵的宁静。安定的社会必须有一个不属于个人的、永不变化的公共权

---

〔1〕 Émile Beaussire, *La Guerre étrangère et la guerre civile en 1870 et en 1871*, Paris, Germer-Baillière, 1871, p.239.

〔2〕 Émile Chénon, *Le rôle social de l'Église*, Paris, Bloud et Gay, 1921, p.227.

〔3〕 Charles Beudant, *Le droit individuel et l'État : introduction à l'étude du droit*, Paris, A.Rousseau, 1891, p.6.

威同时保护人们当下的生活和对未来的期待。置身于对社会政治动荡的回忆和对共和国的批评中，法学家很容易用自然法思想象征一种不但稳定而且正当的秩序，有别于“纯粹强力的盲目而血腥的游戏”。[1]正确的自然法思想坚持法律必须“光耀万丈，以驱散那些虚无主义者和强权的追随者有意聚拢的阴影”。[2]任由社会自发地发展无异于承认色拉叙马霍斯的立场，把最强者的利益等同于正义，而在民主社会，力量就是数量。在社会进步面前，“不知道前进的方向只会带来悲剧”。[3]

于是，除少数的例外，19 世纪末的民法学家形成了一个无声的共识：在事情变得不可收拾前改变法律。第一位回顾 19 世纪法律思想史的法国法史学家博纳卡斯总结：“整整一个世纪里，身处社会所有领域产生的动荡中、面对所有学科前所未有的进步时，一个国家的知识精英认为，至上的法律原则必须引导社会，才能保持社会生活正常。”[4]彼时“十月革命”尚未爆发，无产阶级政权和社会主义制度还停留在理论阶段，所以，人们都不知道如果真的出现革命会是何种情况。因此，“两次世界大战”之间保守主义回潮时对革命的巨大恐惧尚

---

〔1〕 Jean Georges Platon, *Pour le droit naturel: à propos du livre de M.Hauriou : Les principes du droit public*, Paris, M.Rivière et cie, 1911, p.122.

〔2〕 Jean Georges Platon, *Pour le droit naturel: à propos du livre de M.Hauriou : Les principes du droit public*, Paris, M.Rivière et cie, 1911, p.122.

〔3〕 Jean Georges Platon, *Pour le droit naturel: à propos du livre de M.Hauriou : Les principes du droit public*, Paris, M.Rivière et cie, 1911, p.125.

〔4〕 Julien Bonnecase, «La notion de droit en France au XIXe siècle: contribution à l' étude de la philosophie du droit contemporain», *Revue générale du droit, de la législation et de la jurisprudence en France et à l'étranger*, 1915, vol.39, p.327-344.

未表现出来。[1]社会大众对革命的理解还停留在福楼拜所观察的那种"房客居然可以不交租金"的状况。[2]如果革命的后果无非如此,那么可能有不少人都跃跃欲试。面对此情此景,19世纪末身处社会动荡之中的法学家感到,如果社会变迁无法阻挡,那么重要的是如何用正义的原则引导社会变迁,避免革命的发生。

正是在这样的气氛中,法学在20世纪曙光来临之际,开始了一场影响深远的变革。

---

〔1〕 Nicolas Alexeiev, «Le droit naturel», *Archives de philosophie du droit et de la sociologie juridique*, 1934, vol.4, n°1–2, p.135–164.

〔2〕 在写给乔治桑的信中,福楼拜曾抱怨:"瞧瞧现在巴黎公社如何让我们回到中世纪吧!……租金问题尤其令人惊讶!政府现在插手自然法,开始干预个人之间的契约。巴黎公社认为,人们所负担的债务都不作数了。一种服务不需要用另一种服务来清偿。这是极端的荒谬和不正义!"(Correspondance, de Gustave Flaubert à Georges Sand, le 31 mars 1871.)

第二章

法国法学在世纪之交的嬗变

“我熟悉在电光下开裂的天空，
狂浪、激流、龙卷风；我熟悉黄昏
和像一群白鸽般振奋的黎明，
我还见过人们只能幻想的奇景！”

——兰波：《醉舟》(1871)

面对社会批判和社会学批判，19 世纪末的法学家开始改造法学，希望能通过相对稳定的法学为立法的文本注入新的含义，从而让激进的立法改革变得不再那么吸引人。首先，社会因素堂而皇之地进入了法学的殿堂。其次，法学方法的新探索在法律渊源和解释目的两个方向上展开，并实现了学说对法律场的重新征服。最后，公法学也在改革和创新的风潮中应运而生。

第一节　法律的社会化

美国法学家庞德早在第一次世界大战之前就使用过“法律社会化”这一概念了。[1]庞德本人在 1956 年初版的《法理学》中认为，“法律社会化”最早在 1897 年由施特恩在《哲学视角下的社会问题》提出，然后主要由沙尔蒙（Jules Charmont）在 1903 年的《法律社会化》中继承并极大发展。[2]法律的社会化意味着关于人、财产、法律三方面

---

〔1〕 Roscoe Pound, *Social Justice and Legal Justice: Address Delivered Before the Allegheny County Bar Association*(Pa 1912); Roscoe Pound, ‘The End of Law as Developed in Legal Rules and Doctrines’(1914)27 *Harvard Law Review* 195.

〔2〕 Roscoe Pound, *Jurisprudence*(The Lawbook Exchange, Ltd.2000)429.

观念的革新。

一、从抽象的人到具体的人

19世纪中后期，民法学家已经开始意识到民法学上想象的抽象、理性、平等的人可能因为其具体的社会情势而处于实际的不平等中。我国学界对这一转变并不陌生。拉德布鲁赫（Gustav Radbruch）在海德堡大学的就职演讲中，已经十分清楚地阐述了法律上对人的想象如何随着时代变革。〔1〕不过需要阐明的是，拉德布鲁赫在《法律上的人》中，主要对比的是“自由权利时代抽象的自由、自利和精明的（人）图式”和“集体人”。而在另一篇用法语发表的文章《从个人主义法到社会法》中，拉德布鲁赫则把重心放在了人的实质不平等之上。他主张，此前个人主义的法律观把“有产者和无产者、脆弱的个人和拥有猛犸象般巨力的人格化组织”等量齐观。〔2〕事实上，只有在经济分配大体平等的社会中，所有权自由才能保护人对物的处分，契约自由也才能保护人在交往中的平等。一旦分配不平等达到一定程度，所有权对于一无所有的人来说便毫无意义，契约自由对“社会中的强者而言是专政的工具，对于社会上的弱者则是奴役”。〔3〕

---

〔1〕 参见［德］古斯塔夫·拉德布鲁赫:《法律上的人》(1927)，载［德］古斯塔夫·拉德布鲁赫:《法律智慧警句集》，舒国滢译，中国法制出版社2016年版，第168-182页。

〔2〕 Gustav Radbruch, «Du droit individualiste au droit social», *Archives de philosophie du droit et de la sociologie juridique*, 1931, Ⅰ, n°2, p.387-398.

〔3〕 Frédéric Audren, «Le "moment 1900" dans l' histoire de la science juridique française. Essai d' interprétation», *in* Olivier Jouanjan et Élisabeth Zoller (ed), *Le« moment 1900 »: Critique sociale et critique sociologique du droit en Europe et aux États-Unis*, Paris, Panthéon Assas, 2015, p.55-74.

后一种理解更接近 19 世纪末民法学家关于人之社会性的理解。个人还是《法国民法典》中所想象的理性、最能理解自己利益的善良家父，但同时也是雇主、工人、劣质机器所导致事故的受害者、失业妇女、未婚母亲。正如马尼奥法官所言，在工业社会中陷入赤贫状态，并非个人的无知和放纵所致。所以，法学家发展出了权利滥用、集体缔约权、工业事故责任等学说调和《法国民法典》之规定在工业社会造成之不正义。〔1〕然而，人们并未形成关于法律改革如何实现的一致意见。正是在对这个问题的讨论中，《法律上的人》所强调的那种人的联合体才凸显出重要性。对于社会主义者而言，在结社自由的名义下组织工会，并以工会实现工人运动迫使立法回应是最有效的形式。除他们外，其他的理论家对工会多持敌意。对于大部分现行秩序的维护者特别是资产阶级自由派而言，工会可能是混乱的根源，而且会威胁生产。对于继承了把所有社会功能集中于国家之革命理念的共和主义者而言，工会作为中间组织而存在会导致国家无法和公民个人建立直接联系，从而和教会、家庭一样需要反对。〔2〕

---

〔1〕 Joseph Charmont, «L' abus du droit», *Revue trimestrielle de droit civil*, 1902, vol.1, p.8–125; François Gény, «Une théorie nouvelle sur les rapports juridiques issus du contrat de travail», *Revue trimestrielle de droit civil*, 1902, vol.1, n°2, p.333–343; Raymond Saleilles, *Les accidents de travail et la responsabilité civile : essai d'une théorie objective de la responsabilité délictuelle*, Paris, A.Rousseau, 1897. 参见刘作翔：《权利相对性理论及其争论——以法国若斯兰的“权利滥用”理论为引据》，载《清华法学》2013 年第 6 期，第 110–121 页；石佳友：《〈法国民法典〉过错责任一般条款的历史演变》，载《比较法研究》2014 年第 6 期，第 17–30 页。

〔2〕 Pierre Rosanvallon, *Le modèle politique français: la société civile contre le jacobinisme de 1789 à nos jours*, Paris, Seuil, 2004.

二、从绝对所有权到社会义务

通过对民法学一般原则的重新阐释和把一种情景化的、考虑到每个人不同境遇的思考方式引入法学，民法的社会化实现了在学说和判例中对社会矛盾的调和。不仅如此，民法的社会化还意味着一种新的关于人与世界之关系的出现。虽然人们现在一般会用《魏玛宪法》第153条第3款关于私有财产负有社会义务的规定说明法学的社会化，但这一运动在一开始的主张比这一规定更谨慎、更激进。更谨慎是因为它只要求把更多的具体情境因素纳入考量，而没有要求个人利益为社会利益让步；更激进是因为它以一种不能简化为一两项具体规则的方式要求法学家重新审视行为的复杂性。

传统民法除关于人的抽象观念，还有一种关于人们行为的抽象观念。它把人的行为想象成一个抽象、空洞、无害、价值中立的概念。自私但是理性而平等的个人可能出于自己的利益而以他所能支配的财产经营自己的生活。这些活动可能会影响其他人。但法律要规制的只是行为在非常偶然的情况下对其他人或环境所产生的负外部性，产生那些外部性的行为本身应该继续。〔1〕所有权绝对、契约自由、过失责任等民法原则只有在这一假设成立时才说得通。最能体现人之决定自由的就是所有权人对其财产的决定。〔2〕人可以无限制地对其财产使用、处分、收益，可以任其意志开展经营行为，如果产生了对他人或环境的不

〔1〕 不只民法，国际法上的主权观念、财产权扩张到无形财产、劳动关系、国际贸易和其他的法律领域都有着类似的假设。Jorge Viñuales, *The Organisation of the Anthropocene: In Our Hands?*（Brill 2018）3.

〔2〕 参见迪特尔·梅迪库斯：《德国民法总论》，邵建东译，法律出版社2000年版，第47-48页。

利后果，那一定是因为故意或者过失。抽象的人的观念和抽象的行为的观念相辅相成。具有平等人格的人根据其意志支配自己的财产，只有在存在过错的时候才需要为其行为负责。

在行为中立性的假设下，19 世纪的伟大法典的所有权制度旨在保护权利人对物的绝对掌握。〔1〕此后的一系列制度设计和实践都以保护权利人对其所拥有之物的抽象自由为目的。1804 年的《法国民法典》以其著名的第 544 条宣示了这种自由："所有权是对物有绝对无限制地使用、收益、处分的权利，但法令所禁止的使用不在此限。"虽然本条后段允许以法律限制所有权的行使，但是在整个 19 世纪，所有权人特别是不动产所有权人的权利基本上只是在相邻关系有关的立法中稍受限制。〔2〕早在 1844 年，法国最高法院就有了以相邻关系限制污染物排放的判例。但在进步主义精神的指导下，相邻关系还是更多地用来要求人们容忍自己的邻居为了永无止境的工业发展而开展的生产活动。〔3〕一个世纪以后诞生的《德国民法典》以其第 903 条重述了相似的理念："只要不违反法律，不侵犯第三人的权利，物之所有权人可以随意处分该物，任何人不得妨碍。"〔4〕所有权人成了物的主权者、绝对的君主，甚至暴君。

在社会化以后的民法学中，行为还保持了中立性，却已经不再是

---

〔1〕 此处所说的"创造"，是指与不存在人对物之绝对支配的罗马法而言的，参见 Michel Villey, «Du Sens de l' expression *Jus in re* en droit romain classique», in *Mélanges Fernand de Visscher*, vol.2, Bruxelles, Office international de la librairie, 1949, p.417–436。

〔2〕 Louis Josserand, *De l'abus des droits*, Paris, A.Rousseau, 1905, p.19–20.

〔3〕 François Collart–Dutilleul and Raphaël Romi, «Propriété privée et protection de l' environnement», *L'Actualité juridique.Droit administratif*, 1994, n°9, p.571–592.

〔4〕 对于这一条在德国民法之整体中地位的评述，参见诺伯特·霍恩:《百年民法典》，申卫星译，载《中外法学》2001 年第 1 期，第 15–25 页。

空洞而抽象的了。当沙尔蒙在 1903 年首次提出“法律社会化”命题的时候，他援引马克思主义的政治经济学批判强调对财产分配结果漠不关心可能造成的不正义后果。行为的负外部性成了民法学家必须考虑的因素。[1]虽然不动产的所有者仍然享受“上至天空下至地心”的权利，但他关于财产的决定背后所追求的利益必须受到追问：“我们对所有权人的全部要求不过是使用他的财产去追求一些实际的利益。”[2]换言之，权利人不能以自由的名义无理取闹。直到 1905 年，里昂法学院院长、社会化运动的主将若斯兰仍然认为只要所有权人合理经营其产业，个人利益的实现本身就能促进社会利益：“财产的现实利益就是法律之社会效果的最好保证。但如果所有权人既不是在追求实现任何利益，又造成了别人的损失，那他的行为就是反社会的，而且会招致法律的制裁。”[3]不仅后果，行为的前因也进入了利益权衡的视野。

所有权的社会化丰富了传统民法，但没有改变其基本构造。既然意识到每个人的行为都会对社会有所影响，那么行为已经没有那么抽象了。可是，社会化并没有对行为中立的假设提出彻底的挑战，只是要求法官在适用规则时的利益权衡中多考虑受到影响的邻人的利益。它的伟大贡献在于消解了所有权的绝对性，主张权利的使用至少要和社会整体的功能相适应。[4]每个所有权人就其财产的决定本身仍是自由的。从生态保护的角度看，对所有权的限制仍然局限在对他人利益的

---

〔1〕 Joseph Charmont, «La socialisation du droit», *Revue de métaphysique et de morale*, 1903, n°11, p.380.

〔2〕 Louis Josserand, *De l'abus des droits*, Paris, A.Rousseau, 1905, p.21.

〔3〕 Louis Josserand, *De l'abus des droits*, Paris, A.Rousseau, 1905, p.21.

〔4〕 Jean-Pascal Chazal, «La propriété : dogme ou instrument politique ?», *Revue trimestrielle de droit civil*, 2014, vol.104, n°4, p.763.

考虑中，而没有太多顾及生态本身。毕竟在启蒙时代所塑造的自然主义认知中，“社会”是独立于自然的实体。1903 年，沙尔蒙在《法律的社会化》中开篇即大胆预测：“可能有一天，所有的人都能在法律中找到一席之地，法律甚至会超出人类社会。那些在社会中劳作甚至为它而死的动物们也是社会的一部分，对它们而言，所有权是最后一种奴役形式。法律也不会忘记它们，而会在主人的严酷和力量之前卵翼它们。”〔1〕然而，在法律社会化的时代希望人们把动物平等视之还有些为时尚早。对非人实体的保护还要等到民法生态化的时代才变得可能。

三、从法律安定性到可变的法

在社会化的浪潮中，用法律解决社会问题而非实现体系建构，成了法学家考虑的首要目标。〔2〕早在 1848 年革命以前已经由基尔希曼提出的进步法律观到了 19 世纪中后期逐渐从异端变为主流。在这种法律观看来，世界是不断发展的，社会也会随之发展，而法律亦随着社会而发展。人们开始承认，每个时代与此前的时代都在一些重要的方面有所不同。现代法律观念本身包含着一种线性的时间观，认为“时间会从某一点出发，不可逆地向前延伸，没有确定或可知的终点”。〔3〕进步主义时间观就是一种特殊的线性时间观，认为时间不仅是向前延伸的，而且一个时代总是比过去的时代要好。这种时间观在

〔1〕 Joseph Charmont, «La socialisation du droit», *Revue de métaphysique et de morale*, 1903, n°11, p.380-405.

〔2〕 关于此种以解决问题而非建构体系的思维方式，参见纪海龙：《法教义学：力量与弱点》，载《交大法学》2015 年第 2 期，第 90-104 页。

〔3〕 熊赖虎：《时间观与法律》，载《中外法学》2011 年第 4 期，第 681-694 页。

“现代”形成，并逐渐在与其他时间观的竞争中占据上风，但我们无以准确地指出它的准确起源究竟在哪个具体的历史时点，只能说从学术史的角度看，达尔文的《物种起源》(1859)和第一次梵蒂冈大公会议(1869~1870年)都是对这种时间观的特殊回应。只不过《物种起源》把生物系统的演变与时间的流逝相联系，而第一次梵蒂冈大公会议则把“教皇不谬论”正式奉为教义，从而拒绝在教廷官方立场中容纳进步主义时间观。当法律接受了进步主义的时间观时，进步主义的法律观就出现了。威尔逊关于《美国宪法》属于达尔文而非牛顿的评论恰恰体现的是进步主义法律观背后的时间观：社会不断发展，法律也在其中发生着变化，而非如物理定律一般永恒不变。[1]

进步主义的法律观不止于此。伴随着法律进步性观念出现了一套关于文本解释的理论。“牛津运动”的主要人物、19世纪英国神学家纽曼司铎(John Henry Newman)认为，天主教教义完全可以接受世事处于不断变化之中的思想。[2]19世纪末法学革新中最重要的作家之一、巴黎大学的民法学教授萨莱耶接受了纽曼的主张。[3]他和其他天主教精英开始主张，《圣经》不一定非要按照其字面意思来解读，更不一定要完全遵循圣座的解释。[4]教廷把这种立场批评为“现代主义”，并认为这种思想实际上意味着《圣经》中并非全是真理，信徒需要自

---

〔1〕 参见丁晓东：《美国宪法中的时间观》，载《华东政法大学学报》2017年第1期，第159-170页。

〔2〕 Mikhaïl Xifaras, «La “Veritas Iuris” selon Raymond Saleilles.Remarques sur un projet de restauration du juridisme», *Droits*, 2008, n°47, p.77-148.

〔3〕 Patrice Rolland, «Un “cardinal vert” Raymond Saleilles», *Revue française d'histoire des idées politiques*, 2008, N° 28, n°2, p.273-305.

〔4〕 Émile Poulat, *Histoire, dogme et critique dans la crise moderniste*, Tournai, Belgium, Casterman, 1962, p.516.

己寻找真理。[1]那么推而广之，如果《圣经》都不需要按照字面意思解读，主张《法国民法典》必须按照字面意思解释更站不住脚，所以萨莱耶才提出了"超越《民法典》，但要通过《民法典》"的口号。[2]这一口号当然强调了成文法的重要性，却更指明：让法律的规定符合时代精神之契机不在别处，恰恰在法典自1804年来就少有变动的文字之中。

进步法律观的出现对法律社会化现象至关重要。马尼奥法官所说的"人道地解释不灵活的法律规定"只有在进步主义法律观的体系内才能成立。首先，它用文本解释的理论解决了文字没有发生改变的法律条文为何可以容纳不同的解释的问题。其次，它用关于时间的理论解决了为何要用新解释取代旧解释的问题。从此，文本的解释者在面对社会进步时开始享有了他们的前辈不曾公开主张的自由，并认为这种自由能够帮他们纠正工业社会中经济不平等产生的实质不正义。在讨论了债法领域的新判例后，沙尔蒙总结，司法中体现的法律解释已经实质上修改了从前成文法中过时的部分。[3]既然如此，根本就没必要进一步在立法上作出任何改变，罔论制定新的法典。这位蒙彼利耶的教授还乐观地认为好公民应当能够理解"改革的必要性而且促成其实现"。[4]

---

〔1〕 *Pascendi Dominici Gregis*, Given at St.Peter's, Rome, 8 September 1907, the fifth year of Pontificate.

〔2〕 Raymond Saleilles, «Préface», *in Méthode d'interprétation et sources en droit privé positif: essai critique*, Paris, Pichon et Durand-Auzias, 1899, vol. Ⅱ / Ⅰ; Alfons Aragoneses, *Au-delà du code civil mais par le code civil.Raymond Saleilles (1855-1912) y la lucha por el derecho comparado*, Doctorat en droit, Universitat de Girona, 2007.

〔3〕 Joseph Charmont, «La socialisation du droit», *Revue de métaphysique et de morale*, 1903, n°11, p.380.

〔4〕 Joseph Charmont, «La socialisation du droit», *Revue de métaphysique et de morale*, 1903, n°11, p.380.

法律社会化甚至改变了自然法的观念。在传统的自然法学论述中，存在一种永世不变的理想秩序。所以狄骥才说："传统自然法观念认为有一种理想、绝对、如同几何真理那样真实的法律，人们必须不断努力以接近它。相反，我们人类的法律中没有什么是绝对的。它也不是一种理想，而是一个事实。人的法律就和人类社会一样变化无常，而且本身就从各个社会无比多元的结构中来。"[1]这一次，当古老的学说服务于社会进步时，它也在关于私有财产之社会义务和劳工保护的讨论中获得了新的内容。如果说此前人们用自然法正当化所有权，现在则用它来说明行使这些正当的权利时应当考虑的责任。以前通过把资产阶级男性家长的形象抽象为"理性个人"而服务于资产阶级利益的自然法理论，此时承认经济条件确实创造出了不同的社会分类，让贫弱之人无法得到普遍的保护。所以，只承认抽象理性个人的永恒自然法，蜕变成了考虑社会、经济境遇的可变自然法。新的天主教自然法理论就得益于这种新自然法思想的出现。

第二节　方法的探索

一、法律渊源的多元化

如果不想让"无产阶级的民法典"取代用伟大领袖命名的《法国民法典》，就必须让法律的解释者获得一种新的方法，从而让"法官即

---

〔1〕 Léon Duguit, *Le Droit social, le droit individuel et la transformation de l'Etat*, Paris, F.Alcan, 1911, p.9-10.

便严守‘适用法律而非再造法律’的角色，也能通过司法中的解释，回应进化和社会进步中产生的需要”。[1]或者，套用萨莱耶更简明直接的公式："通过《民法典》，但是超越《民法典》！"如果立法的文本中存在漏洞，法律的适用者又不希望立法权来填补这些漏洞，那么一个简单的方法就是重新区分“法”与“立法”，并强调除了“立法”以外的“法”的重要性。如果法律等同于立法，那么当立法出现漏洞时，立法权就必须出场。如果规范系统不仅包括立法，那么立法中的漏洞完全可以通过别的法律渊源加以弥补，立法者的干预就显得不必要了。相反，通过法来更正立法的权力从立法者的手中转移到了法律的使用者手中。通过反思法律渊源而挑战立法至上主义的历程从此在法国的法学界展开，一场学说重新征服法律场的大戏也就从对多元法律渊源的探索开始，拉开了帷幕。

标志性的时刻是 1899 年。这一年，南锡法学院的年轻教授惹尼出版了《实证私法的解释方法与法律渊源》(*Méthode d'interprétation et sources en droit privé positif*)，巴黎同样年轻的普拉尼奥开始出版三卷本的《民法导论》(*Traité élémentaire de droit civil*)。两书中不约而同地提出了由立法、习惯、判例和学说四种法律渊源构成的分类，区别仅在于判例和习惯的关系。据说，就是这两本书成了“令立法全能信念正式灰飞烟灭的一击，既标志着法学真正迈入 20 世纪，又标志着学说的法国概念从此创生”。[2]多样法律渊源的想法当然并不新鲜，真

---

〔1〕 Raymond Saleilles, «Droit civil et droit comparé», *Revue internationale de l'enseignement*, 1911, L Ⅺ, n°1, p.5-32.

〔2〕［法］菲利普·热斯塔茨、［法］克里斯托弗·雅曼：《作为一种法律渊源的学说——法国法学的历程》，朱明哲译，中国政法大学出版社 2020 年版，第 130 页。

正有新意的是从学说的角度清理出不同法律渊源的分类，并把它们排序、确定不同渊源的解释和适用方法。四种法律渊源的形成机制、合法性依据各不相同，从而保证了彼此界限清晰，不会有含混的地带。现代国家的立法由议会通过法定程序创设，从政治参与中获得民主合法性。“人民代表人民选，选出代表为人民”的口号正说明了此点。习惯则由民商事交易经年累月的实践形成，其合法性来自市民社会所拥有的相对于政治国家的有限自治空间的假设。司法裁判则以法官的专业性和中立性为其合法性背书。学说只是一种建议，之所以应该得到重视，仅仅因为学者的专业知识。而且这四种法律渊源几乎能够涵盖所有的渊源，如国际条约，其之所以能够进入司法实践，无非是因为有特定的立法确定适用的方式和条件，其合法性来源无异于立法。无论从清晰还是周延的角度看，这种分类方法至今仍是关于法律渊源的最佳分类方法。由此看来，《瑞士民法典》的主要起草者胡贝尔（Eugen Huber）能在这一分类诞生当时就敏锐地意识到它的价值，并以此为该法第 1 条的蓝本，真可谓慧眼识珠。〔1〕

诚如上一章所言，《法国民法典》的主要起草者波塔利斯压根就没有以法典垄断规范来源的想法。惹尼也正是回溯到波塔利斯的说明中，为自己的多元法律观寻找依据。他把注释方法等同于立法至上观念，并认为其起源是法国大革命的意识形态。立宪会议（l’assemblée constituante）希望有“全面的、至上的、能解决所有情况下的所有问

〔1〕 François Gény, «Les pouvoirs du juge d’ après le Code civil suisse du 10 décembre 1907 (Chapitre troisième de l’ épilogue)», *in Méthode d’interprétation et sources en droit privé positif: essai critique*, Paris, Librairie générale de droit et de jurisprudence, 1919, vol. Ⅱ / Ⅱ, p.308–329.

题”的立法。〔1〕根据1790年的法律，仅立法者有制定规则的权力，当规则存在不确定性的时候，也只有立法者有权解释。法官仅仅有通过“立法提请”(référé législatif)申请立法者解释的权力。直到1837年，立法才最终承认最高法院有权解释法律。〔2〕在惹尼看来，大革命后的政治家用权力分立来解释立法提请制度，本身是自相矛盾的，因为适用法律的过程本身包含了对法律的解释，而适用法律是司法机关的权力。〔3〕所以1837年的法律及其后最高法院解释权的逐步扩张，本来便是革命立法观退却的过程。相比之下，《法国民法典》的起草者就要明智和审慎得多，一开始就能正确地认识法典化。惹尼引用波塔利斯的论述，证明起草者早就意识到为了让法律适用于起草者无法预料的社会情势，司法必须发挥其创造性，法律也会因为这种创造性适用得到发展。

惹尼主张，立法者所持的革命观念本身在理论上是错误的、在实践中是不可能的，所以为了正确理解立法权和法律解释方法，必须重拾法典的起草者所持的正确立法理念，承认立法所确定之规则必须在司法和学说的解释中得到不断发展。〔4〕正确的立法理念并不认为成文法就是“法”的全部。所以他又引出了另一组重要的对立：法和成文法的对立。立法者无以垄断所有的法律。既然法官需要依法裁判，而

〔1〕 François Gény, *Méthode d'interprétation et sources en droit privé positif: essai critique*, Paris, Pichon et Durand-Auzias, 1899, p.77.

〔2〕 François Gény, *Méthode d'interprétation et sources en droit privé positif: essai critique*, Paris, Pichon et Durand-Auzias, 1899, p.87, 95-96.

〔3〕 François Gény, *Méthode d'interprétation et sources en droit privé positif: essai critique*, Paris, Pichon et Durand-Auzias, 1899, p.87.

〔4〕 关于惹尼的立法观更全面的研究，参见朱明哲：《法国民法学说演进中对立法者认识的变迁——以惹尼、莱维、里佩尔为例》，载《苏州大学学报(法学版)》2014年第3期，第108-136页。

立法必然是有漏洞和需要在个案中解释的，那么法官就需要从其他地方寻找规范，习惯、判例和学说都是可以参照的资源。法律的适用者在实践中需要找的正是立法之外的规范。甚至可以说，在法律有漏洞或缺陷的时候，法律的解释者取代了立法者的地位，他们的任务不再像所谓“传统方法”的支持者所声称的那样要决定什么立法的政治意志，而是去理解什么是正义的要求。

从此，立法不再具有垄断规范性的地位。吊诡的是，《法国民法典》的地位并未因此下降，反而脱颖而出：如果各种法律渊源的辨析、解释和适用都必须以法典中的理念作为指引，那么法典更不可能为政府的单行立法所更易。既然法典中的漏洞和不合时宜的部分可以由解释者填补，那么频仍的立法就非但不必要，简直有害了。或者用惹尼回应萨莱耶的话来总结：“超越《民法典》，但是要通过《民法典》！”在这个意义上，他所做的其实和19世纪早期以法典为经的所谓“注释法学家”别无二致，独到的贡献只不过是把19世纪中叶以来积极改变法典的那些单行立法边缘化了而已。就连这一贡献，也在现代法学方法论“特别法优先于一般法适用”的规则中显得不那么重要了。不过，我们后文会论述法律渊源的多元化的核心意义其实是让法学获得了重新征服法律场的契机。

最后，作为世纪之交的独特学术贡献，法国民法学对法律渊源的探索形成了《瑞士民法典》第1条：

“(一)凡本法在文字上或解释上有相应规定的任何法律问题，一律适用本法。

"（二）如本法没有可以适用的规定，法官应依据习惯法，无习惯法时，应依据他作为立法者所规定的规范裁判之。

"（三）于此情形，法官应遵循公认的学理与判例。"〔1〕

这一条款历久弥新，又成了《国际法院规约》第38条：

"一、法院对于陈诉各项争端，应依国际法裁判之，裁判时应适用：

"（子）不论普通或特别国际协约，确立诉讼当事国明白承认之规条者。

"（丑）国际习惯，作为通例之证明而经接受为法律者。

"（寅）一般法律原则为文明各国所承认者。

"（卯）在第五十九条规定之下，司法判例及各国权威最高之公法学家学说，作为确定法律原则之补助资料者。

"二、前项规定不妨碍法院经当事国同意本'公允及善良'原则裁判案件之权。"

二、解释目标的转变

第三共和国的民法学家对立法权的规训不仅体现在对法律渊源的探索中，也表现在解释目标的转变中。一言以蔽之，对立法原意的

〔1〕《瑞士民法典》的德文、法文、意大利文本第1条的表达稍有不同，另文探讨。本书使用谢怀栻从德文翻译的版本。参见谢怀栻：《大陆法国家民法典研究》，载《外国法译评》1995年第2期，第1-8页。

追求逐步让位于对客观实践效果的衡量。其实19世纪早期的法学家并没有解释法律必须追求立法者原意的想法。他们更多的是在自罗马法以来的民法发展脉络中探求法典所表达的精神。直到1827年,《法国民法典》的编纂材料整理出版后,法学家们才有机会高举"立法原意"的大旗,从参与立法的代表所说的只言片语中整合出了一套自由主义精神,并以此改造了家父主义的法典。当惹尼把法学从立法的禁锢中解放出来时,法学家们乘胜追击,进一步把自己从立法者原意的束缚中彻底挣脱。事态的发展显然大大超出了惹尼的预期,以至于他在《实证私法的解释方法与法律渊源》之后几乎所有的重要作品都在为法律的安定性辩护。但是引领风气之先的惹尼已经无法阻止已经弥漫在空气中的新思想最终汇聚成摧枯拉朽的历史大潮。

萨莱耶所主张的历史方法最能代表以客观必然性取代文本作为法律解释之根本目的的先声。这名英年早逝的民法学大师同时也是法国当代法史学和比较法学的开创者。正是他在面对社会科学对法学的批判时提出"用建立在社会逻辑之上的'理性方法'取代建立在形式逻辑之上的'论理'方法"。[1]平心而论,萨莱耶和惹尼的方法区别并不大,而且他也同样不希望让法律解释成为法学家主观判断的渠道。但是不同于惹尼的是,萨莱耶希望历史方法能够帮助法学家在不断变化的复杂社会事实中维持法律的稳定。在萨莱耶看来,历史方法就是人文社会科学领域的试验方法:"一边是重视严格推理和教条的理论家,另一边是法史学家,却都在认识实践经验时发现了最震撼人们良心的事实,哪怕前者从自然法的可能观念出发,而后者坚决拒斥所有

---

〔1〕 Eugène Gaudemet, *Raymond Saleilles* (*1855–1912*), Paris, L.Marchal, 1912, p.116.

此类原则。……人们主张把历史方法引入对法律的科学研究之领域，因为该方法和自然科学的观察方法类似，应该满足于发现、分析和研究现象真实，而不去考虑唯一可以证明抽象的正当性之观点的终极目的。"[1]和埃斯曼一同创立了《民法季刊》的萨莱耶进一步提出，虽然人们对法史学的兴趣在很大程度上是为了让法律教学能够适应实证研究的潮流，法学院毕业生毕竟仍能够通过法史学掌握通过解释法律回应社会需求的方法。[2]

法学方法的扩展在时间上体现为历史方法，在空间上则体现为比较法的出现。如果在外国法上能找到足够的启发来革新法律，那就不必通过议会民主的干预了。第一次世界大战前的比较法学家大致分享一种方法和政治观念上的自觉，他们的共同计划是让法律适应正在经历转型的社会经济生活，使之更国际化、更能表现人道主义关怀，也更敏于社会经济需要。[3]俾斯麦（Otto von Bismarck）治下的德国恰好给了法国法学家一个很好的参照。出于对社会民主派的担忧，德国在19世纪80年代推行了疾病、事故、老人与残障保险。不仅如此，《德国民法典（草案）》的讨论也为当时正担心已经百岁的《法国民法典》过于老旧的法国法学家带来了新的规则和技术。所以萨莱耶才密切关注《德国民法典》编纂时期对工业事故侵权责任的讨论，以朗贝尔为首

---

〔1〕 Raymond Saleilles, «L' École historique et droit naturel», *Revue trimestrielle de droit civil*, 1902, vol.1, n°1, p.82–112.

〔2〕 Raymond Saleilles, «Quelques mots sur le rôle de la méthode historique dans l' enseignement du droit», *Revue internationale de l'enseignement*, Année 1890, n°19, p.482–503.

〔3〕 David Kennedy, 'The Politics and Methods of Comparative Law', in Pierre Legrand and Roderick Munday (eds), *Comparative Legal Studies: Traditions and Transitions*, Cambridge University Press 2003, p.345–369.

的里昂法学家则主要把目光放在包括工会、劳动法、社会保障等“工人立法”上。比较法知识似乎能够帮助法学家在解释法国《法国民法典》时把僵化的条文合理应用于变动不居的社会情势。〔1〕朗贝尔认为，只有比较民法才能让法学家真正掌握那些法律变迁和发展背后的客观规律，“让民法学家认识到民法作为一种观察之科学的真实特征，并为民法学找回真正的目标——适应当代复杂而可变的法律体系”。〔2〕

比较法的课程也在此时从注重传播新知识的法兰西公学走入了注重传播确定真理的大学法学院。作为巴黎法学院新来的竞争者，自由政治学院在1872年成立后马上开设了比较宪法和比较商法的课程，而且往往延请在巴黎法学院中没机会讲授此类课程的教授作为主讲。人们总是认为比较法学一开始专注于私法，在教学方面，却反倒是公法走在了前面。1895年的法学教育改革把比较宪法列入了大学课程目录。反倒是比较民法直到1901年才在萨莱耶的建议下开始在巴黎法学院讲授。在机构方面，朗贝尔于1921年在里昂建立了法国第一个比较法学研究所。莱维－于尔曼（Henri Lévy-Ullmann）1932年在巴黎也成立了类似的机构。

比较法方法的发展与本书后面的部分联系极其紧密。比较法学于欧洲产生和于欧洲之外传播几乎是同步的。正式与非正式的殖民让欧洲国家得以把他们的法学教育模式扩展到其他国家，同时又有越来

〔1〕 Raymond Saleilles, «L' École historique et droit naturel», *Revue trimestrielle de droit civil*, 1902, vol.1, n°1, p.82-112; Edouard Lambert, *Une réforme nécessaire des études de droit civil*, Paris, Librairie Marescq Ainé, 1900, p.28.

〔2〕 Edouard Lambert, *Une réforme nécessaire des études de droit civil*, Paris, Librairie Marescq Ainé, 1900, p.28.

越多的欧洲法学家前往当时的“边缘国家”出任教师和政府顾问。早在拿破仑时代就成为法国势力范围的埃及于1868年在开罗兴办了凯迪瓦法学院，但该法学院从1886年开始一直在法国人的管理下，实际上是法国在埃及推广法国法文化的机构，直到1906年随着英国成为埃及的保护国而又转而服务于英国法的传播。朗贝尔还曾经因此有机会在开罗担任过几年的教授。日本早在1871年就开设了司法部所辖的学校明法寮，并先后延请两名法国法学家主讲法国法。20世纪初，黎巴嫩的贝鲁特法学院也实际上成了法国法的预备学校，并且由里昂法学院派教授前往讲解法国法。在美国的支持下建立的东吴大学法科于1915年开始开学授课，并且把比较法教育作为办学的主要内容。1921年，中法大学也在里昂开办并培养了超过70名法学专业学生，其中包括了25名法学博士。在同一时期，欧洲的法学家们也纷纷在他们的祖国以外施展拳脚。法国人布瓦索纳德（Gustave Boissonade）起草了日本第一部现代民法草案。他的同胞宝道起草了暹罗王国多部法典，然后来到中国担任立法院、司法院、交通部的顾问。其他在中国的外国法律顾问还有赫善心（Harald Gutherz）、爱斯嘉拉、有贺长雄、庞德、冈田朝太郎等。

甚至一种可以视为“批判法学”早期萌芽的声音也在此时出现。1911年，当时任教于里尔法学院的德莫格（René Demogue）出版了《私法的基本理论》。本书和当时大部分的作品一样，并没有公正对待19世纪的法学。但是它尖锐地指出了法学既有的流弊：用抽象的概念和理论取代了实践现实。德莫格认为，必须用政治经济学的实证研究和司法判例彻底改革当时盛行的“一般法律原则”，转而采取一种批判的视角，揭露那些“全无法调和或忽视的时刻困扰民法的冲突和矛盾”。[1]我们最好还是用“德莫格债法研究中心”主任的话来概括本书：

> “就算他承认法学家应该以调和这些矛盾为终极目标，他慢慢确信这是完全无法实现的理想。哪怕是最低限度试图让纷争平息的法律建构也绝无可能。正当他的同行们都致力于革新法律方法，从而找到科学手段消除困扰法律体系的那些悖论时，偏偏有这么一个法学家要他们运用批判思想，并在长达700页的篇幅里论证这项工作的虚无。无一理论能有价值，无一和谐可以实现，无一法律技术是确定的，放眼望去全是短暂且不完美的均衡。在把大部分私法甚至部分公法的法学建构降低到虚构的水平后，这就是本书残酷地提出的结论。”

一切法律概念都是虚构和拟制的。财产是一种拟制，主体和人格也是：立法者为某个实体赋予人格这种法律形式，从而让该团体可以具有自己的意志、保护自己的利益。法律主体作为保护某一种实体之利益的简便技术工具，其运用不必限制于人类社会：“只要人们认为某种利益十分重要，以至于需要用人格这种技术来加以保护，那么体现这些利益的事物就可以具有法律主体的地位。”[2]法国最高法院民事

---

〔1〕 René Demogue, *Les notions fondamentales du droit privé : essai critique, pour servir d'introduction à l'étude des obligations*, Paris, A.Rousseau, 1911, p. Ⅶ.

〔2〕 René Demogue, «La notion de sujet de droit: caractères et conséquences», *Revue trimestrielle de droit civil*, 1909, n°8, p.630.

庭在 1954 年接受了德莫格的观点，用拟制的法律人格来限制家养动物的所有人对动物的虐待。[1]在动物保护、生态环境成为法学之重要议题的今天，人们重新发现了德莫格的价值。[2]但是，在 20 世纪初，德莫格的观点无法得到他同时代人的支持。人们指责他与魔鬼交易，接受了无可救药的悲观主义，从而也否认了法律的权威性和弥足珍贵的清晰。[3]

三、学说对法律场的重新征服

人们眼中变得衰老而不合时宜的还不仅仅是《法国民法典》，还有法学院本身，特别是共和派政府特别看重的巴黎法学院。在 1890 年的巴黎法学院，民法教师是 58 岁的比弗努瓦尔（Claude Bufnoir）、61 岁的伯当，还有老迈年高的韦龙－迪维尔热（Alexandre Véron-Duverger，72 岁）与德芒特（Gabriel Demante，69 岁）；商法教师是 54 岁的布瓦泰尔（Alphonse Boistel）。[4]备受庞德赞赏的普拉尼奥（37 岁）不但是法学院里的年轻人，而且当时无课可上。毕竟法典的内容

---

〔1〕 Jean-Pierre Marguénaud, «Actualité et actualisation des propositions de René Demogue sur la personnalité juridique des animaux», *Revue juridique de l'environnement*, August 2015, vol.40, n°1, p.73–83.

〔2〕 Jean-Pierre Marguénaud, «Actualité et actualisation des propositions de René Demogue sur la personnalité juridique des animaux», *Revue juridique de l'environnement*, August 2015, vol.40, n°1, p.73–83.

〔3〕 Étienne-Ernest-Hippolyte Perreau, «Compte-rendu», *Revue générale du droit*, 1912, p.289-304；比较 Julien Laferrière, «Compte-rendu», *Revue du droit public*, 1911, p.795-809; Fernand Dessertaux, «Compte-rendu», *Annales de droit commercial*, 1911, p.107-124; Henry Capitant, «Compte-rendu», *Revue trimestrielle de droit civil*, 1911, p.729-741。

〔4〕 SIPROJURIS 网站收集整理了 1804 年到 1950 年法国法学院课程设置和教学人员的信息，虽然尚不完整，但已经足以让我们一窥这段时间主要法学院的主要课程安排。网址：http://siprojuris.symogih.org/. 最后访问日期 2020 年 6 月 8 日。

可以通过法律解释与时俱进,[1]而人却无法返老还童。然而以普拉尼奥为代表的新一代法学家已经蓄势待发。在1890年以前,实现法学和法学教育改革的热情和新一代的法学家都已经准备好了。

正是在此背景下,法国历史上第一次关于法学教育的大讨论在19世纪末全面展开,并在1890年左右达到高潮。几乎所有19世纪后的重要法学家都参与了讨论。法学家首先希望增加民法之外的课程,呼声最高的是法史学、公法与政治科学、比较法。人们认为法史学可以让学生了解法律如何随着社会情势变迁。[2]公法和政治科学的必要性则因为国家越来越大的权力和逐渐产生的"法治国"思想而变得明显。[3]比较法则有助于法学家了解同等发展程度的国家都使用了什么方法解决类似的社会问题。[4]

法学教授对法学教育的争论并未停留在纸面上,而是确实促成了教育制度的转变。1877年开始,政治经济学成了大一的必修课。1889年教育部在广泛咨询教师意见后,把公法作为法学院头两年的必修课,并在第三年加设了公法的选修课。[5]终于,在几次小规模修正后,法国

---

〔1〕 Christophe Jamin, «Plaidoyer pour le solidarisme contractuel», *in Le contrat au début du XXIème siècle*, Paris, LGDJ, 2001, p.441–472.

〔2〕 Raymond Saleilles, «Quelques mots sur le rôle de la méthode historique dans l' enseignement du droit», *Revue internationale de l'enseignement*, Année 1890, n°19, p.482–503; Georges Blondel, «Questions d' histoire et d' enseignement du droit à propos de deux ouvrages récents», *Revue internationale de l'enseignement*, 1890, vol.19.

〔3〕 Henry Berthélemy, «Le fondement de l' autorité politique», *Revue du Droit Public et de la science politique en France et à l'étranger*, 1915, vol.32, n°4, p.663–682; Ferdinand Larnaude, *Les sciences juridiques et politiques*, Paris, Larousse, 1915, p.100.

〔4〕 Christophe Jamin, «Le vieux rêve de Saleilles et Lambert revisité.À propos du centenaire du Congrès international de droit comparé de Paris», *Revue internationale de droit comparé*, 2000, vol.52, n°4, p.733–751.

〔5〕 Marc Malherbe, *La Faculté de Droit de Bordeaux* :(*1870–1970*), Bordeaux, Presses Université de Bordeaux, 1996, p.179.

的法学院迎来了 1895 年包括了新本科教学方案、博士制度、教师招聘制度的改革，法国现代法学教育的基调也从此确定。其实早在改革之前，外省的法学院已经陆续开设了殖民地经济学、比较工业立法（社会法前身）和政治经济学一类的课程。地方性分散实践为来自中央的整体改革提供了素材，中央的改革方案则合法化了地方的实践并推行到全国。从 1895 年开始，教师资格考试从单一不分科的考试转而分为公法、私法、法史、经济学四大科目并列的考试，从此公法、法史和社会科学成了法学院正式的组成部分，其教学人员的身份也得到了制度上的确认。教学内容上，减少了公法选修课的课时，增加了必修课的课时，重新调整了民法和罗马法的内容。按照《法国民法典》条文顺序讲授不再是强制性的了。从此，“民法科学”对民法的理解取代了法典的章节安排，成为主导民法教学顺序的因素。于是在教学方法上，科学主义也取代了严格的文本主义，让法学家获得了相对于立法者的独立地位。

与法学教育同时改革的是法学研究的范式。关心社会问题的民法学家喊出了“通过《民法典》，超越《民法典》”的口号。[1]他们接受了法律社会化的观念，在法律解释的时候要求考虑当事人特定的社会经济背景，而不是僵化地适用法律。[2]惹尼关于法律渊源的讨论为法学院带来了新气象。编著重要判例作为课堂用书成了相当重要的活动，法学家开始认为不研究判例就无法理解法律的规则。[3]民法第一

---

〔1〕 Raymond Saleilles, «L' École historique et droit naturel», *Revue trimestrielle de droit civil*, 1902, vol.1, n°1, p.82–112.

〔2〕 Joseph Charmont, «La socialisation du droit», *Revue de métaphysique et de morale*, 1903, n°1, p.380.

〔3〕 Adhémar Esmein, «La jurisprudence et la doctrine», *Revue trimestrielle de droit civil*, 1902, vol.1, n°1, p.5–19.

本“重要判例集”出版于1934年，[1]行政法的第一本（昵称GAJA）则出版于1956年，[2]恰好证明了1895年改革对于今天的法学教育仍然是奠基性的改革。实际上，行政法的发展从一开始就呈现学说与最高行政法院判例共同形塑法律规范的样态。也正在此时，比较法课程出现并日趋重要，1900年和1931年两次国际比较法大会均在法国召开，并最终让比较法成了一种重要的教学方法和课程。

但是，19世纪末法学革新的真正意义远在方法和法律渊源的多元化之上。进一步说，我们研究法院的判决，但不甘心仅仅做对法院亦步亦趋的“判例法实证主义者”。在若斯兰主张“相对于成文法而言，判例才是真正的法、生活中的法”的时代，他的同事也指出：学说关心判例绝非只是为了了解司法机关的解释，而是为了把立法和判例提供的初级材料建构成雄伟的法律殿堂。[3]所以，法学家在赐予习惯和判例独立的法律渊源地位的同时，一方面把自己从法典的桎梏中解脱，另一方面马上又成了众多法律渊源的规训者和真正的主子。当他们堂而皇之地讨论“法律”除立法外还包括哪些渊源时，学者其实也就为自己赋予了决定哪些渊源可以作为法律的权力。不仅如此，他们还像在《瑞士民法典》“著名的”第1条中那样，为不同的法律渊源排序。不同于基尔希曼所说让法律服从于社会的变化和发展，19世纪末的法学家们带着挑剔的眼光，决定哪些习惯可以成为裁判的辅助因素，又有哪

〔1〕 Ambroise Colin et Henri Capitant, *Les Grands Arrêts de la jurisprudence civile*, Paris, Dalloz, 1934.

〔2〕 Marceau Long, Prosper Weil, et Guy Braibant, *Les grands arrêts de la jurisprudence administrative*, Reproduction en fac-Similé., Paris, Dalloz, 1956, p.444.

〔3〕 Adhémar Esmein, «La jurisprudence et la doctrine», *Revue trimestrielle de droit civil*, 1902, vol.1, n°1, p.5-19.

些判决有资格成为法学期刊评论的对象，甚至选入“重要判例集”。

与此同时，当19世纪末的法学家用“动态的规范体系”代替“静态的立法体系”时，他们同时把自己塑造成了法律体系圣殿的守护者。曾一度无课可上的普拉尼奥正是在此时以伟大的体系建构者的面貌出现，开始用卷帙浩繁的教科书阐明他称为“一般理论”的概念：关于立法、证据、合同、赠与、遗嘱等各个方面的一般理论。这种深受潘德克吞法学影响的教科书编纂体例彻底改变了法国法学的版图。从此，一般理论取代了《法国民法典》条文的顺序，成了民法教学的纲领。法学家通过种种抽象程度各异的“一般理论”成了法律领域的规训者。毕竟除了学者，还有谁有资格提出一般理论呢？

于是，属于体系型法典的19世纪也同时成了属于法学家的19世纪。从表面上看，似乎是享有立法权的机关为制定规则并给了法典文本至高的地位，法律的解释者不享有另外创造规范的权力。然而，法典的内容却由法律专家而非政治家决定，议会表决只能被动地决定是否接受法律专家提出的草案，却很少能实质性地修改它们。而且，现代法学带有强烈的理性主义学究倾向，体系型法典的缔造者们鄙夷混乱、与地方现实联系紧密的习惯，也倾向于贬低或排除政治，因为“政治利益只能使专家所设立的社会目标失败，这些专家有适合他们分析的科学工具”。〔1〕所以，当受过严格法学训练的法官声称他们严格按照字面意思适用法典的文本时，他们所援引的其实是同样经过经受过严格法学训练的同行根据法学内部理性标准创造的规范。这种矛盾尤其

〔1〕［美］詹姆斯·C. 斯科特：《国家的视角：那些试图改善人类状况的项目是如何失败的》（修订版），王晓毅译，社会科学文献出版社2012年版，第117页。

明显地体现在从法典体系向法学体系转变的过程中。无论是因为人类理性的局限还是政治过程的干扰，一部完美、巨细靡遗的法典本身不可能实现。于是法律体系只能是法学持续工作的结果，而不能在一部法典中一劳永逸地确定。在对一般理论的追寻中，法学家就像那位伟大领袖在 1804 年所做的那样，完成了自己的加冕礼。

第三节　现代公法的诞生

一、共和国的合法性与宪法学

在奠定法国公法学特别是行政法学基础的四名学者中，有三位在 1882 年同时取得了教授资格：狄骥（Léon Duguit，23 岁）、奥里乌（Maurice Hauriou，27 岁）、米舒（Léon Michoud，27 岁）。巴泰勒米（Joseph Barthélemy，25 岁）在两年后也通过了教授资格考试。随着这一代法学家的成长，宪法和行政法才真正跻身法学院的课程表，法学教授才真正获得了以学说规训公法的机会。这样说意味着在此之前法学院的教学和研究几乎不涉及国家的政治生活和行政管理。法学院对公法的冷淡态度有其独特的历史原因。毕竟在第三共和国建立的时候，法学院的定位仍是培养在司法界大显身手的人才。在这种心态下，既然没有宪法诉讼，培养宪法学家又有什么意义呢？至于行政法，在奥里乌开始耕耘之前几乎一直是最高行政法院的法官们的自留地。就连最早设立行政法课程的学校也不是法学院，而是中央理工学院。法学院在拿破仑治下恢复后，行政法以“有关公共行政的民法”的名义进入了共和国的法律学校，但是讲授者几乎都是法官或者政府官员，其中影响最大的总是那些担任过最高行政法院诉讼处处长的人。

第三共和国早期的宪法学市场由道德与政治科学院（l'Académie sciences morales et politiques）的成员垄断。他们的首要任务是结合共和政体与君主政体各自的优点，找到一个微妙的平衡。他们热衷于使用历史和比较研究的方法，在政治生活的现实和结构中提出宪法理论。〔1〕其中，最看不上法学院以文本画地为牢的研究方法的人莫过于自由政治大学的创办者布特米。他不但大力推行历史—比较的研究方法，更亲自上阵，把自由政治大学所有的宪法课都上成了比较宪法史。〔2〕一开始，法学院的民法教师对于这种把政治考量带入课堂的做法颇不以为然，但政府1882年的政令要求必须在博士阶段开设宪法课。正是这一政令给了在同年通过教授资格考试的年轻人一个机会，他们可以在这一片尚未人口过剩的土地上尽情探索了。不过，宪法学的长足发展还得等到1889年法学本科教育改革把宪法设立为本科必修课程时。

公法进入大学课堂意味着法学院的功能有所转变。从此，它不仅仅培养司法官员和律师了，还要为共和国锻造经济、政治和行政管理的精英。更何况共和派政府考虑到扶持一套能为共和国的合法性特别是立法至上主义背书的宪法学说之必要性，也乐于通过教育部门投资宪法学科。年轻的教授们突然在职业生涯刚开始的时候就成了共和国合法性的来源，并可以在法学院的门墙之内实验各种新的方法从而建立其学科基础。于是，他们一方面与19世纪中叶成长起来的那些民

〔1〕 Guillaume Sacriste, *La République des constitutionnalistes : professeurs de droit et légitimation de l'État en France, 1870–1914*, Paris, Les Presses de Sciences Po, 2011, p.101.

〔2〕 参见本书第四章和第六章。

法学教授决裂，另一方面又得以和推动法律渊源与解释方法革新的同龄人联手，恰好与致力于改造高等教育的共和政府不谋而合。传授治国理政之道的宪法学很快就从“弱小、边缘化、门可罗雀的部门法”成长为“现代甚至带有些先锋色彩的专业”。[1]1894年，宪法的学科地位在《公法与政治科学评论》创刊时彻底确立，该刊的宗旨是以无可置疑的科学水平研究社会法则和立法文件。

既然政府推动宪法学科的建立有显而易见的政治动机，那么法学院之间的地缘政治也就不可避免了。简单地说，就是巴黎—外省在政治和学术两方面的分野于宪法学科表现得淋漓尽致。从政府的角度看，法国大革命以来的经验是想要坐稳天下就必须牢牢把握住首都，并极力强化首都在政治、经济、文化生活中的垄断地位。从宪法学教师的角度看，在巴黎执教的机会让他们在空间上更接近重要的政治机构和更充足的财政拨款，自然能够更容易把自己的学术成果转变成政治现实。简言之，地理空间和社会空间在宪法的学说场中交叠了：一个学者所处的地理位置在很大程度上决定了他所能拥有的社会资本和象征性资本，也往往预示了他在这场竞争中的投资策略。然而教育部的任免规则同时意味着一个宪法学教师如果想获得巴黎法学院的教席，除学术能力外还必须对政府的合法性有所贡献。

宪法学家的文化资本和政府所能提供的象征性资本实现兑换的一个典型场合就是政府各部所成立的临时委员会。[2]这些委员会负责

〔1〕 Guillaume Sacriste, *La République des constitutionnalistes : professeurs de droit et légitimation de l'État en France, 1870–1914*, Paris, Les Presses de Sciences Po, 2011, p.109–112.

〔2〕 Guillaume Sacriste, *La République des constitutionnalistes : professeurs de droit et légitimation de l'État en France, 1870–1914*, Paris, Les Presses de Sciences Po, 2011, p.225.

起草和审议各种政令和法案，其中很大一部分就是那些民法教授希望置于《法国民法典》权威和各种民法原则之下的特殊立法。任命一个可以在巴黎法学院任教的教师就意味着选择一个可以为共和国的立法背书的学者，而接受巴黎的教席就意味着接受了进入这些委员会的机会和义务。久而久之，巴黎的宪法学家形成了一种把正当性等同于形式合法性的宪法理念——只要政府的立法在程序和内容上不违反法律的严格规定，那么这些立法就是正当的。他们所建构的法律体系完全接受了共和国议会制下的统治规则：除一些象征性的约束外，民选政治家及他们所任命的行政官员享有至上的权力。这一宪法理念最集中地体现在埃斯曼 1896 年出版的教材《比较视野下的宪法精义》(*Éléments de droit constitutionnel et comparé*)之中，本书也成为那些想要参与权力的游戏的作者绝不能错过的参考书。〔1〕

不过，共和国最为青睐的宪法理论还是德国的"舶来品"。在经过戈贝尔(Carl von Gerber)和拉班德(Paul Laband)对国家自我约束理论的先期开拓后，耶利内克(Georg Jellinek)在他的《一般国家理论》(*Allgemeine Staatslehre*)中论证，一旦一个政治体获得了确定的领土、人民和有效统治后，那么它便成了一个国家，并因此享有独立与至高的权力——"无法进一步递归的力量"('nicht weiter ableitbare Gewalt')。〔2〕斯特拉斯堡的教授卡雷·德·马尔贝格把自我约束理论引入法国，主张主权国家只能根据其自身的意志决定约束自身的法律

〔1〕 Guillaume Sacriste, *La République des constitutionnalistes : professeurs de droit et légitimation de l'État en France, 1870–1914*, Paris, Les Presses de Sciences Po, 2011, p.334.

〔2〕 Werner Fischer, *Georg Jellineks Anorganische Lehre in ihren Grundzügen als Rechtssystem Dargestellt*, Berlin, Springer-Verlag, 2013, p.12.

规则。如果有任何高于国家、超越国家的权力可以对它施加限制的话，那么它就不再是国家了。[1]

相较之下，外省的法学院则聚集了一批反对绝对主权和立法至上学说的宪法学家。狄骥当然是我们最熟悉的一个例子。他希望通过把法律的变迁归因于社会变迁来否定国家的绝对意志。[2]如果法律发展的最终动力是无关人的意志的社会必然法则，那么法学家也就必须学会通过观察社会来发现社会对法律的要求，好的立法也就必须能够反映社会客观要求。自我约束理论的问题在于，“如果国家仅仅在它希望受限制的时候才受法律限制，那它就根本不受任何限制”，而第一次世界大战的惨剧正说明了这一理论的错误。[3]如果说狄骥的批评属于来自进步主义的、左派的批评，那么当时更占上风的则是来自保守主义的、右派的批评。其中最具代表性的就是奥里乌。这名图卢兹法学院的院长通过重拾自然法传统来反对议会制国家。和狄骥对社会科学的重视截然不同的是，奥里乌主张社会科学的观察只有在法哲学的指导下才有意义。[4]而德国之所以会把整个欧洲卷入大战的惨祸，就是因为遗忘了自然法的指导。[5]无论如何，奥里乌和狄骥对一般公法理

---

〔1〕 Raymond Carré de Malberg, *Contribution à la théorie générale de l'Etat : spécialement d'après les données fournies par le droit constitutionnel français*, Paris, Sirey, 1920, p.231. 卡雷·德·马尔贝格的理论介绍，也可参见王蔚：《大革命、国民主权与现代国家建构——马尔贝格的国家法学理论》，载《法学评论》2018 年第 3 期，第 31–43 页。

〔2〕 Léon Duguit, *Les transformations générales du droit privé depuis le Code Napoléon*, Paris, F.Alcan, 1912.

〔3〕 Léon Duguit, «La doctrine allemande de l' autolimitation de l' État», *Revue du Droit Public et de la science politique en France et à l'étranger*, 1919, vol.36, n°2, p.161–190.

〔4〕 Maurice Hauriou, «Philosophie du droit et science sociale», *Revue du droit public et de la science politique en France et à l'étranger*, 1899, vol.12, n°2, p.462–476.

〔5〕 Maurice Hauriou, «Le droit naturel et l' Allemagne», *Le correspondant*, 1918, p.913.

论的整理让法国关于国家的学说大为丰富，形成了与共和主义国家观分庭抗礼的主张。〔1〕

最终，奥里乌引导的“保守革命”在民族主义抬头的大背景下得以反击巴黎。〔2〕在第一次世界大战爆发之际，共和派立法至上主义的宪法辩护者已经势单力薄。在我们将会在关于国际公法的部分中提到的“塞尔风波”中，时任巴黎法学院院长的共和派宪法学家巴泰勒米也在右翼学生的抗议中黯然辞职。狄骥和奥里乌这对双子星先后于 1928 年和 1929 年去世，标志着法国宪法学从形式合法性和实质正当性的争论转向了更加剧烈也更难找出秩序的政治纷争。到了 1936 年，布鲁姆所领导的左派“人民阵线”掌权，巴泰勒米认为此时的民主政体已经不像他所支持的那样运作了，于是转趋保守，投入了民族主义、传统主义的右派阵营。共和派宪法学的衰微也就不可避免了。至于维希政府治下在司法部和教育部占据高位的法学家事迹，或许可以留待以后探讨。

二、行政法对判例的规训

相较于巴黎法学院在宪法学发展上的强势，19 世纪晚期对行政法的学说整合几乎就靠奥里乌和狄骥这两名外省大师完成了。奥里乌所开创的制度学派和狄骥所开创的公共服务学派至今仍对法国行政法有

---

〔1〕 Jean-Michel Blanquer et Marc Milet, *L'invention de l'État: Léon Duguit, Maurice Hauriou et la naissance du droit public moderne*, Odile Jacob, 2015.

〔2〕 朱明哲:《面对民族主义的自然法学——两战之间法国自然法学的衰落》，载《中外法学》2016 年第 5 期，第 1325-1345 页。

深远影响。如果说宪法是在第三共和国时因为政治合法性的需要才从法学院内生长起来的学科，那么行政法学的发展则更像是法学教授从行政法院的法官手中夺权的过程。此前，把行政法的原理、规则、先例和学术见解整理成一个体系并把行政法发展为一种科学的努力并非罕见。但是在奥里乌提出一个提纲挈领的概念“公共权力”之前，行政法学还是极度依附于行政法院的判例，并未能用一套统一的学理术语整合主要由判例界定的规范空间。

在仅仅教授了4年行政法后，奥里乌就在1892年的《一般行政评论》(*Revue générale d'administration*)上发表了名篇《自共和历八年以来行政法的形成》。[1]文章回顾了法国1799年宪法设立最高行政法院后近百年的行政法发展，得出一个结论：要整合行政法琐碎不堪、纷繁复杂、与日俱增的规则，首先就必须建立起一种关于公共权力的人格理论。行政法学的要务就是研究如何才能组织公共行政机关的权力。此外，他在这篇言简意赅的短文中还使用了诸如“公法人”“公共服务”“公权力”“单方行为”等至今仍在使用的概念。从这篇提纲挈领的论文开始，图卢兹法学院的院长开始把判例整合进一个围绕着核心概念和原则展开的法律体系之中。一直到去世以前，奥里乌为最高行政法院334个判例撰写了评论，总长度达2200页。[2]得益于行政部门主办的《一般行政评论》的传播，他和其他早期行政法学教授所撰写

---

〔1〕 Maurice Hauriou, *De la Formation du droit administratif français depuis l'an* VIII, Paris, Berger-Levrault, 1893, p.34.

〔2〕 Pascal Arrighi, «Hauriou: un commentateur des arrêts du Conseil d' État», *in Le Conseil d'État.Livre jubilaire publié pour commémorer son cent-cinquantième anniversaire*, Paris, Sirey, 1952, p.341–345.

的判例评注为书院与法院之间的交流提供了渠道。作为行政机关的代表在最高行政法院内工作的政府特派员中，有不少人都熟悉奥里乌的思想，并以此为基础反思公共管理。[1]

不过，行政法的体系化并没有像民法那样完全实现对司法世界的征服。行政法院的法官在行政法学的发展中仍然扮演着重要的角色，而且他们在培养下一代行政法从业者方面拥有独立于大学教授的地位。现在，国家行政学院是行政法官实现知识再生产的渠道。在第三共和国时期，发挥这一功能的则主要是自由政治学院，即现在的巴黎政治大学。[2]

三、为“国际社会”立法

法律的社会化对法国国际法学的发展影响深远。正是“国际社会”的观念让一种国际法的法国学派脱颖而出，屹立于世界国际法学说之林而无愧色。[3]通过把涂尔干的“社会连带”(solidarité sociale)运用到国家之间的关系中，法国学者为国际法学提供了实证主义之外的一种客观性基础。其实，和行政法学与宪法学一样，19世纪末的法国国际法学总体上接受了一种实证主义的、意志论的法律观，认为法律就是国家意志的体现。没有任何法律可以脱离国家存在。因此，法

---

〔1〕 参见[法]菲利普·热斯塔茨、[法]克里斯托弗·雅曼:《作为一种法律渊源的学说——法国法学的历程》，朱明哲译，中国政法大学出版社2020年版，第118页。

〔2〕 见本书第四章。

〔3〕 如科斯肯涅米就把德国国际法学的方法概括为一种哲学方法，而认为法国国际法学总体上是一种社会学方法。这样大而化之的概括当然有很多可以在细节上商榷之处，但是也在一定程度上说明了人们的印象。Martti Koskenniemi, *The Gentle Civilizer of Nations: The Rise and Fall of International Law 1870–1960*(Cambridge University Press 2004)266.

国国际法学家中的大部分人在相当长的时间里自然而然，又令人多少有些惊讶地与18世纪万民法的自然法传统分道扬镳。[1]不过，也和当时其他的学科一样，把实证国际法与自然法分离既保证了国际法学的科学严谨，又让法学家们时刻可以转向一种理性的、理想化的自然法观念来批评实证国际法。所以我们才会看到，在动荡的时刻，重要的国际法学家往往会毫不犹豫地重新回到自然法的话语中，呼唤对实证国际法的改造。[2]无论是较早一代的雷诺，还是晚一些的皮耶（Alain Pillet）和勒弗尔（Louis Le Fur）都不例外。

真正在实证法和自然法之间提出第三条道路的是塞尔（Georges Scelle）。塞尔用客观法—主观法的对立取代了传统的自然法—实证法二分。他所说的主观法其实就是实证法，所谓"客观法"其实也和当时已经逐步占据上风的"可变自然法"没有太大区别。[3]这种"法"是客观的，因为它是所有社会都必须遵从的自然生物法则的直接表达；但因为它随着社会连带的现象不断发展，从而又是可变的。[4]如此一来，社会客观法就成了一种媒介，把社会连带的必要性转化为实证法所必须符合之要求。在术语和概念背后，是一种关于国际社会新想象的产生。塞尔否定的不仅是与自然法关系密切的传统国际法，还有那种原子式的国家存续于自然状态——亦即永恒战争状态——的霍布斯

---

〔1〕 Emmanuelle Jouannet, «Regards sur un siècle de doctrine française du droit international», *Annuaire français de droit international*, 2000, vol.46, n°1, p.16.

〔2〕 Emmanuelle Jouannet, «Regards sur un siècle de doctrine française du droit international», *Annuaire français de droit international*, 2000, vol.46, n°1, p.16.

〔3〕 Georges Scelle, *Précis de droit des gens: principes et systématique*, Paris, Recueil Sirey, 1932, p.5.

〔4〕 Georges Scelle, *Précis de droit des gens: principes et systématique*, Paris, Recueil Sirey, 1932, p.4.

图景。相反，他希望通过把国内社会之间的客观连带关系投射到国家之间的关系上，从而想象出一个每个国家相互依存，虽然独立自主却无法独善其身、像联邦一样组织起来的“国际社会”。〔1〕而国际法就是用以治理国家形成之社会的法律。

塞尔的论敌、永恒自然法的主要辩护人勒弗尔则旗帜鲜明地反对塞尔的“国际主义”。他认为国际主义的内核是“扩大小群体并使之成为一个更大却更松散的联合体，借以满足日益增加也日益严苛的群体需要”。〔2〕它不但是一个乌托邦，而且还会造成不正义，因为它希望消除国家，可是国家和个人、家庭一样，有自己的目标和权利。尽管如此，民族和民族主义也并非解决之道。相反，一种同时更谦逊也更坚实的国际主义则是可行的，只要“它能避免夸大，同时不仅回应经济现实，也回应在事实中逐渐显现的法律现实”。〔3〕

塞尔和勒弗尔不但在理论立场上针锋相对，在法学院内也曾争得不可开交。1925 年，巴黎法学院国际公法教席出缺。学校向公共教学部部长提交的名单上，时任雷恩大学教授的勒弗尔是第一候选人，第戎大学教授塞尔是第二候选人。勒弗尔在政治上是天主教保守派。塞尔则是左翼和平主义者，强烈地反对法国对鲁尔区的占领、积极支持德国加入国联。2 月 25 日，部长于巴黎法学院宣布由塞尔出任国际公法教授的时候，在主要由保皇派和天主教学生组成的保守派学生中引起了轩然大波，他们认为让在学校名单上排在第二顺位的塞尔取代勒

---

〔1〕 Georges Scelle, *Précis de droit des gens: principes et systématique*, Paris, Recueil Sirey, 1932, p.32.

〔2〕 Louis Le Fur, *Les grands problèmes du droit*, Paris, Recueil Sirey, 1937, p.445-446.

〔3〕 Louis Le Fur, *Les grands problèmes du droit*, Paris, Recueil Sirey, 1937, p.446.

弗尔完全是政府任人唯亲的结果。于是整个 3 月，极右组织法兰西行动（Action française）及其青年团在拉丁区组织了多次示威，高喊“把塞尔投入监狱！”并封锁了通往法学院的道路。巴黎法学院的院长巴特勒密因为制止学生不力，而遭停职。法兰西行动的学生还成功说服巴黎总学生会宣布全体巴黎学生总罢课，并得到了一些外省学生会的响应，只有“共和派与社会主义大学行动”组织的学生才公开反对罢课。此次学潮影响如此深入，甚至当届政府在 4 月因为财政计划问题的倒台也与之不无关系。最终，法兰西行动取得了胜利，勒弗尔获任命为巴黎的国际公法教授。〔1〕

虽然在竞争巴黎法学院的职位时失利，但塞尔获得了比勒弗尔更长远的影响力。直到最近，法国最权威的国际法教科书仍在用这种“国际社会”的观念排除个人的国际法主体地位：管理着全人类的国家是事实上存在的普遍适用于社会之基础政治单位，而不是一个普遍适用的法律秩序之下的次级单元……个人只有在国家之中才是主体，而不能是国际法上的主体。〔2〕国际社会由国家构成且仅由国家构成，任何私人组织都只能是国家管理的对象：“恰当地说，国际法就是用来统治由国家及其中介机构（如国际组织）所组成的社会的法律。”

---

〔1〕 Véronique Auzépy-Chavagnac, *Jean de Fabrègues et la jeune droite catholique: Aux sources de la Révolution nationale*, Villeneuve d'Ascq, Presses Université Septentrion, 2002; Marc Milet, «La Faculté de droit de Paris sous la Troisième République: une domination sans partage?(1879-1939)», *in* Jean-Louis Halperin(ed), *Paris, capitale juridique(1804-1950). Étude de socio-histoire sur la Faculté de droit de Paris*, Paris, Éditions Rue d'Ulm, 2011; Martti Koskenniemi, *The Gentle Civilizer of Nations: The Rise and Fall of International Law 1870-1960* (Cambridge University Press 2004) 316-317.

〔2〕 Raphaële Rivier, *Droit international public*, Paris, Presses Universitaires de France, 2013, p.30.

但无论是塞尔还是勒弗尔，无论是社会学还是自然法，法国国际法学家与他们同时代的民法学家别无二致，都致力于把实证法整合成一个完整、无矛盾的体系。塞尔在1932年出版的教科书《国际法精要——原理与体系》就是最好的体现，作者希望完成对国际法全面而完整的阐释说明，从其性质、基础、作用到各种技术，无所不包。[1]这部作品把教材推向了国际法理论化的最高点，开创了一种国际法教材写作的新模式。[2]就算后来的作品在理论化或体系程度上稍弱，对国际法的性质、存在和基础的探讨也一定是保留节目。在此意义上，法国的国际法学者也实现了学说对法律场的征服。

---

〔1〕 Georges Scelle, *Précis de droit des gens: principes et systématique*, Paris, Recueil Sirey, 1932；关于本书的英文介绍，参见 Nicholas Kasirer, «A Reading of Georges Scelle's Précis de droit des gens», *Canadian Yearbook of International Law/Annuaire canadien de droit international*, 1987, vol.24, p.372–385。

〔2〕 Robert Charvin, «Le droit international tel qu'il a été enseigné : notes critiques de lecture des traités et manuels (1850–1950)», *in Mélanges offerts à Charles Chaumont : le droit des peuples à disposer d'eux-mêmes : méthodes d'analyse du droit international*, Paris, Pedone, 1984, p.135–159.

机构

第三章

后来居上：自由政治学院

1877年，福州船政局第一批留欧学生放洋。出发时，马建忠为随员，陈季同为文案。耐人寻味的是，除马建忠在历史悠久的法学院注册攻读学士学位外，马、陈二人还在自由政治学院求学。当时，自由政治学院这一私立教育机构刚刚成立6年，甚至还不具备授予学士学位的资格。[1]他们毕业后，福州船政局所派遣的第三批旅欧学生中，同样有林藩、高尔谦、王寿昌、柯鸿年、许寿仁等在自由政治学院注册并攻读外交科。[2]此后，清朝国力日渐衰弱，这些留学生虽学有专才，却生不逢时、壮志难酬。待民国建立，旅欧热回潮，又有毕业于上海震旦大学的一批学生赴法，进入自由政治学院深造，让这一仅提供两年制培训项目的机构一时间在中国留法学生中有了令人难以理解的吸引力，以至于里昂中法大学的学生不惜与校方撕破脸也要前来旁听。为了理解自由政治学院对中国学生的意义，本章从其创建历程入手，然后聚焦于该校在教学上与传统法学院不同之处。最后，我们将通过马建

---

〔1〕 实际上，作为自由政治学院继承者和本书作者博士母校的巴黎政治大学（L' Institut d' études politiques de Paris，IEP de Paris）也直到2019年才获得了学士学位的授予权。另外，该校校名我国习惯翻译为"巴黎政治学院"，而且确实不是 université 意义上的"大学"。但是该校官方要求中文译名书写为"巴黎政治大学"，按照名从主人的原则，就算可能造成混淆，也只好权宜。

〔2〕 Annuaire Société des anciens élèves et élèves de l' École libre des sciences politiques（1885-1889），Mission d' archives de Sciences Po.

忠、陈季同、柯鸿年、许寿仁、顾守熙、沈家诒、徐传保、艾振麟、王自新、方镇中10人留下的档案，对中国学生在自由政治学院的学习经历作一个粗浅的白描。

第一节 自由政治学院的创立

一、共和国的同龄人

1870年9月2日，法学院的毕业生俾斯麦在色当见到了法国皇帝拿破仑三世（Napoléon Ⅲ）和投降的十万法国军队。法军的溃败激化了效忠于波拿巴的保皇党和共和派之间的矛盾。本身就尤其依赖民望的皇帝因为贸然把国家卷入战争的愚蠢决定，威信一落千丈。同时，仰仗皇室的官僚机制组织低效、动员能力极差的弱点在战争面前暴露无遗，更让共和派看到了帝国统治的缝隙。当战败的消息从色当传到巴黎，大批中产阶级和资产阶级家庭收拾细软逃往乡下。9月4日，在革命的热情中，巴黎的律师甘必大（Léon Gambetta）在巴黎市政厅宣布共和国诞生。9月19日，令人绝望的巴黎围城开始。10月7日，担任内务部部长的甘必大乘热气球飞跃了普鲁士军队的防线，到达图尔。随着驻守梅茨的法国大部队投降、留守巴黎法军突围的努力一次次失败，巴黎市内的焦虑情绪高涨，左派和右派之间的矛盾也一再升级。1871年2月26日，《凡尔赛合约》签署，普鲁士军队也在3月初撤出了巴黎。但是，新政府随即通过了新的法令，要求巴黎人必须限期连本带息清偿其债务和房租，又停掉了给国民自卫军战士的津贴。呼吁地方自治和社会改革的声音在巴黎越来越有市场。当梯耶尔（Adolphe Thiers）主导的国民议会越来越倒向复辟的方向时，巴黎公社运动便随之爆发了。后面的故事我们便非常熟悉了：在短暂统治巴黎的 2 个月时间里，普选、妇女参政、政教分离等一系列共和派核心主张得以实践，却终究在 19 世纪欧洲最大的一场屠杀中走到了尽头。随后，为了彻底消灭巴黎公社留下的记忆，保守派占多数的国民议会决定在公社主要的据点蒙马特高地建造一座主教座堂，也就是现在的著名景点圣心堂。

第三共和国就这样在内忧和外患留下的废墟上颤颤巍巍地诞生了。与此同时，"法国思想的德国危机"开始成为笼罩在知识界和政界上空挥之不去的阴云：到底什么才是溃败的原因？如何才能在未来的国际竞争中反败为胜？〔1〕东境肥沃的领土现在处于敌人的统治之下，首都惨遭围城，统一的德意志帝国在凡尔赛宫的镜厅宣告成立……一系列事件让法国的知识分子不得不思考政治、学术、道德等各方面改革的可能性。巴黎公社所呼唤的政治和社会革命也说明旧精英阶级的统治合法性已经受到了前所未有的挑战，所以男性普选制才最终建立。立基于民主政体的共和国必须培养出最有能力维持社会秩序和政治稳定的职业行政官员，否则必将重蹈第二帝国的覆辙。确保共和国"由最优秀的人统治着"就成了迫在眉睫的任务。〔2〕拿破仑时代所建立的一系列精英院校虽然培养出了大量优秀的数学家、工程师、中小学教师，但是并没有为统治阶级培养出最好的官僚和政治家。所以布特

---

〔1〕 Claude Digeon, *La Crise allemande de la pensée française 1870–1914*, Paris, Presses Universitaires de France, 1959.

〔2〕 Émile Boutmy et Ernest Vinet, *Quelques idées sur la création d'une Faculté libre d'enseignement supérieur : lettres et programme*, Paris, A.Lainé, 1871, p.14.

米才感慨:“在我国,有专门的学校培养医生、律师、工程师、军人,却没有这样的机构来培养政治家。”〔1〕把治国之道作为一种科学来研究的学术机构也就因此呼之欲出了。

正是在这样一种“改造科学、改造教育、改造国民”的思潮之中,以报界精英布特米为首的几位自由主义者建立起了自由政治学院。他们希望建设立足于自由主义的和平并以思想自由驱逐愚昧。〔2〕具体而言,他们极其警惕国家干预,所以对民主缺乏热忱,但同时对回到以前那个保守、执着于教条的农业社会充满敌意,因此积极主张共和。对他们来说,一个自由的共和国就是最好的政体。而在国际事务上,他们则相信自由的贸易交往可以维持和平的局面。在这个意义上,政治学院和与它互相成就的共和国一样,是一种“新事物”,反对与帝制相连的教条主义、传统主义。布特米和他所创办的政治学院高举现代精神的旗帜,也就是一种强调个人、强调分权制衡理论和政治与公共自由的精神。〔3〕在传统的法学院教育中,重要的是对民法典文义和概念的理解和掌握。而政治学院所贯彻的,则是通过个人努力改造社会的价值观。这种乐观精神甚至强大到了相信最优秀的统治者可以转变人心的地步。按照布特米的说法,所谓校名之中的“自由”并不仅仅指在当时高等教育术语中的“私立学校”,更重要的是宣告他在法国建

---

〔1〕 Émile Boutmy et Ernest Vinet, *Projet d'une Faculté libre des sciences politiques*, Paris, Adolphe Lainé, 1871, p.10.

〔2〕 Margarethe Rosenbauer, *L'école libre des sciences politiques de 1871 à 1896; l'enseignement des sciences politiques sous la IIIe République*, Inaugural-Dissertation zur Erlangung der Doktorwurde, Marburg-Lahn, Philipps-Universität Marburg, 1969, S.44.

〔3〕 Richard Descoings, *Sciences Po : De La Courneuve à Shanghai*, Paris, Les Presses de Sciences Po, 2007, p.29.

立一种真正自由主义高等教育的愿望。[1]

不过，无论创立者如何解读，“自由”仍然首先意味着这一新成立的学校无法获得国家的财政支持，所以本身出身中产阶级、没有大笔资金可以投入办学的布特米必须首先获得足够的经费。所幸这名报业精英在过去近30年的公共生活中已经建立起了一个由政商二界名流组成的关系网络。于是，在敲开了上层资产阶级中大部分自由派、共和派、奥尔良派精英的大门后，他还是筹措到了办学所必需的资金。其中，最重要的金主几乎都是和布特米一样热切希望推动法国政治现代化的新兴阶级。在认购股份超过500股（每股400法郎）的人士中，有《时代》（*Le Temps*）的主编谢雷（Edmond Scherer），新教银行家安德雷兄弟（Édouard et Alfred André）、莫尼耶（Frédéric Monnier）、奥廷格（Rodolphe Hottinguer），还有倡导政教分离、后来在1927年获得诺贝尔和平奖的比松（Ferdinand Buisson）。其他的早期股东还有时任教育部部长的知名化学家贝特洛（Marcellin Berthelot）、罗斯柴尔德（Rothschild）家族。虽然还有不少高级政府官员、资政院法官、财政法官或者大使也认购了股份，但是他们所有加起来不过45股。勒普雷（Le Play）领导的社会经济学会、拉布莱领导的政治经济学会和比较法学会也都动员起来，认购了股份。在自由政治学院背后站着的是属于工商业和新型知识分子的法国。[2]

尽管如此，布特米的手头还是并不宽裕，其中一个重要原因是学

---

〔1〕 Émile Boutmy et Ernest Vinet, *Projet d'une Faculté libre des sciences politiques*, Paris, Adolphe Lainé, 1871, p.7–9.

〔2〕 Richard Descoings, *Sciences Po : De La Courneuve à Shanghai*, Paris, Les Presses de Sciences Po, 2007, p.36.

校无法授予得到教育部承认的高等教育文凭，从而很难吸引足够的学生报名。这也算是“自由”的另一个代价。直到 1941 年教学改革增设 1 年预备科以前，政治学院只提供为期 2 年的教育。学生在结束学业通过严格的口试之后，取得不具备任何法律效力的结业证书。在 1931 年以前，男生甚至不需要高中会考合格也可以在学校注册。第二次世界大战之后，虽然自由政治学院的继承者巴黎政治大学也直到 2019 年才取得本科文凭的授予资格，但是其在法国政界的影响力和在国际上的声誉足已为其吸引优秀生源。然而这种巨量的社会资本，在 1872 年还是无法想象的。受财政掣肘的布特米只能坚持勤俭办学的理念，无法购买或租赁永久的教学地点，只在全国劝业会（Société d'encouragement de l'industrie nationale）的办公楼里按小时租借一个教室以供使用。总而言之，刚成立的自由政治学院怎么看都更像是一个培训班、一个课外辅导机构、草台班子，而不像是一所正儿八经的高等学校。无论从哪个角度来讲，很难想象政治学院竟然会在短短数年时间内成长为一个充满荣耀的学府，甚至让骄傲的马建忠也高度称赞、让里昂中法大学的学生不惜与校方决裂也要前来旁听。

让新生的政治学院既获得更多财政收入，又奠定其在高等教育界地位的决定性举措或许就是布特米的职业化策略。在最初的设计中，自由政治学院提供的是中立的、不带党派色彩的跨学科教学。布特米 1871 年构想的课程表中，学生应该广泛学习物理、生物、数学、文学与艺术、社会科学。[1]所以，在 1872 年学校刚建立的时候，一座藏书丰

---

〔1〕 Émile Boutmy et Ernest Vinet, *Quelques idées sur la création d'une Faculté libre d'enseignement supérieur* : *lettres et programme*, Paris, A.Lainé, 1871, p.9.

富的图书馆、档案室、“社会科学实验室”已经随之建立。正如布特米所言：“如果说我们属于某一个党派的话，那只能是科学所代表的那一个。”〔1〕不过，用中立的科学实现对政治生活的规训的初心从未落实为行动。最初的课程表从来没有真正施行。虽然学院以德国的现代大学组织为榜样，试图在教授独白式的礼堂授课之外建立小型的研讨课，但是这些研讨课最终没有发展成德国式的“seminar”。取而代之的是考查学生对大课知识掌握程度的“纠问课”、面向实践的“应用课”、为公务员考试做准备的“备考课”。到了 1875 年，自由政治学院开设了“行政科”和“外交科”，标志着它从一个社会科学的综合院校转变为专业的行政学院。从 1884 年开始，新设“综合科”和“经济财政科”后，科目增加到了 4 个。到了 1900 年，又新增了“经济和社会科”。既然希望培养共和国的精英，就必须首先让学生具备通过竞考进入体制内的能力。所以，从综合性博雅教育的理想向职业化专科教育的转变似乎是自由政治学院的必由之路。

针对职业化的课程设计明显增强了自由政治学院对学生的吸引力。1871 年学校初建时，只有 95 名学生。当马建忠在 1877 年入学时，学生人数增加到了 200 人，并且进入了一个快速增长的时期。当布特米在 1906 年去世时，他所创办的学校已经有 500 名全日制学生和接近 100 名旁听生。其中 180 人就读于经济与财政科，56 人就读于综合科，156 人就读于外交科，66 人就读于行政科。顾守熙 1921 年进入政治学院时，他成了 850 名学生之一。王自新 1931 年离开时，学生

〔1〕 Émile Boutmy, 1SP-17, CR Assemblée générale 1872, p.12.

人数已经超过 1500 人。职业化转型的秘诀要从课程设置、教师队伍构成、学生来源三个方面寻找。

二、向职业化的转型

自由政治学院的建立与“政治科学”在法国的出现分不开。研究政治生活的科学在一开始并未以单一学科的面目出现。从认识论的角度说，它没有独立的方法、不主张自己研究的是独特的社会现象。从知识社会学的角度说，它也没有独立的组织、独特的身份认同、特定的学会。以至于现在“政治科学”在法语中仍常常以复数形式出现，暗示有多种不同的学科都在研究着公共生活中的各种现象。自由政治学院的早期课程最明显地体现了这种对政治科学的认识，所有的学生都上着同样的课程：地理学和民族学、欧洲外交史、欧洲军事史、经济学说史、财政史、宪政史、行政史、农工商发展史、比较民法、行政法和国家机构、欧洲社会的社会学。〔1〕可见，当时所谓的政治科学几乎是当代史，加上一些法学、一些经济学、一些社会学。其中，历史部分几乎都有限定：法国大革命或德皇威廉以来的，即当代史。正是当代史的知识向未来的治国精英传授了关于在复杂的现实面前如何作决策的经验知识，从而使他们区别于斤斤计较于规范文义的法学家。〔2〕布特米解释：“（对于政治家和外交家而言）面前没有一个确定的理念——

---

〔1〕 Programme de l'École libre des sciences politiques（1871–1872）.

〔2〕 Corinne Delmas, «La place de l' enseignement historique dans la formation des élites politiques françaises à la fin du XIXe siècle : l' Ecole libre des sciences politiques», *Politix*, 1996, vol.9, n°35, p.43–68.

正义和自由——表达在简短的文本中，等待着他在纷繁复杂的具体情境中实现。他只有一个目标、一个实践目的，那就是服务于全国各种不同群体的共同利益，在一个变化无穷的世界中将其实现。"[1]他还进一步主张，"政治家越来越远离律师和记者，越来越接近学者和企业家"。[2]

然而，大量的当代史教学虽然可以让政治学真正变成一门严谨的实证科学，却仍让学生延续大学教育的模式，无法敲开职业生涯的门槛。布特米把学校的课程分成行政科和外交科的意图十分明显，那就是让学生能够顺利进入高级公务员队伍，成为能够影响国家命运的共和国精英。在1873年的一封信中，布特米认为讲座课程提供的无可辩驳的政治科学知识当然是"博雅教育最灿烂的光环"，但是也表现出了重要的缺陷，如无法回应任何具体职业的需求，也很难让学生感兴趣。如果学校只能在两年时间里继续为年轻人提供高雅文化的熏陶，却不能帮助他们迈过从学院到职场的门槛，那办学的目的只能算是落空了。[3]而从书院迈入官僚机构的最重要门槛，无非就是公务员考试了。可见，布特米此时已经意识到，在对政治科学的不懈追求之外，还得增加帮助学生面对更具体职业挑战的举措。于是，国际条约史、地理与民族学、国际法、工业立法与商业条约、基础统计学、列强军事制度、主要国家宪法等课程进入了外交科的课表。行政科则学习

---

〔1〕 Émile Boutmy, *Des rapports et des limites des études juridiques et des études politiques*, Paris, A.Colin, 1889, p.5-6.

〔2〕 Émile Boutmy, *École libre des sciences politiques.Assemblée générale des actionnaires 1872*, Paris, Martinet, 1872, p.5-6.

〔3〕 Richard Descoings, *Sciences Po : De La Courneuve à Shanghai*, Paris, Les Presses de Sciences Po, 2007, p.41.

法国行政组织、财政制度、宪法、政治经济学、统计、比较刑法、社会改革理论史等课程。当代欧洲史的内容大幅减少，而关于法国制度的内容则顺理成章地增加了。

除授课内容外，授课形式也在学校建立的最初几年内不断更新。其中最具有代表性的是从1873年开始为每一个大课（cours）配备的指导课（conférence）。不同于总体上还采取满堂灌教学方法的大课，指导课以小班进行。布特米认为这种设计让“教师和学生可以围坐在同一张桌子前，共同研究那些在治国理政中无法避免的一手文件——预算、外交信件、统计数据，他们会评论这些文本，分析数据，然后讨论彼此的意见，以寻求彼此同意的解决方案”。〔1〕正是这些根据课程科目设计的指导课，让学生在学校里就熟悉了日后在外交部和行政法院等重要机构中任职的日常，自然也获得了通过竞考的重要能力。此外，政治学院本身便鼓励学生之间、师生之间利用其平台增加各自的社交资本。学生可以随时向老师咨询意见，而老师也会悉心指导学生的学习，“学生和老师之间形成了真正的师傅和徒弟的关系”。〔2〕在法学院中，老师高高在上，除上课外就不见踪影。学生之间的情谊也同样是学校的领导所关心的重要方面，并因为学生协会的存在而得到了很好的加强。不过，要让这种设计实现其目的，还必须仰赖一支混合了实务人士和学术精英的教学团队。

在布特米的领导下，自由政治学院的任课教师体现出了明显的融

〔1〕 Émile Boutmy, *École libre des sciences politiques.Assemblée générale des actionnaires 1873*, Paris, Martinet, 1873, p.13.

〔2〕 Théophile Wouters, *De l'Enseignement du droit à l'étranger, écoles spéciales et séminaires juridique*, Bruxelles, H.Manceaux, 1881, p.20.

合色彩。作为一所可以自行决定教师任免的学校，政治学院既不需要受制于教育部门在教师遴选方面的限制，也不需要聘用固定的教授。这种便利让多元化的教学成为可能："从学历要求和等级秩序考虑的禁锢中解放后，校长可以自主寻找那些能够满足各种不同要求的合作者。无论是资深实务人士还是饱学硕儒，他可以不受限制地从那些他认为有才干的人中查举贤能。他还可以顺应需求改变教师队伍的组成、规模、功能。"〔1〕在初创时，每年的教学团队仅 10 余人。到了 1878 年，也就是马建忠在此求学时，教师人数增长到了 20 人。在第一次世界大战前，每年在政治学院开课的教师已经有 50 余人，甚至超过了巴黎法学院教师的总人数。其中，大概有一半教师来自包括政府和企业在内的实务部门。其他人则由校长从法学院、文学院、高等师范学院等核心学术机构聘请，以避免科学知识彻底淹没在实务技巧之中。无论如何，教师几乎都是兼职的，毕竟当时政治学院每一门课的酬金总共只有 2000 法郎，就算长期签约的教师也只能拿到 6000 法郎的年金，甚至不到巴黎教授们年收入的一半。换个角度看，对于大学教授而言，只要来讲一门课就可以拿到相当于 2 个月工资的酬劳，倒是一笔很吸引人的额外收入。

尤为引人瞩目的是，在政治学院初创时期教授法学课程的教师中，除来自资政院（最高行政法院）的法官和财政监察员外，还有不少巴黎法学院的教师。其中甚至有比较法的先驱、第三共和国早期最重要的民法学家之一格拉松（Ernest-Désiré Glasson）。同样讲授民法

---

〔1〕 Émile Levasseur, «Boutmy et l' École», *Annales des sciences politiques*, 1906, p.166.

的还有弗拉赫(Jacques Flach, 1846~1919年)和日后四度出任共和国总理的里博(Alexandre Ribot, 1842~1923年)。此外,还有我们在下文中会重点提到的商法教师夏尔·里昂-卡昂(Charles Lyon-Caen, 1843~1935年)和国际法教师路易·雷诺(Louis Renault, 1843~1918年)。法学院教授和其他在政治学院兼职授课的大学教师一样,虽然没有固定的职位,但是会长期讲授同一门课程,有的甚至长达30年。这种授课的连续性让政治学院的教师队伍看起来不那么像一支东拼西凑的杂牌军了。

职业化的课程设置、结合了专业人士和大学教授的教师队伍确实让自由政治学院的学生在公务员考试中如鱼得水。1889年,政治学院毕业生在国家和部委录取考试中的通过率高达9成,以至于布特米雄心勃勃地宣告:"我们的优势得以延续,甚至已经有足够的条件发展成为对高等公务员职位的垄断。"[1]在将近20年苦心经营后,政治学院俨然已经成了通往统治中心的跳板。如前所述,政治学院无法授予学士学位,所以几乎所有法国学生都同时在法学院注册就读。不过,政治学院在经营校友网络方面仍然显示出独特的眼光。从1872年起,各个特科都建立起了自己的校友联合会,这些联合会后来成了各界校友相互帮扶的重要平台。布特米可以感到欣慰的是,人数有限的早期校友中也涌现出了重要的国家精英,包括历任司法部部长和外交部部长的巴尔都(Louis Barthou)、奥林匹克之父顾拜旦(Pierre de Coubertin)、张伯伦(Austen Chamberlain),以及法国第一个社会主义

---

〔1〕 Boutmy, Assemblée générale, 23/02/1889, p.11, 1SP-19, Dr4.

党总理布鲁姆（Léon Blum）。而且，政治学院的成功不仅吸引了法国学生，更吸引了外国学生。到两次世界大战之间，每年外国学生都占了总学生人数的1/4。

从教育社会学的角度看，政治学院的学生在行政机构中取得成功未必是教育体制的功劳，更可能是其家庭出身带来的禀赋。确实，创建伊始的政治学院每年所收取的学费达100法郎，相当于当时一名男性工人1个月的收入。当马建忠就读该校时，学费已经涨到150法郎。可以说，工薪阶层的孩子想要在19世纪末进入政治学院几乎不可能。根据1945年的一次调查，政治学院7成学生来自中产阶级或小资产阶级，其中1/4来自公务员家庭，1/4来自商人家庭，其他则来自自由职业或工程师家庭。[1]为了让学校更加开放，1945年国有化以后的巴黎政治大学开始为难以支付学费的优秀学生提供以创始校长布特米命名的奖学金。然而经过了60年的努力，来自高收入家庭的学生仍高达7成。只是在采取了颇具争议的“教育优先区”政策后，农民和工薪家庭的子弟比例在1997年到2011年从区区4.5%增加到了13%。[2]那么，随之而来的问题是：为什么成为高级公务员会成为对那些反正衣食无忧的家庭的子弟而言如此具有诱惑力的选择？这个问题的答案或许需要在第三共和国的治理结构中寻找。

---

〔1〕 «Statistique sur les professions de parents des élèves», note dactylographiée du 21/03/1945, 1SP-67 dossier 2.

〔2〕 «Sciences Po Paris, la démocratisation à pas comptés», *Le Monde.fr*, 06/09/2011 .

第二节 在解释和统治之间

从政治学院建立之初，它就一直处于国际和国内的竞争中。法国知识界视法国在普法战争中的失利为法国教育体制的失利。因为传统的大学系统和工程师学院都没有培养出可以在内政外交上与普鲁士的文官相媲美的人才，所以需要新增专研攘外安内之术的机构，以重塑法国的公职人员队伍。如此则产生两个问题：其一是如何设立新机构取代传统上培养治国精英的法学院；其二则是如何证明这一新的机构优于德国的人才培养体系。最后，通过布特米和他的合作者不懈的努力，政治学院得以设立，成为培养行政和外交精英的场所。[1]这也就意味着政治学院必须在国内与根基深厚的法学院争夺主导权。

自由政治学院在法国国内最重要的竞争对手是以巴黎法学院为代表的法学院系统。不过，两种不同的精英再生产机制竞争的并不是优秀的生源，而是主导社会思潮的地位。因为自由政治学院无权授予高等教育的正式文凭，所以前往政治学院学习的学生必须同时注册在大学，而大部分的法国学生都来自法学院。据萨克里斯特（Guillaume Sacriste）考证，在整个第三共和国期间，政治学院和法学院的教学主管实际上会经常沟通，避免考试时间冲突。[2]如此看来，两种机制并不追求对学生时间的垄断。相反，它们关注的是一种高度象征性的垄断地位，即决定法律与社会之间关系的权力。自由政治学院在法国法学的变革之际，用一

---

〔1〕 Pierre Favre, *Naissances de la science politique en France (1870–1914)*, Paris, Fayard, 1989, p.86–90.

〔2〕 来自作者与萨克里斯特的私人交流。

种实用主义的思想挑战着在法学院占主流的教义学模式。

一、教义学的政治

毋庸置疑，19 世纪的法国法学院为许多出身小资产阶级、中产阶级甚至贫困家庭的青年提供了获得一份体面职业从而向上流动的机会。来自中产阶级以下的青年甚至可以跻身规范创造最顶端的法学院教授之列。[1]进入法学院、取得博士学位，开始从事律师业、担任法官或财务官，或在法学院教书，对于有机会入大学就读的青年而言是相当可靠的社会阶梯。另一条对更多青年开放的向上之路则是进入工程师学校或者师范学院，成为共和国领土或心灵的工程师。旧制度下的法官或财务官头衔往往需要斥巨资购得，或由世袭继承取得，而他们在革命后的接班人则可以凭借教育系统中取得的文化资本获得同样的"穿袍贵族"地位。相比之下，"佩剑贵族"的后裔则保留了祖先的特权。1802 年由拿破仑下令建立的圣西尔军校（École spéciale militaire de Saint-Cyr）则代表了旧式家庭、拥有大地产的乡下地主的阵营。和旧制度下一样，军队仍然是属于贵族、世家、子弟的领地。只要来自正确的家庭，哪怕从未在军中服役，也不妨穿上戎装、披挂绶带，坦然居于将校之列。[2]

从表面上看，法学博士学位或者工程师文凭等文化资本在公共生

---

〔1〕 Christophe Charles, «La toge ou la robe ?Les professeurs de la Faculté de Droit de Paris à la Belle Époque», *Revue d'histoire des facultés de droit et des sciences juridiques*, 1988, n°7, p.167.

〔2〕 William Serman, «La noblesse dans l' armée française au XIXe siècle (1814-1890)», *Publications de l'École Française de Rome*, 1988, vol.107, n°1, p.551-558.

活中能兑换到的象征性资本更多了。继续深究则不难发现，既然国家同时垄断了高等教育的组织和公共职位的任免权，那么，无论是每个人所能取得的文化资本，还是用这些文化资本可以获得的政治地位，其实都由共和国决定。当共和国恪守唯才是举的原则在理论上面向所有人的公共教育机构中培养广义上的资产阶级代言人时，一种制度化了的文化精英再生产机制便建立了起来。这些知识分子进入政府、制定政策、改革高等教育，堂而皇之地跨过了知识的传承者和权力的缔造者之间的鸿沟，也就是从社会的良心变成了共和国的精英。[1]无政府主义者、社会主义者、极右保皇派则填补了他们在权力机构之外留下的真空。成为国家精英的法学家不得不依附于共和国，力图在政治动荡中立足的共和国也乐于为法学家提供便利。政治场提供了知识精英兑换象征性资本、掌握权力的机会，其代价是他们在法学场中只能安心做法律的解释者，而非创造者。两种不同的教义学模式也应运而生。其中一种是捍卫立法者的权威，另一种则高举《法国民法典》的大旗。[2]二者殊途同归，都认为社会生活不应该突破法律规范设定的限度。不过，对于自由政治学院而言，最直接的竞争对手是巴黎法学院及其所代表的立法至上观念。

立法者对规范制定权的垄断意味着法学从此只能解释法律，不能创造法律。法学功能的变化背后，是从旧制度到共和国的政治变革。法国大革命带来的关于法律、国家、社会认识的断裂，让 19 世纪的法

---

〔1〕 Christophe Charles, *Les élites de la République*, 2e édition revue et augmentée., Paris, Fayard, 2006.

〔2〕 参见朱明哲:《服务于法史学的自然法——19 世纪末法史学在法国的形成》, 载《华东政法大学学报》2017 年第 3 期, 第 116-131 页。

学教育和旧制度下的法学教育根本是完全不同的两种制度。大革命前在多元而相互冲突的法律渊源之间游刃有余的旧法学，此时已经让位于推崇立法者的决断和法学家的理性的新法学。与之对应的法学教育奠基于拿破仑帝国对中央集权的强大国家的热切盼望中，所以强调国家对法律产生的垄断作用的实证主义、强调规范解释统一性的集中主义从一开始便成了法学教育中大体上占据主导地位的思潮。[1]在反复的革命、复辟、战争后建立起的第三共和国最终在法国确立了共和制，消灭了皇权复辟的可能性。新成立的政权为了捍卫共和制，试图建立一个强大、权力集中的体制，法学教育也不例外。

共和派政府很快选择了巴黎法学院作为共和国在法学上的代表。1870 年以后通过对法学教育机构的改革让代表共和派法学的索邦法学院具备了其他法学院难以比肩的地位。[2]共和国通过简单、实实在在的经济安排保证巴黎法学院可以吸引最优秀的教师：巴黎法学院教授的法定工资是他们外省同行的 2 倍。[3]巴黎法学院得到的拨款比外省院校充裕得多。图卢兹的院长奥里乌便曾愤怒地致信高等教育部部

---

〔1〕 Jean-Jacques Gleizal, «La formation des juristes dans l' État français», *Procès, Cahiers d'analyse politique et juridique*, 1979, n°3, p.50-77.

〔2〕 "索邦大学"（Université de la Sorbonne）是巴黎大学的传喻。罗贝尔·德·索邦（Robert de Sorbon, 1201~1274）创建了作为巴黎高等教育基础的索邦神学院（Collège de Sorbonne），而该院原址后得名"索邦广场"（Place de la Sorbonne），并在历史上长期作为巴黎各高等教学机构管理部门所在地，因而巴黎大学又名"索邦大学"。在第三法兰西共和国时期，虽然法学院和文学院等高等教育机构都处于统一的管理部门权力之下，却彼此相互独立。1968 年学潮之后的大学改革后，原有院系关停并转，只要在索邦广场仍留有办公室的大学，都可以"索邦"冠名。但在 1968 年以前，"索邦法学院"和"巴黎法学院"是一个机构的两种不同叫法。

〔3〕 Frédéric Audren et Catherine Fillon, «Louis Josserand ou la construction d' une autorité doctrinale», *Revue Trimestrielle de droit civil*, 2009, n°1, p.39-76.

长，抗议在财政分配上对巴黎的偏爱。[1]除财权外，巴黎还是人事的中心。教授资格考试的委员会席位基本上由巴黎法学院的教师占据。结果是第三共和国期间巴黎法学院的博士毕业生人数几乎等于所有外省法学院博士毕业生总数。[2]当时只有法学博士才能执律师业，所以也可以说法国律师有一半是从巴黎毕业的。当巴黎法学院已经有超过20名教师的时候，曾经在旧制度时代作为北方重要法学院的普瓦捷(Poitiers)法学院常年只有7名教师。先贤祠旁边小路上的出版社常举办收费的私人讲座，帮助学生通过考试或进入律师公会。这些讲座也成了巴黎的法学家对未来法律职业施加影响的重要场合。[3]除此之外，巴黎的法学家还有更多的机会参加法律编纂的委员会，或者出任政府的高级顾问，从而在学术资本之外获得政治生活中的象征性资本。不同于旧制度下多个法学院分庭抗礼的多中心模式，巴黎法学院在共和国成了无可争辩的中心。[4]

有得必有失，巴黎法学院的教师们必须了解到他们所获得的经济和组织优势完全是共和国有意设计的结果。他们必须小心安排教学内

---

〔1〕 Marc Milet, «La Faculté de droit de Paris sous la Troisième République: une domination sans partage?(1879-1939)», *in* Jean-Louis Halpérin(ed), *Paris, capitale juridique (1804-1950): Étude de socio-histoire sur la Faculté de droit de Paris*, Paris, Rue d'Ulm, 2011, p.143-176.

〔2〕 Marc Milet, «La Faculté de droit de Paris sous la Troisième République: une domination sans partage?(1879-1939)», *in* Jean-Louis Halpérin(ed), *Paris, capitale juridique (1804-1950): Étude de socio-histoire sur la Faculté de droit de Paris*, Paris, Rue d'Ulm, 2011, p.143-176.

〔3〕 Marc Richard, «La Faculté de Paris et l'aide aux étudiants sous la Troisième République», *in* Jean-Louis Halpérin(ed), *Paris, capitale juridique(1804-1950): Etude de socio-histoire sur la Faculté de droit de Paris*, Rue d'Ulm, 2011.

〔4〕 参见朱明哲:《东方巴黎——论二十世纪上半叶法国法律学说在中国的传播》，载《北大法律评论》2014年第2期，第581-600页。

容，避免教育部学监在审查时给出负面评价，以致不得不停课，甚至离开法学教育的中枢。巴黎法学院的法史学教授舍农就曾经发表支持天主教自然法的观点，与共和派反教权主义立场相左，因而受到了停课一年的处分。他们虽然能以身处巴黎而坐拥更多社会资本，在法学场中意气风发、傲视外省的同行，却也不得不时刻提醒自己谁最终提供并分配着他们所珍视的资本。于是，巴黎的教授反而无法像从教于外省法学院甚至少量私立法学院的法学家那样，可以大胆地批评政府的立场。

在教育部为所有的公立法学院统一制定的授课大纲上，《法国民法典》毫无疑问是核心，民法和罗马法也是最重要的课程。1895 年的教学改革增加了公法的内容，但是既没有改变民法的主导地位，也没有改变拿破仑时代以来的法典评注授课模式。[1]现在，既然我们已经知道了其实所谓的“法典评注”充满了每个教授根据其所处的具体社会状况对民法规则的思考，不再会认为课上的内容只是对法典字面意思和典型案例的简单陈述。[2]同样，我们必须承认法学家们始终在积极地思考如何让法律规范适应社会需求。归根结底，法学院传授的是法律体系，即“立法和判例提供的初级材料所建构而成的雄伟法律殿堂”。[3]法学家之间无论存在何种学术或政治立场上的分歧，当他们站

---

〔1〕 Charles Turgeon, «L' enseignement des facultés de droit, 1879 à 1899», *Revue internationale de l'enseignement*, 1890, n°19.

〔2〕 Myriam Biscay, «Utilité et pratique dans l' enseignement du droit dans la première moitié du XIXe siècle : une vieux débat», *Revue d'histoire des facultés de droit et de la science juridique*, 2014, vol.34, p.207–230.

〔3〕 Adhémar Esmein, «La jurisprudence et la doctrine», *Revue trimestrielle de droit civil*, 1902, vol.1, n°1, p.5–19.

上法学院讲台时，立场其实都一样：关于社会生活、社会秩序的所有知识都写在法律规范里了。只不过巴黎法学院的共和主义法学家认为让诞生于农业社会的法典适应现代的工业社会必须靠立法者的单行立法来实现；而外省的法学方法革新者们则诉诸自然法、正义理念、社会连带思想或公共服务理念，力求通过法律解释而非立法的力量完成这一使命。

法学院的教育致力于培养法律的解释者。无论法学家对于政治生活有何等热情，又有多么坚定的政治立场，当他们作为法学教师发言时，无不心甘情愿地接受法律的解释者而非缔造者的地位。[1]他们既不制定法律，也不改造社会。相反，他们恪守波塔利斯的忠告："法律应当为人创造，人却无法为法律改变。"一言以蔽之，他们解释、裁判，但是拒绝统治。

二、政治的教义学

更准确地说，法学院为法学家提供了以解释和求知的名义整合、区别、排除法律规范的空间。只有在这一为知识保留的特定空间内，他们可以避免承担统治权力所带来的责任。一旦知识精英走出法学院，开始在包括自由政治学院在内的机构中用文化资本兑换象征性资本，解释者的心态就会立刻转化为统治者的心态。布特米曾经这样解释政治学院和传统大学之间的差别："对我们这样的学校来说，最不该

---

〔1〕 关于法学家的政治参与，参见本书"绪论"部分。另外，一些较为激进的观点可能认为每一次解释都是对规范的再造。本书作者认同这一观点，但也承认它在 19 世纪末的法国法学院恐怕很难找到回响。

做的就是脱离严肃精神的运动、远离生活的声音。我们的长处之一就是，大部分的教师并不把自己困在他们的书和手稿包围的孤室中。”〔1〕对于自由政治学院的创建者而言，这一机构的特色在于拒绝皓首穷经，转而深入社会和政治生活之中，也就是拒绝法律文本可以揭示社会生活之真理的幻想，转而从社会和政治本身获得关于未来之法的知识。两者之间的对比意味着政治学院的教师不能满足于规范的解释者和体系的缔造者的角色，而是要勇敢地成为制定新规范实现统治的人。

但是，前已言及，自由政治学院的教师之中有不少人是大学特别是法学院的教师。布特米显然不可能是说同样的一群人既“把自己困在书和手稿包围的孤室中”，又接近生活的声音。理解他的话的钥匙隐藏在政治学院的课堂笔记之中。比如说，相比里昂－卡昂和雷诺为法学院学生编订的商法教材，〔2〕政治学院的课程明显是有意地删去了商事合同部分，并在其他的地方也多有省略，无非是因为作为未来的高级公务员和政策的制定者，他们只需要了解商业活动基本的规则和各国通例即可。里昂－卡昂还在政治学院开设了比较商法课，重点讲的是欧美主要国家的商法渊源，商人、商事行为、商事管辖权的基本概念，各国公司考，各国商业通信、票据制度，各国破产制度概要，海商法。〔3〕

同样，雷诺在政治学院讲授的国际公法课，也和他在法学院的授课思路完全不同。传统国际法教科书编排顺序是国家、个人、财产、国

〔1〕 Émile Boutmy, Notice sur l' École libre des sciences politiques, 1878, Dossiers d' Émile Boutmy, Mission d' archives de Sciences Po.

〔2〕 Louis Renault et Charles Lyon-Caen, *Manuel de droit commercial*, *spécialement destiné aux étudiants des Facultés de droit*, Paris, F.Pichon, 1904.

〔3〕 Charles Lyon-Caen, Cahiers des cours«Législation commerciale comparée», I er volume 1 SP5 Dr3 sdra.

际义务、国际争端的解决，他自己编写的教科书也如此安排。〔1〕但在政治学院的学生们在他的课程上学到的则是国际条约中关于知识产权、工业产权、铁路、河流、邮政、电报、货币、度量衡、出使、国际、领土、外国人待遇、外国法院判决的执行、刑法适用、引渡等方面的内容。〔2〕并在“外国人待遇”一节下专门探讨了与远东国家的条约，其中又以中国部分最为详细，足有11页之多。〔3〕这些内容混合了国际公法和国际私法的内容，显得杂乱而琐碎，讲的又都是在法学院看来较为生僻、属于细枝末节的应用型知识。但是，这些具体的、与原理和体系相分离的知识对于有志在行政或外交系统大展拳脚的青年而言，既必要又实用。作为当时巴黎法学院著名教授，里昂-卡昂和雷诺在政治学院的授课内容比他们在法学院讲的同一门课大为精简。他们放弃了体系和原理，带有明显的务实色彩，显然致力于让学生在一年的时间里迅速掌握一个学科的梗概和它在实践中所希望解决的问题。

最能体现政治学院特色的还要属各种国内公法类的课程。校长布特米的比较宪法课程，他围绕着政府组织法比较了英、法、美各国的制度。〔4〕与之互补的则是韦尼奥（Vergniaud）的宪政史课程，他以基本权利为纲，比较了比利时、瑞士、德国、奥匈帝国的宪政发展。〔5〕在当

---

〔1〕 Louis Renault, *Introduction à l'étude du droit international*, Paris, L.Larose, 1879.

〔2〕 Louis Renault, Cahiers des cours«Droit international résultant des traités», Ⅰ er volume, 1SP4 Dr3 sdra.

〔3〕 Louis Renault, Cahiers des cours«Droit international résultant des traités», Ⅲ e volume, 1SP4 Dr3 sdrc.

〔4〕 Émile Boutmy, Cahiers des cours«Histoire constitutionnelle de l' Europe depuis 1789», Ⅰ er volume, 1SP4 Dr1 sdra.

〔5〕 Vergniaud, Cahiers des conférences«Les constitutions de l' Allemagne, de la Belgique, de la Suisse, et de l' Autriche-Hongrie», 1SP4 Dr2.

时刚刚诞生宪法学科中，基本权利的理念尚未得到普遍接受。哪怕到了20世纪初，狄骥也才逐步由“公共自由”的概念转向“个人自由”的概念，基本权利仍未出场。〔1〕这种体例安排既说明他对宪法发展的思考，又说明他已经有足够的自由，大胆脱离实证法的文本，展望外国宪法实践能为法国政治发展提供的贡献。在布特米的课程中，他也没有纠结于实证宪法的条文，而是从社会、经济变迁的现实主义角度分析宪法。如在英国宪法部分，在讲完宪法的法源、国体、上议院以后，他便开始讨论中产阶级和下层阶级的政治参与诉求。在美国宪法部分，他则把司法审查为“司法权的政治功能”。〔2〕

公允地说，如果以公法学教授的身份步入学界、随后转向历史和比较文明的布特米可以算得上彻头彻尾从法学界出走的人物的话，里昂-卡昂则大体上是循规蹈矩，甚少置身争议的正统法学家，他在巴黎法学院的同事雷诺也大体如此。当时法学院内部的改革派，除本身还都太年轻外，没有形成气候，而且等到他们逐渐走上学说发展的舞台后，大部分也没有成功地进入巴黎法学院。尽管如此，传统的法学家在政治学院教学时还是有意识地采取了和法学院不同的教案，更加注重实践经验和改革方向的指点。这一对比更能衬托政治学院主导精神的一致性。

对法律的研究始终摇摆在科学和政治之间。侧重体系建构的教义学模式倒向把法学作为一种科学的一端，而侧重法律之社会实践效

---

〔1〕关于个人权利在法国公法上的发展史，参见 Tristan Pouthier, *Droit naturel et droits individuels en France au XIXe siècle*, Paris, Université Panthéon-Assas, 2013。

〔2〕Émile Boutmy, Cahiers des cours«Histoire constitutionnelle de l' Europe depuis 1789», Ⅱ e volume, 1SP4 Dr1 sdrb.

果的实用主义模式则倒向把法学作为一种政治活动的一端。不难看出，在科学—解释者模式和政治—决策者模式之间，无论教师源于法学院还是实践部门，当他们走上政治学院的讲台时，都会选择后者。其结果是，政治学院的课程一方面把法律制度看作社会历史发展的产物，另一方面又强调其解决社会问题的工具属性。相较之下，法律规范的解释和体系化反而不重要。所以，不同于致力于讲授现行有效之法国法的法学院，政治学院的教学特别注意同时代各个国家之间制度的横向比较和历史中存在过的制度之间的纵向比较。法律规范和政治、社会、经济条件之间的互动成了政治科学研究的产物，如此研究生产出的知识则进一步帮助行将在共和国的体制内大展拳脚的官员们研究未来的治理之道。在政治学院里，科学知识不再服务于立法权、解释立法者的作品。相反，它试图驯服权力，成为政治的教义学。

学生们也准确地理解了这一理念。马建忠把“宪法”或者“宪政史”理解为“政术治化”即说明，这位年轻的中国学生所关心的未必是法律的规范层面，而是国家政治组织过程中种种技术的运用，以及法律与现实生活、世道人心之间的关系。他进而把这种对法律的工具主义立场解释为注重实学的实用主义。同期由福州船政局选送赴法留学的 14 名学生中，倒有 12 人去了学习技术的专门学校，由此可见务实而不务虚，正是当时组织学生留洋的总体思路。马建忠在给李鸿章的信中对业士考试的冷淡态度与此恰成对照。他认为这一进入法学院学习所必需的考试无足轻重，因为“远来学习，只求其事，不务其名”〔1〕。

〔1〕 马建忠:《上李伯相言出洋工课书》，载《马建忠集》，王梦珂点校，中华书局 2013 年版，第 33–36 页。

就连通过考试后，也只是自谦“忠念些须微名而震惊若此，亦见西人好名之甚也”。[1]当然，这种语气背后可能也有对誉多必谤的担忧。无论如何，对比他对政治学院和对业士考试的评价不难看出，当时的中国留学生显然更倾心于政治学院中传授的治国齐民之术，而不是法学院中讲授的技术。以上观察，或许有助于我们理解西法东渐过程中的工具主义、实用主义底色。

三、自由政治学院里的中国学生

政治学院对中国学生的吸引力应当放在其国际化策略的背景下理解。据统计，从 1892 年到 1905 年求学于政治学院的外国学生人数分别为 49、71、78、61、59、70、84、72、68、64、60、48、68、69，[2]可见，在大部分年份，外国学生的人数在 60 以上。大部分学生来自欧洲，只有极少数来自亚洲和美洲。来自保加利亚、希腊、罗马尼亚的学生明显多于其他，中欧各国看上去还是对来法国学习行政外交的想法兴趣不大。[3]在这一背景下，马建忠、陈季同这样来自远东的学生并不仅仅为学院带来了远方的知识，更成了法国与德国竞争中重要的成绩。而且，和法国学生一样，政治学院的外国学生往往同时在法学院注册。1894 年，28 位外国毕业生中有 25 人同时在法学院注册，到了 1913

〔1〕 马建忠：《上李伯相言出洋工课书》，载《马建忠集》，王梦珂点校，中华书局 2013 年版，第 33-36 页。

〔2〕 1SP14 Dr6，«L' école de 1897 à 1905-8».

〔3〕 Sébastien Laurent，*L'école libre des sciences politiques de 1871 à 1914*，Paris，Mémoire，L' Institut d' études politiques de Paris，1991，p.58-59.

年，已经达到了 60 人，当时外国毕业生总共是 89 人（见图 3-1）。[1]从 1909 年开始，政治学院设立了专门为外国学生开设的特别研讨课。此后，外国学生占学生总人数的比例一直在 20% 左右，并在两次世界大战之间一度达到 33%。这一国际化的氛围显然对于中国学生融入大有裨益。

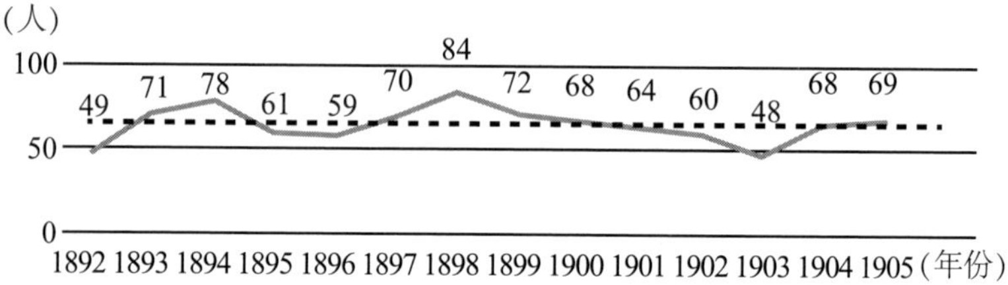

图 3-1　1892~1905 年在政治学院注册的外国学生人数

政治学院最早的两名中国学生确实也在此间如鱼得水。“中国皇帝陛下军队的军官”马建忠和与他同年入政治学院求学的“中国驻巴黎使团秘书”陈季同二人都是政治学院学生协会在 1878~1879 年度的会员。两人当时居住的地点距刚刚迁址的政治学院仅有百步之遥。尤其值得一提的是，1878~1879 年度的会员共 86 人，其中 1874 级学生 7 人，1875 级学生 8 人，1876 级学生 17 人，1877 级学生 8 人，1878 级学生 26 人，而 1879 级学生 20 人。马、陈二人都是 1877 级的，而这一年级学生的比例相当低，更说明了他们比同年学生更热心学校的交往活动。而且，根据学生协会的章程，申请入会者需由委员会成员两人以上介绍，并经委员会不记名投票绝对多数同意加入，方得成为会员。从这一点看，政治学院的学生对来自东土异域的两位学生接受程度还

〔1〕 Sébastien Laurent, *L'école libre des sciences politiques de 1871 à 1914*, Paris, Mémoire, L' Institut d' études politiques de Paris, 1991, p.59.

是很高的。虽然马建忠在1879~1880年度便不再作为协会会员，陈季同也从一般会员变成了带有荣誉衔性质的通讯会员，但这一转变所反映的大抵是学生组织的代际更迭，毕竟在1878~1879年度的86名会员中，留任到下一年度（44人）的只有区区23人。〔1〕

马建忠和陈季同二人在学业上的成就则不可同日而语了。马建忠为了取得综合科的文凭，共参加了12门考试（括号内为分数），分别是国际公法（18）、条约国际法（17）、比较商法（11）、外交史（16）、宪法史（17）、比较宪法（19）、比较行政学（17）、比较财政学（16）、政治经济学（17）、比较财政学（18）、比较商法（18）、英语（17）。〔2〕他在满分20分的考试中取得了接近17分的平均成绩，完全可以比肩优秀的法国学生。陈季同则只参加了5科考试，分别是宪法（17）、国际法（16）、财政学（10）、宪政史（13）、比较商法（17），而且也没取得任何文凭。步二人后尘来到政治学院的学生中，我们还能找到柯鸿年、许寿仁、顾守熙、沈家诒、徐传保、艾振麟、王自新、方镇中8人的档案，他们学业情况也各不相同。

柯鸿年和许寿仁都由船政局保荐赴法留学，二人于1890年开始就读于自由政治学院的外交科。他们所学的课程完全一样，都是外交史Ⅰ（1818~1878）、外交史Ⅱ（1789~1818）、外交史Ⅲ（1648~1789）、

---

〔1〕 以上内容来自 Annuaire Société des anciens élèves et élèves de l' École libre des sciences politiques（1877–1879），Mission d' archives de Sciences Po。（自由政治学院校友及学生联合会年鉴，存于 Sciences Po. 档案室。）

〔2〕 Les épreuves d' examens orales de première année de Ma Kié–tchong，Mission d' archives de Sciences Po.（马建忠第一学年口试成绩，保存于巴黎政治大学档案室，未编号。）Les épreuves d' examens de deuxième année de Ma Kié–tchong，Mission d' archives de Sciences Po.（马建忠第二学年考试成绩，保存于巴黎政治大学档案室，未编号。）

东方事务、当代欧洲局势、国际法、国际私法、比较商法、地理学与民族学、经济地理学、比较军事体制、外贸与关税法。在这些课程中,柯鸿年的成绩较好,取得了折算后 15.54 的平均分,许寿仁的平均分则为 13.47。[1]当然,如果不是因为两人的英语课一败涂地的话,他们的成绩都还能再高一点。他们就学时,正好赶上考试分数的短暂改革,每门口试的满分是 6 分。柯鸿年在外交史 I 和外贸与关税法中取得了满分的佳绩。实际上,除了 2 分的英语和 4.75 分的经济地理、4.25 分的比较军事体制,他大部分的成绩都在 5.5 分以上。各位考官也对柯鸿年赞誉有加,国际公法的考官雷诺就夸奖他"清晰而准确的法律思维,非常聪明"。[2]许寿仁英语比柯鸿年稍好,拿到 3 分,经济地理和比较军事体制考得不理想。实际上,他除了国际法拿到了 5.5 分,其他的课程都只在 4~5 分徘徊。不过,两人分数上的差距可能部分源于许寿仁的口头表达能力有限,毕竟有两位考官都认为他:"了解要考察的事实,但是非常拘谨,不善表达。"[3]可惜的是,同为福州船政局生员的林藩、高尔谦、王寿昌虽然也在政治学院学习,但他们的档案一时未曾寻见。

此后 30 年间,中国学生似乎就没有再出现在政治学院的注册名单上,直到 20 世纪 20 年代的留学潮到来。1920 年,刚刚以《中国房

---

〔1〕 Les épreuves d' examens orales de K' o Houng-Nien, Mission d' archives de Sciences Po.(柯鸿年的口试成绩,保存于巴黎政治大学档案室,未编号。)Les épreuves d' examens orales de Hsu Chéon-Jen, Mission d' archives de Sciences Po.(许寿仁的考试成绩,保存于巴黎政治大学档案室,未编号。)

〔2〕 Les épreuves d' examens orales de K' o Houng-Nien, Mission d' archives de Sciences Po.(柯鸿年的口试成绩,保存于巴黎政治大学档案室,未编号。)

〔3〕 Les épreuves d' examens orales de Hsu Chéon-Jen, Mission d' archives de Sciences Po.(许寿仁的考试成绩,保存于巴黎政治大学档案室,未编号。)

税考》获得法学博士的22岁震旦大学毕业生顾守熙在自由政治学院注册，重新接续了中国学生与政治学院的缘分。[1]此时，这所私立学校已经逐渐成长为法国高等行政官员的摇篮，外国学生占学生总数的1/3，每年的学费也早就超过了400法郎。他选择了财政科中的私营部门财政作为自己的专业。他的课程因此也与前辈们大不相同。在两年时间里，顾守熙参加的考试包括（括号内为分数）：政治经济学（18）、大型产业（13）、证券市场（18）、社会经济学Ⅰ（18）、社会经济学Ⅱ（17）、地理学与统计学（18）、商法（16）、货币金融学（20）、农业经济学（17）、银行管理（18）、财政管理（15）、海商法（15）、外汇（13）、农业问题（17）。其中，海商法和商法的考官是当时正在巴黎法学院如日中天的教授里佩尔（Georges Ripert）。在大部分的课程里，他的成绩都不错，只是大型产业课的考官还是认为他的口头表达难以理解。[2]有趣的是，在回国后，顾守熙应该收到了一封来自政治学院校方的来信。在回信中，他表示身边有不少学生希望能前往自己在巴黎的母校就读，并乐观地表示“世界越来越小了”。[3]由此推测，或许学校给这名校友的信中所谈的是关于在中国扩大政治学院影响一类的事宜。

顾守熙给母校的信息没错，在他回国后没多久，他的震旦校友徐传保、沈家诒和艾振麟也陆续到了政治学院。1922年，年仅20岁的震旦法学毕业生徐传宝开始在政治学院攻读外交科，并同时进入巴黎

---

〔1〕 关于顾守熙的论文选题和毕业时间，参见王伟：《中国近代博士教育史》，复旦大学出版社2015年版，第137页。

〔2〕 Les épreuves d' examens orales de Kou Cheou Hi, Mission d' archives de Sciences Po.（顾守熙的口试成绩，保存于巴黎政治大学档案室，未编号。）

〔3〕 Lettre du 17 mars 1923 de Kou Cheou Hi, Mission d' archives de Sciences Po.（顾守熙1923年3月17日的信件，保存于巴黎政治大学档案室，未编号。）

法学院撰写关于《国际公法与古代中国》的博士论文。此时政治学院外交科也和清末船政局生员就读时大不相同，增加了大量时局类、比较政治学一类的课程，更接近今天国际政治专业的课程设置。除传统上占据支配地位的两学期国际公法、两学期国际私法、三门外交史、经济地理学，他还学了（括号内为分数）当代欧洲局势（18）、英国当代政治问题（18）、19 世纪欧洲社会主义（15）等第一次世界大战后开设的课程。英国当代政治问题的考官在评语中称赞这名学生刻苦用功，准备非常全面。此外，他还参加了政治学院专门为外国学生开设的研讨课，拿到了 18 分的好成绩。徐传保还是第一个在毕业口试中取得 19 分高分的中国学生。〔1〕

相较于徐传宝，艾振麟和沈家诒在政治学院取得的成绩并不耀眼。艾振麟从 1925 年开始就读于财政科，虽然是公共财政的方向，但他和顾守熙上的课大同小异，共修读了（括号内为分数）：证券市场（14）、财政管理Ⅰ（15.5）、经济地理学（15）、政治经济学Ⅰ（15）、现代工业组织Ⅰ（14）、公共财政（12.5）、社会经济学（16）、货币金融学（12）、政治经济学Ⅱ（16）、银行学（16）、财政管理Ⅱ（12）、海商法（12.5）、现代工业组织Ⅱ（11）、农业问题（10）、社会经济学Ⅱ（4）、大型产业（11）。〔2〕与顾守熙同龄的沈家诒于 1924 年以《管子之政法经济学说》取得震旦大学法学博士学位。〔3〕同年，他到政治学院，就读于

〔1〕 Les épreuves d' examens orales de Chen Kia-I, Mission d' archives de Sciences Po.（沈家诒的口试成绩，保存于巴黎政治大学档案室，未编号。）

〔2〕 Les épreuves d' examens orales de Mgai Tchen-Ling, Mission d' archives de Sciences Po.（艾振麟的口试成绩，保存于巴黎政治大学档案室，未编号。）

〔3〕 王伟：《中国近代博士教育史》，复旦大学出版社 2015 年版，第 137 页。

外交科。他的成绩着实说不上出色。除两学期的国际公法分别取得了19分和17分的高分，也就两门外交史课程拿到了16分，其他学科只能说是差强人意。国际私法、当代欧洲局势等课程分别只得了10分和11分。[1]

1929年，王自新也像他的前辈那样，先以《中国之出妻及离婚制》取得震旦大学法学博士学位，然后漂洋过海到巴黎。[2]他修读的也是公共财政方向。王自新的成绩也最多只能用差强人意形容。除商法和两个学期的政治经济学分别拿到17.5分、16.5分、16分的好成绩外，其他课程的分数几乎都在11~14分。[3]在完成政治学院的学业同时，王自新还以《中国的离婚》在1932年获得了巴黎法学院的博士学位。[4]1930年，政治学院又迎来了主修外交的方镇中。他除在两门外交史课程中分别取得了18.5分、17分的成绩外，其他的课程都没有超过16分，大部分在14分以下，共产主义政治、国际私法、国际公法、战争中的外交谈判等课程甚至没有通过。此后，抗日战争爆发，虽然仍有赖国高这样从里昂法学院前往自由政治学院旁听的学生，却没再查到正式注册的中国学生。

---

〔1〕 Les épreuves d' examens orales de Siu Tchoan Pao, Mission d' archives de Sciences Po.（徐传宝的口试成绩，保存于巴黎政治大学档案室，未编号。）

〔2〕 王伟：《中国近代博士教育史》，复旦大学出版社2015年版，第137页。

〔3〕 Les épreuves d' examens orales de Wang Tse Sin, Mission d' archives de Sciences Po.（徐传宝的口试成绩，保存于巴黎政治大学档案室，未编号。）

〔4〕 王伟：《中国近代博士教育史》，复旦大学出版社2015年版，第140页。

第三节 结 语

马建忠在1878年冬从马赛写给友人的信中曾经提到在上海设立学院培养外交官的想法，从中也可以管窥他对政治学院的认同。在这个想象中的机构里，学生在3年语言考试和1年官署实习之后，进入2年的学习期。“入馆之初，先将每生试用1年中所课略为考问，以觇其荒熟：荒则责令重学，熟则进以二年正课。此二年中所讲者公法、例律、条约、理财、赋税以及各国交涉来往公牍，所课者法文与华文公牍，英、普二国语言。”〔1〕此处所涉及的国际公法、立法、条约、政治经济学、财政学和外交学种种功课，都是他本人在政治学院修读的课程。让学生直接研习中外公牍更是政治学院特色研讨课的内容。显而易见，无论在学制上还是课程安排上，马建忠都乐于复制他在巴黎的母校的做法。以上所表达的或许是他尚处年轻学生时候的想法，在当时看来却不乏同道。正是在政治学院的模式启发下，西德尼·韦伯（Sidney Webb，1859~1947年）和其他几个费边社成员才于1895年建立了在今天颇具盛名的伦敦政治经济学院。至于1898年盛宣怀在《筹集商捐开办南洋公学折》所表达以政治学院为模板在上海设南洋公学的想法是否与马建忠有关，就现在掌握的资料来看尚无法定论。而且从行文来看，盛所使用“国政学堂”究竟是别出心裁还是有意区别于马使用的“政治院”，尚待仔细考察。值得重视的毋宁是这两位过从并不紧密的洋务派干将竟都将政治学院视作我国培养外交官的典

〔1〕 马建忠：《玛赛复友人书》，载《马建忠集》，王梦珂点校，中华书局2013年版，第48-51页。

范，[1]则更从侧面说明了中、法、英三方面的改革人士所分享的想法。

自由政治学院明确提出要培养治国理政之才。在学校的创建者看来，这种人才不同于斤斤计较于法律条文的律师，必须根据瞬息万变的时事调整策略、作出决策。马建忠盛赞这种实用主义哲学为“相时致变之实学”。清末就读于政治学院外交科的中国学生至少都通过了学校的考试，理论上才学并不逊于他们的法国同学，本可在洋务运动中大显身手。然而除马建忠的外交才干在朝鲜危机的解决中曾经闪耀一时外，其他人却成了清末政治史上的失踪者，尘封于遗忘之中。民国时期政治学院的中国校友或厕身象牙塔中，或在律师界大显身手，但也没取得和布特米所构想的那种“国家精英”相匹配的象征性资本。反而是那些从巴黎法学院毕业的中国博士，回国后或成为各知名大学的教授，或出任司法、教育、外交各部部长。此种差别，颇耐人寻味，也是近代留学史上一个有待继续探索的主题。

在欧亚大陆的另一端，作为自由政治学院继承人的巴黎政治大学与法学院之间的竞争仍在持续。2008 年，大学法学教学人员的职业协会向最高行政法院提起诉讼，要求撤销 2007 年的行政命令。[2]系争行政命令承认巴黎政治大学“经济法”和“法律与司法事业”两个硕士专业的毕业生和法学院硕士毕业生一样具有参加律师学院入学考试的资格。[3]根据这一命令，大学对法律职业教育的垄断不复存在。此

---

〔1〕 参见贾熟村：《李鸿章与马建忠弟兄》，载《清史研究》1997 年第 3 期，第 77–84 页。

〔2〕 *Conseil d'État, 4ème et 5ème sous-sections réunies, 23/07/2008, 306321, Inédit au recueil Lebon*, 2008.

〔3〕 Arrêté du 21 mars 2007 modifiant l'arrêté du 25 novembre 1998 et fixant la liste des titres ou diplômes reconnus comme équivalents à la maîtrise en droit pour l'exercice de la profession d'avocat.

前，只有先在大学（universités）中接受法律教育，然后才能进入律师学院。高等商学院（L' École des hautes études commerciales de Paris，HEC）的“国际法律与财税战略”的毕业生也只是因为同时取得巴黎一大或巴黎二大学位而可以参加律师学院入学考试。最高行政法院没有支持职业协会的主张。2009 年巴黎政治大学成立了自己的法学院（l' École de droit），并在 2010 年开设了博士项目。大学法学院的教师和他们在巴黎政治大学的同事之间的矛盾在最高行政法院前以如此戏剧性的方式展现，并开启了持续至今的讨论乃至争吵。曾有资深的大学教授指责，巴黎政治大学将要培养的不是法学家，而是“法律的厨师”。作为回应，巴黎政治大学法学院院长索性以“法律的厨房”（*La cuisine du droit*）作为他的著作题目，阐述法学教育理念。[1]到底要培养解释者还是统治者，至今还是一个让人争论不休的问题。

---

〔1〕 Christophe Jamin, *La cuisine du droit: l'École de droit de Sciences Po : une expérimentation française*, Paris, Lextenso éditions, 2012.

第四章

反客为主：里昂中法大学

里昂中法大学（1921~1951年，以下简称“中法大学”）的建立是“争回里大”运动的导火索之一，但其在中国近代史上的意义远不止于此。一方面，该校开办的30年正是20世纪法学变迁的关键时刻；另一方面，我国也在这段时间里完成了法制和法学的现代化。[1]所以，这一机构对于理解我国法制近代化尤其重要。第一次在世界范围内形成的法律共同体提供了一个超越地理限制的舞台，让追求近代化的中国精英与同样寻求变革的法国法学家相遇在里昂这个独特的地点。中法大学并不能授予学位，仅作为一个管理服务机构方便学生前往以里昂大学为主的高校学习，但有76名法学专业学生，其中包括25名法学博士通过这一渠道成为中法法学交流的冰人。[2]通过解读他们的档案，我们可以辨认出这些法学博士的身份、理论关怀与里昂法学院和法国法学的关系，从而进一步揭示中国知识精英们的本土意识。有必要特别说明的是，虽然这些学生并不在中法大学取得学位，本章仍为了简便考虑称他们为“中法大学的法学博士”。

---

〔1〕参见朱明哲：《中国近代法制变革与欧洲中心主义法律观——以宝道为切入点》，载《比较法研究》2018年第1期，第155-170页。

〔2〕Liste des étudiants de l' Institut franco-chinois de Lyon, Fonds chinois de la bibliothèque municipale de Lyon. 并参见葛夫平：《中法教育合作事业研究（1912-1949）》，上海书店出版社2011年版，第76页。

诚然，中国法制近代化以“西法东渐”为重要特征，〔1〕但研究此过程仍然不该忽略那些亲身参与者的自主性。此前，大部分研究主要把法制近代化表述为外国法律在我国的移植或我国学界对外国学说的继受。晚近研究则同时关注两个方面：中国被迫接受西方现代法律；西方通过对中国的叙事而构建自身。〔2〕在此基础上仍有必要继续追问参与法学知识传播的中国青年精英如何在不同的现代化道路中进行选择。在他们学习国外的理论、观察他乡的实践时，恰恰是对本国命运的关心影响了他们的观察、评价、阐释。〔3〕本章希望延续以上思路，通过检视中法大学法学博士论文的撰写过程和实质内容，说明中国青年精英在法学知识移植方面的自主性。

跨国史为理解这些材料提供了一种视角。〔4〕传统上理解中外法文化交流主要有两种范式：继受移植范式和殖民批判范式。继受移植范式视法律交流为中国实现现代化的手段。〔5〕这种范式强调不同法学知识的等级秩序，文明程度较低的国家只能向更文明的国家学习，断然

〔1〕 参见朱明哲：《中国近代法制变革与欧洲中心主义法律观——以宝道为切入点》，载《比较法研究》2018 年第 1 期，第 155–170 页。

〔2〕 具有代表性的作品包括赖骏楠：《国际法与晚清中国：文本、事件与政治》，上海人民出版社 2015 年版；李秀清《中法西绎：〈中国丛报〉与十九世纪西方人的中国法律观》，上海三联书店 2015 年版。译著则有［美］络德睦：《法律东方主义：中国、美国与现代法》，魏磊杰译，中国政法大学出版社 2016 年版。

〔3〕 参见章永乐：《维也纳体系与君宪信念的持久性：以康有为为例》，载《清华法学》2017 年第 3 期，第 62–78 页；章永乐：《发现“二十世纪之宪法”——以 20 世纪 20 年代前期为中心的考察》，载《清华法学》2021 年第 3 期，第 92–113 页。

〔4〕 Akira Iriye, *Global and Transnational History: The Past, Present, and Future* (Palgrave Macmillan 2013) 9–10.

〔5〕 参见王泽鉴、宋虎等：《德国民法的继受与台湾“民法”的发展》，载《比较法研究》2006 年第 6 期，第 3 页。

没有文明“互鉴”的可能。[1]出于对继受移植范式的不满，殖民批判范式试图揭示隐藏在文明等级观念背后的“权力—知识—话语”三者之间的重叠关系，在学术界引发热议的“法律东方主义”就是其中的代表。[2]两种主流范式都假设了主体—客体的二元对立，既忽视了双方的互动，又忽略了每一个行动者与其所处的社会条件之间的互动。为此，本章采取一种“跨国史”的新视角，消解国界和世界经济政治秩序所固化的中心与边缘关系，把重点放在各区域之间的沟通本身。[3]它把每一个时期法学的形成看作不同区域的法学家群体互动的结果，并因而关心不同行动者根据自身利益采取的策略性行动。[4]为了重构法学交流中发生的“事件”，研究者就必须理解行动者的观念、可以选择的策略，以及他们的社会关系。

本章主要参考中法大学档案与留学生的博士论文，拟厘清该校法科学生在里昂所见、所学、所感之具体内容。把中法大学的法学教育置于中法两国变革背景中，有助于从跨国法律史的角度揭示中法法学交流复杂而微妙的内涵，从而进一步呈现当代法学知识之国际化特征。本章将先展示中法大学法学博士论文的作者、写作时间、导师人

---

〔1〕 Gunter Frankenberg, 'Critical Comparisons: Re-thinking Comparative Law' (1985) 26 *Harvard International Law Journal* 411.

〔2〕 Teemu Ruskola, *Legal Orientalism: China, the United States, and Modern Law* (Harvard University Press 2013) 352; Thomas Coendet, 'Critical Legal Orientalism: Rethinking the Comparative Discourse on Chinese Law' (2019) 67 *The American Journal of Comparative Law* 775; Donald Clarke, 'Anti Anti-Orientalism, or Is Chinese Law Different?' (2020) 68 *The American Journal of Comparative Law* 1.

〔3〕 参见李富鹏：《全球法律史的中国写作——“复规范性”与法律史学的空间感》，载《清华大学学报（哲学社会科学版）》2019年第6期，第14-26页。

〔4〕 Pierre Bourdieu, «La force du droit», *Actes de la Recherche en Sciences Sociales*, 1986, vol.64, n°1, p.3-19.

选。然后，本章参考学生档案特别是其中通信往来还原他们为了争取主导地位与法方管理人员的谈判过程，从而突出留学生在知识生产过程中的自主性。留学生的论文则体现了两个交织着的主题：中国在国际社会中的地位和国内社会问题。可见，他们对知识生产的内容也有自觉的意识。最后，留学生的博士论文创作过程将在里昂法学院的特性和中国留学生的共性两个背景中得到理解。

第一节　里昂法学院里的中国青年

中法大学本身只负责学生的饮食起居，而不组织教学。中国学生考试合格后进入里昂大学的各个学院学习。所以，想学习法律的中法大学学生需要在里昂法学院注册。在中法大学取得法学博士学位的25名学生中，除了入中法大学前便于巴黎大学取得了博士学位的张祖庚、历经波折最终转学去巴黎的夏晋熊和陈绍源，以及转学去格勒诺布尔的钱翔孙4人，有21人在里昂完成了学业。从中法大学第一名法学博士、日后汪伪政权的外交次长吴凯声1921年10月正式注册，[1]到魏登临于1944年5月31日博士答辩通过，这21人在23年间在里昂法学院的怀抱中成长为独立的法学家。据考证，1962年以前在法国取得法学博士学位的中国学生在230人左右。[2]其中获益于

---

〔1〕 Archives l' Institut Franco-chinois de Lyon: Dossiers Étudiant Numéro 22(Wu Kaisheng), Sous-dossier#1, Dossier contenant 86 pièces numérotées de 1 à 86[1921-1926], No.1.

〔2〕 参见王伟:《中国近代留洋法学博士考(1905-1950)》，上海人民出版社2011年版，第180页以下。

中法大学者竟超过了 1/10，可见中法大学法学博士生在选题和写作方面的经验应当较具有代表性，能够折射出其他留法中国学生的共同意识。与此同时，中法大学为学生提供的校舍和生活补助让他们相较其他留法学生而言经济负担更小。中法大学的秘书处作为学生管理机构负责学生的课程组织、学业安排、奖学金发放，在一定程度上限制了他们的选择。所以，为了坚持他们自己的立场，中法大学的学生必须花费更多的时间和精力，以期获得校方首肯。其结果是他们留下了更多的信件可供研究，而反过来也可以佐证其他留学生能更容易地坚持知识拣选和阐释方面的自主性。

在中法大学取得法学博士学位的程序和其他法学院一样。根据 1895 年 4 月 30 日的法律，法学博士学位（Doctorat en droit）包括法律科学博士（Doctorat ès sciences juridiques）和政治经济学博士（Doctorat ès économies politiques）。希望取得博士学位的学生必须先通过包括至少两门科目的口试，才能开始写作博士论文。与现在动辄 4 年起步的论文写作周期不同，当时的博士论文写作时间一般在 1~3 年。其间，学生没有必修课的要求。完成论文后，博士生需要先取得院长授权，然后在出版社打印一定数量的论文，并交到答辩组成员手中。答辩组主席一般是论文的指导教授。即便每年申请人数在 10 人以下的外省法学院，仍然每年都有无法通过答辩的候选人。

不同于档案大部分已经散佚的其他法学院，中法大学的档案较为完整地保存在里昂市立图书馆。它们打开了一个窗口，让今人了解这些中国青年的考试、上课、选题和导师等情况。在翟俊千、曾锦春和黎国材的档案中，留下了他们在进入博士论文写作阶段前必须通过的口试成绩单。其中，翟俊千的档案最为全面。于 1925 年 7 月 15 日的口试中，他选择了国际公法（Droit international public）、比较宪法（Droit constitutionnel comparé）、经济学说史（Histoire des doctrines économiques）作为口试科目。[1]他的口试委员会（不同于最后的答辩委员会）成员分别是国际公法教授皮克（Paul Pic）、比较法和民法教授朗贝尔和政治经济学家戈纳尔（René Gonnard）。这名细心的学生还在档案中留下了他 1923 年到 1924 年所学课程的记录。从中我们看到他在法学院分别上了戈纳尔的经济学说史和政治经济学、朗贝尔的比较法、皮克的国际公法，还有布维耶（Émile Bouvier）的比较宪法和财政学（Science financière）。除此之外，他学习了文学院的社会学和道德哲学课程。[2]科目和教授人选与留学生们的知识获取联系密切，后文将详细讨论。翟俊千的三门口试科目分别取得了 15 分、15 分和 12 分的成绩，满分是 20 分，只要取得 10 分就及格。曾锦春于 1926 年 7 月 15 日通过口试时的成绩分别是 14 分（国际法）、15 分（行政法）和 12 分（政治经济学）。[3]同一日，黎国材也通过口试，其科目分别是国际公法（皮克）、比较宪法（布维耶）和经济学说史（戈纳尔），三科总分 43 分。可见，这几名中国学生的口试科目选择也比较集中在国际法、公法和经济学这几个方面。当时法国学生最热衷的民法却无人问津。他们的成绩不分伯仲，而且正如大部分人的学位论文只能拿到“良”

〔1〕 Archives l' Institut Franco-chinois de Lyon: Dossiers Étudiant Numéro 102(Zhai Junqian), Sous-dossier#1, Dossier contenant 61 pièces numérotées de 1 à 61, No.18.

〔2〕 Archives l' Institut Franco-chinois de Lyon: Dossiers Étudiant Numéro 102(Zhai Junqian), Sous-dossier#1, Dossier contenant 61 pièces numérotées de 1 à 61, No.14.

〔3〕 Archives l' Institut Franco-chinois de Lyon: Dossiers Étudiant Numéro 91(Zeng Jinchun), Dossier contenant 46 pièces numérotées de 1 à 46, No.11[1921-1929].

(bien)或“中”(assez bien)的评语一样，不算很糟糕，但说不上多好。无论如何，他们已经通过口试，可以开始准备论文了。

如前所述，大部分学生一直在里昂完成学业。就连实际上是在巴黎接受爱斯嘉拉指导的于振鹏，也最终于1939年8月回到里昂答辩。[1]只有在极个别的情况下，学生可以前往外地、在其他大学注册。于是，这21名中国青年也像翟俊千那样，来到中法大学、通过测试、请法方秘书代为与法学院沟通、前往法学院注册、上课、申请博士论文写作资格、通过由里昂法学院组织的口试、在里昂教授的指导下完成论文、在里昂的出版社印刷论文、在里昂通过答辩，最终取得学位回国。换言之，这些中国学生在留法期间与里昂法学院关系相当密切。下文将具体分析与里昂的联系对他们思想形成的意义。

与留学生们互动最多的法国学者，自然是他们的导师。有时候，博士论文本身提供了相应的信息。刘懋初、赖国高、陈荣生等的论文扉页上都印有答辩委员会的名单，其中答辩委员会的主席便是导师。曾锦春、翟俊千、于振鹏、陈延进等的论文没有提供这些信息，但是他们在致谢中实际上也告诉了我们导师和答辩委员会的组成。那些既没有明示委员会信息也没有前言可以查看的博士论文，有时也在档案中留下了线索。比如，里昂当地报纸 *Tout Lyon* 曾经报道：“我们的同行吴凯声……刚刚出色地完成了论文答辩。委员会主席是朗贝尔教授，成员是拉梅尔(Irénée Lameire)和古恒(Maurice Courant)两位教

---

〔1〕 Archives l' Institut Franco-chinois de Lyon: Dossiers Étudiant Numéro 307 (Yu Zhenpeng), Dossier contenant 49 pièces numérotées de 1 à 49 [1931-1941], n°46.

授。"[1]其他人则在与秘书长古恒的通信中报告了自己论文选题和指导教师等情况。远在巴黎、决定进入巴黎法学院并最终如愿以偿的夏晋熊，就在 1936 年 6 月 26 日的信中向古恒报告了自己在巴黎法学院阿尔及利亚裔教授瓦利德（William Oualid）的指导下完成论文的计划。[2]除很早就因为参与政治而被除名的陈绍源和此前已经取得博士学位的张祖庚以外，中法大学其他留学生的所有导师信息都可以看到（见表 4-1）。

表 4-1 法学博士的选题与指导

姓名	题目	答辩年	导师	委员会
刘懋初	1922 年英国宣言以来的埃及国际地位	1925	皮克	朗贝尔 拉梅尔
吴凯声	中国的宪法问题：1923 年 10 月 10 日的宪法	1925	朗贝尔	拉梅尔 古恒
曾同春	中国的丝绸生产与销售	1928	戈纳尔	—
黎国材	对移民的国际管制	1928	戈纳尔	布维耶 菲利普
曾锦春	中国工人运动	1929	菲利普	比耶 特雷武
翟俊千	中外条约所致中国国际地位之历史与分析	1929	皮克	戈纳尔 拉梅尔
符传钵	中国海关制度的历史研究	1930	戈纳尔	

〔1〕 Archives l' Institut Franco-chinois de Lyon: Dossiers Étudiant Numéro 22 (Wu Kaisheng), Sous-dossier#3, Dossier contenant 146 pièces numérotées de 1 à 146 [1931-1938], n°56.

〔2〕 Archives l' Institut Franco-chinois de Lyon: Dossiers Étudiant Numéro 312 (Xia Jinxiong), Sous-dossier#1, Dossier contenant 86 pièces numérotées de 1 à 86 [1921-1926], n°95.

续表

姓名	题目	答辩年	导师	委员会
陈耀东	中国的土地制度	1933	菲利普	戈纳尔 佩鲁
彭礼端	1912—1931 年间中国行政组织历史与批判研究	1933	尼古拉	巴斯蒂 拉梅尔
陈延进	美国宪法中的间接立法	1934	朗贝尔	—
卢干东	中国都市生活与市政学	1934	尼古拉	—
钱翔孙	对上海港的经济研究（格勒诺布尔）	1934	勒布	—
赖国高	上海外汇市场与中国收支平衡的关系	1935	戈纳尔	菲利普 沙茨
徐复云	国际联盟对难民的保护	1935	巴斯蒂	—
祝修爵	法国公务员录用与提拔程序研究	1935	尼古拉	巴斯蒂 拉梅尔
陈绍源	在孙中山及其学说影响下中国宪政生活演变	1937	—	—
夏晋熊	当代中国货币与银行体系的重建（巴黎）	1937	瓦利德	—
陈廪	现代中国公立教育体系的组织与运作研究	1939	尼古拉	—
刘先伟	抗战前后中国的货币与金融问题	1940	佩鲁 / 瓦利德	—
于振鹏	中国习惯法中的贷款	1940	爱斯嘉拉	—
张祖庚	论中国国籍（巴黎）	1941	—	—
赵崇汉	法国行政法上公务员的定义及其法律地位	1942	巴斯蒂	—
陈荣生	1875 年宪法的连署及其在当今法国的运用	1943	佩卢	巴斯蒂 里夏多

续表

<table>
<tr><th>姓名</th><th>题目</th><th>答辩年</th><th>导师</th><th>委员会</th></tr>
<tr><td>龙吟</td><td>中国预算监督：与英法体系的比较</td><td>1943</td><td>特雷武①</td><td>尼古拉
佩卢</td></tr>
<tr><td>魏登临</td><td>法国法上的行政裁量权及司法监督</td><td>1944</td><td>佩卢</td><td>巴斯蒂
尼古拉</td></tr>
<tr><td colspan="5">本章对博士论文题目的翻译基本沿用了葛夫平的翻译，只是在少数法律术语的用法上作了一些修改。参见葛夫平：《中法教育合作事业研究（1912—1949）》，上海书店出版社 2011 年版，第 77-80 页。</td></tr>
</table>

①龙吟最早的导师本来是菲利普，但菲利普在 1942 年离开里昂、前往伦敦加入戴高乐领导的自由法国运动，成为抵抗组织的一员。所以，最后完成指导工作的是特雷武。

第二节　我手写我心：知识生产过程的自主性

在澄清了这些年轻法学家的博士论文选题和指导教师后，随即产生的问题是：导师人选和题目选择由谁决定？以下将从导师选择、题目选择、游学巴黎三方面入手回答，并揭示中国学生在法国教师和管理者面前掌握自己学业的强烈意愿。

一、选导师：行政管理方对学生意志的尊重

不同于主要选择民法的法国学生，留学生们倾向于公法学和当时居于边缘地位的政治经济学。在两次世界大战之间的艰难岁月中，里昂法学院常任教师也不过 15 人左右，基本上一个学科只有一名教授。所以写国际公法的论文，在早年必然接受皮克指导，稍后又肯定会成为巴斯蒂的学生；经济学的论文大多会由戈纳尔指导，尼古拉

(Maxime Nicolas)会指导公法的论文，而菲利普几乎包揽了财政学的选题。教师的指导肯定与选题是交织在一起的。

在选择导师的阶段，中国学生、管理层和教师三方面的互动已经清晰可见。和其他的学生不同，中法大学学生在确定导师并与导师正式见面以前，往往先由法方主管写信给教授介绍学生，并咨询教授的意见。在大部分的档案中可以看到秘书长古恒以行政主管身份给教授写的信件。但是，并不是每位教授都会接受以中法大学名义向他们推荐的学生。比如，古恒曾致信皮克，盛赞曾锦春是一位“严肃、勤奋、永远不会让您失望的学生”。〔1〕但是，曾锦春关于中国劳工运动的论文最终并未由法国劳动法的先行者皮克指导。倒是由曾锦春自己在没有过问古恒的情况下选择了导师。〔2〕同样的情况也出现在彭礼端的案例中，古恒不得不主动询问他选择导师的情况。〔3〕虽然古恒最初向他推荐的导师是朗贝尔，〔4〕最后实际指导的人却是尼古拉。可见，管理层对学生的指导教师人选只有建议之权，最终由何人指导写作博士论文还要看学生和教师之间的沟通情况。而且在大部分情况下，学生可以说占据了主动。朗贝尔就曾回忆1924年吴凯声敲开他办公室的大门要求得到帮助时的情景。〔5〕

---

〔1〕 Archives l' Institut Franco-chinois de Lyon: Dossiers Étudiant Numéro 91 (Zeng Jinchun), Dossier contenant 41 pièces numérotées de 1 à 41 [1921-1929], n°10.

〔2〕 Archives l' Institut Franco-chinois de Lyon: Dossiers Étudiant Numéro 91 (Zeng Jinchun), Dossier contenant 41 pièces numérotées de 1 à 41 [1921-1929], n°19.

〔3〕 Archives l' Institut Franco-chinois de Lyon: Dossiers Étudiant Numéro 171 (Peng Liduan), Dossier contenant 28 pièces numérotées de 1 à 28 [1925-1933], n°14.

〔4〕 Archives l' Institut Franco-chinois de Lyon: Dossiers Étudiant Numéro 171 (Peng Liduan), Dossier contenant 28 pièces numérotées de 1 à 28 [1925-1933], n°13.

〔5〕 Édouard Lambert, «Préface», *in* James Woo, *Le Problème constitutionnel chinois. La constitution du 10 octobre 1923*, Paris, M.Giard, 1925, p. Ⅷ.

相较于留在里昂的学生，要求转学的学生更多地表现出中国学生掌握自己学业的愿望。赖国高、刘先伟和夏晋熊为我们提供了足够的例证。刘先伟还引用法国民法学巨擘卡皮唐（Henri Capitant）在1926年出版的《如何写作法学博士论文》中所说“博士论文写作最难的部分是保持和导师的直接联系”，为自己转学到巴黎大学背书。[1]由此可见，中法大学的留学生对于自己选择的学科和导师有相当的自我意识，并会尽自己所能要求管理层接受。管理层也确实在大部分情况下接受了他们的选择。

二、选论题：学生与教师的合作

既然导师在很大程度上取决于选题，那么决定博士论文选题的人可以说是决定整篇论文写作过程的人。在选题方面，因为知识、资历的不对等，留学生无法保持选择导师与科目时那种高度自主性也在所难免。卡皮唐在《如何写作法学博士论文》中主张，应该由学生自己根据兴趣和能力主动选择题目。但是，他也承认，大部分的学生没有利用好这种学术自由，而只是“请求讲授法学或政治经济学某个部门的教师给他们提供题目，并请他出任答辩主席”。其结果是“答辩主席有时遭遇相当大的尴尬，因为他实际上根本不认识学位候选人，而且对其研究的价值知之甚少”。[2]对于中法大学的学生而言，协会内部

〔1〕 Archives l' Institut Franco-chinois de Lyon: Dossiers Étudiant Numéro 321 (Liu Xianwei), Dossier contenant 84 pièces numérotées de 1 à 84 [1932-1941], n°69.

〔2〕 Henri Capitant, *Comment il faut faire sa thèse de doctorat en droit*, Paris, Dalloz, 1926, p.18.

的指导又为他们增加了知识不对等之外的另一层行政限制。比如，在古恒写给戈纳尔的信中，他说自己“建议曾同春选择一个和中国有关的主题，因为中国学生往往能在这些方面作出原创性的贡献”。〔1〕

即便如此，为数不少的中法大学学生自己选定了研究主题，并获得导师的背书。在 1923 年 9 月 28 日写给里昂法学院比较法学所创始人朗贝尔的信中，古恒写道：“我相信您已经认识吴凯声先生了。……他想以最近几部中国宪法的比较研究作为博士论文题目。他已经准备了一些材料，并殷切希望知道您对这一选题的看法。”〔2〕卢干东的确在论文的前言部分说导师尼古拉鼓励他写关于中国市政学的论文，并解释了该选题的重要性。〔3〕但是在正式开始写作前，他致信古恒解释自己“向朗贝尔和尼古拉提出了数个选题，最终由尼古拉确定了关于中国城市生活的题目”。〔4〕古恒本人则在回信中也写道：“对于尼古拉是否认可您的选题，我对此无缘置喙。……只要听您导师的指导就可以了。”〔5〕同样感谢了导师的指导，但暗示作者本人才是选题人的还有皮克的学生翟俊千关于中国国际地位的论文〔6〕、曾锦春关于中国

---

〔1〕 Archives l' Institut Franco-chinois de Lyon: Dossiers Étudiant Numéro 90(Zeng Tongchun), Dossier contenant 67 pièces numérotées de 1 à 67[1921-1927], n°10.

〔2〕 Archives l' Institut Franco-chinois de Lyon: Dossiers Étudiant Numéro 22(Wu Kaisheng), Sous-dossier#1, Dossier contenant 86 pièces numérotées de 1 à 86[1921-1926], n°25.

〔3〕 Kon-tung Loo, *La Vie municipale et l'urbanisme en Chine*, Lyon, Bosc Frères & Riou, 1934, p.8.

〔4〕 1933 年 2 月 23 日的信件, Archives l' Institut Franco-chinois de Lyon: Dossiers Étudiant Numéro 246(Lu Gandong), Dossier contenant 51pièces numérotées de 1 à 51[1929-1934], n°31。

〔5〕 Archives l' Institut Franco-chinois de Lyon: Dossiers Étudiant Numéro 246(Lu Gandong), Dossier contenant 51pièces numérotées de 1 à 51[1929-1934], n°32.

〔6〕 Tsoun-tchun Tchai, *Essai historique et analytique sur la situation internationale de la Chine Conséquences des traités sino-étrangers*, Paris, Paul Geuthner, 1929, p.7.

工人运动的论文。[1]因此，我们应该可以肯定，有些留学生利用了当时法国教授对学术自主性的尊重，自己决定了研究的主题。

当然，有些学生或是在导师的建议下改变了题目，或是接受了导师的选题。皮克的另一名弟子刘懋初在他关于埃及国际地位的论文中感谢导师为他指定了一个对中国亦有启发的题目。[2]龙吟也坦白他最初打算写法国财政体系的论文，但是菲利普认为龙吟无法在这个选题上做出富有创见的成果，于是建议他写了后来的题目。[3]赵崇汉也说尼古拉为他建议了选题。[4]然而就连在教师推荐的选题之中，仍然可以看见学生自己的影子。比如刘懋初把埃及的国际地位与中国相比，强调皮克推荐的选题对于一名中国学生的特殊意义。[5]黎国材虽然说国际移民规制的选题来自刚写完《国际移民史》的戈纳尔的推荐，却也动情地自比备受法国恩泽的国际知识移民。[6]可见，在大多数情况下，题目的选定是学生、管理者、导师三方沟通与交流后的产物。

虽然古恒和班乐卫（Paul Painlevé）等视中法大学为培养中国之亲

---

〔1〕 Chin-chun Tsing, *Le Mouvement ouvrier en Chine*, Paris, Paul Geuthner, 1929, p.5-6.

〔2〕 Mou-cho Liu, *De la condition internationale de l'Égypte depuis la déclaration anglaise de 1922*, Lyon, Bosc Frères & Riou, 1925, p.8.

〔3〕 Yin Long, *Le Contrôle du budget en Chine : comparaison avec les systèmes anglais et français*, Lyon, Imprimerie générale lyonnaise, p.8.

〔4〕 Tchung-Han Tchao, *Étude sur la définition et la situation juridique du fonctionnaire dans le droit administratif français*, Lyon, Bosc frères, M.et L.Riou, 1942, p.V.

〔5〕 Mou-cho Liu, *De la condition internationale de l'Égypte depuis la déclaration anglaise de 1922*, Lyon, Bosc Frères & Riou, 1925, p.8.

〔6〕 Koue-tsai Li, *Réglementation internationale de l'émigration*, Lyon, Bosc Frères & Riou, 1928, p.5-7.

法人士、在中国推广法国知识之工具，[1]只要导师和学生双方对选题形成了一致，管理方大多选择顺其自然。纪律权威和学生的自主性真正发生剧烈冲突的，还是在涉及学生在何处完成论文这种实际上无关于学术的问题上。

三、去巴黎：学生、导师、管理人员的复杂平衡

在里昂的中国法科学生对自己立场的坚持有时令人印象十分深刻。在广东女生黄明敏的档案中，我们看到了她不顾管理方劝阻、执意前往巴黎，然后与古恒就中法大学是否要支付其在巴黎生活费进行了将近 8 年的争执，最后结束于她告知学校已经成为广东上诉法院的法官，要求学校寄送学位证书的信件。[2]在江苏男生陈洪那套由 151 份文件组成的档案中，前半部分是他把盖有大学和协会印章的通知掷于地上受纪律处分引起的各种申辩、听证、商议，后半部分是他因为请病假而给古恒寄去的数十份假条，最终结束于他告知自己已经受聘为当时的南京中央大学副教授、要求学校寄送学位证书的来信。[3]留法博士们的生活虽然没有那么强的戏剧色彩，但其中一些人也多次以个人名义与以古恒为代表的法方管理人员和法学院教师交涉，从中非常明显地体现了他们自己掌握学习的科目、地点、材料和时间安排的愿

---

〔1〕 *See* Florent Villard, «Devenir moderne, rester Chinois : Pratiques discursives autour de l' Institut franco-chinois de Lyon (1921-1946)», *Transtext(e)s Transcultures*, 1 décembre 2014, n°9.

〔2〕 Archives l' Institut Franco-chinois de Lyon: Dossiers Étudiant Numéro 2 (Huang Mingmin) [1921-1931].

〔3〕 Archives l' Institut Franco-chinois de Lyon: Dossiers Étudiant Numéro 46 (Chen Hong).

望，并折射出了学生、管理人员、教师三个群体之间虽非平等，但绝不能以“支配—服从”一概而论的微妙关系。

其中又以离开里昂、前往巴黎自由政治学院学习最能体现学生的能动性。自1877年福州船政局学生马建忠、陈季同入学，自由政治学院在中国学生中声望很高，〔1〕所以中法大学学生中也常见申请前去游学者。1931年，陈耀东、卢干东和赖国高一起提出前往自由政治学院攻读政治经济学课程的申请。奖学金的管理者很快拒绝了他们的申请，并致信若斯兰院长，强调里昂法学院所提供的课程已经能够满足他们的需要。〔2〕但是，在1932年赖国高通过了资格考试以后，古恒的态度有所转变，并在面谈之后立刻致信自由政治学院的秘书处，询问赖国高前往巴黎考试的时间。〔3〕而且，管理层最终决定，不但资助他参加考试的1500法郎的费用，而且为他在巴黎赶考的半个月提供伙食费。〔4〕赖国高顺利通过入学考试以后，又取得了整个学年留在巴黎进修的许可。〔5〕甚至在仅仅以及格成绩通过了第一年的考试后，他仍能再次说服古恒允许他留在巴黎学完第二年的课程。〔6〕夏晋熊则是先以

---

〔1〕 参见朱明哲：《法学知识的跨国旅行——马建忠和19世纪末的法国法学》，载《政法论坛》2020年第1期，第177-191页。

〔2〕 Archives l' Institut Franco-chinois de Lyon: Dossiers Étudiant Numéro 265 (Lai Guogao), Dossier contenant 98 pièces numérotées de 1 à 98, sous-dossier1 [1929-1931], n°35.

〔3〕 Archives l' Institut Franco-chinois de Lyon: Dossiers Étudiant Numéro 265 (Lai Guogao), Dossier contenant 98 pièces numérotées de 1 à 98, sous-dossier2 [1932-1933], n°46.

〔4〕 Archives l' Institut Franco-chinois de Lyon: Dossiers Étudiant Numéro 265 (Lai Guogao), Dossier contenant 98 pièces numérotées de 1 à 98, sous-dossier2 [1932-1933], n°49-51.

〔5〕 Archives l' Institut Franco-chinois de Lyon: Dossiers Étudiant Numéro 265 (Lai Guogao), Dossier contenant 98 pièces numérotées de 1 à 98, sous-dossier2 [1932-1933], n°59.

〔6〕 Archives l' Institut Franco-chinois de Lyon: Dossiers Étudiant Numéro 265 (Lai Guogao), Dossier contenant 98 pièces numérotées de 1 à 98, sous-dossier2 [1932-1933], n°67.

学习法语为理由前往巴黎，然后要求在自由政治学院学习外交学。[1]而主管方竟然也没有对经费问题过多争论，就提出只要夏晋熊获得录取，自然可以获得学费和生活费的资助。[2]夏晋熊在政治学院的表现不如赖国高，在第二学年结束时有 3 门考试不及格，必须再延期一年。[3]即便如此，他继续在巴黎学习的申请仍然获得批准。

但是，同样希望前往巴黎的徐复云、陈延进就没有那么幸运了。其中又以陈延进的经历最为曲折。在学完了国际公法和国际私法的课程后，于 1932 年申请去政治学院学习外交学，并详细解释了自己的心路历程，还承诺中山大学将会在经费上给予协助。[4]此事后因其本人财政困难而作罢。随后，古恒与朗贝尔联系，说服朗贝尔指导陈延进写作关于美国宪法的博士论文。[5]但陈延进并未灰心，1933 年 9 月旧事重提。[6]秘书处最终以其应首先完成论文写作为由拒绝了他的要求。[7]于是陈延进先完成了论文，并于 1934 年 4 月写了一封 4 页的长信，信中

---

〔1〕 Archives l' Institut Franco-chinois de Lyon: Dossiers Étudiant Numéro 312 (Xia Jinxiong), Dossier contenant 146 pièces numérotées de 1 à 146, sous-dossier2 [1933-1935], n°47-49.

〔2〕 Archives l' Institut Franco-chinois de Lyon: Dossiers Étudiant Numéro 312 (Xia Jinxiong), Dossier contenant 146 pièces numérotées de 1 à 146, sous-dossier2 [1933-1935], n°50-51.

〔3〕 Archives l' Institut Franco-chinois de Lyon: Dossiers Étudiant Numéro 312 (Xia Jinxiong), Dossier contenant 146 pièces numérotées de 1 à 146, sous-dossier2 [1933-1935], n°89.

〔4〕 Archives l' Institut Franco-chinois de Lyon: Dossiers Étudiant Numéro 290 (Chen Yanjin), Dossier contenant 61 pièces numérotées de 1 à 61, sous-dossier1 [1931-1933], n°10.

〔5〕 Archives l' Institut Franco-chinois de Lyon: Dossiers Étudiant Numéro 290 (Chen Yanjin), Dossier contenant 61 pièces numérotées de 1 à 61, sous-dossier1 [1931-1933], n°18-28.

〔6〕 Archives l' Institut Franco-chinois de Lyon: Dossiers Étudiant Numéro 290 (Chen Yanjin), Dossier contenant 61 pièces numérotées de 1 à 61, sous-dossier1 [1931-1933], n°29.

〔7〕 Archives l' Institut Franco-chinois de Lyon: Dossiers Étudiant Numéro 290 (Chen Yanjin), Dossier contenant 61 pièces numérotées de 1 à 61, sous-dossier1 [1931-1933], n°30.

列举夏晋熊、赖国高、陈耀东等人的先例，要求“循例”允许其前往政治学院，甚至在信中指出夏晋熊可能连学习证书都拿不到，居然也能获得学校支持，从而反证自己要求的合理性。[1]可惜，他的诉请最终既未能得到管理方的认可，也未能说服导师朗贝尔为其背书，所以仍未能如愿。

在学生是否能前往外地的问题上，管理方的决定往往出于纪律考虑而非学术必要。中法大学规定学生的住所在里昂，所以管理层认为拒绝他们前往巴黎的请求理所当然。[2]对于那些导师本人无法发挥太多影响的事项方面，如考勤、住宿，管理者表现得更为敏感和严格。任何一次前往外地的申请、任何一次延期回国的尝试，就算无关于额外的费用，也会首先在管理者眼中变成对权威的挑战，从而招致制裁。就连那些最终获得批准的申请也不例外。顺利获得批准、如愿在巴黎常住的赖国高，也因为在 1933 年 9 月 19 日离开里昂时没有向古恒报告而受到纪律警告。[3]管理方对学生的纪律要求是具体细致的、独立于其学业进展状况的。他们希望全面掌握学生身在何地、与哪些老师来往、所学科目等各方面的信息。但是，在学业问题上，如果教师与学生达成一致，管理者一般也只好听之任之。例证之一就是当巴黎的教授瓦利德先后致信古恒，表示认可夏晋熊和刘先伟的学术水平、愿意

〔1〕 Archives l' Institut Franco-chinois de Lyon: Dossiers Étudiant Numéro 290 (Chen Yanjin), Dossier contenant 61 pièces numérotées de 1 à 61, sous-dossier2 [1934-1947], n°50-54.

〔2〕 Règlement fixant le fonctionnement de l' Institut franco-chinois de l' Université de Lyon.

〔3〕 Archives l' Institut Franco-chinois de Lyon: Dossiers Étudiant Numéro 265 (Lai Guogao), Dossier contenant 98 pièces numérotées de 1 à 98, sous-dossier2 [1932-1933], n°76-78.

指导他们的论文后，[1]中法大学方面便未再加阻拦。

第三节　中国的命运：知识生产内容的自主性

在中法大学学生所撰写的25篇博士论文中，有17篇直接以“中国”作为研究对象，就连中国并没有直接出现的论文中，“中国”的形象仍然隐约可见。在这些研究中，两个主题尤为明显：其一是中国在国际社会中的地位，其二是经济发展导致的社会问题。

一、国际秩序中的中国

“我们长期经历不幸的祖国，如今正在迈向新的地平线，我们为它争取‘存在的权利’。”[2]在表达了对巴黎和会未能彻底废除中国与列强之间的不平等条约的失望后，翟俊千以这句话结束了他关于中国国际地位的博士论文。一个不平等国际秩序之中的文明古国——这就是翟俊千在不厌其烦地逐条讨论中国签订的不平等条约后，向读者展示的形象。但是，这一饱受屈辱的古国在世界大战中是胜利的一方，并且以自身的努力和牺牲证明其有能力也有权利要求他国之平等

---

〔1〕 Archives l' Institut Franco-chinois de Lyon: Dossiers Étudiant Numéro 312 (Xia Jinxiong), Dossier contenant 146 pièces numérotées de 1 à 146, sous-dossier3 [1936-1938], No.96; Archives l' Institut Franco-chinois de Lyon: Dossiers Étudiant Numéro 321 (Liu Xianwei), Dossier contenant 84 pièces numérotées de 1 à 84 [1932-1941], n°70.

〔2〕 Tsoun-tchun Tchai, *Essai historique et analytique sur la situation internationale de la Chine Conséquences des traités sino-étrangers*, Paris, Paul Geuthner, 1929, p.211.

对待。[1]此时，中国站在了两种不同命运的门槛前，中国青年的任务便是帮助这一文明古国摆脱过去的屈辱、成为国际社会的平等一员。类似的主题在刘懋初关于埃及国际地位的论文中也有回响："法国一直是埃及真诚的朋友。而中国，和埃及一样作为文明古国，也对后者抱有深切同情，毕竟两者处境之间有不少相似性，所以中国也希望这位'长妹'可以早日实现其国家独立的合法愿望。"[2]两篇论文关于中国和埃及在第一次世界大战及巴黎和会中命运的叙事结构高度一致。同样在战前是列强支配下的文明古国，同样希望把握第一次世界大战的机会谋求独立自强，同样在巴黎和会中经历建设平等国际社会理想的幻灭，最后仍处于半殖民地状态。[3]国际秩序本身的不平等岂不昭然若揭？

然而，正是在这种不平等的现实中，中法大学的留学生开始构想一种更加公平的国际合作秩序。黎国材意识到"勤勉、坚毅而适应性强"的中国劳工只能在欧洲各国或者殖民地"从事最为艰苦的劳动，领取微薄的工资，以至于这些劳工对情况颇为不满，一旦合同期满就迫不及待要回国"，但雇主又不愿意失去这么高效的劳动力，所以强迫

---

〔1〕 Tsoun-tchun Tchai, *Essai historique et analytique sur la situation internationale de la Chine Conséquences des traités sino-étrangers*, Paris, Paul Geuthner, 1929, p.210. 有趣的是，翟俊千并没有像当时法国国际公法学的权威观点那样，把巴黎和会看作对"不正义"一方的惩罚，而是延续了 19 世纪末国际法的观点，认为战胜方有权要求战败方赔偿。这种立场不能说在两次世界大战之间完全没有市场，但它确实无法说明为何中国可以要求同为战胜方的其他国家放弃在中国之特权。

〔2〕 Mou-cho Liu, *De la condition internationale de l'Égypte depuis la déclaration anglaise de 1922*, Lyon, Bosc Frères&Riou, 1925, p.8.

〔3〕 Mou-cho Liu, *De la condition internationale de l'Égypte depuis la déclaration anglaise de 1922*, Lyon, Bosc Frères&Riou, 1925, p.208-209.

劳动、黑工等现象时常发生。[1]为了解决这种矛盾，有效的国际合作平台便必不可少，而国联则提供了一个可能的机制，因为这一机构的发展已经揭示“民族国家的主权并不是绝对和不受限制的，而是相对的、受限制的、由道德和法律的一般规则所调整的”。[2]

在当时留法学生的眼中，虽然“大国政治有时导致国际联盟的崇高理想落空”，[3]虽然中国在巴黎和会中并未得到公正对待，却也不妨继续沿着现有的道路建设国际社会，而且中国最终将在其中谋得与其贡献相符的地位。易言之：从国际层面看，致力于建设一个有力协调各国行动的机构、以正义的国际法保证和平和公正的想法本身是值得努力的，所需要考虑的只是具体细节上的技术问题；从中国的角度看，通过国家的现代化以参与新国际社会建设，也无疑是青年所需要实现的目标。张祖庚很好地总结了这种乐观主义观念：“中国为了成为一个世界性的强权，就必须在完成其他任务的同时，继续追随着国际私法的新发展，因为这一法律部门在国与国关系的发展当中扮演着异常重要的角色。”[4]当时是 1941 年，且不说抗日战争早已爆发，法国本土也早已陷入了战争的泥潭。如此情境下仍能保持乐观情绪，实在令人印象深刻。

这种乐观情绪自然反映了欧洲法学界战争阴云之下仍未消散的

---

〔1〕 Koue-tsai Li, *Réglementation internationale de l'émigration*, Lyon, Bosc Frères & Riou, 1928, p.67.

〔2〕 Koue-tsai Li, *Réglementation internationale de l'émigration*, Lyon, Bosc Frères & Riou, 1928, p.198.

〔3〕 Fu-Yung Hsu, *La Protection des réfugiés par la Société des Nations*, Lyon, Bosc frères, M.et L.Riou, 1935, p.130.

〔4〕 Chu Kuing Chang, *Essai sur la nationalité chinoise*, Paris, Durand, 1941, p.145.

理想主义思潮，但强权政治的阴影始终挥之不去。在这个意义上，学生倒是比他们的导师更清醒。两次世界大战之间的经济史充斥着衰退、萧条和贸易保护主义，然而这些坏消息似乎从未传入法学家特别是国际法学家的书房。法国的国际法学家继续高谈阔论建立欧洲联盟以实现永久和平的可能，[1]前往各个国家讲课的民法学家则仍以为国际贸易的发展会让国家放弃战争，并让各国法律进一步趋同，[2]而法律统一则能进一步促进国际的合作而非战争。相较之下，中国学生的论文则在高声表达对这种理想的赞同后，往往再提醒人们以上正义国际社会的理想必须建立在各国实力相近的前提之上。正因为如此，钱翔孙一方面强调上海港能够联通中国与世界市场本身是不平等条约的结果，另一方面试图说服人们相信自由贸易才是最好的政策。如果其他国家贯彻贸易保护主义、不向中国的产品开放他们的市场，那么通过国际商业合作实现共同繁荣就不过是画饼而已。[3]他也意识到：如果中国国力孱弱，又如何使他国开放市场？国家力量的不平等会让由平等国家组成国际社会的理想最终成为镜花水月。

正是对国家间力量对比不平等的意识，引导前往里昂的中国学子关心财政学和政治经济学，并自然而然地进入 20 世纪法国法学讨论的另一个议题：社会问题。

---

〔1〕 Jean-Michel Guieu, «Les juristes internationalistes français, l' Europe et la paix à la Belle Époque», *Relations internationales*, 30 mai 2012, n° 149, p.27-41.

〔2〕 René Demogue, *L'unification internationale du droit privé : leçons faites à la Faculté de Buenos-Ayres*, Paris, Rousseau, 1927, p.128.

〔3〕 Siang-Suen Ts' ien, *Le Port de Shanghai : étude économique*, Lyon, Bosc Frères & Riou, p.152.

二、中外比较下的“社会问题”

在法国的语境下，“社会问题”指的往往是贫困、贫富差距拉大、罢工、社会不稳定性增强等现象。20世纪初中国的工业化程度、城市化程度远低于法国，所以那些“因工业化而生”的社会现象未必真的在中国特别具有代表性。但是，中法大学的学生们认为：中国不仅同样面对贫困、犯罪、劳资冲突等问题，甚至可能因为其不利的国际地位而无力面对这些挑战。于是，对于欧美各国有利的自由贸易就可能成为中国进步的桎梏。曾锦春就说：“让中国获得完美的商业环境、发展工业并迅速成为可以与之竞争的力量并不符合欧洲列强的利益。它们致力于通过殖民条约让中国受制于最极端的重商主义政策。”〔1〕于是，中国欲自强，必致力于摆脱列强所加之枷锁，也就必先自强。卢干东也指出，中国城市虽然发展程度远低于欧美，却也面临着公路和市政建设、街区发展不均衡、医疗与公共卫生等问题。〔2〕然而，这名日后执教于中山大学和武汉大学的留学生或有意或无心地隐去了相似问题在欧美和中国出现的不同背景。在法国，人们把社会问题归咎于自由放任主义的经济和社会政策。而在中国，至少卢干东所指出的那些社会现象更像是国家刚开始迈向现代化时能力不足所致。然而对于这些年轻人，重要的或许不是现象背后原因的不同，而是现象本身的相似。

至于如何用法律解决社会问题，留学生们提出了两种表面上颇为不同的主张。最早的学生对国家更多地持有一种不信任的态度，更晚

---

〔1〕 Chin-chun Tsing, *Le Mouvement ouvrier en Chine*, Paris, Paul Geuthner, 1929, p.7-8.

〔2〕 Kon-tung Loo, *La Vie municipale et l'urbanisme en Chine*, Lyon, Bosc Frères & Riou, 1934, p.11.

一些的学生则倾向于认为强国即可富民。

作为中法大学最早的学生之一的曾锦春指责辛亥革命以来历届政府“不稳定、弱小、分裂，对维持权力以外的事务毫不关心，也既不会考虑，又无力推行为工薪阶级谋利益的干预政策”。[1]而且指望通过建立强大政府来规制社会也不值得期待，因为“一个管理个人之间关系的中央集权国家概念对于中国实在太陌生，不可能在大范围内马上得以落实”。[2]既然政府贫弱，那么工人就只能指望自己和发动社会运动的工会组织。[3]然而，他进一步主张中国工人缺乏组织、四分五裂，所以需要一个全国范围内的总体组织者——国民党。[4]

到了20世纪30年代，在曾锦春笔下还无疑是一个革命政党的国民党形象已经演变为似乎可以永久掌握权力的执政党了，应该是社会问题的解决者，所需要问的不过是通过何种渠道可以增强其解决问题的能力而已。陈耀东主张：“私人的土地所有权只不过是一种社会事实，和其他所有社会事实一样服从进步律。”[5]现在，社会进步要求民生主义之“平均地权”的主张在国民政府的推动下实现。[6]一旦地权平均，财富分配不均这一中国最大的经济问题也就可以解决。[7]不过，

---

〔1〕 Chin-chun Tsing, *Le Mouvement ouvrier en Chine*, Paris, Paul Geuthner, 1929, p.146-147.

〔2〕 Chin-chun Tsing, *Le Mouvement ouvrier en Chine*, Paris, Paul Geuthner, 1929, p.150.

〔3〕 Chin-chun Tsing, *Le Mouvement ouvrier en Chine*, Paris, Paul Geuthner, 1929, p.151.

〔4〕 Chin-chun Tsing, *Le Mouvement ouvrier en Chine*, Paris, Paul Geuthner, 1929, p.155-157.

〔5〕 Yao-Tung Chen, *Le Régime agraire en Chine*, Lyon, Bosc frères, M.et L.Riou, 1933, p.212.

〔6〕 Yao-Tung Chen, *Le Régime agraire en Chine*, Lyon, Bosc frères, M.et L.Riou, 1933, p.213.

〔7〕 Yao-Tung Chen, *Le Régime agraire en Chine*, Lyon, Bosc frères, M.et L.Riou, 1933, p.210.

他也强调，“到底中国土地产权何时才能回归共产主义的黄金时代，完全取决于国民政府的效率。[1]这种建立强大的中央政府、以法律为工具实现人民呼声的想法相当具有代表性。陈延进也认为：正是由于美国国会的立法权远远超过了最初联邦制宪法的设计，美国才终于有能力贯彻致力于提高道德、公共卫生和整体福利的一系列立法政策。[2]在他看来，这一系列规制商业和社会生活的立法正是民心之所向。所以，他指责联邦最高法院仍坚持自由放任法律传统、倾向于判决这些社会立法无效，并建议法院应该和立法机关一样追随“公共意见和全国权力集中化的潮流”。[3]

于是乎，提高行政和财政能力不但成了强国的法宝，同时也是富民的良方，所以，他们论文中的两个主题在提高国家能力方面找到了交汇点。更何况，社会问题虽说是一国之内的问题，人们仍然认为解决社会问题可以仰赖国际合作。在曾锦春于戈纳尔指导下完成的论文中，丝业的成功不只是中国在国际市场地位的问题，还关涉“千千万万从事丝绸工业的不同领域之人民的生计”。[4]而为了改良中国丝绸的制造和丝业工人的生产生活条件，又不得不加强国际合作，特别是中法之间的合作。法国可以通过合作获得优质的产品和情报，从而与美国分庭抗礼；而中国则可以借此获得更好的技术和对法国市

---

〔1〕 Yao-Tung Chen, *Le Régime agraire en Chine*, Lyon, Bosc frères, M.et L.Riou, 1933, p.214.

〔2〕 Yan-Chun Chan, *La Législation par ricochet dans le droit constitutionnel américain*, Lyon, Bosc frères, M.et L.Riou, 1934, p.9.

〔3〕 Yan-Chun Chan, *La Législation par ricochet dans le droit constitutionnel américain*, Lyon, Bosc frères, M.et L.Riou, 1934, p.82.

〔4〕 Tung chunTsing, *De la production et du commerce de la soie en Chine*, Paris, Librairie orientaliste P.Geuthner, p.195.

场的占有率，从而在与日本丝业的竞争中保持优势。[1]于是，在中法大学学生的笔下，国家成了国际社会和国民之间的中介，它参与国际合作以求自强，同时在国际合作中增进人民的福利。这种观念显然也是和上文所述两次世界大战之间的乐观主义情结分不开的。

第四节 里昂与中国之间的法学教育

一、理解学术史中的“交流”

现有关于中法大学学生之学业的研究主要立足于东方主义理论和后殖民理论，并因此强调西方—东方之支配关系和知识的地缘政治特征。中法大学本身的议程设置就让西方国家以教化者的形象出现，形成了对中国知识界的殖民。[2]中法大学学生的论文选题大量集中在中国问题，让他们一方面成为了创造知识的主体，另一方面则强化了“中国”作为认识之客体的地位，以至于在力图证明中国之现代性时，反而让以西方之标准评判中国之发展的权力结构进一步固化。[3]可见，关于中法大学的档案发掘从描述性研究转向以理解国际秩序形成为目标的理论性研究。但是，现有文献在强调中国—西方的对立关

---

〔1〕 Tung chunTsing, *De la production et du commerce de la soie en Chine*, Paris, Librairie orientaliste P.Geuthner, p.196–200.

〔2〕 Hongling Liang, «La colonialité intellectuelle dans l' histoire de la Chine moderne : de la« Bourse scolaire de l' indemnité des Boxers »à l' Institut franco–chinois de Lyon», *Transtext(e)s Transcultures*, 1 décembre 2014, n°9.

〔3〕 Florent Villard, «Lieu d' énonciation, différence culturelle et conscience nationale: la Chine comme objet d' étude dans les theses des étudiants de l' Institut franco–chinois de Lyon (1921–1946)», *in Langues, littératures et cultures franco-chinoises du XXIe siècle*, Taipei, Presses de l' Université Tamkang, 2011, p.29–51.

系时，既淡化了西方思想之间的竞争关系，又简单把中国学子看作知识权力的被动客体，忽视其在互相竞争的西方思想之间主动拣选的功夫。

其实，中国知识界在第一次世界大战之后已经意识到“西方”的分裂和多元性。〔1〕蔡枢衡也早就指出，留学不同国家的中国学生在回国后以其留学目的国的知识互相竞争、希望成为对中国各新法典之权威解释者。〔2〕再者，中国留学生到底接受何种知识，其实既取决于外国教师为他们提供的选择，又取决于他们对中国、世界之状况的体验与反思。〔3〕东方的知识对于欧美学者巩固当时以西方秩序为蓝本建立的法学体系确实有所帮助，但不同法律体系的比较毕竟也有限地促进了他们对欧美法律之局限性的反思。〔4〕

所以，中法法学史上的“交流”无法简化为一方强加、另一方被动接受的过程。它是一场发生在具体历史语境中的对话。对话双方虽然可能并不平等，但他们都对自己所处的位置有所省察，并且努力理解对方话语传达的意思和弦外之音，同时根据双方的关系以及与语境中其他言说者的关系策略性地回应。他们的对话又不断改变着言说者在作

---

〔1〕 参见罗志田：《西方的分裂——国际风云与五四前后中国思想的演变》，载《中国社会科学》1999 年第 3 期，第 20-35 页。

〔2〕 参见蔡枢衡：《中国法理自觉的发展》，清华大学出版社 2005 年版，第 98-99 页。

〔3〕 参见朱明哲：《东方巴黎——论二十世纪上半叶法国法律学说在中国的传播》，载《北大法律评论》2014 年第 2 期，第 581-606 页。

〔4〕 对比较法历史的整体检讨，见 David Kennedy, «The Politics and Methods of Comparative Law», *in* Pierre Legrand and Roderick Munday (ed.), *Comparative Legal Studies: Traditions and Transitions*, Cambridge, Cambridge University Press, 2003。对法国比较法学普适主义心态的个案研究，参见 Christophe Jamin, «Le vieux rêve de Saleilles et Lambert revisité. À propos du centenaire du Congrès international de droit comparé de Paris», *Revue internationale de droit comparé*, 2000, vol.52, n° 4, p.733-751。并参见朱明哲：《中国近代法制变革与欧洲中心主义法律观——以宝道为切入点》，载《比较法研究》2018 年第 1 期，第 155-170 页。

为客观结构之权力关系中的地位。一言以蔽之，在法学交流中，各种作者以言行事的特征尤为明显。所以，要理解中法大学的经验，我们就要知道他们所学究竟由哪一种声音诉说，他们所感又是出于何种考虑。

二、里昂法学院：法学变革中的异类

1875 年才成立的里昂法学院在 19 世纪末法国法学变革中，有着独特地位和作用，以至于人们不应把它等同于法国其他外省法学院。从其建立开始，里昂法学院就以其激进色彩闻名，今日亦然。[1]中法大学学生之所以倾向于社会主义与进步主义，正是因为在 20 世纪初为应对社会、政治、知识三重挑战而生的法国法学革新中里昂法学院持斗争法律观。

斗争法律观主张以社会改革法律、强调对政治生活的参与，并支持法学对社会科学的开放，从而不同于在其他法学院占优势的一种"平息斗争"的法律观。[2]法国法学在 1900 年前后面对"社会批判"和"社会学批判"时，[3]在法律渊源理论上抛弃了立法至上主义，在法律

〔1〕 Martine Kaluszynski, «Sous les pavés, le droit : le mouvement Critique du droit ou quand le droit retrouve la politique», *Droit et société*, janvier 2011, n° 76, p.523–541; Martine Kaluszynski, «Accompagner l' État ou le contester ?Le mouvement Critique du droit en France. Des juristes en rébellion», *Criminocorpus.Revue d'Histoire de la justice, des crimes et des peines*, septembre 2014.

〔2〕 两种观念在"自然法"概念上的体现，参见朱明哲：《面对社会问题的自然法——论法律社会化中的自然法学说变迁》，载《清华法学》2017 年第 6 期，第 75–99 页。

〔3〕 Frédéric Audren, «Le "moment 1900" dans l' histoire de la science juridique française. Essai d' interprétation», *in* Olivier Jouanjan et Élisabeth Zoller(eds), *Le« moment 1900 »: Critique sociale et critique sociologique du droit en Europe et aux États-Unis*, Paris, Panthéon Assas, 2015, p.55–74..

解释理论上抛弃了文义主义。[1]当时刚成立的里昂法学院首先因其社会主义的政治倾向不同于法国其他法学院。在巴黎法学院，占据支配地位的是那些主张法律无关于道德和传统的共和主义法学家。[2]在里昂以外的外省法学院，大部分的教授都是虔诚的天主教徒。[3]共和主义法学家为第三共和国的自由放任经济政策辩护，而天主教法学家则试图维护《法国民法典》的权威，双方都不认为任由阶级斗争实现无产阶级的民法是一个好的选择。相反，里昂法学院则集中了当时几乎所有同情社会主义的法学家。在 1913 年到 1935 年出任院长的若斯兰就提倡以权利相对理论取代个人主义色彩过浓的所有权绝对和合同自由观念。[4]在 1901 年到 1936 年担任民法学教授的莱维（Emmanuel Lévy）更是公开的社会主义者、法律社会主义最重要的倡导者、工人国际法国分部的省代表。[5]而且，就在中法大学创立之初，以吴凯声为代表的中国学生已经常常去旁听莱维的课程。[6]刘懋初和翟俊千

---

〔1〕 Philippe Jestaz et Christophe Jamin, *La doctrine*, Paris, Dalloz, 2004, Chapitre Ⅲ.

〔2〕 Marc Milet, «La Faculté de droit de Paris sous la Troisième République: une domination sans partage?(1879–1939)», *in* Jean-Louis Halpérin(ed), *Paris, capitale juridique (1804–1950): Étude de socio-histoire sur la Faculté de droit de Paris*, Paris, Rue d'Ulm, 2011, p.143–176.

〔3〕 Frédéric Audren, «La belle époque des juristes catholiques(1880–1914)», *Revue Française d'Histoire des Idées Politiques*, 2008, n° 28, n° 2, p.233–271.

〔4〕 Dominique Fenouillet, «Louis Josserand(1868–1941)», *Revue d'Histoire des Facultés de droit et de la science juridique*, 1996, vol.17, p.27–45; Frédéric Audren et Catherine Fillon, «Louis Josserand ou la construction d'une autorité doctrinale», *Revue trimestrielle de droit civil*, 2009, n°1, p.39–76.

〔5〕 Emmanuel Lévy, La Vision socialiste du droit, Paris, Giard, 1926; Carlos Miguel Herrera, «Le socialisme juridique d'Emmanuel Lévy», *Droit et société*, 1 mars 2004, n°56–57, p.111–128.

〔6〕 Archives l'Institut Franco-chinois de Lyon: Dossiers Étudiant Numéro 22(Wu Kaisheng), Sous-dossier#2, Dossier contenant 146 pièces numérotées de 1 à 146[1931–1938], n°31.（古恒给莱维的信）

的导师皮克是国际法学家，也是法国最早主张保护工人利益的法学家和社会法的先驱。[1]不同于其他意识到需要改革法学以回应社会问题的法学家，他们共同的认识是要从根本上把法律从个人本位转变为社会本位，而且这种社会化应该由群众、人民引导法学家完成，而非相反。

在这种独特的法律观指引下，里昂法学院自然也接受了一种对社会科学更为开放的态度。和意图引导和规制社会的法学不同，社会科学观察社会运动、聆听社会呼声，并提倡用社会需要改造法律。其中最激进的莱维认为根本不存在法学，法律无非是社会的信念而已，法学家唯一的工作便是观察社会信念，并将其以法律的公式表达。[2]皮克不同意莱维的立场，他认为真正的法学仍然存在，只不过无法独立于社会科学而已。[3]院长若斯兰虽然在关于法学和社会科学的论战中保持沉默，但他对古恒明确表示，赖国高等从政治经济学毕业的学生也可以写作法学博士论文。[4]因为里昂的法学家们对社会问题的反应如此独特，所以他们共同认为，法学家在科学实践中可以借道社会科学。为了最大限度促进其学说研究，里昂法学院及其成员自愿与社会

---

〔1〕 Denis Bayon et Ludovic Frobert, «Lois ouvrières et réformisme social dans l' œuvre de Paul Pic (1862–1944)», *Le Mouvement Social*, 2002, n° 201, n°4, p.53–80.

〔2〕 Emmanuel Lévy, «Les droits sont des croyances», *Revue trimestrielle de droit civil*, 1924, vol.23, p.59–61.

〔3〕 Nader Hakim, «La science de la question sociale de Paul Pic ou les malheurs de l' hétérodoxie dans les facultés de droit», *in* Nader Hakim et Fabrice Melleray (eds), *Le renouveau de la doctrine française.Les grands auteurs de la pensée juridique au tournant du XXe siècle*, Paris, Dalloz, 2009, p.123–158.

〔4〕 Archives l' Institut Franco-chinois de Lyon: Dossiers Étudiant Numéro 265 (Lai Guogao), Dossier contenant 98 pièces numérotées de 1 à 98, sous-dossier1 [1929–1931], n°39.

知识和学科联姻。[1]

中法大学设在里昂本身有希望学生远离政治活动的考虑。然而事与愿违，中国留学生在里昂遇到的却是一个以激进社会主义为标志的教授群体。比如，指导了 4 名中国博士的戈纳尔左右了该校经济学整个 20 世纪上半叶的发展。这位经济史学家认为理论来自对社会事实的观察，而且本身就是一种社会事实，在实践中发挥着作用。他还主张最有效的经济政策就是国际的自由贸易。[2]菲利普在经济学上支持社会主义学说和政府干预的立场，同时他也是工人国际法国分部的地区代表。[3]巴斯蒂则是法国第一位取得公法学教授资格的女性，1946 年成为巴黎法学院第一位女性教授，在指导徐复云的时候比学生还要年轻。这位国际组织法权威同时也是一名进步主义者，特别是在对妇女权利的国际法保护方面贡献颇多。[4]可见，当时与中国学生接触最多的教授都是对国际合作持乐观态度、认为国家应该干预经济以解决社会问题的学者。当时给多名中国学生上课的朗贝尔和院长若斯兰更是上述观念在法国学界的重要代表。

作为 19 世纪末 20 世纪初法国法学变革中的异类，里昂的法学家

---

〔1〕 Frédéric Audren, «Comment la science sociale vient aux juristes ?Les professeurs de droit lyonnais et les traditions de la science sociale (1875–1935)», *in* David Deroussin (ed), *Le renouvellement des sciences sociales et juridiques sous la IIIe République.La Faculté de droit de Lyon*, Lyon, La Mémoire du droit, 2010, p.3–50.

〔2〕 Jean-Pierre Potier, «L' enseignement de l' histoire des doctrines économiques à la Faculté de droit de Lyon (1895–1944)», *Revue d'histoire des facultés de droit et de la science juridique*, 1998, vol.19, p.285–313.

〔3〕 Jean-Pierre Potier, «L' enseignement de l' histoire des doctrines économiques à la Faculté de droit de Lyon (1895–1944)», *Revue d'histoire des facultés de droit et de la science juridique*, 1998, vol.19, p.285–313.

〔4〕 Daniel Vignes, «In memoriam : Madame Bastid.1906–1995», *Annuaire Français de Droit International*, 1994, vol.40, n°40, p.7–9.

们对社会变革和社会科学都表现出了更开放的心态。他们的思想和偏好又通过体制性的关系影响学生。比较法学研究所主管朗贝尔和法学院院长若斯兰自不待言，其他的教授则通过授课和论文指导，具体而微地引导中国学生接受他们的知识体系和政治倾向。就在这一过程中，中国留学生做好了接受社会主义和进步主义的思想准备。

三、投向祖国的目光

留学生们往往急于论证，他们在里昂学到的进步思想就是当前中国问题的解决之道。本来，中国留法学生的博士论文选题大部分都与中国的法律实践相关。〔1〕吴凯声和郑毓秀几乎同时完成了关于中国宪法的博士论文，而且主要研究的都是在文章刚写完就失效的 1923 年《中华民国宪法》。甚至如果不是朗贝尔劝阻，吴凯声的论文题目也会和郑毓秀一样是“中国的宪法运动”。随着留法学生人数的增多，留学生们的博士论文对中国政治的变迁越来越敏感。比如在 1936 年分别于图卢兹和里昂答辩通过的两篇宪法论文，都一致写到了 1935 年的宪法发展。〔2〕对时局的关心甚至可能左右论文选题和导师的选择。彭礼端在给古恒的信中详细解释了自己为何最终没有选择在皮克的指导下写作国际法的论文。〔3〕按照他的说法，本来皮克已经决定指导他，

〔1〕 参见王伟:《中国近代留洋法学博士考(1905-1950)》，上海人民出版社 2011 年版，第 295-299 页。

〔2〕 Yen Cheng Cheng, *Les Principaux mouvements constitutionnels en Chine*, *de 1897 à 1935*, Lyon, P.Ferréol, 1936; Jen Ching Ho, *Histoire constitutionnelle de la Chine*, Toulouse, Ch.Dirion-G.Labadie, 1936.

〔3〕 Archives l' Institut Franco-chinois de Lyon: Dossiers Étudiant Numéro 171 (Peng Liduan), Dossier contenant 28 pièces numérotées de 1 à 28 [1925-1933], n°17.

但是正当自己要把已经写好的两章拿给皮克看的时候，日本侵华战争爆发。而皮克认为南京政府无力应对日本侵略，所以主张彭礼端如果要在论文中讨论战争问题，必须把进一步割地赔款以求议和作为解决方案。这种建议令他无法接受，遂决定更换导师和题目。

留学生普遍表现出的另一个特点是对政治立场的敏感。20世纪30年代，留学生在博士论文中常常混淆法律规范和意识形态。这种敏感性背后同样折射出当时法科留学生对法学的理解。对于他们而言，法学恰恰不像当时占主流地位的巴黎教授所强调的那样，由一系列规则和解释技术构成，而是在政治、经济、社会各方面发展中不断变化的产物。对于那些在里昂的学生而言，他们所能接触到的那些对国际化开放程度较高、对社会科学有更多包容性的教师逐渐将他们引向了政治经济学和财政学等“因时置变之实学”。就连那些前往巴黎、以在法律整体秩序中解释某个条文为选题的学生，往往也受外省法学院那些更少法条主义色彩的理论吸引。[1]其中，里昂法学院所推崇的“法律社会化”就是一个相当吸引人的主张。[2]在1935年4月27日的《北京政闻报》(*La politique de Pékin*)一篇记录菲利普演讲的报道上，周宗藩便盛赞菲利普对于计划经济的想法，认为这一新经济模式将帮助中国解决当前的经济困难。[3]

---

〔1〕 参见朱明哲：《东方巴黎——论二十世纪上半叶法国法律学说在中国的传播》，载《北大法律评论》2014年第2期，第581-606页。

〔2〕 参见王伯琦：《法国社会学说在契约方面之最新趋势》，载《中华法学杂志》1936年第2期，第1-15页；[法]路易·若斯兰：《权利相对论》，王伯琦译，中国法制出版社2006年版。

〔3〕 Tsong-fan Tcheou, «À l' Institut Franco-chinois de Lyon, Une conférence de M.André Philip sur l' Économie dirigée», *La politique de Pékin*, 27 avril/1935.

实际上，留学生们对于时局的看法往往既不同于西方的主流学界，又不同于他们国内的同胞。他们对两次世界大战之间讨论最酣的领事裁判权撤废的观点就是一个很好的例子。鸦片战争之后，列强通过一系列不平等条约在中国领土上确立了领事裁判权。第一次世界大战之后，作为战胜国的中国意欲恢复司法主权，1921 年的华盛顿会议也承诺组织“中国法权调查委员会”，然而直至 1926 年方成行，而且以中国司法尚未独立为由拒绝了国民政府的要求。〔1〕诚如前文所言，中法大学的博士生既对中国无法成为国际社会平等一员、彻底收回司法主权感到失望，又仍然相信国联主导之下的国际秩序终归会承认中国已经成为强大的文明国家，从而恢复其应有的地位。相较之下，中国法政和舆论界反应更加激烈，普遍把领事裁判权的存续看作国耻，并且对委员会的调查结论普遍持失望与痛恨之情。〔2〕而欧美学者对这种国耻当然难以共情，甚至大部分人关心的仍是以欧洲为中心的国际秩序。所以作为国民政府顾问的法国法学家宝道才会建议中国法学家和司法人员多一些耐心，采取渐进的方法收回司法主权。〔3〕威格莫尔甚至十分困惑：为什么中国留学生竟然如此急迫地要废除这一“帮助中国文明开化”的制度？〔4〕对于留学生而言，在这两种立场之间找到

---

〔1〕 参见李启成：《治外法权与中国司法近代化之关系——调查法权委员会个案研究》，载《现代法学》2006 年第 4 期，第 26–37 页。

〔2〕 参见李启成：《治外法权与中国司法近代化之关系——调查法权委员会个案研究》，载《现代法学》2006 年第 4 期，第 26–37 页；张仁善：《论中国司法近代化进程中的耻感情结》，载《江苏社会科学》2018 年第 4 期，第 132–141 页。

〔3〕 参见［法］宝道：《暹罗治外法权之撤废》，梁仁杰译，载王健编：《西法东渐———外国人与中国法的近代变革》，中国政法大学出版社 2001 年版，第 274 页。

〔4〕 John Wigmore, «Les congrès de droit comparé premier germe d' organisation permanente internationale de la profession du droit: La proposition du doyen Wigmore», *Annales de l'université de lyon*, 1934, vol.45, n°1, p.117–121.

一个平衡，从而让自己的声音能够为导师接受，无疑十分重要。

中法大学的学生对祖国命运的讨论更多表现出留学生的共性。他们即便在沐浴欧风美雨的同时，眼光仍然时刻投向国内的政治和社会变革。而这一选择背后的原因，自然包括关于中国法的研究相比于其他议题更容易完成，也更容易获得教授首肯，或许也包括他们自己回国后发展的考虑。本书所关注的中法大学博士生为公费生或受中法大学委员会资助，他们毕业后有回国的义务，所以不得不为在国内的前途做打算。以当时最新的欧美先进理论来解决当时最前沿的中国实践问题，显然就成了一个相当具有吸引力的方案。

第五节　结　语

2014 年年底，一座新的里昂博物馆向公众开放。地处索恩河（La Saône）与罗讷河（Le Rhône）交汇处的“汇流博物馆”（Musée des Confluences），致力于展现地球自其诞生以来的发展和人类在其历史中的演变，即自然史与人类历史之交汇。地处丝绸之路两端的中国法史和法国法史，恰恰也在里昂这座法国缫丝业的中心和工人运动的中心城市交汇。正如陈三井、葛夫平等前辈的研究所揭示的那样，吴稚晖等选择里昂绝非偶然，而是对当时里昂经济、社会、文化生活之通盘考虑的结果。相应地，长期以“丝绸之路”终点自居、自文艺复兴的“中国热”以来一直对中国抱有特殊好感的里昂在长达 30 年时间里接待这些中国学子，也非偶然。简言之，当时在里昂交汇的并非抽象、不需要加任何历史限定的“中国法学”或“法国法学”，而是正在寻求最先进之西方法学理论的中国法学和正在重新构建自身的法国法学。两种学术追求的交汇最终通过一群希望借助外国知识既改革祖国，又为自己在新社会中谋得一席之地的年轻人实现。

这些学子留下的档案告诉我们，他们绝非不平等国际社会中西方知识权力的被动客体，也非仅为谋一纸速成博士文凭的投机分子。他们对自己在法国可以学到的知识、学习的方法和过程、可能付出的代价都有所认识。为了学到他们认为可以实现国家富强的财政、行政、外交学知识，他们不得不用尚未臻完美的法语与管理方争执、争取教授们的支持。从他们抵达法国到最终取得学位，往往需要七八年时间。在这段时间里，他们不得不时刻关注着祖国瞬息万变的局势发展。他们的目光流转于欧亚大陆两端，不断向自己，也向法国法学提出关于祖国之命运的问题，并在回答这些问题的过程中选择研究的主题、完成这些选题最佳的导师和途径。他们既在世界体系内思考中国，又希望通过一个强大的政府解决社会问题，从而同时实现国富民强。与此同时，里昂法学院对新兴社会科学的开放态度和对社会主义的支持，则为他们提供了一种表达自己政治关切的理论话语。

行笔至此，我们不妨回顾这一路走来所碰到过的其中三位人物，以他们的故事为本章画上句号。吴凯声回国后不久便在上海法租界开了一家律师事务所，事业蒸蒸日上。[1]凭借在法所学成为上海滩著

〔1〕 Archives l' Institut Franco-chinois de Lyon: Dossiers Étudiant Numéro 22 (Wu Kaisheng), Sous-dossier#3, Dossier contenant 146 pièces numérotées de 1 à 146 [1931-1938], n°81.

名律师后，吴凯声成了汪伪政府的官员，历任考试院考选委员会委员、驻意大利大使、外交部次长、撤废治外法权委员会秘书长，并在南京审判中受审，从此沉寂。[1]卢干东回国后先任中山大学教授，解放后任武汉大学法语系教授，20 世纪 50 年代写过数篇批判狄骥的文章，改革开放后成为我国外法史和比较法研究的先行者。我们常常说“中法交流”，然而在叙事上却总是强调法国对中国的影响。其实，中国学生在法国的出现以及他们与法国教师之间的交往，同样也在一定程度上改变了法国法学。巴斯蒂教授第一次世界大战后北上巴黎，成为巴黎法学院和巴黎政治大学的国际公法教授。作为法国国际法权威度过了漫长职业生涯后，她把最后一次教学安排放在了 1984 年的广州，由她的次女负责安排行程。[2]这位女儿在年少的时候因为接触到母亲指导下的中国学生而对中国历史与文化产生兴趣，后来成了法兰西学院的讲座教授，她就是中国近代史学人所熟悉的巴斯蒂－布吕吉埃教授（Marianne Bastid-Bruguière）。

---

〔1〕 参见陈同：《在法律与社会之间：民国时期上海本土律师的地位和作用》，载《史林》2006 年第 1 期，第 55-69 页。

〔2〕 Daniel Vignes, «In memoriam : Madame Bastid.1906-1995», *Annuaire Français de Droit International*, 1994, vol.40, n°40, p.7-9.

人物

第五章

一锤定音的先行者：马建忠

1845年，马建忠出生于江苏丹徒，在太平天国运动期间随家人迁往上海。在接受了私塾的儒家教育后，他和兄长一起接受了西式教育，并学习了拉丁语、法语、英语、希腊语等外国语。毕业后，他首先度过了几年耶稣会修士生涯，然后回到了中国传统士大夫的路径上，于1870年经二哥马建勋引荐入当时直隶总督李鸿章幕下。这一职位让他得以亲身参与洋务运动，并最终加入由李凤苞和日意格带领的代表团赴法。1877年5月到1879年12月，他同时在巴黎法学院和自由政治学院学习，并在1879年7月9日取得了法学学士学位。归国后，马建忠的行政与外交才干在他三次出使朝鲜化解半岛危机中表现得淋漓尽致。据说辜鸿铭也是在他的劝说下才决心回国。不过，恃才傲物的性格让他难以与同事相处愉快，即梁启超所谓“称之者一而谤之者百”。于是，在关于他挪用造船经费、中饱私囊的批评中，马建忠于1893年离开官场。虽然他后来又随李鸿章参与了《马关条约》的谈判，但这名晚清难得的外交人才在他生命的最后几年中还是远离政治生活的中心。庚子事变后，李鸿章紧急召回马建忠以便与列强议和。巨大的工作压力终于让马建忠年仅55岁便驾鹤西去，卒于翻译外电的夜里。[1]

在近代法史学研究中，马建忠并不是一个引人注意的人物。法学知识的交流如此普遍，以至于我们今天并不以法学家视之的许多人物，也在此剧场中登台亮相。《清史稿》中着重记录了马建忠生平三事，分别是与英人议鸦片专售、在1882年三次出使朝鲜和作《马氏文通》。[2]《剑桥中国晚清史》的编写者也着重探讨了他对于引入平等、均势外交观的贡献。[3]此一视角为后来陈三井、坂野正高、冈本隆司等人所延续。[4]其实马建忠的《法律探原》(收录于《皇朝经世文新编续集》)本身就是一次对西方法律思想转化和吸收的重要实践，不应为我们所忽视。[5]

马建忠在《上李伯相言出洋工课书》中曾较为详细地介绍过留法学习的经历，而且也因为曾向驻英公使郭嵩焘汇报，而保存在了后者

[1] 所以说“996”真的要不得。不过，马建忠在官场上的不得志对于当时中国学术界而言却是一件幸事。他从1983年到1900年在上海埋首学术，既写出了开启商务印书馆百年学术出版序幕的《马氏文通》，又得以首次向中国读者译介《法国民法典》和法国法学。1896年，他遇到了当时在上海办报的梁启超。梁启超在为马建忠的自选集写的序言中感慨“使向者而用其言，宁有今日；使今日而用其言，宁有将来”。二十多年后，周游列国归来、已经成为一代士林领袖的梁启超在清华大学讲课时，仍大力推崇马建忠的学问。

[2] 参见《清史稿·马建忠本传》，载《马建忠集》，王梦珂点校，中华书局2013年版，第337-338页。

[3] 参见[美]费正清、刘广京编：《剑桥中国晚清史(1800-1911年)》(下卷)，中国社会科学出版社2006年版，第169-195页。

[4] 参见陈三井：《略论马建忠的外交思想》，载《“中央研究院”近代史研究所集刊》1971年第3期(下)，第543-556页；[日]冈本隆司：《属国与自主之间——近代中朝关系与东亚的命运》，黄荣光译，生活·读书·新知三联出版社2012年版。

[5] 俞江教授曾先后以两篇分析《法律探原》的文章，勾勒出了一个努力用既有中国概念和思想体系解释西方法律观念、在摸索中为旧概念赋予新含义，并努力说服中国听众接受的传播者形象。参见俞江：《“法律”：语词一元化与概念无意义？——以〈法律探源〉中的“法”、“律”分立结构为立场》，载《政法论坛》2009年第5期，第3-21页；俞江：《19世纪末中国民法学的“绝响”——马建忠〈法律探原·户律〉评述》，载《华东政法大学学报》2013年第2期，第126-139页。

的日记中。[1]坂野正高曾经亲赴巴黎研究过马建忠的学习经历。[2]马骥博士利用法文档案澄清关于马建忠留法的一些事实，并在中外文化交流的大背景下考察马建忠与相识于微时的著名汉学家高第（Henri Cordier）之间的个人关系。[3]可惜的是，中文文献中尚未有利用保留在巴黎政治大学的马建忠档案而重建其学习内容的研究。本章试图弥补此一缺憾。因为自由政治学院章程明定入学学生不需要参加任何考试，他得以于同年入该校学习。[4]1878 年夏，马建忠通过了政治学院第一次考试，共 8 门功课。[5]随后通过了相当于高中毕业会考的文科业士考试，获得进入大学学习的资格，并于 1878 年年底通过了理科业士考试。[6]1879 年 7 月 9 日，他在法国比较法学“教父”比弗努瓦尔的主持下通过了口试，于巴黎法学院取得了法学学士学位。[7]同年 11 月，他又通过了政治学院第二学年的 4 门考试。[8]1879 年 12

〔1〕 郭嵩焘：《伦敦与巴黎日记》，钟叔河、杨坚整理，岳麓书社 1984 年版，第 705-707 页。

〔2〕 坂野正高：《留法时期的马建忠——对外交和外交官制度的两份意见书》，载《国家学会杂志》卷 84 第 5-6 期（1971 年），第 257-293 页。转引自［美］费正清、刘广京编：《剑桥中国晚清史（下卷）》，中国社会科学出版社 2006 年版，第 195 页。

〔3〕 参见马骥：《高第（考狄）档案中的马建忠法文信函》，载《宁波大学学报（人文科学版）》2017 年第 6 期，第 73-79 页。

〔4〕 Fiche de l' inscription de Ma Kié-tchong, Mission d' archives de Sciences Po.（马建忠的注册单，保存于巴黎政治学院档案室，未编号。）

〔5〕 Les épreuves d' examens orales de première année de Ma Kié-tchong, Mission d' archives de Sciences Po.（马建忠第一学年口试成绩，保存于巴黎政治学院档案室，未编号。）

〔6〕 李华川：《马眉叔〈上李伯相言出洋工课书〉考》，载《清史论丛》（2003-2004）第 18 辑，中国广播电视出版社 2004 年版，第 208-212 页。

〔7〕 中日文献中，常把 Faculté de droit de Paris 表述为“巴黎法科大学”，本章使用“巴黎法学院”这一在讨论法国法史时更通用的翻译。

〔8〕 Les épreuves d' examens de deuxième année de Ma Kié-tchong, Mission d' archives de Sciences Po.（马建忠第二学年考试成绩，保存于巴黎政治学院档案室，未编号。）

月 28 日，马建忠启程回国。[1]1880 年 3 月，他已经回到天津入李鸿章幕下。[2]可见，马建忠真正在法国学习的时间最多是 1877 年 5 月到 1879 年 12 月这段时间。然而，就是在这短短两年半时间里，已过而立之年的大龄学生马建忠在政治学院完成了外交学和行政学的学习，并在一年内完成了本应 3 年完成的法学本科课程。

第一节 洞若观火：《法律探原》中的法律思想

《法律探原》中关于法律一般原理和家庭的介绍最令人印象深刻。他提出了一种强调基于具体的时间空间语境不同而采取不同法律以解决社会问题的实用主义法律观，并把这种法律观与多元主义的法律渊源立场结合。同时，马建忠用一套中国既有的术语体系表达的，正是 19 世纪末在法国法学界颇有影响力的观点。

一、从实用主义到法律多元

俞江教授从“在日译法律概念输入之前，汉语如何思考西方法”的问题出发，讨论了马建忠区分“法”和“律”的意义。[3]这种“法”和

〔1〕 参见马骥：《高第（考狄）档案中的马建忠法文信函》，载《宁波大学学报（人文科学版）》2017 年第 6 期，第 73-79 页。

〔2〕 参见贾熟村：《李鸿章与马建忠弟兄》，载《清史研究》1997 年第 3 期，第 77-84 页。

〔3〕 参见俞江：《“法律”：语词一元化与概念无意义？——以〈法律探源〉中的“法”、“律”分立结构为立场》，载《政法论坛》2009 年第 5 期，第 4 页。

"律"分立的语词结构中，"法"指一切规范，"律"专指制定法。[1]二者的区分最直观体现在马建忠所谓"法有与人俱生者，曰性法；有为人所刊定者，曰律法"的总结上。[2]除语词拣选外，《法律探原》中还体现了一种实用主义精神和一种规范多元论主张。

马建忠把实证法看作实现自然法的工具。他认为，从本性上来说，人同此心，心同此理："虽分人己，而同此心性。己即人之对待，人即己之同俦。"[3]既然人都需要组织社会生活，那么就需要一定的社会生活工具，法律和语言都是人们"所以群"的工具。马建忠对于普遍自然法和普遍语言学的观念在此恰好相互应证。他在《马氏文通》开篇就提到了普遍语言学的可能性：

> 夫曰群者，岂惟群其形乎哉！亦群其意耳。而所以群今人之意者则有话，所以群古今人之意者则惟字。……亘古今，塞宇宙，其种之或黄、或白、或紫、或黑之，均是人也，天皆赋之以此心之所以能意，此意之所以能达之理。则常探讨画革旁行诸国语言之源流，若希腊、若辣丁之文词，而属比之，见其字别种，而句司字，所以声其心而形其意者，皆有一定不易之律；而因以律吾经籍子史诸书，其大纲盖无不同。[4]

---

[1] 参见俞江：《"法律"：语词一元化与概念无意义？——以〈法律探源〉中的"法"、"律"分立结构为立场》，载《政法论坛》2009年第5期，第3-21页。

[2] 马建忠：《法律探原》，载《马建忠集》，王梦珂点校，中华书局2013年版，第272页。

[3] 马建忠：《法律探原》，载《马建忠集》，王梦珂点校，中华书局2013年版，第272页。

[4] 马建忠：《马氏文通》，商务印书馆2010年版，第7页。

所以，与当代实用主义或现实主义不同，马建忠并不认为价值问题无法通过理性解决。相反，他认为自然法就是解决一切价值争议的准绳。而且，他在谈自然法的时候提出了一个值得注意的观念："读律者知律之有所亏而参之以法，定律者知法之常不变而宣之于律。"[1]这里的法，说的固然是自然法（性法），"律"则是实证法。马建忠强调了自然法的恒常性，这也是当时使用自然法术语的大部分人的共识。类似关于世事变与不变的观念也体现在他对语言的理解中："要有一成之律贯乎其中，历千古而无或少变。盖形与声之最易变者，就每字言之；而形声变而犹有不变者，就集字成句言之也。"[2]更令人瞩目的实际上是"读律者知律之有所亏而参之以法"这一句，因为用法学来填补实证法不完美之处在当时算是一种较为新颖的观点，具有极高的方法论意义。我们在后文会接着探讨这个问题。

在实用主义的立场上，马建忠强调法律实施的效果。所以他才多次使用"定律期于施行""律期于用""律以制事"这样的表述。自然法虽然永恒，实证法在约束人们以符合"正外行、毋伤人、还人债"的要求时，最重要的还是因地制宜、因时制变。再进一步说，马建忠完全意识到，他如果希望通过移植法律或者法学以帮助中国实现现代化，可以选择的安排很多，不必拘泥于一国的经验。就算选择一种法学体系以移植，也未必需要原封不动、原汁原味地移植。他把法律比作医术，指出："今夫医者之于病也，性寒者投之以热，性热者剂之以温。国之律法亦若是也。远鉴前古，罗玛律因希腊而有损益焉，法国与日

〔1〕 马建忠：《法律探原》，载《马建忠集》，王梦珂点校，中华书局2013年版，第276页。
〔2〕 马建忠：《马氏文通》，商务印书馆2010年版，第4页。

耳曼因罗玛律而又加损益焉，施之各国而复为之损益焉。此各国之律法之不得强使相同者，势为之而地限之也。”[1]既然各国在继受法律的时候都已经根据各个时间和地点的具体情况调整了所继受的法律，中国自然也不必拘泥于某一教条。这种想法使他区别于那些认为法律体系本身之内在融贯性具有无可替代价值的学者。

既然立法就是实现自然法的工具，那么立法的适用者也不妨根据他们所面对的具体问题自由解释法律。于是，马建忠提出了自己对法律解释的理解：

> 律期于用，然律文词旨简严奥博，不易讨究必待讲解而后明。讲解之者分为三宗。一则读律家将律意详慎体贴反覆考证著为成书。然则出自律师之心得，非即谓律意之正宗，故其讲解诸条可为司法之指南，不足为律法之典则。一则汇各刑院之成案，以求律意所在。但狱讼繁多，往往有事同而情异，刑院惟察情以援律，故同一讼也，或两处刑院而判案有相左者矣，或同一刑院而先后有歧出者矣。是成案不足以见律意者，从可知也。一则定律者重申条例以补古例之不及。其条例与律文互相发明，是用律者所当谨守，不得以己见也。[2]

这一段出现在“用律”的部分，实际上说的是适用者在解释法律

[1] 马建忠：《法律探原》，载《马建忠集》，王梦珂点校，中华书局 2013 年版，第 277 页。
[2] 马建忠：《法律探原》，载《马建忠集》，王梦珂点校，中华书局 2013 年版，第 282 页。

时所能参照的材料。马建忠先举法学家的学说，然后是法院判例，最后才是立法者以特别立法对法典的补充。马建忠清醒地认识到，法律无法不经解释而适用，[1]适用者又可以从三种途径获得对律文的解释。他提醒法律的解释者在使用学说和判例的时候要小心谨慎，而在适用特别立法的时候要特别小心地处理其和法典之间的体系关系。

从表面上看，他并没有脱离当时在法国占据主流地位的立法至上主义观念。否则他也不会把除了立法之外的规范创造放在“用律”而非“定律”之中，并强调立法为“用律者所当谨守，不得以己见也”。但他毕竟意识到了不同的行动者确实也塑造着法律的内容。他指出：除了法典以外，适用者还会参考学说和判例。而且学说和判例对法律的解释不同于立法者的解释。至此，一种多元法律渊源理论已经呼之欲出了。

须知，马建忠在法国时，法律渊源的理论还没有彻底发展起来。19 世纪中叶的法学权威埃施巴赫（Prosper-Louis-Auguste Eschbach）于 1840 年在斯特拉斯堡法学院讲授《法学百科》时，还以立法为唯一规范渊源。直到 1856 年，他才提到了“法学家的学说”和“判决中的法学”。[2]在 19 世纪行将结束时出版的《法学导论》中，没有一本提到过法律渊源的多样性问题，甚至卡皮唐在 1898 年出版的《民法学导论》（*Introduction à l'étude du droit civil*）中也没有。[3]法国法学直到 1899 年，才由第戎法学院的年轻教授惹尼用一部迅速获得巨大反响的

---

〔1〕“律文词旨简严奥博”也是我国传统律学的术语。

〔2〕Prosper Eschbach, *Cours d'introduction générale à l'étude du droit, ou Manuel d'encyclopédie juridique*, 3e éd., Strasbourg, Cotillon, 1856, p.27 sq.

〔3〕在以下著作的前言部分可以找到当时对《法学导论》的批判性书评：Jean Brethe de La Gressaye et Marcel Laborde-Lacoste, *Introduction générale à l'étude du droit*, Paris, Sirey, 1947。

书开启了 20 世纪的多元法律渊源体系:《实在私法的解释方法与法律渊源》。[1]他在书中把法律渊源总结为立法、习惯、判例、学说。该体系也进入了《瑞士民法典》和《国际法院规约》,时至今日仍以其强大的解释力和概括力帮助学者把新的法律素材归入其中。显而易见,马建忠已经非常接近这个体系了。从这个角度说,马建忠至少是在其时代处于领先水平的。我们会在后文继续探讨为何他能够站上时代的潮头。

这种多元立场正是其实用主义精神在法律渊源上的体现。马建忠认为:立法者制定法律是为了追求某一具体的目标,此点在他用“气血”来解释优生学和法律上对婚姻年龄的限制时体现得尤其明显。[2]那么推而广之,法官和法学家也完全可以通过法律的适用来解决他们所面对的问题了。立法者、法学家、法官所需要解决的问题必不相同,所以他们以法律之名而提的解决方案也必不同。马建忠一方面主张学说和判例都不能当作“律意”,另一方面又很宽容地让这些法律渊源在实践中继续存在与发展。这种态度说明:他已经注意到重要的是解决具体的问题,而非斤斤计较法学上的教条。

二、中国话语下的法国思想

俞江认为:《法律探原·户律》不仅通过中西文化夹杂叙述的方法把个人权利、性别平等这样的核心概念隐去,从而让中国人更容易接

---

〔1〕 François Gény, *Méthode d'interprétation et sources en droit privé positif: essai critique*, Librairie Marescq Ainé, 1899.

〔2〕 马建忠:《法律探原》,载《马建忠集》,王梦珂点校,中华书局 2013 年版,第 301 页。

受法国民法学说；而且通过重构以家庭为中心的民法体系，设想出了中国未来的民法。[1]他一针见血地指出了法学交流时传播者必然会根据自己的先前理解和对听众的期待调整论述策略的现象。作为改革者的马建忠在乎的根本不是准确传达法国法学的通说，而是通过法国法的材料到底可以为中国做些什么。但是，如果说马建忠为此歪曲了追求平等自由的《法国民法典》，则属于一种对学说传播的误读。

其实，在“立家”“丁幼”“嗣续”这些典型的中国话语之下，是地地道道的法国思想。为了理解马建忠对法国法学的转化，有必要先从两个方面澄清马建忠所重构的法国民法与19世纪70年代初的法国民法学之间的关系。首先，马建忠强调家的重要性并非是对《法国民法典》的重大曲解，而是对彼时法国民法学类似思潮的表达。其次，马建忠闭口不谈男女平等，恰恰也和当时法国民法学主流观点一致。一种法学知识的传播，除了有输出端为了让听众更容易接受而进行的剪裁和调试，恐怕还与输入端的可选项和拣选过程有关。我们有必要考察马建忠在法国时可供他选择、理解、重述的论调。

《法律探原·户律》中关于以家庭为核心的部分需要和马建忠讨论离婚的段落合而观之。法国确实是欧洲较早以法典承认离婚制度的国家，但1816年第二帝国废除离婚制度以后，一直到1884年才重新建立。换言之，马建忠在法国期间正好是重开离婚之门前的最后几年。他也意识到接近1/3的议会议员赞成重新建立离婚制度。但他认为，是否允许离婚要看不同社会的人情而定：“北方之人重厚，故英、

〔1〕 参见俞江：《19世纪末中国民法学的“绝响”——马建忠〈法律探原·户律〉评述》，载《华东政法大学学报》2013年第2期，第126—139页。

俄、瑞典、荷兰、比利时律准离异而未见有弊；若法、若意、若西班牙之人轻浮，一开离异之禁则婚姻作合不足重轻，及其致必如古罗玛之淫妇以离夫之数多相夸矣。"[1]这一论调和格拉松的观点惊人地一致。这名巴黎大学民商法权威在他所著的法国最早现代比较法研究成果之一《欧洲主要国家的婚姻与离婚》中，也认为就算离婚制度在北方新教国家没有引起混乱，亦断然不该重新引入法国。他甚至举出了统计数据说明离婚一旦建立，家庭就必然解体。[2]为了保护家庭，马建忠和格拉松一样，认为还是维持现状更好。不过形势比人强。离婚还是在几年后重新回到了法典之中。

即便抛开统计数据，马建忠对离婚制度本身也颇不以为然："夫弃妇则失身之女青春已消矣，妇离夫则丧志之男精力已尽矣。而况所生子女又将何以处之？从父则不见母，从母则不见父。如或子从父而女从母，然自父母视之，同此一脉之遗，并无子女之分，今以一旦反目之故，捐数年之恩爱，撇儿女之至情，忍乎否耶？故婚姻之不得离异，出乎理之不容已。"[3]这种重视子女亲情甚于个人选择的想法，又和1880年前后法国天主教法学家的论调十分相似：就算夫妻恩义已绝，出于子女利益的考量也不应该允许离婚。因为取得子女抚养权的一方如果再婚，新伴侣对其前夫、前妻的嫉妒都会投射到子女身上。而

[1] 马建忠：《法律探原》，载《马建忠集》，王梦珂点校，中华书局2013年版，第299页。

[2] Ernest-Désiré Glasson, *Le Mariage civil et le divorce dans les principaux pays de l'Europe, précédé d'un aperçu sur les origines du droit civil moderne, étude de législation comparée*, G.Pedone-Lauriel, 1879, p.273.

[3] 马建忠：《法律探原》，载《马建忠集》，王梦珂点校，中华书局2013年版，第298页。

一个充满嫉妒的环境最不利于子女成长。[1]可见,马建忠对家庭的维护并不仅仅是曲解法国民法的一种中国转化。相反,他表达了在法律变革前夕曾经出现、最终却仍然失势的主张。我们之所以把马建忠对婚姻家庭的看法视作新瓶旧酒式的独白而非跨文化的对话,是因为我们对这种主张及其背后的父权制法传统不了解。如果翻看《法国民法典》中关于亲权的条款,可以知道它虽然诞生在大革命的解放潮流中,其所确立的家庭制度却与罗马法的家长制相去不远。把上述条款和1810年的《法国刑法典》中关于弑父的罪名一起观之,更可见法国法律传统对家长制的维护。[2]《法律探原·户律》中对家庭的重视恰恰反映出马建忠对法国法文化的敏感。

至于希望找到马建忠以男女平等为专偶制背书的段落,则是一种年代错乱。男女平等确实在我国20世纪初起草民法典时成为支持专偶制的一种重要论据。但当时我国正从多偶制转向专偶制。法国则不然。在根本没有性别平等观点的时代,欧洲各国也都采行专偶制。所以从法国法学的角度看,不认为专偶制和性别平等有任何关系才是正常的思路。甚至在"自由、平等、博爱"名义下制定的《法国民法典》本身也不是一部珍视性别平等的法典。在19世纪的文本中,妻子必须服从夫、共同财产仅由夫管理、妻子处分自己的特别财产必须征得夫的同意。在法典的主要起草者波塔利斯看来,女性的任性和轻率虽

---

〔1〕 Gavouyère, «Le mariage entre chrétiens (Ⅲ)», *Revue catholique des institutions et du droit*, 1884, vol.12, n°1, p.38-61; «Lettre à la rédaction de la revue sur la Loi du Divorce devant les tribunaux», *Revue catholique des institutions et du droit*, 1885, vol.13, n°1, p.486-498.

〔2〕 关于中法两国之间父权与亲权的对比,参见 Jérôme Bourgon, «Lapsus de Laïus», *Extrême-Orient Extrême-Occident*, 1 janvier 2012, Hors-série, p.313-339。

然是一种美德，却构成了对秩序的威胁，所以最好把她们限制在家中，从包括市场在内的公共场所排除出去。[1]所以，马建忠对男女平等不置一词绝非仅因为他认为中国听众无法理解男女平等，而是因为：无论是法国法学还是中国礼教，该原则都不是一个占据上风的选项。

由此观之，马建忠无疑用中国听众能理解的方式讲了一个“故事”。这个故事的内涵却既不是《法国民法典》的故事，也不是中国法传统的故事，而是 19 世纪末法国民法学说的一个故事。当然，马建忠当时还有其他的选项，比如在共和派政府支持下占据了巴黎法学院主流的共和主义法学。这种共和主义法学强调立法至上、原旨解释和自由经济。[2]然而，马建忠最终选择了一种实用主义的方法论和自然法思想。为了证明《法律探原》和当时法国法学家主张的相似性并非一种表面的相似，有必要从文本走向语境。他因时制变、因地制宜的实用主义思想源于在政治学院的学习经历，对法学方法和家庭的认识则需要在 19 世纪末法国法学革新中解释。郭嵩焘曾评价：“眉叔天分高出一切，于在西法初涉其流，便怀易视之心，殆犹中土虚骄之气然也。”[3]然而，我们在下面的部分将会看到，虽然马建忠留法时间短、期间还常受郭嵩焘等使节差遣出席各种外事活动，但他确实对当时法国法学界乃至一般学术界的发展前沿洞若观火。

---

〔1〕 Jean-Étienne-Marie Portalis, *Discours préliminaire au premier projet de Code civil, préfacé par Michel Massenet*, Bordeaux, Confluences, p.52.

〔2〕 关于立法至上主义，参见朱明哲：《从 19 世纪三次演讲看“法典化时代”的法律观》，载《清华法学》2019 年第 3 期，第 184-207 页。

〔3〕 郭嵩焘：《伦敦与巴黎日记》，钟叔河、杨坚整理，岳麓书社 1984 年版，第 1011 页。

第二节　如鱼得水：自由政治学院的马建忠

我国学界基本已经清楚马建忠曾在政治学院学习，对他所学课程也已经有所了解。[1]但是我们并没有借助这些线索进一步发掘政治学院和马建忠对于彼此的意义。须知，1877 年的政治学院作为法国教育体系中的一个实验项目，其教学以实用主义为取向，强调知识在不同时间与空间的用处。

一、马建忠在自由政治学院的学习经历

除《上李伯相言出洋工课书》外，马建忠还在光绪四年 8 月 2 日向郭嵩焘介绍过自由政治学院的课程。根据其记录，政治学院讲授外交、政治、行政、税收、财政 5 科，共开设包括财税、比较商法、条约法、外交法、比较政治学等 21 门课程。[2]但是，这些间接史料并没有详谈具体科目的内容和马建忠的成绩，以至于我们对马建忠在政治学院的学习只能知其大略。通过对巴黎政治大学档案的研究，我们还可以进一步明确当时课程的准确译名、授课内容，以及马建忠本人的表现。这种看似细碎的考据对于重构一位清末名臣的知识谱系而言至关重要。

让我们先鸟瞰当时政治学院的教学组织。当时的政治学院授予三种文凭，分别为外交学、行政学和不分专业的文凭，马建忠取得的

〔1〕 现在国内研究马建忠在巴黎学习经历基本依赖马建忠的自述。参见马建忠：《上李伯相言出洋工课书》，载《马建忠集》，王梦珂点校，中华书局 2013 年版；郭嵩焘：《伦敦与巴黎日记》，钟叔河、杨坚整理，岳麓书社 1984 年版，第 705-707 页。

〔2〕 参见郭嵩焘：《伦敦与巴黎日记》，钟叔河、杨坚整理，岳麓书社 1984 年版，第 705-707 页。

就是这第三种不分专业的文凭。在当时的法国教育体制下，政治学院不能授予学位，所以三种文凭都不具有任何法律效果，不应称“学士学位”。第一年结束时安排一次只针对第一年科目的非强制性考试，而且只有口试。只要学生在第一年的口试中获得了16分（满分为20分）以上的分数，即可以不必参加最后一次强制性大考中同样科目的口试。大考前，学生必须从所学课程中选择两门撰写论文。如果教师许可，学生可以用几篇较短的作业代替上述两篇论文。大考则包含笔试和口试两部分。外交学的学生所考科目为外交史和国际法。行政学的学生所考科目为行政法和财税学。虽然考试科目很少，但是每一科却可以分为许多部分，分别考查。只有在所有的考试中取得16分以上的平均分，学生才能取得文凭。[1]为了取得不分专业的文凭，马建忠必须同时学习外交学和行政学的课程，外加一门外语。

在1878年的第一次考试中，马建忠考了以下8门课程（括号内为分数）：国际公法（18）、条约国际法（17）、比较商法（11）、1830~1873年欧洲外交史（16）、1789年以来欧洲宪法史（17）、比较宪法（19）、比较行政学（17）、比较财政学（16）。[2]在1879年11月的考试中，他又考了4门：政治经济学（17）、比较财政学（18）、比较商法（18）、英语（17）。[3]当时政治学院的给分标准比大学所普遍实行的要宽松一些。即便如此，也可以看出马建忠在大多数的课程里都取得了较优

〔1〕 Organisation des années 1877-1879, 1SP3 Dr1 sdra.（1877-1879年学校组织安排，保存于巴黎政治学院档案室，编号1SP3 Dr1 sdra。）

〔2〕 Les épreuves d' examens orales de première année de Ma Kié-tchong, Mission d' archives de Sciences Po.（马建忠第一学年口试成绩，保存于巴黎政治学院档案室，未编号。）

〔3〕 Les épreuves d' examens de deuxième année de Ma Kié-tchong, Mission d' archives de Sciences Po.（马建忠第二学年考试成绩，保存于巴黎政治学院档案室，未编号。）

(16~17)甚至优秀(18~19)的成绩。与他同年赴政治学院留学的陈季同,就只参加了1878年的五科考试(宪法、国际法、财政学、宪政史、比较商法),分数分别是17、16、10、13、17。[1]相比之下,马建忠的成绩确实令人印象深刻。此外,马建忠在政治学院的集体生活中也如鱼得水。他是政治学院学生协会在1878~1879年度的会员。本年度的会员共86人,其中1877级学生仅8人,他便是其一,足见学校对他的认同。

我们不但可以知道马建忠所修科目,更可以通过档案中保留的讲义大致管窥马建忠在学期间各门课程的内容。校长布特米的比较宪法课程侧重从社会、经济变迁的现实主义角度分析宪法。[2]如在英国宪法部分,在讲完宪法的法源、国体、上议院以后,他便开始讨论中产阶级和下层阶级的政治参与诉求。在美国部分,他最感兴趣的是违宪审查作为"司法权的政治功能"。[3]从这个角度说,郭嵩焘重视政治建设而马建忠强调经济基础的分歧,或许正来源于后者所受布特米之影响。而在里昂－卡昂的比较商法课上,编排的则是欧美主要国家的商法渊源、基本概念、各国公司考、商业通信、票据制度、破产制度、海商法。[4]

上述这些课程的组织带有很明显的务实色彩,其目的便是让学生

---

〔1〕 Les épreuves d' examens orales de première année de Tcheng Ki-tong, Mission d' archives de Sciences Po.(陈季同第一学年口试成绩,保存于巴黎政治学院档案室,未编号。)

〔2〕 Émile Boutmy, Cahiers des cours«Histoire constitutionnelle de l' Europe depuis 1789», Ier volume, 1SP4 Dr1 sdra.

〔3〕 Émile Boutmy, Cahiers des cours«Histoire constitutionnelle de l' Europe depuis 1789», IIe volume, 1SP4 Dr1 sdrb.

〔4〕 Charles Lyon-Caen, Cahiers des cours«Législation commerciale comparée», Ier volume 1 SP5 Dr3 sdra.

在一年的时间里迅速掌握一个学科的梗概和它在实践中所希望解决的问题，因而相对于在法学院讲授的课程来说，政治学院的课程大为精简，而且明显是为了培育公职人员而非法学专家或者律师而设置的。

把政治学院的课程和法学院使用的标准教科书对比即可看出，前者认为法律是一种解决具体问题的工具，而不是形而上道德教条推导的产物。既然是工具，其价值就体现在对实现具体目标的有效性上。在每一个国家、每一个具体的时间段，所欲实现同一个目标可能需要不同的工具。所以，马建忠在政治学院的课堂上学到了更多同时代各个国家之间制度的横向比较和历史中存在过的制度之间的纵向比较。相比之下，他在法学院提交的学士学位论文则更多表现出在体系和逻辑中推求法条文义的追求。准确来说，他的民法论文部分是对当时《法国民法典》第 1832 条到第 1873 条的评注，介绍了公司从设立到消灭的整个过程，使用了一些立法编纂记录作为论据，也是当时所流行的论证方法。〔1〕商法部分也类似。如果按今天的标准，可以说这两份答卷都是特别没有问题意识的教科书式作品。但当时法学院对学士毕业论文的要求即是如此。可以推测，马建忠本人更加认同政治学院的学术倾向，因为纵览《马建忠集》无一处是对法条文义的推敲。相反，他常常对比不同时间地点不同行动者的策略选择。尤其在《巴黎复友人书》中，他更是以中国兵法解释欧洲外交史，阐明“交涉之道”对国力与国运的影响。〔2〕

---

〔1〕 Kié-Tchong Ma, *Thèse pour la licence*, Paris, F.Pichon, 1879, p.29-70.

〔2〕 参见马建忠：《巴黎复友人书》，载《马建忠集》，王梦珂点校，中华书局 2013 年版，第 37-47 页。

二、以历史传授的实用主义

授课中的实用主义而非教条主义精神恰是政治学院有意追求的结果。在1878年写给友人的书信中，马建忠特别强调了政治学院教学中重视实学的特点："而其因时递变之源流，与夫随时达变之才识，则为政治学院所考论，而政治学院孜孜所讲求者，则尤为相时致变之实学也。"〔1〕无论是马建忠这位初来乍到的外国学生还是学校的经营者都对此有非常清晰的认识。在校长布特米的笔记中，他曾经写道："对我们这样的学校来说，最不该做的就是脱离严肃精神的运动、远离生活的声音。我们的长处之一就是，大部分的教师并不把自己困在他们的书和手稿包围的孤室中。"〔2〕

政治学院对实用主义的重视在教学中转化为一种经验主义，尤其明显地体现在对历史的重视上。在布特米于1871年最早构思政治学院教学的时候，他设计了一个由政治学专业课和一般通识课程两部分组成的课程表。其中专业课令人惊讶地完全由7门历史课组成，分别是：法国大革命以来的欧美社会史、1776年以来的欧美宪政史、1789年以来的欧美法律史、17世纪以来的欧美行政史、《威斯特伐利亚和约》以来的欧洲外交史、18世纪以来的欧美经济史、欧美军事史。〔3〕在7门

〔1〕　马建忠：《巴黎复友人书》，载《马建忠集》，王梦珂点校，中华书局2013年版，第37-47页。

〔2〕　Émile Boutmy, Notice sur l' École libre des sciences politiques, 1878, Dossiers d' Émile Boutmy, Mission d' archives de Sciences Po.

〔3〕　Émile Boutmy et Ernest Vinet, *Quelques idées sur la création d'une Faculté libre d'enseignement supérieur* : *lettres et programme*, Paris, A.Lainé, 1871, p.16. 这本不过30页的小册子是布特米和他的友人关于政治学院创建的通信，在当年即出版。可见，中外文人都有出版通信、日记这一类私人书写的雅好。

通识课程中，也包括了历史哲学和美术史两门史学课。[1]待马建忠就读于政治学院时，虽然并没有出现所有课程都是历史课的现象，在课程设计和讲授方法上却仍可见强烈的史学风格。布特米认为政治学知识的核心不是各种各样一般性的“原理”，而是面对各种各样差异繁多的细节时选择、分辨、决策的能力。所以他主张政治学院应该用经验培养学生处理各种差异的能力。[2]对于布特米来说，历史就是经验。人们从过去的经验中可以学习到如何应对当下的挑战，所以政治学院的教学“从形式上说是历史和批判性的，从实质上说却是面向当代的”。[3]马建忠言简意赅地把这种思路概括为“相时致变之实学”，可谓一语中的。

学习处理复杂情况的能力最重要服务于一种去除了意识形态因素的意识形态——实用主义。布特米所理解的职业政治家正是法律人的反面。他认为法律人只关心什么是对社会争议的法律解决、总是倾向于把复杂的社会生活简化为直白的法律要件。[4]谈判条约的外交官、促成政府改革的部长、致力于通过一部新法律的议员的处境都要比律师或者法官更艰难，在把复杂问题简单化方面必须更小心，因为他不知道忽略某一种因素是否会导致好不容易建立起的平衡最终毁于

〔1〕 Émile Boutmy et Ernest Vinet, *Quelques idées sur la création d'une Faculté libre d'enseignement supérieur : lettres et programme*, Paris, A.Lainé, 1871, p.17.

〔2〕 Émile Boutmy et Ernest Vinet, *Quelques idées sur la création d'une Faculté libre d'enseignement supérieur : lettres et programme*, Paris, A.Lainé, 1871, p.11.

〔3〕 Émile Boutmy et Ernest Vinet, *Quelques idées sur la création d'une Faculté libre d'enseignement supérieur : lettres et programme*, Paris, A.Lainé, 1871, p.11.

〔4〕 Corinne Delmas, «La place de l' enseignement historique dans la formation des élites politiques françaises à la fin du XIXe siècle : l' Ecole libre des sciences politiques», *Politix*, 1996, vol.9, n°35, p.49.

一旦。[1]更重要的区别在于“政治家面前没有一个可以引导他的确定理想，比如正义或者自由”。[2]职业政治家只有一个“确定的理想”和“实践目的”，那就是“在这个波谲云诡、变化莫测的世界中，捍卫国家当前和将来的利益”。[3]但种种利益之间差异万千，有时甚至充满了冲突，缺乏一种可以用来统一排序的标准。布特米的学校培养出的精英到头来并不捍卫某一种特定的价值。按照这位总设计师的理解，他们在政治学院学到的是一系列技术工具，至于如何使用则要看一时一地对国家利益的判断。这一意义上的实用主义，也就是一种去除了所有价值和道德考量的现实主义。马建忠称宪法为“政术治化”恰恰体现了他对母校教育的洞见。

推崇实用主义的政治学院是当时法国精英培养体系中的一个例外。布特米认为他要创建的学校需要为法国政坛重塑新人，也就是“为人们灌输对经验证明之事的信仰和对艰苦研究的热爱”，从而创造出一个“可以为全民族代言的精英集体”，“再造人民的首脑”。[4]所谓的“新”，从否定的意义上说在于反对革命自然法和意志论传统，从肯定的意义上说则体现在实用主义和经验主义的结合上。[5]政治学

〔1〕 Émile Boutmy, *Des rapports et des limites des études juridiques et des études politiques*, Paris, A.Colin, 1889, p.5.

〔2〕 Émile Boutmy, *Des rapports et des limites des études juridiques et des études politiques*, Paris, A.Colin, 1889, p.6.

〔3〕 Émile Boutmy, *Des rapports et des limites des études juridiques et des études politiques*, Paris, A.Colin, 1889, p.6.

〔4〕 Émile Boutmy, *Des rapports et des limites des études juridiques et des études politiques*, Paris, A.Colin, 1889, p.5–6.

〔5〕 Corinne Delmas, «La place de l' enseignement historique dans la formation des élites politiques françaises à la fin du XIXe siècle : l' Ecole libre des sciences politiques», *Politix*, 1996, vol.9, n°35, p.49.

院的创建者认为：法国有太多的业余政治家，却严重缺乏一些可以把政治当作一种科学来认真对待的统治精英。在他看来，问题在于当时的教育没有让学生拥有理解他们所处的时代的能力。[1]而学生缺乏能力的原因在于学校里讲授了太多的教条，却没有为学生准备好批判精神。[2]布特米形象地把其他学校的教育比喻成用教小学生的方法来教大学生。“对孩子，我们告诉他们‘好好听、记住、相信你所听到的。’但是对年轻人和成年人，我们得告诉他们‘睁眼观察、比较、自行判断。’”[3]

此外，政治学院还代表了一种社会改良的诉求。其设计者之所以如此关注本校教学的特点，是因为它必须从当时的精英养成竞争中脱颖而出。一旦把它放回第三共和国建立之初各种精英机构之间的竞争中，它隐藏在实用主义背后的独特意识形态诉求就会浮出水面。当时培养国家精英的机构中，最重要的是师范学院、以综合理工为首的工程师学校、圣西尔军校和法学院。它们是政治学院主要的竞争者。圣西尔军校和法学院与旧制度相连，代表着保守主义的传统；师范学院和综合理工则与大革命后的理性主义相连，代表着一种相信通过理性的自然法原则可以完成对人类秩序设计的革命传统。[4]布特米和他所

---

〔1〕 Émile Boutmy, *Des rapports et des limites des études juridiques et des études politiques*, Paris, A.Colin, 1889, p.9.

〔2〕 Émile Boutmy, *Des rapports et des limites des études juridiques et des études politiques*, Paris, A.Colin, 1889, p.10.

〔3〕 Émile Boutmy, *Des rapports et des limites des études juridiques et des études politiques*, Paris, A.Colin, 1889, p.16.

〔4〕 Corinne Delmas, «La place de l' enseignement historique dans la formation des élites politiques françaises à la fin du XIXe siècle : l' Ecole libre des sciences politiques», *Politix*, 1996, vol.9, n°35, p.49.

创办的政治学院，则体现了一种强调个人、强调分权制衡理论和政治与公共自由的精神。[1]他们相信立足于自由主义的和平和足以克服愚昧的思想自由的追求。[2]他们极其警惕国家干预，所以对民主缺乏热忱，但同时也对回到以前那个保守、执着于教条的农业社会充满敌意。其结果是，政治学院初创时期的教职员工希望能在一个已经实行了普选制的社会中培养一个政治家阶级，成为社会真正的领导人。

正是在这样的氛围中，马建忠于1877年到达政治学院，成为该校当时60多名留学生之一。这段时间不仅是马建忠预备踏入仕途、在清朝外交方面大显身手的重要两年，也是政治学院确定其在法国精英培养中地位的重要时刻，还是当时在政治和经济两方面都尚未自由化的第三共和国寻求基本立国理念的重要时刻。此后，马建忠成了一个希望从比较和历史维度了解面对复杂情势如何随机应变的实用主义者、一个看重公司和财税政策的重商主义者。政治学院在培养政治家方面取代了工程师学校和圣西尔军校，继续与法学院分庭抗礼直至第二次世界大战爆发。法国则逐渐变成了一个自由共和国。

然而，马建忠也入读了法学院。他在法国的两年正是法国法学方法与教学变迁的关键两年。正是在他与当时法学革新的微妙关系中，我们更能体察法学知识跨国旅行中的旅人个人心态和目的地知识背景之间的复杂互动。

---

〔1〕 Richard Descoings, *Sciences Po : De La Courneuve à Shanghai*, Paris, Les Presses de Sciences Po, 2007, p.29.

〔2〕 Margarethe Rosenbauer, *L'école libre des sciences politiques de 1871 à 1896; l'enseignement des sciences politiques sous la IIIe République*, Inaugural-Dissertation zur Erlangung der Doktorwurde, Marburg-Lahn, Philipps-Universität Marburg, 1969, S.44.

第三节　移花接木：法国法学革新时的马建忠

马建忠抵达法国时，第三共和国刚于 1875 年颁布三部宪法性法律，建立议会制。共和派 1877 年在众议院成为多数派，接着 1879 年在参议院部分改选中拿下参议院多数席位。可以说，马建忠在法国的两年也是共和派的决胜时刻。[1]当时欧洲只有法国一个大国采取共和制。共和派自己也不知道可以在风雨飘摇中坚持多久。为了全面巩固政治上的胜利，官方大力扶植一种立足于立法至上主义的共和主义法学。与此同时，不信任共和政体的法学家也开始重振一种天主教传统的自然法，认为立法必须受到自然法的制约。他们还开始在解释方法和法律渊源上促成法国法学的革新。

一、主流的共和主义法学

所谓共和主义法学，在法哲学上表现为强调立法是唯一的法律渊源且不受任何限制，在法学方法上则表现为强调一种立法原意解释。

共和主义法学最重要的特点是：主张所有的规范都必须在立法中寻找，立法者可以制定任何法律。在这种启蒙思潮的想象中，相较于习惯、学说、判例而言，立法同时具有政治和科学两方面的正当性。立法的政治正当性最好地体现在了 1794 年出版的思想教育课本中："立法是公意庄严而自由的表达。它给予所有人平等的保护和惩罚。它

---

〔1〕 参见［法］乔治·杜比主编：《法国史》（中卷），吕一民等译，商务印书馆 2010 年版，第 1147-1153 页。

所规定的一定是公正且对全社会有益的。"〔1〕卢梭等人的共和主义观念认为，只有公意才能立法。既然公意包含了每个人的个人意志，那么服从公意所制定的规范就和服从自己的意志没有区别了。而一个人在服从自己的意志时无论如何不能说是受强迫的。在19世纪的共和主义意识形态中，立法是规范的唯一来源，只有所有人平等地服从同一种法律，人才能保障自由和平等。〔2〕此外，立法还因为其以清晰的语言表达出的体系性特点而具有科学上的正当性。习惯、学说、判例都形成于分散的机制中，没有一个中央集中的权力将它们整合成一个整体。立法则不然，最优秀的法学家（如多玛和波蒂埃）可以用几何学的方法构造出一个融贯的规范体系，并由强大的中央政府化作法律，施行全国。〔3〕自视为大革命精神继承人的第三共和国把这种起源于大革命的立法崇拜几乎原样照搬。

利用立法时的辩论记录作为探究法律"原意"的方法是共和主义法学的另一特色。现在，讲授欧洲民法史的学者往往会把19世纪前半叶的法学方法归类为一种"解经方法"，说他们认为只需要借助立法条文和形式逻辑即可推导所有个案的裁判结果。〔4〕这种过分简化的观念是20世纪初已经取得胜利的新法学方法对此前主流方法的一种曲解。实际上，1804年《法国民法典》生效以后的30年里，接受旧法

〔1〕 *Nouveau catéchisme républicain à l'usage des sans-culottes et de leurs enfans*, Paris, Lefèvre, 1794, p.38.

〔2〕 Jacques-Guy Petit, «La Justice en France, 1789-1939.Une étatisation modèle ?», *Crime, Histoire&Sociétés*, juillet 2002, vol.6, n°1, p.85-103.

〔3〕 Philippe Jestaz et Christophe Jamin, *La doctrine*, Paris, Dalloz, 2004, p.70.

〔4〕 Julien Bonnecase, *L'école de l'exégèse en droit civil*, Paris, de Boccard, 1924.

教育成长起来的法学家仍用此前的多元渊源解释法典。[1]1830~1880年，因为弗内（Pierre-Antoine Fenet）于1827年修编的《〈民法典〉编纂预备文献全集》（*Recueil Complet des travaux Préparatoires du Code Civil*）和洛克雷（Jean Guillaume Locré）编定的《法国的民事、商事、刑事立法》（*Législation civile, commerciale et criminelle de la France*）已经广为流传，"立法原意"解释方法大为盛行。[2]从表面上看，这种立法原旨解释和立法崇拜简直配合得天衣无缝：如果把法律理解成主权者的命令，那么解释法律的任务当然是澄清主权者通过法律的文辞想要表达的意志（公意）。所以尽管在19世纪中叶就已经出现了成规模的判例汇编，法学家和法官实际上也在利用着判例，立法原旨解释仍在名义上是最重要的解释方法。马建忠的本科论文里也在多处使用了弗内和洛克雷编纂的立法资料。只不过，1850年以后的法学家实际上以原旨解释之名，把威权色彩、家父主义色彩浓重的《法国民法典》解释成了一部自由主义市场经济的规范。[3]

第三共和国在法学教育上的重要政策之一是有意巩固共和主义法学的主流地位。在科学研究自由已经得到法律保证的年代，政府为了维持对法学界的控制，采取了控制法学院组织的方法。第三共和国的策略是让巴黎法学院同时成为法学和共和主义法学的中心。当时法国法学院的人事调动和教育资源分配都掌握在政府教育行政部门

---

〔1〕 Sylvain Bloquet, *La loi et son interprétation à travers le Code civil*, Issy-les-Moulineaux, Librairie Générale de Droit et de Jurisprudence, 2017, p.469 sq.

〔2〕 Sylvain Bloquet, *La loi et son interprétation à travers le Code civil*, Issy-les-Moulineaux, Librairie Générale de Droit et de Jurisprudence, 2017, p.589.

〔3〕 Christophe Jamin, «Plaidoyer pour le solidarisme contractuel», *in Le contrat au début du XXIème siècle*, Paris, LGDJ, 2001, p.441-472.

手中，所以政府可以同时把共和派的法学家调往巴黎法学院，并让优质资源向巴黎法学院倾斜。在1870~1914年，成为巴黎法学院的教师意味着拿到外省同行两倍的薪水、指导数倍于外省同行的博士论文、有机会出任重要法学期刊的主编、通过在法学院旁边书店举办的私人辅导班上讲课而宣传自己的主张。[1]一言以蔽之，进入巴黎法学院意味着在成为学术权威的旅途上迈出重要一步。当然，不可能只要做立法至上主义者就可以进巴黎法学院，巴黎也不是只有立法至上主义者。但这种政府干预仍然让对立法和立法者的崇拜成了19世纪末法国法学界的主流风气。而马建忠在巴黎法学院自然会感受到这种风气。

二、天主教自然法的复兴

任何一个时代的法学都不可能是铁板一块。在以立法至上主义及其背后自由市场经济理念主导的19世纪末，出现了一场自然法的复兴。从价值追求上看，这场思潮怀疑民主政治、重视天主教善良家父传统下的家庭价值，似乎是一种倒退。但在法学方法上，其参与者以多元法律渊源理论和超越文义的解释方法为法国法学带来了活力。相比于主流立场，马建忠在主观方面应该与这场革新更为契合。

---

〔1〕 Marc Milet, «La Faculté de droit de Paris sous la Troisième République: une domination sans partage? (1879–1939)», *in* Jean–Louis Halpérin (ed), *Paris, capitale juridique (1804-1950): Étude de socio-histoire sur la Faculté de droit de Paris*, Paris, Rue d' Ulm, 2011, p.143–176; Guillaume Sacriste, *La République des constitutionnalistes: professeurs de droit et légitimation de l'État en France, 1870-1914*, Paris, Les Presses de Sciences Po, 2011, p.166; Philippe Jestaz, «Genèse et structure du champ doctrinal», *Recueil Dalloz*, 6 janvier 2005, p.19–22.

第三共和国建立伊始，自然法伴随着沉寂良久的法哲学重新回到法学讨论之中。在 1870 年以前，法哲学几乎不是一个会在法学院中讲授的课程。[1]情况从第三共和国建立开始迅速转变。自布瓦泰尔 1870 年开设“自然法导论”之后，以“法哲学”或“自然法”为名的课程在法国各个法学院作为选修课开设起来了。特别具有象征意义的是，布瓦泰尔于 1889 年成功说服教育部允许他在最抗拒法哲学的巴黎法学院开设了这一课程。[2]致力于回应制度、经济、社会变迁、世界大战等一系列挑战的法国 19 世纪末自然法复兴徐徐拉开了序幕。

自然法复兴背后恰恰是保守派法学家对共和国的疑虑，带着强烈的天主教色彩。马建忠在法国期间，活跃在讲台上的都是成长于第二帝国时期的法学家。对于他们而言，共和政体的建立不但是一次巨大的政治变革，而且与对大革命的印象和对巴黎公社的记忆相连，预示着一场巨大的社会变革。所以，博西尔才会提醒人们：“不！它没有死！它还在它所留下的那些废墟中苟延残喘，仍停留在那些错误的观念之中，时刻准备反戈一击。”[3]即便是在第三共和国已经建立了十多年后，格拉松仍担心它最终会像法国大革命那样“取消所有制、解散家庭”。[4]所以，必须有一种恒常不变的自然法捍卫所有权、捍卫家庭，特

〔1〕 唯一的例外是 Julien Oudot, *Premiers essais de philosophie du droit et d'enseignement méthodique des lois françaises*, Whitefish, Kessinger Publishing, LLC., 1846, p.449。

〔2〕 Mingzhe Zhu, *Le droit naturel dans la doctrine civiliste de 1880 à 1940*, Thèse de doctorat, Sciences Po., Paris, 2015, p.38-39.

〔3〕 Émile Beaussire, *La Guerre étrangère et la guerre civile en 1870 et en 1871*, Paris, Germer-Baillière, 1871, p.239.

〔4〕 Ernest Désiré Glasson, *Éléments du droit français : considéré dans ses rapports avec le droit naturel et l'économie politique*, Paris, G.Pedone-Lauriel, 1884, vol. Ⅱ / Ⅰ, p.16.

别是在家庭问题上尤其如此。法兰西学院哲学教授弗兰克（Adolphe Franck）就曾在反对离婚时如此设问：难道世俗立法可以假借理性、法律、正义的名义取消这项普遍适用的义务吗？不能！我们不相信！〔1〕一言以蔽之，当时高举天主教大旗的自然法学家们希望能够用一些永恒不变的原则限制立法者，防止过于激进的社会变革。〔2〕

马建忠本人不但察觉到了这一天主教自然法的复兴，而且对此持肯定态度。他说，“法国律法以性法弁其首云：天下有至公不易之法，为众法之原，制人行止，使之率循乎正理”。〔3〕如果法国任何一部法典真的以超越国界的理想法开头，那倒可以认为马建忠只是忠实转述。然而当时法国各大法典均不见对超越国界的自然法的表达。这句话的出处恰恰是在没有进入《法国民法典》最后生效文本的序编第1条，该条定义了自然法：“存在一种普遍且恒常的法，作为所有实定法之源。”〔4〕马建忠肯定接触过1801年对自然法尚有所表述的草案，因为这一草案收录在了《〈民法典〉编纂预备文献全集》中。不仅如此，他还说，“定律者常常存心目，不可须臾离也”。〔5〕也就是说，自然法构成了对立法者的限制，立法者也不再是无所不能的了。这恰恰是自然法复兴参与者的核心论点。而且他明确和大革命那种自然法传统

---

〔1〕 Adolphe Franck, *Philosophie du droit civil*, Paris, F.Alcan, 1886, p.61.

〔2〕 Frédéric Audren, «La belle époque des juristes catholiques (1880–1914)», *Revue Française d'Histoire des Idées Politiques*, 2008, n° 28, no2, p.233–271; Patrice Rolland, «Le catholicisme social et la politique», *Revue Française d'Histoire des Idées Politiques*, 5 juin 2013, n° 37, p.133–157.

〔3〕 马建忠：《法律探原》，载《马建忠集》，王梦珂点校，中华书局2013年版，第271页。

〔4〕 关于自然法话语如何在《法国民法典》编纂过程中逐渐退场，参见朱明哲：《“民法典时刻”的自然法——从〈法国民法典〉编纂看自然法话语的使用与变迁》，载《苏州大学学报（法学版）》2016年第2期，第10–28页。

〔5〕 马建忠：《法律探原》，载《马建忠集》，王梦珂点校，中华书局2013年版，第271页。

划清界限。他认为：霍布斯和卢梭的契约论自然法把立国之原看作出于自利的立约活动，与人性无关，而"外乎性而言维系家国之法，无惑乎？"，[1]其惑就在于这种观念不认为国家受到自然法的拘束，则"一切法治刑名之权皆因之而堕矣"。[2]可见，马建忠所接受的自然法观念就是当时正在复兴中的天主教自然法。

此前研究基本上忽视了马建忠与天主教自然法传统的关系。其实，这一传统不仅是一种法学理论，也包括了关于常与变、普遍与特殊的辩证关系。革新了的天主教自然法已经不再是此前那种强调永恒、超越国界的自然法的说辞了。取而代之的是鼓励人们研究一时一地之特殊需求的可变自然法。[3]马建忠既认为存在一种"人同此心、心同此理"的超越国界的理念，又主张要相时质变、因时达变，恰恰反映了他对 19 世纪末自然法变更的敏锐观察。我们甚至不妨进一步主张，通过揭示马建忠思想发展与自然法复兴与革新之间的关系，我们能够更好地理解为什么他认为可以模仿西方语言整理中文语法、他的超越国界的语法论为何会对中文的例外如此包容、他为何会选择一种无视时代特征的语料库建构法，又为何会在书中留下大量前后矛盾之处。[4]

---

〔1〕 马建忠：《法律探原》，载《马建忠集》，王梦珂点校，中华书局 2013 年版，第 271 页。

〔2〕 马建忠：《法律探原》，载《马建忠集》，王梦珂点校，中华书局 2013 年版，第 272 页。

〔3〕 参见朱明哲：《面对社会问题的自然法——论法律社会化中的自然法学说变迁》，载《清华法学》2017 年第 6 期，第 75–99 页。

〔4〕 以上皆是国内语言学界围绕着《马氏文通》的一系列重要争论。参见白兆麟：《〈马氏文通〉综论》，九州出版社 2011 年版，第 214–241 页；宋绍年：《〈马氏文通〉研究》，北京大学出版社 2004 年版，第 62–68 页。

三、法学方法的更新

天主教自然法的复兴还带来了法律解释方法和法律渊源理论上的革新。马建忠在接受了天主教自然法的同时，还认识到并继受了法律技术上的创新。

在法律解释方法上，使不变的法律条文适应变化的社会生活的追求挑战着“探求立法原旨”的追求。一方面，19 世纪末随着高速工业化和经济发展出现的劳工问题、城市贫困问题让人们开始意识到过去自由主义和个人主义的原则已经难以处理社会关系了，如果不希望无产阶级取得政权、真正废除私有制和婚姻，那就必须提出一种新的法律解释主张；另一方面，既然在人类的立法之外还有超越国界的自然法，当然可以在解释法律的时候参照自然法的精神。〔1〕虽然有学者主张《法国民法典》此时已经成了社会进步的障碍，但第三共和国刚建立时的法学家并不希望用其他立法取代法典。恰恰相反，他们希望用《法国民法典》的精神限制共和国越来越多的单行立法和立法权的行使。具体来说，以民法学家为主的这些复兴自然法的支持者希望用《法国民法典》的保守家父主义精神限制的是共和国政府在公法领域的立法。正因为如此，萨莱耶用以概括 19 世纪末法律解释方法发展的口号才是：“超越《民法典》，但要通过《民法典》！”〔2〕

在法律渊源理论上，承认判例和学说造法的主张挑战着认为立法

〔1〕 参见朱明哲：《面对社会问题的自然法——论法律社会化中的自然法学说变迁》，载《清华法学》2017 年第 6 期，第 75-99 页。

〔2〕 Raymond Saleilles, *Préface à Fr.Gény*, *Méthode d'interprétation et sources en droit privé positif*: *essai critique tome I*, Paris, Pichon et Durand-Auzias, 1899, vol. Ⅱ / Ⅰ, p.606.

是唯一法律渊源的主张。虽然从 1825 年开始就有系统的判例汇编出版，1851 年更是出现了专门发表判例评注的刊物。不过，直到 19 世纪 70 年代以后，人们才开始逐渐承认判例可以独立创造规范。毕竟如果任务是让法律适应社会发展，那么没有任何人比法官更能了解变化万千的社会事实。公法领域立法权积极行使，而判例造法空前繁盛，也成了 19 世纪末的一道奇景。〔1〕不过，司法机构自身承认判例造法已经是 1904 年《法国民法典》百年的时候了。〔2〕在马建忠到达法国时，判例造法仍不过是一件法学家和法官都心照不宣的实践。至于学说，虽然它最多是一种可以参照的渊源、本身无法作为法院判决的依据，却仍在比弗努瓦等先行者对法学科学性的追求中逐渐成了一种独立于任何形式上的权力而能够独立创造规范的渊源。〔3〕而比弗努瓦尔正是马建忠的论文答辩主席。

此时，我们再回头看马建忠关于“讲解之者分为三宗”的说法，不得不佩服其在短时间内对当时风云际会的法国法学的观察。在短短一段话中，他至少指出了当时法国法律实践的三种现象。第一，立法者频仍以新的单行立法补充法典的各个规定，立法权积极行使的时代已经到来。第二，判例和学说对立法条文的解释未必符合其立法原旨，更多是对所面临之具体社会问题的一种实用主义解决。第三，判例和学说尚未能作为一般性的法律规范使用，但它们在实践中的实效不可忽视。

---

〔1〕 Jean-Louis Halpérin, *Histoire du droit privé français depuis 1804*, Paris, Presses Universitaires de France, 2001, p.119.

〔2〕 «Discours de M.Ballot-Beaupré», *Le Code civil, 1804-1904.Livre du centenaire*, Paris, A.Rousseau, 1905, p.27.

〔3〕 Nader Hakim, «De l' esprit et de la méthode des civilistes de la seconde moitié du XIXe siècle : l' exemplarité de Claude Bufnoir», *Droits*, 2008, vol.47, p.45-75.

第四节 结 语

马建忠回国后，立刻成为李鸿章麾下的得力干将。特别是在1882年三次出使朝鲜中，马建忠在外交和行政方面的才干表现得淋漓尽致。他在第一次出使时，即敏锐意识到朝鲜与日本关系的恶化恰恰意味着朝鲜与清朝关系的强化，是明确意识到这一点的第一人。[1]此后，在果断绑架大院君、平定壬午兵变的过程中，他又在朝鲜官员和日本外交官之间纵横捭阖，反客为主，扭转了事变伊始清朝外交的不利局面，从而既避免了日本出兵干预，又维持了朝鲜作为清朝属国的地位。[2]甚至在遭到弹劾被迫远离朝鲜事务后，马建忠仍谋定了《善后六条》，为日后朝鲜政治改革奠定了基调。[3]在《清史稿》中也留下了"日使虽有言，而乱已定，亦无如何，皆建忠谋也。……及建忠归，而维新党之乱又作，日军先入，交涉屡失机，其后卒致全败"的记录。[4]虽然他最终没有阻止日朝《仁川条约》的签订，但在与日朝双方特别是日方背后的法国顾问布瓦索纳德的交手中，马建忠并未落下风。

从郭嵩焘和辜鸿铭对马建忠的描述中，人们很容易得到此人傲慢、粗心的印象。这种性格似乎与需要心思如电、把一系列看似不相关的琐事拼接成全局形象的外交事业格格不入。然而，马建忠仍能在

---

〔1〕 参见[日]冈本隆司:《属国与自主之间——近代中朝关系与东亚的命运》，黄荣光译，生活·读书·新知三联出版社2012年版，第67页。

〔2〕 参见[日]冈本隆司:《属国与自主之间——近代中朝关系与东亚的命运》，黄荣光译，生活·读书·新知三联出版社2012年版，第118页。

〔3〕 参见[日]冈本隆司:《属国与自主之间——近代中朝关系与东亚的命运》，黄荣光译，生活·读书·新知三联出版社2012年版，第153页。

〔4〕《清史稿·马建忠本传》，载《马建忠集》，王梦珂点校，中华书局2013年版，

瞬息万变的朝鲜危机中力挽狂澜，恰好说明了他所接受的训练的重要性。其中，他的法律知识又起到了举足轻重的作用。例如，在与日本代表花房义质的笔谈中，马建忠就曾援引国际公法，阻止其先带兵入韩京，为自己赢得了宝贵的周旋时间："君谓朝鲜尚有政府乎，犹忆前在舟中语，君以朝鲜事势，必以能使国王自主为先务。国王一日不能自主，他国即一日不可与之议事。以主政之人非执政之人也。证之公法，则土耳其、埃及每有乱党杀伤各国之人之事，各国必俟其君能自主，乃与计议。"〔1〕

马建忠的思想和经历有作为个案和作为普遍现象的两方面意义。

作为个案而言，它展现了个体置身异域法学争论之中的能动性。用今天法理学的术语说，《法律探原》从法概念、方法论和价值论三个方面展现了马建忠对法律的认识。在概念论上，他主张实证法是在具体条件下实现自然法要求的工具。在方法论上，他认为学说和判例都会通过法律解释改变立法的文义。在价值论上，他捍卫家庭和婚姻的价值。在19世纪末，已经年过而立的社会精英大概已经形成了自己的世界观和价值观，所以认为这些观念完全来自马建忠在巴黎短短两年时间内的吸收恐怕言过其实。更有可能的是巴黎提供了丰富的素材，让马建忠整理和澄清了自己原本的思想倾向。政治学院为他提供了在时间和空间维度灵活随机应变的实用主义训练。法学院中天主教自然法对以巴黎为中心的立法至上主义的挑战则为马建忠提供了多元法律渊源、超越法律文义的解释方法，以及一种保守的天主教价值观。

〔1〕 郭廷以等编：《清季中日韩关系史料（第三卷）》，"中央研究院"近代史研究所1973年版，第860-861页。

《法律探原》作为一面镜子，折射出了大半个 19 世纪末法国法学争鸣的面貌。

作为普遍现象而言，马建忠的经历提醒我们注意法学知识跨国旅途的复杂性。之所以称马建忠对法国法学知识的移植是一种有机的移植，而非机械的移植，并不仅仅因为他采取了一套本身存在于中国传统法文化中的术语翻译法国法上的概念，更因为他意识到最重要的是保留当时法国法学发展的最新成就。相比于以教条的形式“准确”传达“原汁原味”的法国法，马建忠更关心的是如何像他的法国同行一样，用法律解决社会问题。对于外国的法学知识和思想观念，中国学生不但可以选择是否接受，还可以选择如何接受。那么推而广之，相似的情况是否也出现在其他的旅人身上？当中国青年前往法国、美国、德国、英国，他们带回的未必是“法国的”“美国的”“德国的”“英国的”法律思想，仿佛这些国家的思想都是铁板一块，打包装好，等着取走。他们带回的是本身丰富多彩的某国法学之中的一种或几种思想。选择与阐释的结果有必然，也有偶然。

人们在旅途中常常会因为新的见闻、经历而从原有的思想中诞生出新的思考。法学知识的旅行也一样。知识的吸收与传播过程，也是一个创造新知识的过程。展现新知创造的前因后果当然要比简单概括中国移植了一套外来法学、仿佛所有的创造性拣选阐释都不存在困难。但以此为契机，我们可以把更多的注意力放在旅人的能动性上，从而讲一个更复杂，也更具活力和戏剧冲突的学说移植叙事。

第六章

无所不在的欧洲：宝道

乔治·帕杜（Georges Padoux，1867~1960 年），法国法学家和外交家，是 20 世纪初在中国创下一番事业的欧洲法律人之一。[1]时人雅赠中文译名“宝道”，本书从之。其父雅克·帕杜（Jacques Padoux）曾担任法国外交官，幼子安德雷·帕杜[2]（André Padoux）亦继承家业，投身外交事务有年，后成法国印度研究权威。出生于埃及亚历山大港的宝道 1886 年从巴黎名校亨利四世中学毕业后，进入巴黎法学院，即人们常说的“索邦法学院”，[3]经过三年的标准法学本科学制学习，于 1889 年取得本科学位。1890 年 1 月，宝道通过了外交与领事事务职业考试并进入外交部工作。先后在外交部商务处和外长办公室任职，他于 1892 年获授领事资格，并在 1893 年前往巴塞罗那出任副领事一职。在欧洲出任数个外交职务并获授学区官员勋章（officier d'académie，较低级别的学界棕榈叶勋章，授予中学校长、学监和资深教师）之后，他自 1896 年取得二级领事资格，并开始第一次在欧洲之

〔1〕 关于宝道生平，尤其是他在北洋政府顾问任上的活动，可参见林政贤：《北洋政府时期的外籍顾问宝道》，台湾“东华大学”2015 年硕士学位论文。本书主要参照的是法国外交部档案所收藏宝道私人档案的一般性介绍部分，档案编号：IDR PA-AP 393 Padoux（Georges）。关于宝道生平，未加引证处，皆出自此档案概要。

〔2〕 除 1920 年生于北京的安德雷外，宝道另有其他子嗣。他前往暹罗时已携妻子和两个儿子一同赴任。

〔3〕 关于“索邦法学院”的介绍，请见本书第三章。

外出任重要职务，成为突尼斯之法国政府的副秘书长。[1]中文研究往往录为“突尼斯政府秘书长”，似为误书，当以法国外交部所存档案为准。而从这一任命起，宝道名义上虽然仍是法国的外交官，却不再直接受命于外交部，属于所谓“不就任之外交官”(hors cadre)。因为上级赏识，宝道于 1902 年获得一级领事资格，并在 1904 年仍于突尼斯任职时获颁荣誉军团骑士勋章，年仅 37 岁。

1905 年升任总领事后，他前往暹罗王国(今泰国)协助该国政府进行包括立法和行政体系改革在内的制度现代化，也成为第一个担任该国立法顾问的法国人。在 1914 年离任之前，他积极参与了暹罗王国《民法典》《商法典》《刑事诉讼法典》《司法组织法典》的起草。于法国外交部方面，宝道连续右迁至一级全权大臣，并在 1913 年因为其“以法国之名”所为之贡献而获荣誉军团军官勋章。

1913 年年底从暹罗王国离任后，宝道来到中国，以财政顾问的身份任职于希望通过引入现代手段(如审计院)重建财政系统的中国政府，并一直在中国工作到 1931 年正式退休。在华期间，宝道先后担任北洋政府审计院(1914 年)、司法部顾问(1919 年)，和国民党政府立法院、司法院、交通部顾问(1928 年)[2]。宝道还与王宠惠、戴传贤二人一起，为 1929 年立法院组织的民法起草委员会担任顾问。[3]过往研究

---

〔1〕 需要说明的是，此时突尼斯已经沦为法国的保护国。法国在国际上代表突尼斯，并且于突尼斯内政上也有最终决定权。

〔2〕 参见王健编：《西法东渐——外国人与中国法的近代变革》，中国政法大学出版社 2001 年版，第 541 页。

〔3〕 参见张生：《王宠惠与中国法律近代化——一个知识社会学的分析》，载《比较法研究》2009 年第 3 期，第 123 页。

曾提到宝道担任过驻华公使，[1]此说不准确，历任法国驻华外交使节名录上未见有宝道名字。宝道退休后应该并未马上离开中国，但具体何时回法国，通过目前所掌握的材料尚无法确定。

对近代东西方法律交流的研究难免触及关于欧洲中心主义或西方中心主义的议题。关于中国法的美国叙事往往把中国歪曲为一个没有法律，或者只有腐败、低效、野蛮的法律的国度。而这种叙事让对比中的美国法律具有了优越性、形成了一种内部的认同，并且正当化了领事裁判权。[2]如果说上述研究表现了西方中心主义的一种形式的话，本研究或许可以通过宝道展现另一种形式。为了精确起见，下文将使用“欧洲中心主义”，因为尽管对于中国的观察者而言欧洲和美国同属西方，但对于欧洲法律人而言，欧洲作为一个整体仍然与美国有难以掩盖的差别。本书希望能借宝道在华期间所留下的文字，探求19世纪90年代前后开始自己职业生涯的这一代欧洲法律人的欧洲中心主义心态有何特点。

他是一个欧洲法学家，却在欧洲以外度过了他大部分的职业生涯。除在整个法学家队伍里占很小比例的一部分国际法学家以外，欧洲范围的法学国际共同体直到第一次世界大战之后才形成。[3]所以从代际划分来看，宝道正是新形成之法学国际共同体的一员。宝道作为一个窗口，向我们展示从“美好年代”末期到第二次世界大战之间的

---

〔1〕 参见何勤华：《外国人与中国近代法学》，载《中外法学》2004年第4期，第441页。

〔2〕 Teemu Ruskola, ‘Legal Orientalism’ (2002) 101 *Michigan Law Review* 179, 179. 参见李秀清：《中法西绎〈中国丛报〉与19世纪西方人的中国法律观》，上海三联书店2015年版。

〔3〕 Mingzhe Zhu, *Le droit naturel dans la doctrine civiliste de 1880 à 1940*, Thèse de doctorat, Sciences Po., Paris, 2015, Ch. Ⅵ.

法学国际共同体所持之心态特征。

下文将提出并证明关于宝道动机的一项假设：他对中国法律提出的大部分意见都希望能促进中国法律现代化。然后，探讨的是宝道对中国法律现代化具体道路的选择。在他看来，渐进式的改革要比用先进立法在全国范围内“一揽子”变革更实用。最后，我们立足于宝道所处的时代，从世界史的视角理解他的话语中折射出的整个西方法学界在世纪之交所共享的进步主义和超越国界的主义语言。

第一节　外国顾问的职业精神

法国公使玛泰尔……声明道胜银行自俄国革命后已在法国政府注册立案，归法国保护。中国政府因该行之停业而派员清理账目，应先征求法国之同意，否则法国不能承认云云。王（宠惠）答华俄道胜银行系华俄合办，中国不能承认与法国有任何之关系。且事前未接通知，当然不能承认该行受法国政府之保护。中国政府派大员清理，系属当然之事，法国无干涉之权。更无事前征求同意之必要。玛使尚再争辩，王据理力驳，玛使不得要领而去。〔1〕

以上文字出于1918年10月的《来复报》。背景是俄国十月革命之后华俄道胜银行多数董事移至巴黎分行继续维持业务，终究力有不

〔1〕《来复报》1926年10月10日第413期。

逮，以致 1918 年 9 月关闭。中国政府任命王宠惠为督办、宝道为会办负责中国境内道胜银行清理工作。报道的字里行间，不难读出记者对王宠惠能据理与玛泰尔周旋并胜之的自豪。其时，巴黎和会尚未召开，但长期以来外交不力之弊无须赘言。法国虽然在第一次世界大战中元气大伤，却仍不失为一世界性力量，作为所谓“列强”之一，“积贫积弱”的中国自不能与之同日而语。所以在银行清理事宜上对法国人的胜利，对于国人而言殊值庆贺。然而，令人不得不质疑的是，此一外交胜利果如记者所叙，全是亮畴一人之力，而宝道于此间全无尺寸之功邪？

道胜银行清理案恰恰是宝道在华工作的一个缩影。他既是登记在册的法国外交官，又是受雇于中国政府的顾问。一边是其祖国同胞，另一边却是中国政府的同事。“列强”积极向中国推荐自己的专家为顾问，固然有协助新建立之共和国实现现代化的考量，却难免也有使之与母国暗通款曲、试图干预中国部分国政之意。[1]北洋政府高薪聘请外籍顾问，是希望借此理解欧美国家或借用专家意见书作为改革内政外交之依据。[2]而各顾问看似处境相似，实际上因为身份、母国与中国的关系、所在具体部门不同，尚有微妙差别。但不论如何，既然身处局中，他们个人如何选择恰是一个令人感兴趣的题目。宝道作为民国政府的顾问，展现给我们的更多是忠于职守的职业精神。

---

〔1〕 参见林政贤：《北洋政府时期的外籍顾问宝道（Georges Padoux）》，台湾“东华大学”2015 年硕士学位论文，第 1 页。

〔2〕 参见林政贤：《北洋政府时期的外籍顾问宝道（Georges Padoux）》，台湾“东华大学”2015 年硕士学位论文，第 9 页。

外交史的研究显示，在度过了最初无所事事的3年之后，宝道较频繁地就外交事务向北洋政府提出意见。其中较为重要者包括了捕获敌船事、敌侨财产处置事、参加巴黎和会事、山东问题、对新成立国家与无约国交涉事、中德恢复和平事、德华银行财产处置事、白雪利案交涉事、国会筹议废弃《中日民四条约》事、中日到期修约交涉事，等等。[1]论者谓宝道“虽然是列强意图控管中国财政而安插的外籍顾问”，但“时常强调自己站在中国政府的立场论述”，而且他的意见的确能为中国着想。[2]可见宝道作为政府顾问，颇能用自己的国际法知识为中国政府出谋划策。“既食君禄，便忠君事”的评价用在他身上并不为过。

写作专家意见书时表现出来的忠诚或许可看作职业精神的产物。作为中国政府顾问的身份在此时优先于作为法国外交官或法国人的身份。专家意见这种文体本身预设着一种工具理性，写作者更多地关心委托方所欲实现的目的可借由何种手段实现，而非对目的本身的追问。即“如果希望实现某种结果，则最好如是而为”。虽然宝道所发表的文章并不全是专家意见书，但终归难以脱此窠臼。比如他关于领事裁判权的文章，便预设了撤废领事裁判权之目的，所需要讨论的只是撤废此项制度所需要的步骤以及不同领事裁判权之间分类的

〔1〕 参见林政贤：《北洋政府时期的外籍顾问宝道（Georges Padoux）》，台湾“东华大学”2015年硕士学位论文。

〔2〕 参见林政贤：《北洋政府时期的外籍顾问宝道（Georges Padoux）》，台湾“东华大学”2015年硕士学位论文，第144—145页。

细节而已。[1]至于是否有必要追求撤废此项制度，那倒是不需要讨论的。王宠惠、王世杰、周鲠生等人当然也讨论过领事裁判权问题，废止领事裁判权对他们来说也是一个不需要讨论的目的，毕竟该制度象征着司法主权不完整、国家处于他人支配之下。但宝道的出发点显然和他们是不一样的，他甚至可以选择像其他外国法学家那样认为领事裁判权有助于中国法制现代化。对于立志通过公法知识改造国家的中国青年而言，出发点乃是“我们居于劣等地位”。而对于宝道而言，出发点大约是“中国人自觉居于劣等地位”。[2]其中区别是很明显的。

在讨论中国刑法改革、破产法立法、婚姻制度等问题的时候，“为中国建立好的法制”则悄然成了毋庸置疑的目的。这一目的对于中国法学家而言或许不言自明，但对于宝道这么一位来自法国的顾问而言却不尽然。他完全可以以移植法国法律为己任，而不必考虑其他的可能性。蔡枢衡认为：“今日中国法学之总体，直为一幅次殖民地风景图……然考其本质，无一为自我实现之反映；无一为自我明日之预言；无一为国家民族利益之代表者；无一能负建国过程中法学理论应负之责任。”[3]中国学者尚且如此，一个法国人能以中国法律发展作为自己的使命，不能不说是相当可贵的。

---

〔1〕 参见［法］宝道：《暹罗治外法权之撤废》，梁仁杰译，载王健编：《西法东渐——外国人与中国法的近代变革》，中国政法大学出版社 2001 年版，第 273 页；并参见［法］宝道：《关于治外法权的误解》，王笑红译，载王健编：《西法东渐——外国人与中国法的近代变革》，中国政法大学出版社 2001 年版，第 281 页。

〔2〕 ［法］宝道：《暹罗治外法权之撤废》，梁仁杰译，载王健编：《西法东渐——外国人与中国法的近代变革》，中国政法大学出版社 2001 年版，第 273 页。

〔3〕 蔡枢衡：《中国法理自觉的发展》，清华大学出版社 2005 年版，第 98-99 页。

然而，宝道对中国用心之诚就真的没有在一些具体的时刻超越“食君之禄，忠君之事”的层面吗？似乎亦不然。特别是在1931年退休后，他已经不再受顾问职羁縻而可以自由表达。恰是在此之后，他发表了数篇文章，阐述对中国法律的改进意见。除此之外，令人印象尤其深刻的乃是宝道在向欧美各国法学界推广中国法律方面颇为积极：

> 该年鉴除载有甚多意国法院之判例外，凡英法德比瑞西希等国法院之判例亦搜集殊多。而所载判例，均为全文，且常加以注释。中国通商口岸所为之判决，虽有关及国际公法问题者，例如依一九一八年八月五日中国法律在中国适用外国法律之判例是。然中国法院之判决，无一登载该年鉴者，实为憾事。所有南京管辖下之司法机关以中国判例供给于外国法学杂志之努力，至今又未得有丝毫结果。故中国对于本国法院具有与其他先进国法院同一解决最艰难法律问题能力之对外宣传，尚属缺如。〔1〕

宝道总是说，中国的立法不但不落后于世界潮流，而且往往在详细程度、科学性、体系性和时代性方面反而胜于欧洲国家的法典。〔2〕更

〔1〕［法］宝道：《罗马比较法学及法制研究院》，载《现代司法》1936年第1卷第6期，第189页。

〔2〕参见［法］宝道：《中国刑法典之修正》，载王健编：《西法东渐——外国人与中国法的近代变革》，中国政法大学出版社2001年版，第164页。并参见［法］宝道：《对于破产法草案之意见》，骆允协译，载《法治周报》1934年第2卷第16期，第3页。

何况“中国近代法律，虽原为中国人民而设，然其中有高尚之原则存在，其原则如推广之，足裨益世界上其他各国”。[1]当然，考虑到宝道的读者既有政治家、行政官员，也有法律人，而且这三者在民国时期原本不能清晰界分，又都可能或多或少与各法律的起草通过有关系，他在写作的时候刻意迎合读者预期，也在情理之中。不过，这逢迎中恐怕也至少带着一些真心，毕竟中华民国立法之“先进”是时人几乎无差别地赞同的事情。那么，如此先进的立法如果不为外人所知，简直就是锦衣夜行。与此同时，泰西各国若不了解此间先进立法（且此立法之形成颇有宝道自己的功劳），也是憾事一桩。但比推介中国立法更重要的或许还是让西方认识中国的法学家队伍，而法学家最重要的工作无外在个案中“解决最艰难法律问题”。

所以，不妨推想，宝道无论是“食君之禄，忠君之事”，还是“直把杭州作汴州”，总归是希望中国法制向“好”的方向发展。只不过人与人之间的分歧往往不在于是否要为善，而在于如何为善。宝道如何理解“好”法制实际上才是更为要紧的问题。

第二节　渐进式的进步主义

一、美制难行：宝道眼中的中国法问题

从宝道一直到 1934 年仍在中国刊物上发表文章推算，他离华时

---

〔1〕［法］宝道：《中国近世法律之迻译》，载王健编：《西法东渐——外国人与中国法的近代变革》，中国政法大学出版社 2001 年版，第 484 页。

间当不早于此。作为连续在中国居住了二十载的外国顾问，他深入此间政治与法律实践，当属寻常。宝道提交给政府各部门的意见，固然是针对极为具体乃至琐碎的事务，如他于1923年所整理中国财政及债务计划，详细备至，几乎就是一财政报表。[1]他在全国财政讨论会上曾主张，"中国财政，在拨用华府会议所议决之二五附加税、充政府无确实抵押债务之整理基金以前，实无整理财政可言"，他当时认为关税会议一旦召开，不久便可落实各项计划，谁知道"为政治问题，华府所议决者迄未见诸实行"，而结果便是"整理中国财政一事延缓二年有余"。[2]字里行间，不难看出一个技术官员对政治考量导致计划无法按期执行的不耐烦情绪。在一个技术官员眼中，重要的不是对目的本身的探问，而是对问题解决之道的寻找。

不仅如此，宝道在科学性较强的期刊上发表文章时，往往也难脱实务家之窠臼，着力于具体解决技术性而非理论性的问题。他在探讨领事裁判权废弃之道时，强调必须依照渐进主义的方法实行法律改良，方可全面收回司法主权。而暹罗与各国单独谈判、不同时收回全部领土内治外法权、颁布新法、创设交替制度以适应过渡期需要等手段，诚为可借鉴之务实方法。[3]类似特点复见于宝道对破产法、婚姻法和民事诉讼法的讨论意见中，而在他所拟少年犯人感化院意见书中则得到最集中的体现。既然设立感化院的目的"在感化教育之实施"，

---

〔1〕 参见［法］宝道：《整理无抵押债务兼筹国家行政经费意见书（未完）》，载《银行杂志》1925年第2卷第23号，第20页。

〔2〕 ［法］宝道：《整理无抵押债务兼筹国家行政经费意见书（未完）》，载《银行杂志》1925年第2卷第23号，第20页。

〔3〕 参见［法］宝道：《暹罗治外法权之撤废》，梁仁杰译，载王健编：《西法东渐——外国人与中国法的近代变革》，中国政法大学出版社2001年版，第273页。

那么所需要研究的就只是如何设计感化院而实现此目的了，其选址、规模、分部、考察、体育、智育、职业教育、德育、纪律等各项，均需要详加探讨。[1]此等意见于内容上颇接近边沁论监狱改革书的意见，背后当然有龙布卢梭（Cesare Lombroso，1835~1909 年）所开启的人道主义刑罚理论，但宝道并非哲学家，他所关心的毋宁是怎样通过具体设计实现感化功能，而不是感化院本身的利弊。

一言以蔽之，宝道更有可能从“合目的性”角度出发思考。那么要回答我们上一节提出的问题，就不妨假设，这位法国顾问所书写的意见本身并不是纯粹理论的研讨，而是解决问题的方案。但我们没有必要，也不可能对他的每一个意见进行白描式的研究，因为他的文章中其实恰恰可以归纳和抽象出对中国法制的整体性思考。从他给出的解决方案中我们可以推知他眼中中国法律整体的问题所在。他虽然没有对自己的回答进行过多的理论化，我们却不妨通过讨论他对问题的形构而管窥背后的理论预设。

1923 年《中华民国宪法》第 119 条规定：“国家岁出之支付命令须先经审计院之核准。”该条文是对《天坛宪草》第 105 条的原文照抄，从宪法上规定了审计院对国家财政的事前监督。宝道和俄国人葛诺发共同草拟了一份针对此条的意见：

> 国家遇有财政不敷或财政紧急处分之时，政府须设法应付……虽然，观察中国国政，若非大有进步，而北京政府若

---

〔1〕 参见［法］宝道：《对于少年犯人感化院组织意见书》，载《现代司法》1935 年第 1 卷第 3 期，第 179 页。

> 非恢复期政府一如宪法之所授予者，则宪法中所制定之国库统一与夫财政组织绝非一时所能径行无碍，且际此国库空虚之时期，虽有事前监督之美制及百备无忌之法度，而为时尚早，几如画饼，以北京政府行之究不如一二独立行省之富有收入者为较易也。〔1〕

寥寥数语之间，他对雇主所面对的困难的判断已表达得直白无疑。可以追溯到民国二年的事前监督固然是“美制”，单单考虑宪法上财政制度的建立，1923年《中华民国宪法》乃至北洋政府时期的历部宪法，在文本上都可以称“百备无忌”。但问题不是怎样有一部起草得完美的宪法，而是如何让从文本上看至周至详的宪法真能“径行无碍”。两位外国专家很不客气地说，如果中国国政没有重大进步，那么看上去很美的宪法设计也不过就是画饼充饥而已。

设计良好的宪法和混乱不堪的政治实践之间的张力，不过是宝道眼中整个中国法律最严重问题的一个缩影。我们不妨理解为规范与事实之间的张力。但宝道的认识似乎有更丰富的内涵。比如《中华民国破产法》，他的评价是“规定极为详细，虽不能与以复杂著名之英美法系并驾齐驱，但较诸欧洲各国或大陆法系之破产法，则详尽多多矣”。〔2〕只是这样的详细备至的法典，在现实中很难发挥其制度设计之妙，盖与中国固有的交易和纠纷解决之习惯不同：“东西洋各国对于破

〔1〕《北洋政府审计院外籍顾问宝道等改革中国审计制度的建议》，载《民国档案》1994年第1期，第10页。

〔2〕［法］宝道：《对于破产法草案之意见》，骆允协译，载《法治周报》1934年第2卷第16期，第3页。

产事件之观察不同。德法英三国商人视破产制度为一种法律赋予之便利，裨其债务人于无法清偿之时有自然解决之方。故彼欢迎法院之干预……但中国商人无论其为债务人或债权人，均不愿法院干预其经营事务，彼等委托人从中依习惯为之调解也。”〔1〕既然在习惯上，中国商人不愿意前往象征着国家权力的法院，而是更愿意寻找调解人，那么，调解所依据的规则就完全可以是当地习惯、人情乃至对长期多次博弈中最优结果之预期，而不一定是法律了。更何况法典的内容本身是西洋的舶来品，而“中国已有之商业习惯各处并非一律，其特点亦有时与现今外国商业习惯大相径庭”，“故以德国法律为主要母法之详密的破产法如本草案者，施行时，必至与许多地方上久经遵从而在商业社会占有重要地位之习惯相冲突”。〔2〕

由是观之，宝道并不否认已有规范的先进性，只不过先进的法律到当时为止尚未能够让法律所希望规制的人接受而已。所以他心中的问题倒和在他行将离开中国时才完成在巴黎的学业回国的王伯琦所意识到的差不多了：“我们立法上所采纳的，全套是西洋的最新法律制度，而在大众意识上所了解的，一般的似乎仍是固有的而且是复古的礼教制度。”〔3〕所以，中国法律在20世纪前半叶的问题，一言以蔽之，就是超前的立法和固有的社会制度之间的紧张关系。

希望颁行一套融合了较先进的法律思想的成文法，本身并不是一

〔1〕［法］宝道：《对于破产法草案之意见》，骆允协译，载《法治周报》1934年第2卷第16期，第3页。

〔2〕［法］宝道：《对于破产法草案之意见》，骆允协译，载《法治周报》1934年第2卷第16期，第3页。

〔3〕王伯琦：《近代法律思潮与中国固有文化》，清华大学出版社2005年版，“序言”。

个值得质疑的目的。或者宝道也从来没有想要质疑中国政府希望实现的任何目的。民国诸法典起草过程中所体现出的恰恰是对法典的误解。因为“编纂法典之词，时致误解为依局部科学上激发之新辙……实则多数法典之编纂，其主要者如拿破仑法典之编纂，仅为‘集成’而已”；〔1〕所以法典编纂首先考虑的不当是梅仲协先生所谓“集现代各国民法之精英，而弃其糟粕”，〔2〕而是首先考虑斯人所既有之理念、规则、习惯，加以尊重和保留。所以宝道才不无遗憾地说：“中国之编纂法典也，反于欧美法典之编纂，完全脱离中国遗传之法律，即由中国旧律继续沿革而发达者，从唐律以迄于民国前二年所颁之《大清例律》。”〔3〕寥寥数言间，宝道便总结出了改革国家法典编纂和欧洲国家法典编纂的区别，并言之凿凿地主张前者以为该志业在于创新，后者则明白其意在传承。

可见，在宝道眼中，中国法的问题乃在于设计良好的法律无法落实。究其原因，大致可以分为政局混乱、与中国素来习惯不相吻合、与中国固有传统断裂三大方面。对于实践家宝道，既然有问题，便需要寻求解决方案。而从他的解答中，我们可以探问背后潜藏的法律理念。

二、渐进主义推动法典落实

欧洲法典编纂自然有墨守成规之处，特别是在交易方面往往因

〔1〕［法］宝道：《中国刑法典之修正》，载王健编：《西法东渐——外国人与中国法的近代变革》，中国政法大学出版社 2001 年版，第 164 页。

〔2〕梅仲协：《民法要义》，中国政法大学出版社 1998 年版，“初版序”。

〔3〕［法］宝道：《中国刑法典之修正》，载王健编：《西法东渐——外国人与中国法的近代变革》，中国政法大学出版社 2001 年版，第 164 页。

循习惯，但不能否认每一个法典的出现对于一国法制体系而言总是兼具革命性特点的。比如宝道所举《拿破仑法典》，虽然早早就趁着革命的热潮引入了离婚制度，却很大程度上保留了传承自罗马法的家父制。家庭往往是一国民法中最能体现人民之观念与立法者之欲求之间关系的部分。如何理解家庭，实际上也涉及如何理解个人与社会的关系、经济地位、男女关系，等等。家庭法需要同时处理家庭成员之间的关系和家庭作为一整体与外界的关系。〔1〕前者的核心便是家父权，而后者的核心是婚姻的缔结与存续和子女的抚养问题。所以，教会法和罗马法都无外乎通过家父制与不可撤销的婚姻确定了西方法律史上的家庭。又正好是在婚姻的不可撤销性和家父制两点上，大革命所催生之主张平等与自由的法制在短短数年间便蜕变成了保留家父制、名义上承认离婚却在实践上特别严苛的制度。〔2〕夫妻在财产权方面的平等和对离婚条件较为宽松的解释，实际上是通过司法在长期实践中确定下来的。

或许正是因为想到了法国的家庭法制在整个 19 世纪一直随着政治风潮变动，宝道才更清醒地认识到，指望通过激进的革命法制一股脑地洗掉旧式家庭（或者推而广之，洗刷一切固有的习惯和社会制度），绝对是非常艰难甚至不可能的。

---

〔1〕 拿破仑曾评论，“民法中关于人的规定只有三种大类：确定每个人在公民社会的地位者；规范夫妻关系者；规范父亲和孩子的关系者”。Pierre-Antoine Fenet, «Précis historique sur la confection du Code Civil», *in Recueil complet des travaux préparatoires du Code civil*, Paris, Videcoq, 1836, vol.I, p.lxx.

〔2〕《法国民法典》起草过程中各草案内容的对比以及婚姻制度方面的演变，参见朱明哲：《“民法典时刻”的自然法——从〈法国民法典〉编纂看自然法话语的使用与变迁》，载《苏州大学学报（法学版）》2016 年第 2 期，第 10-28 页。

宝道注意到，中国在新旧交替间颇有“毁家强国”的主张。依照该项主张，因为中国旧制家庭超越个人地位，容易挫伤个人创业志气，所以摧毁旧家庭组织而建立绝对的个人主义法制实是强国的当务之急。[1]宝道本人来自婚姻家庭制度较趋向于个人主义、平等主义的法国，却主张慎重处理家庭制度变革，乃至认为“此制度固中国三千年所由生之基础”“中华民族之至今不至于沦亡者，实赖于是”。[2]所以“其废除即无害于日常生活，然因其悖于国民之习惯，故每每不能易彻底施行”。[3]然而，果然能认为他对家制持肯定态度否？[4]与其断章取义，不如就宝道系争文章之整体作观。

虽然梅仲协先生谓旧中国民法十之六七取自德国，但偏偏是家庭法部分抛弃了德国成例。虽然于外观上仍采德国模式，特为一亲属编，但在内容上较为接近瑞士。所以才有胡长清所谓“盖在我国民法，不过以家为一定亲属间共同生活之方式，而非以其为亲属关系之基础。此与瑞士民法之所谓家，正属相同”。[5]夫妻的法定财产制方面，亦从瑞士立法例，为联合财产制。[6]宝道在刑法起草的过程中“屡主张在事实之上，特种法学理论，或特别法律制度，颇著成效于特定之外

---

〔1〕 参见［法］宝道：《中国亲属法之改造》，张毓昆译，载《法学季刊》1936年第1卷1号，第123页。

〔2〕 ［法］宝道：《中国亲属法之改造》，张毓昆译，载《法学季刊》1936年第1卷1号，第123页。

〔3〕 ［法］宝道：《中国亲属法之改造》，张毓昆译，载《法学季刊》1936年第1卷1号，第123页。

〔4〕 许莉主此说，参见许莉：《〈中华民国民法·亲属〉研究》，华东政法大学2007年博士学位论文，第137页。

〔5〕 胡长清：《中国民法亲属论》，商务印书馆1936年版，第7页。并参见史尚宽：《亲属法论》，中国政法大学出版社2000年版，第6页。

〔6〕 参见史尚宽：《亲属法论》，中国政法大学出版社2000年版，第335页。

国者，初不能证明其必有成效于中国也”。[1]那么，他是否也认为移植而来的家庭法制难以见成效于中国？

仅就字面观之，似乎宝道有此倾向。不但因为家族主义的亲属法制度是中华民族三千年所以发达之本，也因为实际上各地风俗各异，且根深蒂固：“然中国法制统一之实现，非一朝一夕之图，蒙藏青新闭塞之风，与云桂川康瑶苗之俗，其根深，其蒂固，欲移易之，非数十年不为功。……中国地大人众，远胜全欧，而欲其完全统治于同一之家庭制度下则亦难矣。”[2]

然而，宝道并非一保守派人物。实际上，在他看来，追求发达的立法本身并没有问题。有问题的只是实现的方法。换言之，有疑问之处在于是否需要在民间仍未接受个人主义之家庭制度的情况下，用暴风骤雨般席卷全国的普通法、毫无例外毫无通融地贯彻先进法制。毕竟“中国国民虽仍多赞成其固有之道德与家庭制度，然一般青年，与曾留学国外或曾肄业于外洋文化势力所及之地者，已逐渐形成一新阶级”。[3]组成该新阶级者，自然是极力推崇新制度的。新思想的萌芽既然已经种下，就不怕新制度在日后无法得到普遍的接受：“民众对于此问题之观念正日渐转移，而改造派之主张，亦如春草之暴发，来日方长，其势力方兴未艾也。此民意之进化，实足臻中国于富强，苟于民法中承认旧制度，则新势力之发展，亦将因之迟滞。故余意以为政府暂

---

〔1〕［法］宝道：《中国刑法典之修正》，载王健编：《西法东渐——外国人与中国法的近代变革》，中国政法大学出版社2001年版，第164页。

〔2〕［法］宝道：《中国刑法典之修正》，载王健编：《西法东渐——外国人与中国法的近代变革》，中国政法大学出版社2001年版，第164页。

〔3〕［法］宝道：《中国刑法典之修正》，载王健编：《西法东渐——外国人与中国法的近代变革》，中国政法大学出版社2001年版，第164页。

不宜助长任何一方面之势力，而宜听其自然发展。再过若干年，便易知民意之普遍趋向为如何矣。"〔1〕

所以，宝道其实并未在旧传统和新制度之间逡巡。宝道对中国如何发展法制才"好"，有很清晰的见解：先进的立法当然要发展下去，但是步骤上却应该小心一些。在他看来，发达立法自然是"好"的，但要是该发达立法能够毫无滞碍地实行于当世，那就更"好"了。目的自然是好的，只是手段上不妨设立一个过渡期，一方面采取渐进式立法，另一方面考虑法制上的联邦制——于大城市、边远少数民族地区采取不同的制度。只不过在1912~1949年间，动荡的中国政局要是不允许任何一方势力耐心地过渡下去，又该如何？实务经验丰富如宝道者或许也无法回答这个问题了。

既然知道了一个希望中国"好"的法国人如何理解这种"好"，那么接下来的问题变成了他的理解到底有何种意义？下一部分将把宝道关于中国法的论说重置于他同时代法学家的共同意识中，以期探讨20世纪初世界法学整体之发展。

第三节　20世纪初法学国际共同体与进步主义

一、欧洲法律的推广者

人们讨论我国20世纪法律史时，往往也会论及法律移植。仅就

〔1〕［法］宝道：《中国刑法典之修正》，载王健编：《西法东渐——外国人与中国法的近代变革》，中国政法大学出版社2001年版，第164页。

中法之间的法律交流而言，立法移植不如学说移植重要。前者指的是从一个国家把法律移动到另一个国家。[1]后者指的是把原来用于解释和正当化某一个法律体系的学说用来解释和正当化另一个法律体系。[2]在移植过程中，原生国所能提供的理论资源自然是很重要的，但同样无法避免的是移植者本身的拣选和阐释。留学法国的中国法学家往往倾向于选择具有更抽象、更具有理论上的创新意义的学说，并有意以进步主义的方式解释它们，而不是原封不动地照搬可以在一个较为宽泛的意义上称为共和主义者的法学家的著作，即便后者可能占据了社会学意义上更具优势的地位。把吴经熊和王伯琦两位曾在法国留学的中国学者对法国学说的阐释进行对比，也会发现，面对同一套学说，阐释者的不同立场很大程度上决定了阐释的结果。同样是面对自然法复兴、社会法学兴起、对法解释理论兴趣的回归，持保守主义立场的吴经熊热情地主张泰西最新法律思想和我国原有民族心理“天衣无缝”，[3]而王伯琦则认为这表面上的无缝天衣其实是一件盛夏狐裘。[4]

而宝道作为在华外国顾问，面临的境遇和留洋中国法学家是很不一样的。所以，他对中国法律现代化的认识可以为我们提供另一个关于学说移植的视角。对于宝道和其他在华外国法学家而言，中国始终是一个他者。然而对于他者的认识又在某种程度上形成了自我的一部

---

〔1〕 Alan Watson, *Legal transplants: an approach to comparative law*(University of Georgia Press 1993).See also O.Kahn-Freund, ‘On Uses and Misuses of Comparative Law’ (1974) 1 The Modern Law Review 1.

〔2〕 参见朱明哲：《东方巴黎——论 20 世纪上半叶法国法律学说在中国的传播》，载《北大法律评论》2014 年第 2 期，第 581 页。

〔3〕 参见吴经熊：《法律哲学研究》，上海法学编译社 1933 年版，第 28 页。

〔4〕 ［法］宝道：《中国刑法典之修正》，载王健编：《西法东渐——外国人与中国法的近代变革》，中国政法大学出版社 2001 年版，第 31 页。

分。因为不管是有留洋经历的中国法学家，还是来华的外国顾问，活跃在1870~1960年这段时期的法学家与此前此后的同行皆大不相同。商业的发展、殖民帝国的扩张和国际交往的日渐频繁让一个国际性的法律共同体第一次得以形成。〔1〕这个共同体远远不是平等和均质的。来自帝国中心的法学家前往帝国的边缘，担任政府的顾问、法典的起草者、学校的教师，传播关于法律的知识。宝道、爱斯嘉拉、布瓦索纳德、狄骥均在此列。而来自帝国边缘的年轻人则前往巴黎、柏林、伦敦学习关于法律的知识。梅谦次郎、有贺长雄、吴经熊、王伯琦便是其中的佼佼者。诚然，在教学的过程中，知识并非单向度地由帝国的中心传播到边缘。边缘的经验和有关边缘的知识同样也反过来增补身处帝国中心者的认知。但是知识的生产却是由来自中心的人所垄断的。来自中心的法学家在逐渐形成的国际学术界和法律共同体中扮演着“温良教化者”的角色。〔2〕

上文提及，宝道主张在移植外国先进法制时也需要考虑中国固有习惯。他的同胞、经他介绍而同为中国政府顾问的爱斯嘉拉也有类似的主张：

> 鄙人力主保存，查中国旧有之商事惯习，所有商会组合及其他制度，比不可费；唯稍加改革，增益其职务可耳。故鄙人起草商法典，将职业规定，归入于商人一章，仍不能不

〔1〕 当然也有如同惹尼、奥里乌这样毕生没有出过国的人。但秀才不出门，能知天下事。地理并没有限制他们探讨国际性的问题。

〔2〕 Martti Koskenniemi, *The Gentle Civilizer of Nations: The Rise and Fall of International Law 1870–1960* (Cambridge University Press 2004) 12.

参酌中国旧有之习惯。盖中国旧有习惯，商人自成阶级，其上市制度每为国家所不注意者，尤不能不思所以保存之。弃旧有之习惯，图剿袭外国法，作纸上空谈非所以取也。修订中国商法典，能保存中国旧有之商事习惯，复参合以新商法运用之条规，庶法典一颁，自无窒碍难行之虞也。〔1〕

表面上看，爱斯嘉拉和宝道都赞成某种程度的法律多元主义，认为国法未必能够完全代替习惯。然而，他们不过表达了彼时比较法学家的共识罢了。他们眼中的中国，并不是远在大洋彼岸的观察者所见的法律真空或仅有野蛮和腐败的法律的国家。〔2〕中国有自己的传统法律，也有一套维持着社会秩序和政权稳定的习惯，自不待言。然而，关键的问题尚不在于欧洲法学家是否能够认识到并欣赏法律上的不同，而在于这种不同对他们到底意味着什么。而对这一问题的回答，似乎可以从比较法学本身的发展中找到启发。

1900 年和 1931 年分别在法国巴黎和里昂召开了两次世界比较法学大会，如果说第一次比较法学大会上各位代表尚认为比较法是改良各国国内法的重要工具的话，〔3〕第二次大会的代表已经在积极地讨论

---

〔1〕［法］爱斯嘉拉：《关于修订中国商法典之报告》，载王健编：《西法东渐——外国人与中国法的近代变革》，中国政法大学出版社 2001 年版，第 229 页。

〔2〕 Teemu Ruskola, 'Legal Orientalism' (2002) 101 *Michigan Law Review* 179, 179.

〔3〕 Adhémar Esmein, «Le Droit comparé et l' enseignement du Droit», *in Congrès international de droit comparé tenu à Paris du 31 juillet au 4 août 1900: procès-verbaux*, Paris, Librairie générale de droit et de jurisprudence, 1905, p.445–454; Raymond Saleilles, «Conception et objet de la science du droit comparé», *in Congrès international de droit comparé tenu à Paris du 31 juillet au 4 août 1900: procès-verbaux*, Paris, Librairie générale de droit et de jurisprudence, 1905, p.167.

欧洲司法一体化的问题了。[1]按理说比较法学的发展应当让欧洲法学家意识到，各国的规定千差万别，无法寻找一定之规。然而，事实上却是法学家们相信在纷繁复杂的表象之下，因为人类理性的普遍性，各国的规定实际上殊途同归。更何况世界经济的发展要求各国执行统一的商法，比较法就是迈向法律一体化的最佳路径。[2]美国法学家也接受了类似的观点，认为"比较法不仅仅是法学的一个分支，而且是法学要适应其成员之间连带关系之国际共同体所必须采取的方法"。[3]而那些"年轻的中国法学家"对混合法庭的排斥以及背后的民族主义思想无疑是相当令人遗憾的。[4]就连看上去最不同于欧洲法的穆斯林法，实际上都有着所有和欧洲法律发挥着同等功能的制度，而且完全可以实现现代化，[5]那么，又有什么能构成私法统一的障碍的呢？更何况，宝道和爱斯嘉拉并未否认现代化和法律移植的意义。他们的建议仅仅是策略性的而已。

法律一体化的想法本身也是建立在一种进步主义的思维方式之

---

〔1〕 Édouard Lambert, *Le Congrès international de droit comparé de 1932; les travaux de la section génerale*, Lyon, Paris, A.Rey; Librairie du Recueil Sirey (société anonyme), coll.«Annales de l' Université de Lyon.Nouv.sér.II.Droit, lettres», 1934.

〔2〕 Édouard Lambert, «Le rôle d' un Congrès international de droit comparé en l' an 1931, Rapport fait par le professeur Édouard Lambert à la séance solennelle de l' Académie internationale de droit comparé, tenue à La Haye, le 1er août 1929», *Mémoires de l'Académie internationale de droit comparé*, 1934, Ⅱ – Ⅰ, p.461–480.

〔3〕 John Wigmore, «Les rapports du droit et de la religion dans le monde musulman moderne», *Annales de l'université de Lyon*, vol.45, n°1, 1934, p.90–101.

〔4〕 John Wigmore, «L' avenir du système juridique anglo–américain», *in* Pierre Garraud (ed.), *Introduction à l'étude du droit comparé : recueil d'études en l'honneur d'Édouard Lambert*, Paris, LGDJ, 1938, vol. Ⅲ / Ⅱ, p.104–108.

〔5〕 «Les rapports du droit et de la religion dans le monde musulman moderne», *Annales de l'université de Lyon*, 1934, vol.45, n°1, p.90–101.

上的。“立法者改动三个词，所有的法学文献都会成为废纸”，[1]基尔希曼在柏林法学家大会上如是说。不久之后，革命的浪潮席卷全欧。此说不仅仅是对法学的嘲讽，更象征了一种新的时间观和历史观在法学领域的接受。既然立法者可以随心所欲地改动法律，那么，就没有什么是永恒而不可改变的了。一切皆流，一切皆变。流变的方向，显然是用现代的取代过去的。同样在法国学习的王伯琦认为社会进步是一个线性的过程，而且此过程唯一的模式就是从家庭本位到个人自由，再到给予社会其应有的重视。[2]所以，要用个人本位的成文法摧枯拉朽般毁灭过去落后的传统。虽然在落实现代化的路径上宝道没有王伯琦那么激进，其实背后的进步主义底色却是一般无二。

折中的进步主义的另一个特色是强调经验的研究。所以，法国与瑞士、比利时勘界的实践以及俄国欲黑海设海军而与欧洲各国修约的经验可以作为说明条约拘束力的说辞。[3]而且暹罗与各国分别谈判废撤领事裁判权之经验可以为中国所效仿。其背后也无外乎马建忠在评价自由政治学院教学时，所着重指出的对“因时递变之源流，与夫随时达变之才识”的重视。[4]

申言之，马建忠与宝道两位都曾在欧亚大陆的两端生活过的实务

〔1〕 Julius von Kirchmann, *Die Werthlosigkeit der Jurisprudenz als Wissenschaft: ein Vortrag, gehalten in der juristischen Gesellschaft zu Berlin*, Berlin, Springer, 1848, p.23.

〔2〕 参见吴经熊：《法律哲学研究》，上海法学编译社 1933 年版，第 28 页。

〔3〕 参见［法］宝道：《条约之拘束力（续）》，钟建闳译，载《法律周刊》1923 年第 8 期，第 8 页。

〔4〕 马建忠：《巴黎复友人书》，载《马建忠集》，王梦珂点校，中华书局 2013 年版，第 37-47 页。

家，所看重的皆为“相时致变之实学”。〔1〕宝道诚然稔熟于国际公法，而且以国际法和外交实践为依据，曾为北洋政府提供不少咨询意见。只不过马建忠在他之前，也已经作过类似努力了。从 1886 年到 1899 年，我国的贸易逆差不断增加。在 1894 年，我国外贸逆差为 3399 万两海关银（29.8%）。〔2〕是年，马建忠写道：

> 乃欧洲各国垂涎已久，寻端犯顺，构兵恫喝，乘我未及深悉洋情，逼我卒定税则，各种货物，除鸦片外无所轩轾，正子两税不过值百抽七有半之数。……且又续许各口运行土货，止纳半税，并无旗号、口岸各捐明目，是利源尽为所多矣，数十年吸中国之膏血，官商贫富无不仰屋而嗟。〔3〕

面对欧洲各国的压力，马建忠的解决方案是援引“西国通例”和国际条约法上关于条约修订的规则，主张我国效法西方各主要国家，建立务实的进口税征收规范。在他看来：“夫不许通商，或可藉以启衅；欲行增税，断难因之兴戎。不然，欧洲瑞士、比利时，蕞尔弹丸，介于大国之间，将无税之可加，而国非其国矣，然犹可自立而度支不窘

〔1〕 马建忠：《巴黎复友人书》，载《马建忠集》，王梦珂点校，中华书局 2013 年版，第 37-47 页。

〔2〕 参见［美］费正清、刘广京编：《剑桥中国晚清史（1800-1911 年）》（下卷），中国社科院历史研究所编译室译，中国社会科学出版社 1993 年版，第 59 页，表十六“1870-1911 年中国对外贸易价值和指数”。

〔3〕 马建忠：《李伯相礼仪中外官交涉仪式洋货入内地免厘禀》，载《马建忠集》，王梦珂点校，中华书局 2013 年版，第 74-81 页。

者，弱于势犹强于理。中国据理以争，何畏不情之请？”[1]所以，加关税而使国货得与洋货竞争，可令国富民强，然更重要的是，此种做法符合国际法，于理无可指摘。

令人唏嘘不已的反倒是，作为最早的两位赴法学习行政外交事务的学生之一，马建忠在法国颇有建树，学习亦有心得，其才学未见得就不及宝道，回国后却未获重用。然而从两者所阐发之问题解决方式上看，身处世纪之交的外交实务家所具有的思维特征，当不难辨别。

出生于埃及、在亚非度过大部分职业生涯的宝道似乎应该比其他的外国顾问有更少的欧洲中心主义色彩和对他者更多的理解。然而人的思想要通过语言来表达，他可以用于表达思想的语言在一个给定的时代却是固定的。换言之，就算一个人的思想再有多少独创性，他都必须用既有的词汇、概念、语法来自我表达。当我们陈述知识的时候，边界本身已经由语言给定了。宝道也不例外。他对中国法律的论述到头来只说明了他仍是他所属的那一代法学家中的一员。

二、法学的革新者

从国际的视角看，宝道不妨是其他的“温良教化者”之一，而从法国国内的视角看，他却又像是一个积极的革新者了。前文提及，宝道 1886 年到 1889 年于巴黎法学院学习。而 1885 年到 1895 年恰恰是法国法学和法学教育发展的一个转折阶段。法学教育改革恰恰始于

---

〔1〕 马建忠：《李伯相礼仪中外官交涉仪式洋货入内地免厘禀》，载《马建忠集》，王梦珂点校，中华书局 2013 年版，第 74-81 页。

1889年。是年，宪法列为必修课。1895年，教育部颁布了新的法学院教学大纲，民法的教学可以不必再按照法典的顺序进行。[1]1896年起，法学院教师开始按照私法与犯罪学、公法、法史学和政治经济学四大门类招募。一直到第二次世界大战以前，法学院的教学再没有经过大的变动。正是在改革进行时的19世纪末，法学界出现了许多关于公法学的地位[2]、民法的教学方法[3]、比较法的意义[4]、法史学的重要性[5]等议题的讨论。而在1889年以前，则在一些法学院有过小规模的新课程引入实验，如殖民地经济学、工业与工人立法、政治经济学，还有阿尔及尔大学的穆斯林法，等等。但是巴黎法学院在1890年以前却不见有任何新的教学实验。

实际上，如果考察宝道就读于巴黎法学院时一些重要课程的教员，我们当不难看出他正处于新老交替的微妙关头。如我们在第二章已经陈述过的那样，当时的民法教师是58岁的比弗努瓦尔、61岁的伯当，还有72岁的韦龙－迪维尔热与69岁的德芒特，商法教师是54岁的布瓦泰尔。其他专业则有较多少壮力量，比如国际法由43岁的

〔1〕 相比于第一和第二帝国时期以“按照法典顺序”讲授为重要特征的民法课程，不按照法典的顺序讲授实在赋予了民法学家极大的自由。自此，民法课程几乎在所有的法学院都按照相同的，但不同于法典的顺序讲授：第一年讲序言和身份权，第二年讲债、各种契约、保险，第三年讲亲属和继承。

〔2〕 Henri Barckhuse, «Introduction à l' étude du droit public général français», *Revue critique de législation et de jurisprudence*, 1894, 23-1, p.89-101.

〔3〕 Henri Levy-Ullmann, «Programme d' un cours d' introduction au droit civil», *Revue trimestrielle de droit civil*, 1903, vol.2, n°4, p.836-854.

〔4〕 Adhémar Esmein, «Le Droit comparé et l' enseignement du Droit», *in Congrès international de droit comparé tenu à Paris du 31 juillet au 4 août 1900: procès-verbaux*, Paris, Librairie générale de droit et de jurisprudence, 1905, p.445-454.

〔5〕 Raymond Saleilles, «Les Méthodes d' enseignement du droit et l' éducation intellectuelle de la jeunesse», *Revue internationale de l'enseignement*, 1902, vol.43, n°2, p.313-329.

雷诺讲授（雷诺同样是马建忠留学自由政治学院时的国际法教师），罗马法由同样 43 岁、同样教过马建忠的里昂 - 卡昂讲授。国际私法教师是 45 岁的莱内（Armand Lainé）。而法制史教师是刚刚 33 岁的拉尔诺德（Ferdinand Larnaude）。仅仅从教学人员的年龄上，我们已经可以看到，民法的教师年资较长，德芒特更是从 1861 年开始便未间断过民法教学。如果带着后见之明，我们自然会看到布瓦泰尔于 1896 年在巴黎法学院重新开设了法哲学，并且极大贡献于法国自然法的复兴，〔1〕雷诺参与开创了一代法国学派的国际法，〔2〕雷诺和里昂 - 卡昂于政治学院进行了极多的教学试验，莱内不但写了经典的教科书、〔3〕还理论化了作为法国国际私法重要基础的反致，〔4〕而拉尔诺德则在 1919 年巴黎和会上发挥了重要的作用。〔5〕可是这一切在 19 岁的宝道来到先贤祠广场注册的时候，都是无法预料的。他所见的是最重要的教学科目民法均由年资较长的教师讲授，而后来在美国人庞德口中“希望中国有几部像 Planiol 那样的著作”的普拉尼奥在 1886 年刚抵达巴黎法学院，甚至面临连续数年无课可上的窘境。

需要指出的是，就算在老资格的民法教员中，至少比弗努瓦尔和

〔1〕 Alphonse Barthélémy Martin Boistel, *Cours de philosophie du droit : professé à la Faculté de droit de Paris*, Paris, A.Fontemoing, 1899, vol.I.

〔2〕 Emmanuelle Jouanne, «Regards sur un siècle de doctrine française du droit international», *Annuaire français de droit international*, 2000, vol.46, n°1, p.1-57.

〔3〕 Armand Laine, *Introduction au droit international privé, contenant une étude historique et critique de la théorie des statuts et des rapports de cette théorie avec la code civil*, Paris, Pichon, 1888.

〔4〕 Armand Laine, *La théorie du renvoi en droit international privé*, 1909.

〔5〕 Vincent Laniol, Ferdinand Larnaude, un« délégué technique »à la conférence de la Paix de 1919 entre expertise et« culture de guerre », *Relations internationales*, 30 mai 2012, vol.149, n° 1, p.43-55.

伯当绝非守旧势力的代表。只是要等到巴黎法学院变成共和派宪法学的核心阵地，而比弗努瓦尔的女婿萨莱耶在1895年到达巴黎时，较为明显的革新才开始。而且巴黎也一直未成为创新的阵地，只是“在传统中变”罢了。所以，宝道恰好是变革到来前接受的法学教育。而且他和他的同龄人恰好是变革的参与者。革新的结果自然是多方面的，自然法的复兴、对法律渊源和法律解释方法的兴趣、民法的社会化、法律社会主义的出现、法国式的实证主义宪法学派、社会连带的国际法学都不妨为革新的不同侧面。在宝道身上最能表现出来的恐怕还是那种温良教化者的心态。

前文提及，“温良教化者”的心态仍是一种欧洲中心主义的心态。乍看上去，它似乎和《法国民法典》起草过程中传统主义与启蒙思想相妥协时[1]表现出的心态并无二致，也和所谓“注释学派”在斤斤计较以文义和逻辑逐条阐释民法典时表现出的心态没有区别。然而一个法学国际共同体诞生时，也带来了一种全新的欧洲中心主义。一种对外部世界漠不关心的欧洲中心主义在1900年巴黎比较法学大会的发起人萨莱耶对比较法的认识中自我表达：在欧洲各发展程度相似的国家之间寻找对类似社会问题的不同解决方式，从中选择较为优秀者，用以改善国内法。而在宝道身上所表现出来的是另一种看惯花花世界中五彩缤纷的法律后，仍抱有对人类共同命运初心不改的欧洲中心主义，它则体现在1931年的里昂大会发起人朗贝尔对比较法的认识

〔1〕 参见朱明哲：《“民法典时刻”的自然法——从〈法国民法典〉编纂看自然法话语的使用与变迁》，载《苏州大学学报（法学版）》2016年第2期，第10-28页。

中。[1]首先，这是一种自我觉醒的欧洲中心论。以宝道为代表的这一代法学家意识到他们需要回答的问题并不是他们本国的问题，而是其他国家的问题，但他们仍认为欧洲国家是标准、是尺度。而且他们也意识到欧洲是值得追求的理想。其次，这是一种考虑到地域的欧洲中心论。过去抽象地对“人性”和“事物本质”的思考，[2]如今让位于不同地域的经验，尽管这些经验往往倾向于重新确定一个早就存在于罗马法上的见解。最后，这是一种获得了时间感的欧洲中心主义。人类所面对的情势一直处于变化之中，过去的经验可以作为现在的参照。而既然事情是会变化的，那么便不妨令它往更好的方向发展，好的标准却往往是欧洲提供的。如果一个国家目前的情况尚不适合采取一套纯然欧洲式的法典，那只是因为其民智未开罢了，假以时日，总归是有让欧洲引入的法典畅行无碍的一天。[3]

第四节 结 语

20 世纪初，虽然货物和货币无法在各个国家之间顺利地流通，人和知识在世界范围内旅行却已经很常见了。当欧洲法学家带着法学知

---

〔1〕 Christophe Jamin, «Le vieux rêve de Saleilles et Lambert revisité.À propos du centenaire du Congrès international de droit comparé de Paris», *Revue internationale de droit comparé*, 2000, vol.52, n° 4, p.733–751.

〔2〕 其集大成者于此时莫过于伯当的著作，参见 Charles Beudant, *Le droit individuel et l'État : introduction à l'étude du droit*, Paris, A.Rousseau, 1891。

〔3〕 如德莫格就在 1927 年于布宜诺斯艾利斯演讲时说：“构成世界法律一体化实现的真正阻力，仅仅是物理条件、国家经济情况这样的物质状况，或者人民不开化、道德水准低下这样的社会事实而已。” René Demogue, *L'unification internationale du droit privé : leçons faites à la Faculté de Buenos-Ayres*, Paris, Rousseau, 1927, p.128.

识来到欧亚大陆的东端时，东西方不可避免地相遇了。所以，当我们研究国际性的法律共同体的成员时，我们完全可以把握机会处理这种相遇，而试图从本身已经超越了某国法史的“比较法史”迈向“跨国法史”，乃至“全球法史”。那么，“把欧洲地方化”便是一种摆脱欧洲中心主义的策略。查克拉博迪（Dipesh Chakrabarty）希望通过这个术语，劝说我们抛弃现代性发源于欧洲的观点。[1]我们则希望借此说明，欧洲并非进步、现代性和文明的唯一参照系，而只是诸多不同系统中的一种。在西方遇见东方的时候，法学家并没有发现一片无主地，或者用欧洲人更熟悉的术语，*terra nullius*。东方也并非一片法律真空。这里有着一套不同的法律体系。

然而是否有一种通过研究欧洲中心主义而迈向全球史的思路？简言之，是否有可能借由辨别人们通过把欧洲作为参照系所实现的结果，来理解法律的世界史？我们所研究的这些个体，正如本研究所关心的宝道，无论身处何方，仍然把欧洲作为想象的中心。所以，19世纪末到第二次世界大战之间的岁月里，东西方之间的法律交流其实是单向的。对于中国、土耳其、日本等国家而言，欧洲的影响就在那儿。中国可以作的选择不过是接受还是不接受而已，对方却不会因为此间的反应而做出任何改变。我们当然可以一再强调学说移植的实践者本身的主体性在移植过程中的重要地位，行动者—网络理论也为更复杂的实证分析提供了工具。只不过在这里要强调的并不是移植过来的法律和法学中间有多少本土化的成分，而是无论本土化程度有多高，欧

〔1〕 D.Chakrabarty, *Provincializing Europe*: *postcolonial thought and historical difference* (Princeton University Press 2007).

洲始终是唯一的标准。

坦诚地说，宝道确实要比大部分的欧洲法学家要更本土化一些。即便如此，中国立法的科学性、进步性、现代性仍然是通过和欧洲法律对比而得以衡量的。他知道法国法未必贯彻了“自由”和“平等”的启蒙理想，中国法也未必需要马上把启蒙理想落实到全国，但启蒙运动所阐发的价值仍然不失为一种唯一有意义的理想，等待实现。在这个意义上，宝道为我们展示的是 20 世纪初法学国际共同体的共识。认为保留领事裁判权和混合法庭对中国来说是好事的威格摩尔和为了废弃领事裁判权而留洋的中国年轻法学家看上去针尖对麦芒，其实却在深层次上有着根本的共识：欧洲意义上的现代法制是每个国家都应追求的。王伯琦主张用先进的立法一扫落后的传统，看上去也和吴经熊主张的东西合流说水火不容，然而吴经熊又何尝不是在用泰西先进法哲学为自己的主张背书？甚至连宝道和由他推荐来华的爱斯嘉拉的论证途径也颇微妙：正因为《法国民法典》的起草过程中充分考虑了习惯和传统，所以，中国起草法典时不考虑传统是错误的。本来基于西欧一个有限区域的实践，在他们的话语中普遍化，成了超越国界的标准。

欧洲中心论深深地嵌刻在当时的法学语言中。无论一个法学家具体身在何方，他都无法不用包裹了欧洲中心论的语言言说。在承认了这一点的基础上，我们才可以去讨论人们用这种欧洲中心论的语言到底做了什么。显然，宝道、马建忠、吴经熊、爱斯嘉拉、史尚宽、王世杰和王伯琦等人所做都各不相同。欧洲中心论不仅有一部历史，更有一部世界史。由此我们才触及了欧洲中心论的世界史。

而 1870~1960 年的世界法史，不妨是一部欧洲中心论的世界史。

第七章

传统秩序的式微：爱斯嘉拉

让·埃斯卡拉（Jean Escarra，1885~1955 年），法国法学家和外交家，是最早研究中国法律与社会的法国法学家，通译为“爱斯嘉拉”，本书从之。1901 年高中毕业后，他进入巴黎法学院学习，并分别于 1904 年取得学士学位、1907 年取得政治经济学和法学博士学位。爱斯嘉拉并没有像那些明星法学家那样，刚毕业就通过教授资格考试。1909 年短暂任教于雷恩法学院后，他直到 1913 年第一次世界大战前夕才于格勒诺布尔法学院再次走上讲台，并一直在此讲授民法和商法。1920 年，35 岁的爱斯嘉拉通过教授资格考试，成为正教授。从 1921 年开始，中国政府聘请他为司法部法官学校教授，为期五年。1922 年，兼任修订法律馆顾问，参与天津、上海等地商事习惯调查，并起草了两编《商法法典草案》。[1] 1930 年，回到法国的爱斯嘉拉短暂任教于里尔法学院后终于得以回到母校巴黎法学院讲授政治经济学。后来，他又于 1930 年和 1936 年分别受国民政府和法国教育部委托来华，参与了《中华民国民法典》亲属编、继承编和中国破产法的编纂。也正是此次来华期间，他得以与前辈宝道在民法起草委员会中

〔1〕 参见陈霓珊：《民国民事立法中的“保守”与“激进”——基于爱斯嘉拉本土化立法方案的考察》，载《近代史研究》2018 年第 3 期，第 141-154 页。

共事。[1]1937年，他取得了巴黎法学院的比较民法教席，但很快又回到中国，并作为中国政府的顾问走访汉口等地。1939年，他成了法军的军官，战争部部长认为军官不应该服务于外国政府，所以他也不再出任国民政府顾问。法国沦陷后，他随戴高乐领导的“自由法国”运动前往伦敦，并在1941年9月11日由戴高乐将军任命成为自由法国在中国的代表。1941年12月5日，他抵达重庆，为了让国民党政府承认自由法国而非维希政府而积极奔走。然而事与愿违，他在陪都官员之间的人脉并没有帮他实现戴高乐的诉求。于是，1942年7月，爱斯嘉拉离开中国。[2]1944年法国解放后，他继续在巴黎法学院任教至1952年。[3]

爱斯嘉拉关于中国法的很多议论都体现了世纪之交法国法学的特点，对法律渊源的阐述就是最集中的体现。他大力称赞中国古代的法律智慧，认为习惯才是民事生活最好的圭臬。相反，民国时期激进的现代化立法因为无视习惯的力量，最终只能面临窒碍难行的窘境。然而，谁掌握了形成法律的权力，谁也就掌握了组织社会的权力。在这个意义上，民国的法典编纂者并不仅仅希望用“现代的”舶来法律规则替代传统的规则，更希望用一种所有权力集中于国家手中的现代政权组织形式取代原本分散化的、为家族和地方豪强留下过多空间的传统社会权力分配机制。甚至爱斯嘉拉本人也寄望于一个强有力的国

---

〔1〕 参见陈霓珊：《民国民事立法中的“保守”与“激进”——基于爱斯嘉拉本土化立法方案的考察》，载《近代史研究》2018年第3期，第141-154页。

〔2〕 Nicole Bensacq-Tixier, *La France en Chine de Sun Yat-sen à Mao Zedong, 1918-1953*, Rennes, Presses universitaires de Rennes, 2019, p.364-390.

〔3〕 Dossiers des Fonctionnaires de l' Instruction Publique et des Beaux-Arts (1880 à 1968), Archives Nationales Français (ANF), F/17/27496.

家去纠正法律和法学中错误的实践与观念。能够完成他所寄托的希望的国家必然是一个具备了一系列现代权力策略的国家,也就是一个至少声称对规范的生产具备垄断权的国家。

第一节　面对现代国家的习惯法

一、爱斯嘉拉笔下的中国传统

《中国法》的任何读者都会意识到爱斯嘉拉尝试突破成文法中心主义的窠臼,从一个整体文化的视角中去理解中国的法律文明及其发展变迁。不过,这样做并不是因为他像今天文化比较法的践行者一样认为文化决定了法律的意义,而是因为他认为文字记载的规则在现实中根本不具有欧洲的法律规则那样的约束力。他引用格拉内(葛兰言,Paul Granet)的观点说明抽象、无条件适用的“法律规则”的概念没有在中国发展起来,因为人们把法看作一种模范。[1]“作为模范的法律只要求个人尽可能地接近其所表达的理念,却并不要求人们完全遵守其内容,看上去极其严苛残酷的刑法也往往只在理念上或者理论上适用。”[2]换言之,如果研究欧洲国家的法律可以依赖法典文本的话,研究中国的法律则不行,因为中国的立法文本记录的并不是人们必须遵守的规则。欧洲意义上的法律规则必须在其他的渊源中寻找。在和欧洲的对比中,中国仍是一种例外。

---

〔1〕 Jean Escarra, *Le Droit chinois*, Paris, Vetch, 1936, p.73.

〔2〕 Jean Escarra, *Le Droit chinois*, Paris, Vetch, 1936, p.74.

为了更全面地研究中国法，他援引惹尼在1899年提出的法律渊源学说，主张要从立法、习惯、判例、学说四种材料中呈现中国法的全貌："以下章节中将会展现成文法、习惯、不具备强制力的参照渊源（判例和学说）、传统等不同法律渊源在中国的不同重要性。但是惹尼为这些渊源划定的界限、习惯在补充成文法方面的作用、成文法的技术价值等这些结论似乎很难应用到中国的现实。一般来说，成文法为人们提供的是以专断形式表现的意志，并且无条件地创造出'无论如何必须得到遵守、没有留下对其正当性基础任何讨论空间的指令'。我们知道中国的法律并不符合这种观念。同样，罗马法和经院法意义上的习惯，对于中国人来说也十分陌生。真实的情况是，习惯在中国仍举足轻重，因为它包含了此前所述之传统法观念中的所有成分。类似的是，对于成文法的解释也和惹尼所观察到的完全不一样。"〔1〕爱斯嘉拉的当代读者对他这一策略评价甚高，认为是对中国传统法的同情和理解的表现。〔2〕

尤其值得注意的是，爱斯嘉拉虽然运用了惹尼的框架，但是没有用惹尼的定义。不但中国的立法因为没有严格的适用效力而不符合西方法学的定义，中国的习惯和判例也和西方的习惯有所不同。两种习惯的区别尤其值得重视。按照他的说法，中国的习惯在实践中举足轻重。那么，与此不同的"罗马法和经院法"意义上的习惯便只能居于法律渊源的边缘。实际上，正如我们在下文中将要重点谈到的，罗

---

〔1〕 Jean Escarra, *Le Droit chinois*, Paris, Vetch, 1936, p.62.

〔2〕 参见陈霓珊：《民国民事立法中的"保守"与"激进"——基于爱斯嘉拉本土化立法方案的考察》，载《近代史研究》2018年第3期，第141-154页。

马法和经院法本身对习惯较为轻视。而在其理论渊源惹尼的作品中，习惯具有双重含义。一方面，立法权的行使不应该搅动善良的习惯，所以习惯对立法权构成了一种限制。[1]另一方面，习惯可以在填补立法漏洞时为解释者提供参照，所以对立法构成了一种补充。[2]惹尼之所以强调习惯在这两方面的作用，主要是为了限制 19 世纪末正变得越来越强势和活跃的立法权。关于此点，在本书前面的章节已经讨论过，并会在第三编继续详细探讨。相比之下，爱斯嘉拉眼中的中国习惯则居于所有法律渊源之中心位置，不但为社会生活提供着规范，更蕴含着真正的法律原则。我们在下一节将会看到，这也是一种来自欧洲的观念，只不过是一种 18 世纪的观念。

爱斯嘉拉所反复强调的“习俗”“礼教”，很大一部分是男女不平等的规定。在爱斯嘉拉阐释“法”与“礼”的对立时，曾援引“一位国民党高官”的话。这名国民党大员说，按照法律规定，他的夫人本来可以继承其岳父的一笔遗产，但是人人都知道她的法定权利无法行使，他也不会允许其夫人提起诉讼，否则便是违背了礼教的要求，公共舆论也会对他们不利。[3]在许多其他段落，爱斯嘉拉也表示国民政府男女平等的立法难以实现。对此种观点的标准解释是爱斯嘉拉倾向一种渐进式、相对保守的立法模式。[4]确实，从爱斯嘉拉的话语来看，他

---

〔1〕 参见朱明哲：《法国民法学说演进中对立法者认识的变迁——以惹尼、莱维、里佩尔为例》，载《苏州大学学报（法学版）》2014 年第 3 期，第 42-54 页。

〔2〕 参见朱明哲：《服务于法史学的自然法——19 世纪末法史学在法国的形成》，载《华东政法大学学报》2017 年第 3 期，第 116-131 页。

〔3〕 Jean Escarra, *Le Droit chinois*, Paris, Vetch, 1936, p.20.

〔4〕 参见陈霓珊：《民国民事立法中的“保守”与“激进”——基于爱斯嘉拉本土化立法方案的考察》，载《近代史研究》2018 年第 3 期，第 141-154 页。

当然认同“徒法不足以自行”的古训，主张仅凭法律文本内的规定无法改变男女不平等的社会现实。甚至可以说，他担心这种完全不具备社会根基的法律不但无助于改善中国妇女的处境，还可能降低立法的权威。

但是，《中国法》中的段落还有其他解读。爱斯嘉拉不仅留下了一套关于中国法的话语，而且保留了当时政治和学术精英对法律与社会的看法。从这个角度看，《中国法》还是一本宝贵的人类学田野调查笔记。我们必须进一步探问：爱斯嘉拉使用了什么材料来理解中国传统和习惯？除众所周知的梁启超的影响之外，各种国学经典当然是最重要的。我们可以从他的注释中找到《左传》《礼记》《书经》《春秋繁露》《明夷待访录》等经典，也有《唐律疏议》《读例存疑》甚至沈家本的著作这样的律学作品。此外，他还引用胡汉民在立法院会议开幕上的致辞和大量与民国高官的对话录。他有据可考的对话者包括罗文干、汪精卫、胡文炳、胡养蒙等人。这些素材让爱斯嘉拉实际上从一种知识和政治精英的视角上观察中国的传统和习惯。

既然采取了精英视角，爱斯嘉拉的观察几乎不可避免地引向了一种无异于儒家知识分子的结论：

> “按照中国人的传统观念，法律对他们来说是一种模范、一种理想，而不是一种每个人都必须服从的命令式的秩序。中国发展并维系着一种十分高尚的信念，认为道德和自然法则超越于实证法律之上。如今，不管法典中的条文如何规定，法庭的很多判决都与上述信念密不可分。……在卷帙浩

繁的立法文本中，不乏与最抽象意义上的理想事物发展状态相符者，却无一条能够与活生生的现实相对应。……当前中国立法的起草者们应当曾设想他们呕心沥血起草的法律在未来能够发挥作用。但是在这堵立法高墙背后，过去数个世纪形成的社会生活与其信念、传统、习惯一起延续，未受打扰。"[1]

古老的习惯不但在社会中延续，不受立法者的打扰，更让爱斯嘉拉发展出了一种永恒不变的历史观。在他笔下的中国习惯从来未曾改变，也不会向前发展："古老的理论如今仍生机勃勃，正如千百年前一样。法律的动力学在中国人的传统思维中几乎不存在。"[2]"至今，大部分的中国思想家仍在法与律之关系的问题上保持和儒家经典一致的态度。我们应该欣赏这种观念的美丽与伟大，并认为中国传统的法律体系应该值得更多的赞美而不是批判。毕竟它在如此漫长的历史时间内，以最小的成本维持了巨量人口的社会秩序。下接人类生活的经验，上承伟大的理想，以既宽柔又深邃的法律技术建构呈现于规范之中，中国法实在光耀整个亚洲。"[3]于是借助中国知识与政治精英的视角，爱斯嘉拉勾勒出了一种折射着儒家思想光华的习惯，而且为它赋予了不朽、永恒的色彩。

---

〔1〕 Jean Escarra, *Le Droit chinois*, Paris, Vetch, 1936, p.441.
〔2〕 Jean Escarra, *Le Droit chinois*, Paris, Vetch, 1936, p.78.
〔3〕 Jean Escarra, *Le Droit chinois*, Paris, Vetch, 1936, p.79.

二、法典化时代的习惯

习惯在欧洲法律史上确实也发挥着两种作用，只不过与惹尼理论化的结果不尽相同。一方面，经由地方习惯编纂和整理而最终形成的“全国习惯法”在17世纪民族国家出现的黎明中为民族一体性提供了法律上的证据，并因此可以堂而皇之地主张民族国家的法典编纂应当以此为基础。另一方面，在法典完成后，习惯继续作为补充性的渊源出现，时刻准备着在立法不清晰、不完备时再次作为补充立法漏洞的材料出场。

在古典罗马法的时代，习惯法并不是法律渊源的一种。我们只需要举出收录在《学说汇纂》之中彭波尼（Pomponius）《教科书》（Enchiridion）中的片段就可以说明：“这样在我们的城邦中，人们借以制定规范的或者是成文法——即法律，或者是原本意义上的市民法——即由法学家的解释所构成的不成文法，或者通过包含诉讼种类的法律诉讼，或者是未经贵族元老们许可的平民会决议，或者是执法官的告示以及由此产生的荣誉法，或者是在没有法律的情况下仅有元老院制定的元老院决议，或是君主的谕令。”（D.1.2.2.12）〔1〕只有在威西哥特人在476年攻占罗马城、西罗马帝国灭亡后，西欧各国民众才从罗马法和法律博士们的支配下走出，并开始在成文法缺失的情况下，通过习惯探索共同生活之道。习惯此时才开始成为法律的主要表达形式。12世纪的罗马法复兴让学说和法律博士重新回到历史舞台，

〔1〕参见《学说汇纂（第一卷）正义与法·人的身份与物的划分·执法官》，罗智敏译，［意］纪蔚民校，中国政法大学出版社2008年版，第29页。此处引文在句读和表达上有少许改动。

但习惯仍是最重要的法律渊源。至于封建君主，他们既是良好风俗的守护者——所以必须尊重习惯法，又是不良习惯的审查者。在法国大革命以及随后民族国家建立的潮流到来前，习惯、学说、教会法、巴列门的判例法和有限的君主立法分庭抗礼，各种法律渊源之间的关系和边界并不清晰，而且始终处于变动中。

正是在欧洲国家试图从中世纪犬牙交错的管辖权和法律多元状态中走出时，法学家开始整理各地的习惯，并试图从中归纳出适用于全国的习惯法。中世纪早期的法律博士主要关心的是书本上的内容，毕竟罗马法残篇的整理和解析才是当务之急。12 世纪，意大利北部、法国南部和中欧的国王、诸侯和自治的市镇尝试着集中把地方习惯成文化。但是大学在这些经济繁荣地区的影响力很快让罗马法成了支配性的力量。从 13 世纪开始，开始出现了由商人或者其他没有受过法学专业训练的人完成的地方习惯汇编。法律博士当时并不是很在意这些新的素材，习惯汇编的质量也参差不齐。涵盖某个省或者其他较大地域范围的编纂往往会把中心城市的习惯过度一般化，限定在更小范围的编纂虽然能更忠实地反映实践，但是对区域外的读者而言价值不大。1454 年的《蒙蒂－勒－图尔敕令》（Ordonnance de Montils-Lès-Tours）在法国启动了官方的习惯编纂。由国王主导的习惯编纂让一种不同于罗马法的规范得以在本国领土上形成，所以事实上增强着封建君主们相对于教会和独立的大学的权力，有利于王权的强化。所以，到了 16 世纪，各地的封建君主都开始仔细调查汇编其领地上的习惯。此时，法学家才重视起这些官方文件来。

在法国，习惯法编纂意味着以巴黎为中心的北部地区在规范创造上取得了可以与南部罗马法地区竞争的地位。从整理并评论巴黎地方习惯开始的迪穆兰(Charles Dumoulin)就认为全法国共同法的基础不应该是罗马法,而应该是全国的习惯法。他和他的同道致力于发现共同的习惯法规则,也因此首次创造出了历史法学或者民族主义法学的先声,与罗马法和教会法背后的普世主义决裂。此时的习惯编纂已经表达了“同一个民族、同一部法律”的现代主张。而且,这种共同法应该由其自身的历史而非罗马法的遗产来塑造。随后,萨维尼所彰显的历史法学派更是把这种一国法律与民族特性之联系发挥到了极致:所有的法律都应该从习惯法而非制定法中产生。但是法学家要作为整个民族的代表,以技术要素赋予法律以科学生命。〔1〕

然而,也就是在这一时刻,法学家为习惯签署了死亡证明。首先,统一全国习惯的野心让巴黎文化圈的法学家在“王国之总体习惯”的名义下有意夸大了各地习惯的共性、忽视了差异,并且不可避免地把巴黎的习惯当作范本。更何况了解了各地习惯之后的封建君主也同时学会了运用立法重整法律体系的技术,并从18世纪早期开始用法令侵蚀传统上属于习惯法的民事领域。其次,当法学博士用罗马法的术语、技术、体系整合习惯法规则时,习惯便失去了与生机勃勃的实践之间的联系,也失去了自己的语言和对世界的独特认识。此后,习惯法的规则成了学说的附庸,成了用来重新填充罗马法抽象观念的材料,却不再有独立规范社会的力量,也不再可以持续从非专业人士日常的交往中更新。那些心照不宣的动机也很好理解:对于在整个王国中服

〔1〕 参见舒国滢:《法学的知识谱系》,商务印书馆2020年版,第877-879页。

务的官员而言，习惯隐藏在他们的知识视野以外，在他们所行使的司法权之表面之下继续发挥着社会组织的功能。而且，习惯不断挑战着法学家完全从大学中得来的法学知识的优越性。习惯属于那个由基层社会在日常交往中形成的世界，法学家不得其门而入。当法学博士充满热情地把不断变化和发展的习惯变成亘古不变的传统，又用一套早已与其所产生之社会脱节的法律技术编纂和记载习惯时，习惯的时代也就结束了。

“法律的生命不在逻辑，而在经验。”这句人们常常带着误解引用的话用在习惯上最合适不过。研究法律并不一定要超越规则和原则构成的体系，但是作为整体的“法律”往往不仅仅包括规范，还包括了一系列思维方式、言谈方式、行事方式。法律有生命，意味着构成法律的规范和这些思维与言谈举止方式紧密结合，构成一个有机体，更意味着这个有机体会不断地成长、发展、成熟、衰老，最后消亡，让位于新的有机体。构成法律这一有机体之生活史的正是生于斯、长于斯的人们的交往、交易、合作、纷争、和解、斗争所形成的经验，以及某一群体的经验与其他群体的经验之间存在的永无休止的交流。在爱斯嘉拉谈论中国的习惯时，他仿佛在讨论一套从未改变、不存在地域差别的规范、思想、精神，而他所有对习惯的知识，都源于文化或者政治精英的转述。这种对于习惯的认知承认时间却否认其流逝，承认空间却否定其范围，承认阶级却否认其区隔。他把习惯的标本当作习惯本身，就像把某人的蜡像当作其真人一样。于是，习惯离开了为其赋予生命的社会生活经验，也就失去了生命。就算爱斯嘉拉并没有用形式逻辑和抽象概念整合概念，其所作所为却足以扼杀习惯。当然，20 世纪中国各地的民商事习惯不会因为一名外国顾问的学术作品就停止发展，正如生活在这片热土上的人从不停止交往、交易、合作、纷争、和解、斗争。但是，爱斯嘉拉、他所参阅的那些高度抽象之哲学著作的作者和他们的西方同道一样，在认识和记录习惯的同时，也消除了习惯。

随着1789年的法国大革命，民族国家这种政治组织形式开始坚定地迈向人类历史舞台的中心。而其法律形式直到《法国民法典》1804年颁行才正式确定。作为现代国家形成过程中举足轻重的要素，习惯至少也在名义上进入了先贤祠，位列仙班。作为起草委员会的代表，波塔利斯明确提出民法典编纂应该保留传统和习惯："立法为了满足人而创造，人却不是为了满足立法而创造。"所以，"立法必须适应它们所服务的人民的特点、习俗和社会情况"。〔1〕而让立法适应人民的最佳方式，就是尊重和保全他们的习惯。大革命摧毁了旧制度，却并不意味着一定要改变所有的习惯，因为"习惯当然有些早期野蛮时代的印记，但也有那些前辈智慧的光荣遗产，塑造了民族特性，应当得以保存"。〔2〕

但是在法典化的时代，习惯的功能仅是辅助性的，甚至是装饰性的。它只能在法典静默或不完整时作为补充材料出现。

---

〔1〕 Jean-Etienne-Marie Portalis, «Discours préliminaire prononcé par Portalis, le 24 thermidor an Ⅷ, lors de la présentation du projet arrêté par la commission du gouvernement», *in Recueil complet des travaux préparatoires du Code civil*, Paris, Videcoq, 1836, vol. Ⅰ, p.466.

〔2〕 Jean-Etienne-Marie Portalis, «Discours préliminaire prononcé par Portalis, le 24 thermidor an Ⅷ, lors de la présentation du projet arrêté par la commission du gouvernement», *in Recueil complet des travaux préparatoires du Code civil*, Paris, Videcoq, 1836, vol. Ⅰ, p.481.

第二节　司法对成文法的适用与造法

爱斯嘉拉还认为中国法发展出了一套迥异于西方法的法律解释与适用方法。这种方法追求实质正义，排斥清晰定义的概念和形式逻辑。爱斯嘉拉认为其根源在于根据中国的传统观念，法律与道德无法分离，只是道德的实施而已。只有在通常用来规范社会关系的礼无法约束人们行为的时候，压迫性的肉刑才有适用的余地。进而，他又引用里佩尔的观点作了一个中西对比："如果说在其他的地方，道德规则只用来补充法律的力量，在中国情况则恰好相反，法律是用来补充道德规则之力量的。"[1]司法也不再立足于严格法律术语和规定的解释，而是致力于实现社会等级秩序、正义和公正的理念，其程式自然也更加柔性，为让步、和解、法律之外的安排留下了大量空间。[2]

萨维尼所说的那种法律的"技术要素"，在爱斯嘉拉看来很难在中国生根发芽。因为中国的传统法学方法"无视因果律和矛盾律的基本原则，很少使用三段论的逻辑形式，惯常于借助礼仪，严重依赖比附而不是其他的推理方法"。他认为这些特点能解释中国实证法之中那些对西方人而言奇异而陌生的方面。他进而主张："中国法的推理形式尤为适应于反对抽象概念、偏好具体对象的心灵特质。这种程式让中国人所特别敏感的权衡、节奏、对称、韵律和谐等文学美感可以保留，但是却无法与作为西方法基础的概念建构工作相兼容。同样，对争端解决的实质特征的斤斤计较也是普遍化和分析到最基本概念的障

---

〔1〕 Jean Escarra, *Le Droit chinois*, Paris, Vetch, 1936, p.70.
〔2〕 Jean Escarra, *Le Droit chinois*, Paris, Vetch, 1936, p.76.

碍。”[1]无独有偶，战后法国比较法的奠基人、爱斯嘉拉在巴黎法学院的同事达维德（René David，1906~1990年）对中国法也持相似的观点，认为中国法重实质分配结果而轻视逻辑。所以，爱斯嘉拉有理由怀疑，充满了西方概念的各种现代法典本身就与中国现实脱节，加上中国的法官或者其他法律的解释者在思维方式上就排斥概念的推演，更难以指望他们实现立法者的愿望，让法典中的规则在实践中令行禁止。

正因为缺乏概念法学的浸染，中国试图建立现代司法体系的努力也恐怕必将失败：

> 一名国民政府的高官曾满怀自信地跟我说，得益于现代司法组织的建立，像偷一只鸡这样最轻微的违法也会启动长达两年的诉讼程序，甚至一直上诉到最高法院。而在县知事父母官治理的古代，乡村耆老引用儒家经义，只要五分钟就可以得出给小偷打几下竹杖以儆效尤的裁决。……有些理论家称之为进步，还认为一个真正的现代国家必须通过高度复杂的司法给予诉讼当事人全面的司法保障。而我觉得这是那些抽象概念可能给中国带来的危害，虽然人们抱着善良的初衷引进它们。中国人民大部分都是农民，哪怕在这个由礼治理的国家，农民也总有斤斤计较的倾向。所以，正确的思路应该是首先考虑当事人之间的和解、为那些乡村频发的琐碎争议提供直接便捷的解决方案。一旦向乡民提供那些让他们满足自己为细故争讼之欲望的途径，诉讼将永无休止。

---

[1] Jean Escarra, *Le Droit chinois*, Paris, Vetch, 1936, p.56.

我可不认为这是一种进步。[1]

站在一个恨不得摇身一变、立刻进入现代社会的国家，爱斯嘉拉却大谈传统民间纠纷解决方式的好处，看上去不但有些不合时宜，甚至让人几乎可以肯定他以一种过度理想化的方式为中国法的历史抹上了一层怀旧的玫瑰色。就像王蒙所说“坚硬的稀粥”，轻易用原则取代规则、为了实现法官心中的实质正义要求可以轻易超越法律文义的方法仍将在中国司法中延续。为了说明传统仁义观念的延续，他举了一个发生在上海的例子：租客因为家贫和一系列不幸而非主观上的恶意付不起房租，按照法律的规定，房东可以驱逐租户，然而法院却判令房东降低日后的租金，使租户有能力支付并继续租住在此，而不是必须流落街头。[2]从立法的文义看，这种解释方法毫无疑问缺乏立法基础。但是爱斯嘉拉认为这种仰赖传统法律方法的司法适用可以从脱离中国社会的立法文本素材中创造出真正能在社会中落地生根的规范：“北京的大理院和南京的最高法院已经为立法的施行建立起了坚实的基础。……在中国法上所有能找到的活生生的、属于人世生活的成分都来自司法判决。无论是对于外国人还是对于大部分中国人而言，这都是他们所不了解的实情。特别是那些年轻的中国人，因为身边的法律和法典而忽视了司法。”[3]

爱斯嘉拉留意到，中国的最高司法机关除欧洲法院也会生产的判

---

〔1〕 Jean Escarra, *Le Droit chinois*, Paris, Vetch, 1936, p.451.
〔2〕 Jean Escarra, *Le Droit chinois*, Paris, Vetch, 1936, p.68.
〔3〕 Jean Escarra, *Le Droit chinois*, Paris, Vetch, 1936, p.449.

例以外，还大量生产解释例："在法国，当一系列判决都在某一种类似的案件中作出了相同的裁断，那么它们可以形成新的规则，在立法之外，但是也只能在边缘、不那么重要的领域。……在中国，司法判例的发展似乎和法国类似，但是就争议本身作出的判例作用似乎远不如解释例重要。"〔1〕为了理解这一现象，他再次回到中国的历史之中，却发现司法判例和解释例的历史渊源并不相同。他认为判例一直存在于中国司法实践中，就是"律例"中"例"的当代形式："最高司法机关的决定也最重要，尤其是刑部的判决，它们最终会在王朝法典五年一次的修订中进入法典，成为'例'。所以，可以认为在帝制中国一直存在大量用以阐明律条文义的先例，确实可以和西方法庭先例的作用相提并论。"〔2〕

相比之下，"解释例"起源于《春秋繁露》《春秋决狱考》等儒家经典中的事例。他认为研究春秋决狱不仅有助于我们了解儒家思想对中国法律传统的影响，更能够帮助我们理解中国法律技术与解释方法。〔3〕从法律技术的角度说，爱斯嘉拉发现这些解释例不同于判例的重要之处在于始终以极为抽象的方式提出规则。〔4〕"推理往往十分细致。方法自然是与'五经'和《春秋》中的例子进行比较和类推。"〔5〕而且，他认为当代司法能够推动适合中国社会的规则形成，端赖解释例的使用："我们可以说，除法典外，中国法创造出了解释例，并以此

---

〔1〕 Jean Escarra, *Le Droit chinois*, Paris, Vetch, 1936, p.267.
〔2〕 Jean Escarra, *Le Droit chinois*, Paris, Vetch, 1936, p.271.
〔3〕 Jean Escarra, *Le Droit chinois*, Paris, Vetch, 1936, p.279.
〔4〕 Jean Escarra, *Le Droit chinois*, Paris, Vetch, 1936, p.279.
〔5〕 Jean Escarra, *Le Droit chinois*, Paris, Vetch, 1936, p.279.

为自己发展变迁的手段。……正是以为有这一方法，人们可以期待中国法以较为缓慢但是更加稳健的方式形成一个真正能反映其自身优势的法律体系。”〔1〕

第三节　现代国家的曙光

一、通过法典实现的现代性

以德国社会学家乌尔里希·贝克（Ulrich Beck）为首的研究人员曾经用6项前提假设概括“第一次现代社会”。（1）由领土边界确定的民族国家作为其基本的政治组织形式，社会关系限制在国界之内，大部分的社会机构也嵌入民族国家的体制。（2）社会中的个体理论上是自由和平等的，他们自愿建立社会联系，但是在许多方面受到社会机构强制性的限制。（3）产业劳动对社会机构意义重大，个人的地位、消费、社会照顾都取决于其在经济中的参与；反过来说，取得生业的机会必须向所有人开放。（4）社会与自然截然二分，社会视自然为一种中立的资源，可以无限制地开发利用，经济的无限增长才是常态。（5）强调对外部世界的工具性控制的科学理性占据上风，认为科学化可以让对自然的控制趋向完美。（6）功能区分是理解和掌握现代社会发展的指导原则，人们认为专业化、复杂化的社会分工也将带来对目的—手

---

〔1〕 Jean Escarra, *Le Droit chinois*, Paris, Vetch, 1936, p.288.

段关系的更精确计算。[1]诚然，他们提炼出第一次现代性的这些属性是为了对照着揭示所谓“第二次现代性”的不同之处。但我们也不妨以此为分析框架，理解国民政府在20世纪初所追求之现代化具体制造了哪些现实。

从社会关系的角度看，社会变革无非是用一套新的社会关系取代旧的社会关系。传统中国社会中，社会组织单位的基础是家族，国家只是作为家族的扩大形式出现在公共生活之中。[2]受家族制度影响甚大的古代法律制度自然也为家族本身的组织和个人在家族之内的身份属性保留了重要的位置。前者主要体现为民间争议往往在家族内部以族法家规解决，国家的正式司法机关对此听之任之。后者则主要体现在传统法制中各种身份本位的制度。在现代国家的眼中，这种家族本位、伦理本位、身份本位的社会形态当然与现代性对个人自由平等的承诺相抵牾。然而，更重要的或许是家族基于血缘对家人所行使的准司法性权威和所提供的生存照顾形成了与国家机构分庭抗礼的权力机制。所以，现代化必然首先意味着家族关系的瓦解。国民党对此心知肚明，爱斯嘉拉也洞若观火：“家庭法和继承法的改革是国民党政治与社会重组方案中的重要一环。党内决心贯彻孙中山总统的遗志，‘用包括了所有家族的人民一体性取代家族一体性的原始观念’。无论是在家庭关系的解除、对个人法律人格的推崇、打压有利于任人唯亲的家族关系，还是性别平等，法典中的规定

---

〔1〕 Ulrich Beck, Wolfgang Bonss, et Christoph Lau, «The Theory of Reflexive Modernization: Problematic, Hypotheses and Research Programme», *Theory, Culture & Society*, 30 juin 2016, vol.20, n°2, p.4–5.

〔2〕 参见黄源盛:《中国法史导论》,广西师范大学出版社2014年版,第90页。

都与这一中心思想紧密相连。”[1]在新时代的曙光初现时，掌握着至上权力的国家作为公共生活的唯一组织者登上历史舞台，家族必须黯然退场。

爱斯嘉拉真正的疑问是这种社会权力的交接仪式能否通过法律推动。在他看来，国家的命令能得到服从，并不是因为它们与已经建立起的政治权威相连，而是因为它们和人民对良好社会秩序的期待相符。[2]不管他对中国传统民商事习惯的了解是否准确，爱斯嘉拉多少带着欣赏的目光看待中国传统社会，也意识到了自诩为现代性之代表的国民政府已经立志在建立一个新秩序之前先破坏那个旧秩序。作为新秩序之思想基础的“三民主义”，虽然和儒家、法家等传统思想有相通之处，却最终是一个政治性的概念。在此理念驱使下的立法工程虽然自1928年以来不断推进，但是“主权者的法律”在整个国家的社会生活中并未有明显的影响。“现代中国法学家仍然拒绝把法律规则视为法家或欧洲法所想象的那种严格的抽象体系。他们发现，在最近二十年世界法律实践的发展中，有太多的例子让人怀疑法律并不具有独立维持国际与国内秩序的内在价值。……真的可以有一种法律与司法体制，在不考虑道德价值感和公平的情况下存在吗？”[3]面对立法者对良好社会秩序的想象与社会成员对良法善治的集体想象之间的巨大鸿沟，爱斯嘉拉显然无法像他的雇主那样乐观。

相反，国民政府则踌躇满志，试图用法典为现代性披荆斩棘。国

[1] Jean Escarra, *Le Droit chinois*, Paris, Vetch, 1936, p.182-183.
[2] Jean Escarra, *Le Droit chinois*, Paris, Vetch, 1936, p.80-81.
[3] Jean Escarra, *Le Droit chinois*, Paris, Vetch, 1936, p.80.

民政府在理解现代性时未必有社会学家那样的理论洞察力，也未必能准确阐述现代化口号下的政治动员和社会改造的目标。但无论如何，社会的领土化、个体化、产业化、增长性、理性化、功能分化是任何现代化议程都会以不同程度和样态实现的结果。创造现代性无非意味着创造出适合这些假设的社会关系。无论是在20世纪初的中国、19世纪末的日本和俄国，还是在18世纪的法国和17世纪的英国，这项计划都意味着消除旧有的社会关系，并以新的社会关系取而代之。为了实现现代性的计划，一个强大的国家必不可少。关于此点，贝克和其他的社会学家语焉不详，正在实现法典编纂的国民政府则了然于胸。包括《中华民国民法典》在内的法律和法学也就成了诸多可以动员的手段之一。于是，在《中华民国民法典》编纂过程中，国民党中央为起草委员会提出了一系列立法指导原则。针对《中华民国民法典》的五编，国民党分别给了19条、15条、15条、10条、9条指导原则。就连民商一体的立法体例，也来自政治考虑——为了统一广袤的共和国、在人民之间创造更强的社会连带，国民党认为不应该再创造一个原来不存在于中国的独立商人阶级。〔1〕

所以，民国时期的法典编纂进程自始至终掌握在政府手中，体现的是国家的权力意志而非社会的自生自发秩序。它并不像历史法学所构想的那样，由法学家提炼民族精神的要求，并用来自罗马法的形式技术将其整理成精确表达的法律规范。〔2〕一旦法典编纂脱离了法学家

---

〔1〕 Jean Escarra, *Le Droit chinois*, Paris, Vetch, 1936, p.175.

〔2〕 关于历史法学的法典编纂方案，参见舒国滢：《法学的知识谱系》，商务印书馆2020年版，第785-886页。

的全面掌握，以潘德克吞式方法提取公因式形成总则、统率各编的理想就只是痴人说梦了，其结果也自然很难确保内容协调一致、结构严谨科学。[1]虽然经过了长达三十多年的旧惯调查，但是民国法典编纂的经历仍然如世界主要法典编纂时所发生的一样，展现为不同政治立场相互竞争，最终实现现代成文法对传统习惯法全面替代的过程。亲法的“断行派”和亲德的“延期派”之间的纷争支配了《日本民法典》的编纂，巴伐利亚和普鲁士之间、自由的工商业和保守的教会之间的争论把《德国民法典》变成了一个“浇铸不匀的、无法宣告新世纪到来的钟”，[2]更不用说拿破仑对《法国民法典》那早已人尽皆知的重要影响了。

然而，爱斯嘉拉和他同时代人所不知道的是，一个秩序是否“自生自发”形成对于讨论这个秩序本身并无助益。法律秩序不可能仅仅因为“从真理中推导出的神秘力量推动下缓慢而确定地形成，似乎不需要经历斗争的痛苦，就连寻找的努力都不需要”。[3]萨维尼犯下了双重错误，因为不但法律无法在不经历斗争的痛苦下形成，就连语言也往往是斗争的产物。一切社会制度都是给定时空中的行动者交流、互动、合作、斗争、妥协的产物，并为进一步的交流、互动、合作、斗争、妥协创造了新的条件。在这种持续和普遍的互动的意义上，每个个体必须适应由外在于它的所有事物构成的生态系统方得生存；与此同

---

〔1〕 对法典体系化的思考，参见苏永钦：《体系为纲，总分相宜——从民法典理论看大陆新制定的〈民法总则〉》，载《中国法律评论》2017年第3期，第71–89页。

〔2〕 Franz Wieacker, *Privatrechtsgeschichte der Neuzeit : unter besonderer Berücksichtigung der deutschen Entwicklung*, Göttingen, Vandenhoeck & Ruprecht, 1996, p.482.

〔3〕 Rudolf von Jhering, *Le combat pour le droit*, traduit par Alexandre François Meydieu, Vienn, G.J.Manz, 1875, p.4.

时，每个个体又作为其他个体所面对的生态系统的一部分，要求其他个体适应它的存在。任何一个行动者当然可以根据其自身的需要、意志、利益去有意识地改变环境，但是改变的结果不一定如其所愿。所以，每一种秩序同时是自发形成的，又不是自发形成的。作为行动者之一，国家改造环境、要求生活在其领土上的人适应这一新环境的能力，显然不是其他的行动者可以媲美的。

对此，没有谁比福柯说得更清楚。他用“生物权力”(bio-pouvoir)指向把人作为一个物种的基本生物特征变成政治策略之客体的一系列机制。[1]国家成了环境(milieu)的最主要改造者，并因此要求作为物种的人——人口——适应其政治策略。为此，18 世纪以来的现代国家创造出了新的领土，“规训作用于一个空洞的、人造的、完全建构出来的空间中”。[2]这样的空间当然不可能现成存在于任何地方。每一片土地上都有在此生产和生活的人，以及他们在交往中形成的独特社会关系。现代国家的建设意味着创造出一种关于均质国土的想象，让每一片领土变得空洞，前提就是消灭或无视当地原有的多样性和个性。除均质的领土外，19 世纪的法典化进程还创造出了空洞的时间、抽象的人、中立的行为。在这一系列建构之下，一切有机的社会连带最终消失于无形，每个人都必须仰赖于一个地上无人比他更有权势的国家——霍布斯意义上的利维坦，以期获得安宁和防卫。

---

〔1〕 Michel Foucault, *Sécurité, Territoire, Population-Cours au collège de France.1977–1978*, Paris, Le Seuil, 2004, p.3.

〔2〕 Michel Foucault, *Sécurité, Territoire, Population-Cours au collège de France.1977–1978*, Paris, Le Seuil, 2004, p.23.

二、面对国家理性的传统

任何法律移植想要成功，必须同时移植法律制度赖以良好运行的社会关系。当国民政府模仿欧洲现代立法例编纂制定一系列法典时，它也必须同时移植19世纪欧洲法的一系列想象。在19世纪的法学想象中，平等而独立的个人孤独地面对荒芜的大地，时间流逝却不会带来变化，千里之外和咫尺之遥的风景一般无二，无限的自然预示着无限的增长。至于这样的现代化方案是否会变成新瓶装旧酒，非无疑问。爱斯嘉拉也意识到中国的法官喜欢羁押当事人的做法本身也植根于传统文化中认为诉讼破坏了自然秩序的观念。〔1〕从我们的后见之明来看，中国社会的现代化当然还需要几十年的光景，而且也并未一五一十地展现出西方社会理论家所建构出的理想类型。〔2〕无论如何，民国时的民法典编纂和其他政治运动一样，不失为现代国家的啼声初试。一个就要摧毁各种社会中间组织，把个体公民从他无法选择的等级秩序、身份关系中解放出来的国家正在出现。一个同时作为守夜人、解放者、保护者的现代国家正在走上历史的舞台。

爱斯嘉拉有时也表达出了对这种现代化背后之动力的不解：

> “有些人告诉我，国家接受一种罗马式的法律概念是列强废除他们赖以牟利之治外法权的必要条件。可在我看来，治外法权只是一个无关紧要的问题，为了解决它而彻底改变

〔1〕 Jean Escarra, *Le Droit chinois*, Paris, Vetch, 1936, p.453.

〔2〕 从法律视角展开的长时段探讨，参见王人博：《1840年以来的中国》，九州出版社2020年版。

中国的法概念非常危险。‘条约列强’总能以最符合其自身利益的方式行事。对于在司法领域肩负重塑中国之重担的人物而言，他们必须了解彻底抛弃儒家思想是否真的可能、真的值得，以及欧洲的法律概念在新的制度所处的位置。”[1]

一方面，中国的法律精英用治外法权之撤废为法律的全盘西化背书；另一方面，爱斯嘉拉担心鼎革儒家传统可能让新的法律无法实行。其实，虽然开启现代化进程的因素可能来自外部，然而一旦齿轮开始运转，生物权力的效应必将随着时间的流逝创造出适应新社会的新人。

或许正是在爱斯嘉拉这名中国传统的现代仰慕者笔下，现代国家的理性得到了最为清晰的展示。他虽然认为习惯和传统文化对于法律的实践至关重要，却时时寄望一个强大的国家纠正那些他眼中的错误。比如，他认为中国法学院的分布极不平衡，一些大城市中有多个相互竞争的学校，另一些地区则一所学校也没有。这种安排不利于为政府提供智力支持，所以国民政府应该采取措施重新安排公立法学院的地理分布。[2]至于私立法学院，政府则要颁订严格的评估审查措施，并且采取严厉的措施关闭那些不合格的学校。[3]爱斯嘉拉还提议国民政府效仿法国建立统一的教授资格考试体制，换言之，由政府完全主宰对学术资格的考核。[4]而且，还必须禁止同一个教授在多个高校教

---

〔1〕 Jean Escarra, *Le Droit chinois*, Paris, Vetch, 1936, p.84.

〔2〕 Jean Escarra, *Le Droit chinois*, Paris, Vetch, 1936, p.458.

〔3〕 Jean Escarra, *Le Droit chinois*, Paris, Vetch, 1936, p.459.

〔4〕 Jean Escarra, *Le Droit chinois*, Paris, Vetch, 1936, p.459.

课的做法。[1]在课程安排上，爱斯嘉拉主张只讲授那些已经形成严格体系的部门法知识，开设宪法、国际公法、政治经济学和社会科学的课程时要尤为小心，因为学生把时间浪费在这些课程上却学不到什么关于法律的知识。[2]相反，历史类的课程却非常必要。在他看来，中国法学院大量使用外国教科书、讲授外国法只会让学生对本国法律与社会的发展一无所知。所以，他认为必须加强法制史和关于中国古代文明的教学，让学生了解到古代法律与法学的发展历程。[3]而且，国家只应该派那些深入了解中国古今法律和法文化的学生、学者出国进修。[4]

简言之，国家必须有能力垄断法学教育，乃至法学本身。爱斯嘉拉认为中国传统法律中重视情理之平的实质因素仍远远多于技术性的建构："在中国的法律体系中，不同形式的现实在数量上远远超过法学家的建构。如果说从世界法学的发展来看，由人的意志所创造的建构概念日渐增加，以至于与现实的因素等量齐观，这一现象在中国仍非常有限。"[5]然而，在他的法学教育规划中，很难说明为何法学院不能通过统一的教学安排传授技术建构占据支配地位的西方法学。特别考虑到国民政府当时的需要，似乎更合理的推测是法学教育的集中和同一只会让法学更具有抽象的色彩，成为改造而非适应社会生活的力量。

爱斯嘉拉大力推崇的民事习惯调查则更能揭示现代国家对知识

[1] Jean Escarra, *Le Droit chinois*, Paris, Vetch, 1936, p.460.
[2] Jean Escarra, *Le Droit chinois*, Paris, Vetch, 1936, p.460.
[3] Jean Escarra, *Le Droit chinois*, Paris, Vetch, 1936, p.462.
[4] Jean Escarra, *Le Droit chinois*, Paris, Vetch, 1936, p.463.
[5] Jean Escarra, *Le Droit chinois*, Paris, Vetch, 1936, p.70.

的渴望。爱斯嘉拉认为民法典编纂必须以习惯法汇编为基础："民法使收集习惯的必要性显现出来。按西方模式编撰民法和将习惯视为排在法律之后的法的辅助性渊源，二者同时发生。因为民法本身被视为教育工具，所以习惯的汇编作为此种法学教育的实践成果而出现。"[1]然而在实践中，东亚的民事习惯调查恰恰和西欧的习惯法整理编纂一样，取消而不是增益了习惯的力量。根据巩涛（Jérôme Bourgon）的考证，中国和日本关于法律和习惯之间关系的表达最早由穗积陈重从德国引入，特别得益于他1878年的第一部著作《习惯和法律》。这部作品以历史法学为依托，把潘德克吞学派关于欧洲法律进化的一套观念以非常抽象和晦涩的方式引入日本，并按照日本帝国的政治需要量体裁衣，指明了日本自古代就处于统治地位的神权朝代之正统性，并由此构建出了现代日本作为一个民族国家与其传统的延续性。他接受了历史法学派关于法律是人民历史之产物的说法，把法表达为存活于法学家必须加以理解和表达的"信念"和"人民的精神"中的产物。因而，法律在本质上是习惯性的，习惯同时构成了它的来源和它的活力源泉。[2]随后，在黄遵宪和梁启超等旅日学者的传播下，对"习惯法"的日本式理解开始在中国的知识精英中传播。[3]20世纪初，在刑部受过训练并或多或少有过留日经验的年轻官员接过起草新法律的重担

---

〔1〕 Jérôme Bourgon, «Le droit coutumier comme phénomène d' acculturation bureaucratique au Japon et en Chine», *Extrême-Orient*, *Extrême-Occident*, 2001, vol.23, n°23, p.125–143.

〔2〕 Jérôme Bourgon, «Le droit coutumier comme phénomène d' acculturation bureaucratique au Japon et en Chine», *Extrême-Orient*, *Extrême-Occident*, 2001, vol.23, n°23, p.125–143.

〔3〕 Jérôme Bourgon, «La coutume et le droit en Chine à la fin de l' Empire», *Annales*, 1999, vol.54, n°5, p.1073–1107.

后，他们在日本法学教授的建议和指导下开始了工作，一边起草法典，一边开展习惯收集的工作。

巩涛进而提出了一个问题：为何仓促进入现代化进程的国家投入如此多的时间和资源去做必将无法成为现代法治一部分的习惯调查？他从官僚机构的建立和知识共同体的形成两方面作答。从前一个角度说，在满足西方导师之预期的表面之下，习惯调查其实以国家现代化工程的方式展开，把人口普查、登记、土地的测定及估价、关于民众生活质量和卫生状况的统计等曾经处于前现代国家行政管理范畴之外的知识纳入视野，于是一个新兴国家的统治轮廓也就逐渐呈现。"习惯法是行政知识之欲的旗帜，标志了探索现代国家形式的第一次的冲动。"〔1〕而从第二个角度说，在西方受教育的新式精英和接受传统律学训练的旧式精英通过习惯调查实现和解。在新式精英主导的历史法学派方案下，习惯成了建设民族国家的基础，也成了法律应当表达的实质内容，根据新观念的蓝图组织旧的要素也就成了现代国家法学知识的构成方式。〔2〕

第四节　结　语

自 18 世纪以来，习惯一直是关于法典的讨论中的一个重要议题。

〔1〕 Jérôme Bourgon, «Le droit coutumier comme phénomène d' acculturation bureaucratique au Japon et en Chine», *Extrême-Orient, Extrême-Occident*, 2001, vol.23, n°23, p.125-143.

〔2〕 Jérôme Bourgon, «Le droit coutumier comme phénomène d' acculturation bureaucratique au Japon et en Chine», *Extrême-Orient, Extrême-Occident*, 2001, vol.23, n°23, p.125-143.

可以说法典编纂的工作恰恰始于对习惯法的整理。罗马法的形式理性和构造技术为当代法典提供了工具和外观，而习惯法则为第一批法典提供了质料。正如我们在关于宝道的篇章中也可以看到的那样，这种法典编纂的步骤和模式也成了一种普遍的范式，由那些肩负各国法制现代化的欧洲学者带到世界各地。所以，我们应该不难理解为何爱斯嘉拉也对中国的法律传统赞誉有加。然而，爱斯嘉拉对中国传统法的理解是否精准暂且不论，他对习惯与法典编纂之间关系的理解过于简单和浪漫了。在世界的各个角落，法典的出生证明也是习惯的死亡证明。写入庄严法典的习惯法规则从此丧失了与一个具体地域、一群特定人口的联系，也丧失了在活色生香的社会实践中不断发展的动力。它同时失去了赖以存在的空间、时间和人群，从山中的野百合变成了殿堂里的标本。在习惯的废墟之上，崛起了无所不能、无所不知的现代国家。现代化在把个人从传统和等级秩序中解放的同时，也切断了通过更小的共同体提供安宁、和平、生存照顾所必不可少的社会连带。一套新的生物权力技术就此改造了人这一物种所生存的生态环境。物竞天择，适者生存。那些不能适应现代国家治理的人最终与习惯一样，只能在博物馆的展柜中找到一席之地。

习惯已死，习惯万岁。

第八章

现代性的铁腕：王伯琦

在参与中法法律文化交流的各位冰人中，王伯琦代表了迫切希望用先进立法改革传统社会的一类人。马建忠关心的更多的还是如何建立现代的行政和财政制度。他虽然译介《法国民法典》，但没有证据表明他相信那些与我国传统大相径庭的制度真的可以成为法律改革的样本。宝道固然认为中国在经过晚清和民国初期的制度变革后已经有了现代的法律体系，却明确表示这些源于西洋的新规则很难在中国得到普遍适用，必须经过漫长的适应期方能真正进入人们的生活。经宝道介绍来华的爱斯嘉拉甚至带着多少有些伤感的怀旧情绪批评国民政府希望用西方的法律和法学取代中国法律传统的想法。然而，当时间来到 20 世纪 40~50 年代，当宝道和爱斯嘉拉讨论并参与编纂的一系列新法典已经陆续生效并在司法实践中经过十多年的解释、适用、修正乃至误读之后，当王伯琦在短暂的从政生涯后终于在学界立足时，他看到的是一个完全不一样的时代。领事裁判权已经在第二次世界大战之后陆续撤废，国民政府也已经基本完成了纸面上的法制现代化。然而，在社会生活中，国民政府曾经提倡的各种进步观念仍常常让位于旧风俗，甚至司法判决也常常让先进的立法屈从于落后的传统。似乎宝道和爱斯嘉拉的预言正在实现。正是在这一语境中，王伯琦提出：必须彻底接受西方法学传统，从而把现代立法中的种种观念通过严格文义解释和逻辑推演的方式贯彻在社会生活的方方面面。

1909年，距离结束中国两千年帝制的辛亥革命爆发还有两年，王伯琦出生在江苏宜兴和桥镇，距离马建忠的老家丹徒仅100多公里之遥。在以爱国主义和共和主义教育闻名的上海民立中学，王伯琦接受了以西方模式为蓝本建立的中等教育。他的法学教育开始于著名的“中国比较法学院”东吴大学，当时的教务长正是后来王伯琦所极力反对的吴经熊。1931年，年仅22岁的王伯琦在姑妈的资助下前往巴黎求学。5年后，他在爱斯嘉拉的指导下完成了题为《民法1384条上过失和受雇人职务的关系》的博士论文。答辩安排在1936年3月17日下午，委员会除作为主席的爱斯嘉拉外，还有对王伯琦影响很深的德莫格和巴黎法学院另一位教授皮卡尔（Maurice Picard）。取得学位后，王伯琦并没有更多耽搁便回到中国。次年，日本开始全面侵华，作为浙江省政府视察的王伯琦因为华东战事吃紧，转而前往重庆任职。1939年，他从云南大学开始自己的学术生涯，后转到中山大学，最后迁台，落脚于台湾大学。虽然他也曾短暂出任过“教育部”和“司法行政院”的参事职位，王伯琦最终意识到学术界才是更适合他发展的土壤。尽管他作为年轻一代的民法学者，并没有史尚宽等前辈参与法典编纂的经历，他还是受到了学生的爱戴。只是命运并没有给他留下太多的时间。1961年，年仅53岁的王伯琦因肺病去世。[1]

---

〔1〕 参见王启中：《王伯琦先生生平》，载王伯琦：《近代法律思潮与中国固有文化》，清华大学出版社2005年版，第3-4页。

当不到30岁的王伯琦开始其政治—学术生涯时，他以法律社会化运动健将的面貌进入学说场中。就在他发表的第一篇论文中，王伯琦就宣称："时至今日，社会情形剧变，人事之繁，几使个人在此社会中，无独自张立之余地。而一切事物之处置，乃亦不得不以整个社会为出发点及归宿点。社会学说，在今日之高潮汹涌，其亦所谓适合社会情形者欤。"〔1〕他还进一步强调社会主义在中国的天然正当性："吾国立国的主义是国父的三民主义，而三民主义是集社会主义的大成的。所以，我们中国的法制应当是一种社会主义的法制，自属当然。"〔2〕此后，当他回忆起庞德告诉他"希望中国有几部像Planiol那样的著作时"，他还记得自己当时十分不以为然，因为"泼氏的民法著述，在法国确有极大的权威，不过他的思想是正统的《拿破仑法典》思想，个人主义色彩甚重，譬如，他对权利滥用、无过失责任等理论，一概处于反对地位"。〔3〕

然而，他此后大部分关于法学理论的作品都把批判的矛头指向了中国传统法文化。换言之，王伯琦要反对的正是他的两位老师——吴经熊和爱斯嘉拉。吴经熊主张，晚近西方的法律思潮已经几乎与我国传统无异，爱斯嘉拉则更认为法律现代化的过程完全没必要除去传统法律论证方法和法律规范。相反，王伯琦则坚持要用现代法典的概念和西方法学的方法去彻底改造我国的司法实践和传统社会。亚里

〔1〕　王伯琦：《法国社会学说在契约方面之最新趋势》，载《中华法学杂志》1936年第2期，第1-15页。本书作者依今日习惯重新句读。

〔2〕　王伯琦：《法国社会学说在契约方面之最新趋势》，载《中华法学杂志》1936年第2期，第1-15页。

〔3〕　王伯琦：《近代法律思潮与中国固有文化》，清华大学出版社2005年版，第78页。

士多德确实说过“吾爱吾师，吾更爱真理”。可是，中国文化却不提倡学生反对老师。他究竟为何如此激烈地批判自己老师的主张？答案除王伯琦自身的进步主义思想外，也需要在他写作的时代背景中寻找。

第一节　天衣无缝还是盛夏狐裘

关于中西法律文化之间的关系，王伯琦和吴经熊曾分别有过极为精妙的比喻，二人最有名的一次交锋也莫过于此。吴经熊在评价《中华民国民法典》时曾经有过一番高论：“此后中国已为一个有民法典的国家了，这是在法制史上何等重要、何等光荣的一页！但是，我们试就新民法从第一条到第一二二五条仔细研究一遍，再和德意志民法及瑞士民法和债编逐条对校一下，倒有百分之九十五是有来历的，不是照章誊录，便是改头换面！……我们《民法》虽然大部分以德、瑞民法作借鉴，也不能不问底细地就认为盲从……俗言说得好，无巧不成事，刚好泰西最新法律思想和立法趋势，和中国原有的民族心理，适相吻合，简直天衣无缝。”〔1〕在吴经熊看来，之所以借鉴外国立法未必丧失民族性，主要是因为欧美各国在19世纪盛行的自由主义、立法至上主义已经让位于社会连带主义和强调法律之伦理品性的自然法思想了。时隔二十余年，王伯琦就针对吴经熊的“天衣无缝”说提出了自己的反驳

〔1〕　吴经熊：《新民法和民族主义》，载吴经熊：《法律哲学研究》，清华大学出版社2005年版，第171-176页。

意见："迨及1929年至1931年新《民法》陆续制定施行，西洋法律的道德化，正式炽烈风靡之时，与吾国传统的法律与道德累世同居的情形，不谋而合，所谓天衣无缝，并非过言。不过这件天衣虽是无缝，但是件狐裘。西洋的时季已届隆冬，体质已剩了点皮骨，穿上这件狐裘，非常舒适。我们季候乃是盛暑，体质亦浮肥不堪，穿上了这件狐裘，看来虽是漂亮，终不免觉得发燥。"〔1〕

可见，吴经熊和王伯琦评价的都是1930年《中华民国民法典》和当时西洋法学理论发展之间的异同。他们在"是什么"这个问题上几乎没有区别，对于"怎么看"却给出了完全不同的评论。吴经熊和王伯琦都同意20世纪前期的欧洲法学确实经历了社会化的浪潮和自然法的复兴，也都同意当代法学已经放弃了纯粹依靠概念分析和形式逻辑推演的方法。法国法学可以作为当时各国法学的一个样本，至于这社会化、自然法复兴、法学方法革新等潮流在法国法学中的来龙去脉，本书在第二章已经作了详细的介绍，此处不必赘述。甚至他们也都同意染上了一些社会本位倾向、道德教化色彩的法学思潮与中国传统法律文化有相似之处。然而，至于这种表面上的相似到底是否意味着我们可以主张继续用传统的方法和思维去适用新的规范，二人则截然对立。

吴经熊不但在20世纪30年代风头无两，在所有的汉语法学家中也是响当当的人物。田默迪认为："以中国古典法及其有关法律资料的选辑来作他法学作品的开端，他很乐观地描写法律的运用早就有

〔1〕 王伯琦：《近代法律思潮与中国固有文化》，清华大学出版社2005年版，第49页。

了很高的水准，又有各式各样的法学理论。根据他的叙述，中国早就具有和近代西方重要法学派类似的学派，而正好固有的法学观念很接近近代西方的观念。”[1]然而，不同观念的对比，除要注意地域之间的差异之外，时代的差异也很重要。吴经熊为了得到他关于中西近代法学天衣无缝的说法，有意强化了19世纪和20世纪在欧洲法学上的对立，却淡化了现代中国和传统中国之间的差别。比如，在“打倒形式主义法学”方面，似乎20世纪的欧洲法学不但截然不同于19世纪的欧洲法学，而且还要把后者无情地打得落花流水。[2]我国不仅过去反对个人主义，而且现在也“是讲三民主义，而不是讲个人主义的”，似乎国父的主义与中国传统一脉相承。[3]当然，“思想追求真理，实践选择策略”。对于吴经熊这样在政学二界之间游刃有余的人在具体语境中进行的话语实践，不能从命题真伪，而要从行动逻辑的角度理解。从现实行动看，吴经熊并非意识不到当时的社会事实与法律规则之间的脱节。相反，他可能早已了然于胸，却曲为沟通，从而让人们对新法制的希望，不至于泯灭于“作为应然的‘西方’与不得不面对的呈现为实然的中国的恩恩怨怨”。

王伯琦则正好相反，他虽然也是法律社会化的倡导者，却一再强调西方法文化之间的延续性、现代中国法制与既有传统之间的断

---

〔1〕［奥］田默迪：《东西方之间的法律哲学——吴经熊早期法律哲学思想之比较研究》，中国政法大学出版社2004年版，第192页。

〔2〕参见吴经熊：《六十年来西洋法学的花花絮絮》，载吴经熊：《法律哲学研究》，清华大学出版社2005年版，第211-228页，原刊于1933年。

〔3〕吴经熊：《中国新旧法制在哲学上之基础》，载吴经熊：《法律哲学研究》，清华大学出版社2005年版，第66-70页，原刊于1934年。

裂。彼时学人普遍认为中国古代法律特别着重于家族及阶级。[1]王伯琦也遵循这条路子，并强调现在的社会主义与古代的家族本位不可同日而语，因为当世民法已经摧毁种种不平等的观念，代之以个人平等的理念："至于我们的现行法律上，则充满了个人独立人格观念，而且可以说，抽取了这一独立人格观念，我们的现行法律制度整个必然垮台……这是中国四万万五千万的'人'，这是国本之所以立的'人'，亦就是民族主义的'民'，民权主义的'民'，更是民生主义的'民'。这个'人'字的精义倘不予以发扬，我敢说三民主义不会有真正实现之日。"[2]如此说来，共和国所立法律皆以"三民主义"为根本固然不错，"三民主义"和社会主义有相通处也不错。[3]但这"三民主义"，非经个人主义不得实现。职是之故，成文法的胜利，也即意味着成文法背后的个人主义精神的胜利。王伯琦进一步反对那种把传统文化的家族本位和三民主义的社会本位混为一谈的说法："因此亦有人认为我们的社会所以如此之乱，由于固有礼教秩序之破坏，破坏礼教秩序者，是现行法制。这总算是明眼人看出了现行法律秩序与吾国固有伦常秩序有所不同，不过问题是在现行法律订于北伐初成之际，三民主义的意识极浓，当时立法诸君子，无不兢兢于贯彻三民主义之最高立法原则……谓其非三民主义之立法，未免冤枉，谓为破坏固有礼教秩序，乃属确论。因此在保全三民主义立法与维护固有礼教秩序之间必须有所抉择。"[4]所以，在王伯琦笔

---

〔1〕 瞿同祖：《中国法律与中国社会》，中华书局 1981 年版，第 386 页。
〔2〕 王伯琦：《近代法律思潮与中国固有文化》，清华大学出版社 2005 年版，第 77 页。
〔3〕 参见［法］路易·若斯兰：《权利相对论》，王伯琦译，中国法制出版社 2006 年版。
〔4〕 王伯琦：《近代法律思潮与中国固有文化》，清华大学出版社 2005 年版，第 76 页。

下，希望让“三民主义”与传统文化暗通款曲的做法最终只会让革命的成果付之东流。通过革命所确立的法律原则如果不能彻底破坏礼教秩序、不能真正成为社会中的行为规则，那么革命本身就难谓成功。

在方法上，王伯琦则赞成他的另一个老师爱斯嘉拉的看法，认为西方法学强调精确的概念分析，相比之下中国法学更重视的不是概念和形式逻辑本身，而是实质的分配结果，在方法上也更注重类比。在他看来，现代法学的特性在于确定性、普遍性和一致性，所以“法律是归一的、抽象的、普遍的、客观的，方法要运用逻辑”。〔1〕逻辑在中国传统思想中并非没有，只是没有发展成为一门学问。我国传统强调的是“从来不用智慧去求理解，而是用实践的方法去体会”的明理。〔2〕他举“大法官会议”认为养子女与婚生子女“原无生理上之血缘关系”，因为不受“民法”第 983 条第 1 项第 3 款规定的限制，说明法律推理追求逻辑上的严谨。作者还强调：“倘以我们的固有观念来讲，养子女与婚生子女结婚既是普遍的存在，就是一种自然秩序，没有通不通的问题了。我们中国人对事物之理之认识，所以能灵活变通，其故在此，法学之不能发达，其故亦在此。”〔3〕

---

〔1〕 王伯琦：《近代法律思潮与中国固有文化》，清华大学出版社 2005 年版，第 109 页。
〔2〕 王伯琦：《近代法律思潮与中国固有文化》，清华大学出版社 2005 年版，第 105 页。
〔3〕 王伯琦：《近代法律思潮与中国固有文化》，清华大学出版社 2005 年版，第 106 页。

第二节　正本清源还是主动扬弃

吴经熊最遭王伯琦诟病的是他六经注我式的引申。吴经熊用极其自信的语调，满不在乎地把各种格格不入甚至针锋相对的观念熔于一炉。其中最为典型的是他对自然法的态度。吴经熊把自然法复兴与我国不重视成文法的传统等量齐观，所以才得出了二者天衣无缝的结论。特别是在对惹尼的解释上，吴经熊认为“惹尼把那传统的立法一元论批评得体无完肤”。[1]他进一步把惹尼与德奥自由法学派的倡导者相提并论。[2]实际上，虽然这一等式在当时的整个东亚法学界都很流行，惹尼自己却避之唯恐不及，十分迫切地希望与德奥自由法学运动划清界限。不仅如此，吴经熊还认为我国以群体、家庭为本位的传统同时又和法律社会主义丝丝入扣，并无扞格。然而，法律社会主义和惹尼所捍卫的那种天主教父权制家庭观念、《法国民法典》中的经济生活秩序恰恰势同水火。所以，吴经熊此时便不再跟着惹尼的思路走了，而是转向他称为“社会工程师”的庞德，主张法学家应该让法律适应社会进步、促进公共利益。[3]自然法借方法论上的转变抑制了欧陆诸法典中的个人主义和自由主义意识形态，转而以社会学说取而代之。坦率地说，吴经熊如此处理，实际上乃是借欧美诸法学家的理论发展了一套自己的法哲学。因为提倡自然法者往往批评社会本位的观

---

〔1〕 吴经熊：《关于现今法学的几个观察》，载吴经熊：《法律哲学研究》，清华大学出版社 2005 年版，第 187-210 页、第 206 页，原刊于 1934 年。

〔2〕 参见吴经熊：《关于现今法学的几个观察》，载吴经熊：《法律哲学研究》，清华大学出版社 2005 年版，第 207 页。

〔3〕 参见吴经熊：《法律哲学研究》，清华大学出版社 2005 年版，第 291 页。

念，而庞德、霍尔姆斯（Oliver Wendell Holmes，Jr）等人又反对自然法。吴经熊游学欧美，加之天性聪慧，对西方各国的法学名家和各派理论都熟稔于心，这点无法否认。〔1〕而他对德法英三种语言的著作信手拈来、如数家珍，论证的反而就是他自己的主张了。实在地说，如果本书的重点是法律学说的选择性移植，那么，吴经熊无疑应该作为一个核心人物出现，因为他的作品最为生动和直接地体现了移植者在社会网络中的位置如何决定着他对外国理论的转译，也恰如其分地展现了一个中国知识精英通过对外国理论的转述到底能做些什么。

站在20世纪60年代前的椰林海风中回望前辈学人留下的文字，同样熟悉第二次世界大战前各种西方法学流派的王伯琦当然可以轻易看出吴经熊对自然法和社会化的曲解，也当然不会放过以正本清源的姿态提出自己的见解。他强调，自然法的复兴在方法上确实主张成文法有所欠缺，但仍然维持成文法的权威和在法律解释与适用中无可争议的优先地位，而在价值上则是以保护个人自由为目的的。至于种种社会本位的主张，无非是对过于极端的个人主义矫枉过正，绝非要抛弃个人的理性和自由。不难看出，王伯琦所强调的正是他的前辈有意忽视的。针对吴经熊关于自然法复兴令成文法不再重要的意见，王

---

〔1〕 吴经熊曾列举他认为能跻身“名家”行列的法学家：Rudolf von Jhering（1818~1892），Joseph Kohler（1849~1919），Rudolf Stammler（1856~1938），Eugen Ehrlich（1862~1922），Raymond Saleilles，François Gény，Léon Duguit（1859~1928），Maurice Hauriou（1856~1929），Charles de Tourtoulon（1836~1913），Max Huber（1874~1960），Cesare Lombroso（1835~1909），Wurzel，Henry Maine（1822~1888），Sir Frederick Pollock（1845~1937），Richard Haldane（1805~1877），Wendel Holmes（1841~1935），John Wigmore（1863~1943），Rosco Pound（1870~1964），Benjamin Cardozo（1870~1938）等人。在上列法学家中，除Charles de Tourtoulon和Richard Haldane之外，均当得一流法学家的称号。然而，不必讳言的是，吴经熊所列举的法学家恰好是各国法学家中常常参与国际交流者（Hauriou是个例外）。他似乎先验地把国际化的学人认为是一流的学者。这一点认识在当时并不成立，到现在似也未必成立。

伯琦强调："但是我们莫误会惹尼把成文法的权威打倒了，据我看来，恰恰相反。在他讨论到成文法的解释时，特别注重立法者的意思。"〔1〕他继而指出，惹尼对德奥自由法运动所持的是批判的态度，而不像吴经熊所说可以等而观之。〔2〕若是探究复兴于19世纪末的自然法思潮的价值内核，则会发现所谓复兴，即是对理性的重新重视，虽然不再如17世纪以降的自然法那样以个人自由为法律的唯一目的，却仍以人的理性和自由为最重要的前提。只有在此前提下，西方私法制度中的基本原则才能解释得通。〔3〕所以，在王伯琦的视域中，吴经熊的解读实则是对自然法复兴运动的扭曲。

至于法律社会主义或者社会化运动，王伯琦则强调其与西方伦理学正义传统一脉相承的关系。1956年，借梅仲协译《狄氏宪法精义》重刊之契机，王伯琦乃于《法学丛刊》撰文探讨狄骥的实证主义。〔4〕在文中，王伯琦特意强调了狄骥——以及其他社会连带学派拥护者——思想中正义观念的重要性："所以仅就客观事实观察而得到的

〔1〕 王伯琦：《惹尼的解释成文法》，载王伯琦：《近代法律思潮与中国固有文化》，清华大学出版社2005年版，第266-280页、第268页，原刊于1960年。

〔2〕 参见王伯琦：《惹尼的解释成文法》，载王伯琦：《近代法律思潮与中国固有文化》，清华大学出版社2005年版，第277页，原刊于1960年。

〔3〕 "所谓理性主义复活了，亦不过是说自然法中关于群律的一方面又被重视了，所谓重视，亦仅是取得其应处的地位而已，并非把个人打倒了。从实言之，脱离了理性无从谈自然法，理性既是人性，脱离了个人还有什么理性及自然法可谈！所以非但个人未被打倒，而且仍然是现代法律制度的中心。除非把理性扫出法律制度之外，否则始终不能不有独立的个人观念，从而亦不能不有自由平等人格等附随于人性的观念。不过人是社会的动物，必须参与社会生活，自然法中互助传授等有关群律的一部分，亦应当予以重视，20世纪以来法学家及立法司法者的努力，亦不过在此而已。"王伯琦：《近代法律思潮与中国固有文化》，清华大学出版社2005年版，第50页。

〔4〕 "最近梅仲协先生所译《狄氏宪法精义》重刊问世，国人对于狄氏学说，可以得一较有系统的影响，裨益士林，当非鲜浅。"王伯琦：《狄骥的实证主义》，载王伯琦：《近代法律思潮与中国固有文化》，清华大学出版社2005年版，第250-264页。

结论，不能成为行为的规范。必须在客观的事实上加以善恶的标准。这样的事实，方能成为我们行为的准绳。善恶的标准是什么？曰，正义（justice）是矣。所以客观事实必须与正义观念相结合，方才可以产生行为的规范。因为既讲到行为，必须牵涉到人的意志，既讲到意志，必须有自我，既讲到自我，必须有理性，既讲到理性，必须包含正义。这是十七八世纪自然法里颠扑不破的基本原则，连带主义者仍没法跳出。”〔1〕如此说来，狄骥所倡之社会连带法学，与理性主义自然法传统之间的关系更像是一种传承而非反动。至于其最终落脚于附和梅仲协所谓“狄氏虽自命为实证主义者，实则其法律思想，一以自然法为归宗”，乃至将整个连带学派视为自然法之滥觞，则更值得重视。

然而，值得进一步追问的是，王伯琦真的就原原本本地把惹尼和狄骥的理论介绍到中国了吗？他难能可贵地留意到了狄骥晚年的转型，却似乎也有意淡化了惹尼和狄骥的对立。惹尼和狄骥长达数十年的争论，〔2〕在王伯琦笔下全然不见踪影。〔3〕至于他认为雷纳（Georges Renard）、惹尼和狄骥三人均师法阿奎那（Thomas Aquinas），趋向自然法的准则，对谙熟法国法律思想谱系者而言，更是匪夷所思。与雷纳

〔1〕 王伯琦：《狄骥的实证主义》，载王伯琦：《近代法律思潮与中国固有文化》，清华大学出版社 2005 年版，第 250-264 页。

〔2〕 仅需举出惹尼作品中全部或者部分讨论狄骥的几篇，便可明了两人之间的巨大张力：François Gény, «Études de droit public par Duguit», *Revue critique de législation et de jurisprudence*, 1901, vol.30, p.502-509; François Gény, «La nécessité du droit naturel», *in Science et Technique en droit privé positif*, Paris, Sirey, 1924, vol.IV/IV, p.213-265; François Gény, «La notion de droit en France», *Archives de philosophie du droit et de la sociologie juridique*, 1931, vol.1, n°1, p.9-41.

〔3〕 王伯琦本人也更推崇惹尼的思想，专门著书探讨之，只是不知何故，未能刊行：“关于惹氏学说全面的介绍，笔者已完成了一本稿了，最近可望与读者见面。”见王伯琦：《惹尼的解释成文法》，载王伯琦：《近代法律思潮与中国固有文化》，清华大学出版社 2005 年版，原刊于 1960 年。

和惹尼二位总体而言一以贯之地坚持自然法的学者不同，狄骥直到晚年（1920年）才承认自然法的重要性。虽然这一转变为王伯琦所津津乐道，它却更像是对第一次世界大战这一前所未闻之惨祸的反应，而非狄骥思想发展的自然结论。不仅如此，吴经熊所说的社会学派主要指的是兴起于美国的庞德、霍尔姆斯等人所代表的主张；而王伯琦所说的，则是以狄骥为代表的社会功能学派。当王伯琦强调西方法学流派之间的共性、渊源和它们与中国传统法律文化的差别时，他其实有意无意也和吴经熊一样，缩小了自然法和社会化运动之间的区别。

第三节　为实证法背书的自然法

不过，无论如何，王伯琦至少在对于实证法与自然法的关系上，看得比吴经熊更加透彻。吴经熊认为自然法的复兴一拳把实证法的权威打倒在地，而王伯琦则和爱斯嘉拉一样，意识到实证法的权威只是相应受到了一些限制，离全面失势还远得很。早在1870年，取得教授资格方满四年、刚刚右迁首都法学院的布瓦泰尔（1836~1907年）便在《自然法基础》中写道："我们把自然法定义为那些在理性看来必须经由外部制裁得以实现的规则之全体。自然法因此表现为实证法的类型，表现为立法者必须实现的理念。"[1]如此说来，自然法当然可以为实证法正名，但也同时蕴含了批判实证法的潜力。这位深受自然哲学

〔1〕 Alphonse Barthélémy Martin Boistel, *Cours élémentaire de droit naturel, ou De philosophie du droit suivant les principes de Rosmini*, Paris, Thorin, 1870, p.4.

和地理学吸引的教授已经委婉地表达了法学家需要依据自然法来研读成文法："如果说立法者因常以自然法为圭臬、受其启发而自己未取得荣耀，法学家也不能停止对自然法的思考。只有这样，法学家方能探求法律的精神，从中找到秩序与原则，与立法者在理念上勾连，并得知文本何时违背了理念。"〔1〕相较于前代逐条评论民法典、小心翼翼地把自己的见解隐藏在对文义的求索中的法学家，布瓦泰尔已经敢于主张法学家不应掩盖立法中不正义的地方了。

但也千万不能认为法学家们都已经做好了直陈实在法之非的准备。与布瓦泰尔几乎完全同时代的著名保守派法学家格拉松，在其《法国法基础》的开篇肯认自然法为"良心所发现而可由社会强制保障的规则，因为它们来自人格的不可侵犯性"。〔2〕可在他的大作行将结束时，对巴黎公社记忆犹新的格拉松却一再向他年轻的读者强调："服从恶法也比激发带来混乱和无政府的反抗要好。"〔3〕只是他在谈自然法不得违背的时候，所构想的是诸如"婚姻不得撤销"一类的法则，〔4〕而在谈"混乱"的时候，想的则是 1870 年前后让法国最终行共和制的局面。在他心中，违背自然法的立法例，毋宁是第三共和国政府所通过的那些具有革命精神的单行立法，如允许配偶因对方过失提起离婚

〔1〕 Alphonse Barthélémy Martin Boistel, *Cours élémentaire de droit naturel, ou De philosophie du droit suivant les principes de Rosmini*, Paris, Thorin, 1870, p.17.

〔2〕 Ernest Désiré Glasson, *Éléments du droit français : considéré dans ses rapports avec le droit naturel et l'économie politique. Tome 1*, Paris, G.Pedone-Lauriel, 1884, p.15.

〔3〕 Ernest Désiré Glasson, *Éléments du droit français : considéré dans ses rapports avec le droit naturel et l'économie politique. Tome 2*, Paris, G.Pedone-Lauriel, 1884, p.554.

〔4〕 Ernest-Désiré Glasson, *Le Mariage civil et le divorce dans les principaux pays de l'Europe, précédé d'un aperçu sur les origines du droit civil moderne, étude de législation comparée*, Paris, G.Pedone-Lauriel, 1879.

请求的立法（1884 年）[1]，等等。其他的保守派法学家在谈到自然法的时候，也难免表达自己对共和国单行立法的愤懑。伯当便批评限制宗教人士从事教育的法律是对公民权和法律面前人人平等之原则的侵犯。[2]

自 19 世纪 70 年代起，法国民法学界便常讨论成文法的权威问题，但是讨论以第一次世界大战为分野，呈现出了非常不同的面貌。第一次世界大战前的重要理论问题一是前工业化社会的民法典如何规制工业化社会的法律关系，二是如何对待激进共和派政府的各项单行立法——这些立法往往悖于保守派人士所认同的价值观。[3]然而，这两个问题恰似一体之两面：如果有可以让法学家（教授和法官）解释法典以使其继续作为社会生活的典范而不落伍的科学，那么，就不需要形形色色的单行立法修正民法典，以民法典已经过时为由主张积极立法的立场也就站不住脚了。

到了第一次世界大战以后，战争造成的一系列经济和政治问题，使国家不干预主义看上去更像是虚幻而非真理。加之此前秉持个人主义和自由主义、仍笃信民法典权威不可动摇的民法学家们要么已经遁归道山，要么已经退出公共教学领域，只剩下已近六旬的惹尼仍笔耕不辍。战争进行之中和战后一系列限制个人处分财产的自由、干预

[1] Loi Naquet du 27 juillet 1884.

[2] Charles Beudant, *Le droit individuel et l'État : introduction à l'étude du droit*, Paris, A.Rousseau, 1891, p.218.

[3] 这些单行立法包括但当然不限于确立免费、世俗的义务教育的一《非力诸法》（Lois Jules Ferry 1881-1882），《重新确立离婚法》（La loi du 27 juillet 1884），禁止某些宗教团体从事教育服务的《社团契约法》（La loi du 1er juillet 1901），《政教分离法》（La loi du 9 décembre 1905）。

价金之给付和契约自由的单行立法如雨后春笋般涌现，信奉社会连带的学派也为自己培养出了更为年轻的继承人。[1]而人们也只能把这些变化接受下来。毕竟，在导致千万人殒命的惨祸面前，仍把自由仅仅理解为不受干预的状态，就显得斤斤计较而不着重点了。尚存的乐观主义让许多法学家仍然相信对正义的追求可以避免人类重蹈覆辙。[2]更多的讨论则把重心放在了如何限制主权上。对自然法的探讨倒是不减，但对成文法的态度则趋向缓和，并且往往导向对一种由世界共同法构建的国际秩序的积极情绪。[3]对世界共同法孜孜不倦的追求，更像是一种对自然法实在化的努力，而不是在质问自然法的正当性。

至于法律社会主义，甚至更积极地维护立法权威。以莱维为代表的法律社会主义不仅在对应然之法的理解上迥异于同时代其他法学家，也因为对积极立法和行政干预采较乐观的态度，成为那个努力为法官的解释扩权的年代的异类。在议会民主确立、普选权得以实施的条件下，莱维的基本假设是立法总是民主的。[4]在此基本假设下，尽

---

〔1〕 Georges Gurvitch, «Les fondements et l' évolution du droit d' après E.Lévy», *Rev. Philos.*, 1934, CX Ⅶ -2, p.104-138; See Georges Gurvitch, *Le temps présent et l'idée du droit social*, Paris, J.Vrin, 1931.

〔2〕 其中最典型者莫过于惹尼的“必要的自然法”命题。See François Gény, «La nécessité du droit naturel», *in Science et Technique en droit privé positif*, Paris, Sirey, 1924, vol. Ⅳ / Ⅳ, p.213-265.

〔3〕 无论在民法学家还是公法学家的作品中，这种倾向都很明显。See Jean-Louis Halpérin, «Henri Lévy-Ullmann(1870-1947): Classicisme et singularités», dans Nader Hakim et Fabrice Melleray(eds), *Le renouveau de la doctrine française : les grands auteurs de la pensée juridique au tournant du XXe siècle*, coll.Méthodes du droit, Paris, Dalloz, 2009, p.95-122; René Demogue, *L'unification internationale du droit privé : leçons faites à la Faculté de Buenos-Ayres*, Paris, Rousseau, 1927; Louis Le Fur, *La théorie du droit naturel depuis le XVIIIe siècle et la doctrine moderne*, Paris, Hachette, 1928.

〔4〕 Ji-Hyun Jeon, «Quelques jalons pour une histoire des juristes au sein du parti socialiste SFIO(1905-1939)», dans Carlos-Miguel Herrera(ed.), *Les juristes face au politique: le droit, la gauche, la doctrine sous la IIIe république*, Paris, Kimé, 2003.

管解释者仍保存了他们在个案中发现和决定何为正当信念的权力，法律的演进终究要由立法达致。而国家则应当在人自我决定的能力受到限制的时候出面保护之，亦即采取积极的行动让每个人的权利不致因为物质条件的缺乏成为具文。〔1〕国家的能力不但限制于保障个人的自由，日后因为法律社会学和建立社会法体系而蜚声国际的古维奇(Georges Gurvitch)在评价莱维时也指出，当涉及保护能力欠缺者和辅助贫弱，国家立法干预不但是正当的，而且是必要的。〔2〕

第四节　以法为教，以吏为师

20世纪初法国法学革新的主流是如何在动荡的社会变革面前维护实证法的权威，王伯琦也每每强调实证法的重要性，看上去他至少在这个主题上准确地把法国学说的要点介绍到了国内。但是，他想要通过实证法做的事情，却未必和法国学者完全一样了。说到底，在欧亚大陆的西端，实证法是动荡社会的稳定器，而在东端，实证法则是把一个传统社会推向现代的助推器。其实，王伯琦又岂能不知道1930年之后国民政府颁布的几个法典中贯彻了甚至比欧洲各国立法都要进步得多的原则。典型者如男女平等原则，在民国时期立法中就体现得比当时的法国法更为彻底。〔3〕只不过他毫不介意用这种超前的立法改

---

〔1〕 Emmanuel Lévy, «La croyance légitime», *Rev.Trimest.Droit Civ.*, 1910, vol.9, p.717–722.

〔2〕 Georges Gurvitch, «Les fondements et l' évolution du droit d' après E.Lévy», *Rev. Philos.*, 1934, CX Ⅶ –2, p.104–138.

〔3〕 参见本书第九章。

革中国社会。

王伯琦其实也意识到西方各种法律思潮背后其实有着剧烈的价值冲突。在庞德最初告诉他“希望中国有几部像 Planiol 那样的著作时”，王伯琦并不十分以为然，他更为看重的惹尼、狄骥、德莫格乃至卡皮唐等人，则在民法解释的方法上有所创新。而就算他把社会主义理解为对个人主义的补正，也不能无视两种不同价值之间的冲突。他本人就承认：“此二学派之争辩文籍，汗牛充栋，各言其是，各云其然。然其要旨，不外以个人自由为出发点及归宿点，一以社会需要为出发点及归宿点。”〔1〕这种对西方法律和价值观演进的看法，也呼应了五四运动后一二十年“西方”这一概念在中国分裂的思潮。〔2〕同时，意识到西方之分裂的国人又把中国变成了各种外来意识形态的战场。〔3〕这种西方思想上的分裂，又在他笔下演变成了一种从保守主义、封建主义，走向自由主义、个人主义，并最终迈向社会主义的线性发展路径。

带着这样的线性时间观念回首中国本土法文化，在王伯琦眼中，家庭本位和个人本位之间的矛盾就不再是一个“中”与“西”的对立，更是一个“落后”与“进步”的对立。如果这是“中”与“西”的对立，那么人们完全可以支持反沈家本派，主张服膺固有传统的价值体系，而抛弃西化的成文法所表彰的个人主义。可如果这是一个“落后”与“进步”的对立，提倡回到落后的状态就是不理智的了。随着社会的进

---

〔1〕 参见王伯琦：《法国社会学说在契约方面之最新趋势》，载《中华法学杂志》1936 年第 2 期，第 1–15 页。

〔2〕 参见罗志田：《西方的分裂——国际风云与五四前后中国思想的演变》，载《中国社会科学》1999 年第 3 期。

〔3〕 参见罗志田：《西方的分裂——国际风云与五四前后中国思想的演变》，载《中国社会科学》1999 年第 3 期。

步，我国终究会走到需要以社会思想调和个人主义的时候。但是对我国社会和法律实践的具体认知让王伯琦选择了优先倡导个人主义。所以他才说："我们的距离是从无我到有我再到社会，或者义务到权利再到社会利益的距离。"〔1〕也就是说，他的进步主义乃视社会进步为一线性的过程，而且此过程看上去只有一种模式，便是从家庭本位到个人自由，再到给予社会其应有的重视这样的发展。如果说西方正在从极端的契约主义调和为有限承认"身份"的阶段，我国在这一线性发展中还处于从身份到契约的过程中。有鉴于此，王伯琦不得不为个人主义鼓与呼。

于是，到了知天命之年，王伯琦再回想起庞德跟他说的那番话，就有了更深一层的理解："我想庞氏的用意或许有二面，一方面或许在希望我们领悟一番个人主义或自由主义的意味，这是我们过去历史上所缺少的，亦是现时讲社会本位法学者所应当补充的。另一方面，《拿破仑法典》原亦是对于过去制度的破坏，因为对于过去制度的仇恨，而且是尽情地予以破坏……这几部法典完成后，即有一批法学家予以阐释发挥，建立了确切的概念及理论基础。我们的新法典，在这一点上，情形颇相类似，法学家的任务，因此亦不宜相差过远。"〔2〕实际上，普拉尼奥的教科书贯彻着自由主义、个人主义的精神是不错，只不过这种气质是不是《法国民法典》1804 年生效时那种精神就很难说了。毕竟马克思在《路易·波拿巴的雾月十八日》中对于拿破仑各法典与小农阶级和

〔1〕 参见王伯琦：《近代法律思潮与中国固有文化》，清华大学出版社 2005 年版，第 75 页。

〔2〕 王伯琦：《近代法律思潮与中国固有文化》，清华大学出版社 2005 年版，第 78 页。

农村经济生产之间的关系已经作了透彻的分析。所谓自由主义、个人主义，更多是19世纪中期工业化后对法典的再阐释。但普拉尼奥的教科书确实始终体现着概念分析、逻辑推演的注释特征。所以，王伯琦实际上希望法学家的教义工作能够帮助移植而来的法典在本土生根。

我们今天的法史学研究较为关心的是移植规范和本土实践在司法裁判中的“沟通”，以及这种沟通对法理的发展。〔1〕然而，王伯琦看重的则不是外来与本土之间的沟通，而是现代如何规训传统。为此，他认为立法必须成为教化人民的手段，使民智可以启迪：“我们的行为规范，虽不是立法者可以制造的，但立法者制成的法律，对于社会大众的意识，确有莫大的启示作用，从而足以加速促成其意识之成熟。……所以早熟的立法，在其一时的效力方面，或许要打些折扣，但在启迪人民意识方面却有极大的作用，我们不妨称之为‘法教’。尤其在一个社会需要有重大的变革之时，此种立法上的手段，更为重要。”〔2〕而以法律为教化的结果，实际上已经在社会中开始显现：“在民事法方面，例如，一夫一妻制、夫妻财产制、配偶的继承权、女子的继承权、父母对于未成年子女权利义务的行使及负担、子女人格及财产的独立、配偶人格及财产的独立，凡此，在1931年至1949年，在中国社会常引人质疑，甚至认为将成具文，但一般说来，至少尚不致引起激烈的抗拒。而事实证明，这部民法典转进于台湾地区，实施逾一甲子以来，上述所揭示的诸大原则，已逐渐可以为社会大众所接纳，而落实

---

〔1〕 其中典型代表便是李启成:《外来规则与固有习惯:祭田法制的近代转型》，北京大学出版社2014年版。

〔2〕 王伯琦:《近代法律思潮与中国固有文化》，清华大学出版社2005年版，第74页。

于司法实践中。”〔1〕

然而，如果司法现状真的如此乐观，王伯琦也就没必要撰写专著讨论如何在实践中贯彻法典的进步精神了。同样没必要的是再反思不注重概念分析的本土法律文化到底如何影响司法实践。恰恰相反，在王伯琦写下关于中国传统法文化的反思时，正值迁台后社会稳定、法官角色从激进的社会改造者转回传统秩序的维护者的关节点。特别是在婚姻家庭法上，法院越来越倾向于维持家庭的存续而不是判决离婚，越来越倾向于维持男性继承人较大的份额，也越来越强调父母的权威。在《中华民国民法典》生效 30 年之际，王伯琦发现他再次面对那个经典的问题：如何避免法律的规范成为具文。只不过，现在的挑战甚至比法典刚制定的时候更紧迫。在革命的热潮退却后，传统文化“坚硬的稀粥”似乎马上就要把法律的进步精神消耗殆尽。此时，王伯琦意识到，想要成功移植一种植物，就不能不同时移植其土壤，想要成功移植一种制度，也就不能不同时移植其所生长的法学甚至法文化。再造新法，必然也就意味着再造新人。

第五节　结　语

《韩非子 · 五蠹》云：“明主之国，无书简之文，以法为教；无先王之语，以吏为师；无私剑之捍，以斩首为勇。是境内之民，其言谈者必

〔1〕 黄源盛：《晚清民国的社会变迁与法文化重构》，载《法制与社会发展》2020 年第 3 期，第 110-128 页。

轨于法，动作者归之于功，为勇者尽之于军。”[1]韩非子这段话总结了法家一个很重要的观念：用来指导人们行为和道德标准的应该是国家的法律而非儒家学说或者来源已不可考的传统。王伯琦的想法和这种观念岂不天衣无缝？在这个意义上，当王伯琦反对他眼中的中国传统秩序时，他其实或自觉或不自觉地选择了另一种同样在中国传统思想中可以找到根源的立场。对中国传统法文化最坚定的革命者，最终也难以摆脱这一文化的樊笼。与此同时，我们也应该意识到，每一种法律传统都充满了无限的复杂性和可能性，甚至身处其中的人也未必能说得清楚。把法律文化简化为几个原则、规则、教条，甚至几个孤立的实践，并无助于我们理解法文化。

---

〔1〕（清）王先慎撰：《韩非子集解》，钟哲点校，中华书局2016年版，第494页。

事件

第九章

毁家建国："共和时刻"家庭法改革

法国在 80 余年时间经历反复复辟和革命后，终于在 1871 年建立起了稳定的共和国。期间，共和派为了确立国家垄断组织社会的权力、避免教会等倾向于旧制度的机构借传统家庭组织反对共和制度，力主家庭法改革。类似的情节也出现在 20 世纪初共和政体刚出现在中国的时候。今人不妨认为法律上的“家”是维护家庭自治、父权之下的和谐和成员之间相互照顾的场所。〔1〕但无论在共和时刻的法国还是中国，新政体的拥护者普遍把家庭描述成压制个人自由、威胁国家权威的社会组织，似乎只有在个人直接面对国家的关系中，个人才能自由、国家才能令行禁止。〔2〕因此，1931 年文秀主动与溥仪离婚具有双重象征意义：一名现代女性和公民从遭到滥用的夫权与皇权中自我解放的同时，以纲常伦理为背书的旧社会制度也因此崩塌。不过，在制度层面，共和主义理论在两国实现的变革却因为两国法律职业的结构差异而颇有不同。从 1870 年开始的 30 年是法国共和制度确立的重要时期，此时的立法机构虽然重新确定了离婚，并且逐步扩大对已婚妇女财产权和非婚生子女的保护，却总体上并未触动沿袭自罗马法

〔1〕 参见张龑:《论我国法律体系中的家与个体自由原则》，载《中外法学》2013 年第 4 期。
〔2〕 参见[法]宝道:《中国亲属法之改造》，张毓昆译，载《法学季刊》1936 年第 1 卷 1 号。

的父权制家庭结构。此时的学说极力批评改革家庭制度的立法，法院则在面对工业化和都市化的挑战时更自由地解释法定离婚的条件、扩大已婚妇女的财产权利、加强对非婚生子女的保护。在20世纪初的中国，《中华民国民法典》中已经采取了较其他国家更个人主义的亲属法，又因为学术和司法并未真正取得相对于政治权力的独立性，所以立法者以法典改革社会的意图在法学和司法中也得以贯彻。

中法两国支持共和的法政人共同选择拿家庭开刀带来两方面的思考：(1)为何家庭的组织形式对于他们的政治方案如此重要？本书将通过中法两种语言的文献重现改革的支持者如何讨论家庭问题。(2)如果突破“比较法史学”(comparative legal history)的框架，从“跨国法史学”(transnational legal history)角度，是否有可能从家庭问题的讨论中反思启蒙理想的实践，进而重新考虑东西之别？尽管法国家庭制度分明在19世纪以摇摆不定、碎片化、渐进式的姿态艰难地摆脱了建立在父权制、禁止离婚和子女合法性三大基础上的传统家庭模式，[1]当它在20世纪初与欧洲其他成文法一起成为中国法制现代化的参考时，却以无可争辩的方式自我宣示，也令人相信它是“现代”的制度。相比之下，尽管中国的法律人在许多个案中比他们的欧洲同行更倾向于激进的改革，中国所取得的各种成就仍然以欧洲作为标尺得以衡量。如果改编普罗泰戈拉(Protagoras)的名言，或许可以说“欧洲是

〔1〕 Jean-Paul Sardon, «L' évolution du divorce en France», *Population*, 1996, vol.51, n°3, p.717-749; Max Rheinstein, 'Trends in Marriage and Divorce Law of Western Countries' (1953) 18 *Law and Contemporary Problems* 3.

万物的尺度”。[1]对我国法律现代化进行的讨论几乎都不加批判地接受了类似的欧洲中心主义观念,似乎中国仅仅是被动接受外国影响的容器。本书则试图以更加中立、避免过度简化的方式还原欧洲法律理念在中国传播过程中的复杂性,从而指出这些理念不仅有其历史,更有其世界史。

然而,需要首先讨论的是,欧亚大陆两端的激进改革派所希望击碎的对象到底有没有可比较性。法国的共和派和中国的革命党对“传统家庭”持有完全不同的观念,但恰恰在家庭问题上,中法两国的改革派分享着类似的认识。在20世纪初的辩论中,人们把家庭看作传统中国社会赖以维系的基本单位和传统价值的体现。[2]中国传统社会倾向于承认家族具有比个人更高的价值。[3]历代法律都至少在原则上承认,家长不仅具有处分家产的权利,也有权干预家族成员婚丧嫁娶一类涉及身份的事务。类似地,确立于16世纪并延续至大革命的法国婚姻法最主要的理念乃是:“对家产之要求的正当性只能来源于婚姻,因为它是唯一一种符合社会体神圣义务的结合形式。”[4]家庭法需要妥善处理两种不同的关系:第一种乃是家庭与外界的关系,第二种则是家庭内部的关系。第一种关系的核心乃是正当性,实际上便是在

---

〔1〕 Enrique Dussel, Javier Krauel, and Virginia Tuma, ‘Europe, Modernity, and Eurocentrism’(2000)1 *Nepantla: Views from South* 465; Immanuel Wallerstein, ‘Eurocentrism and Its Avatars: The Dilemma of Social Sciences’(1997)46 *Sociological Bulletin* 21; Cornel West and Bill Brown, ‘Beyond Eurocentrism and Multiculturalism’(1993)90 *Modern Philology* 142.

〔2〕 参见[法]宝道:《中国亲属法之改造》,张毓昆译,载《法学季刊》1936年第1卷1号;胡长清:《中国民法亲属论》,商务印书馆1936年版,第7页;史尚宽:《亲属法论》,中国政法大学出版社2000年版,第6页。

〔3〕 参见瞿同祖:《中国法律与中国社会》,中华书局1981年版,第386页。

〔4〕 David Deroussin, *Histoire du droit privé : XVIe-XXIe siècle*, Paris, Ellipses Marketing, 2010, p.5.

何种条件下人能基于身份关系对他人主张财产的给付，而在历史上核心情况便是婚生子女和非婚生子女对父母（主要是父亲）的抚养请求权。而第二种关系，则表现为家父对家产的处分权和对子女、妻子所为法律行为同意、追认、撤销等权利的行使。相应地，不管在罗马法还是在教会法上，又借由家庭内外两种关系，把传统的家庭组织模式稍加具体化为围绕着不可撤销的婚姻建立起来的家父制。所以，虽然家庭在中法两国社会中的地位和重要性并不完全一致，却都可以抽象化为一种通过赋予家父在财产权和人身权两方面相对于其他成员的特殊地位以实现的父权制家庭。在这一意义上，东西方共和派面对的是同一种家庭，同一场斗争。

第一节　政治语境中的家庭与共和

一、法国的共和时刻：以世俗化捍卫共和国

“敌人乃教权主义也！”（Le cléricalisme? Voilà l’ennemi!）1877 年 5 月 4 日甘必大以如此铿锵有力的句子作为自己在下议院演讲的结语。〔1〕如果说这位出色的机会主义者还有什么政治信念的话，反教权

---

〔1〕 Jacqueline Lalouette, «Laïcité, anticléricalismes et antichristianisme», *Transversalités*, janvier 2013, no108, p.69–84. 似乎很难找到合适的句式来翻译这句话。《法国史》相关章节（第 25 章）的译者沈衡选择了“教权主义就是敌人”。参见［法］乔治·杜比主编：《法国史》（中卷），吕一民等译，商务印书馆 2010 年版，第 1155 页。彭小瑜教授使用的是：“教权主义？这就是我们的敌人！”见彭小瑜：《利奥十三世〈政教关系通谕〉与 19 世纪法国宗教政治》，载《北京大学学报（哲学社会科学版）》2010 年第 6 期，第 100–109 页。两者倒也都不失为一个可行的译法，所以一并列出，以便参考。需要强调的是，甘必大此处用的不是“一个敌人”或者“我们的敌人”，而是说如果只有一个敌人、所有人的敌人的话，那么就是教权主义，其他的敌人仿佛都不值一提了。

主义肯定是其中之一。[1]天主教会在法国大革命的宣传和延续到19世纪末的政治话语中表现为旧制度精英和贵族密谋复辟的机构。其他建立第三共和国的共和派政治家也和甘必大一样相信，一个共和政体只能在把教权彻底扫清后才能建立。[2]时至今日，人们仍然不得不承认："英美式的宗教自由主义更多保护个人免于国家干预，法国式的则希望同时保护国家，因为它更倾向于认为时刻准备在政治上反戈一击的宗教组织就隐藏在个人宗教和思想自由的背后。"[3]出于把确立政权凌驾于教权之上的考虑，1880年的两份政令从法国领土上驱逐了耶稣会和其他不愿申请政府特别许可的教会，1882年的《费里法》(Loi Ferry)则在全国范围内贯彻了公立学校的免费、世俗的义务教育。从此未来公民的启蒙教育只能由那些由深受共和主义思想影响的师范学院毕业生来承担了。[4]

在法律的意义上，法国的世俗化于1905年《国家与教会分离法》生效时达到高潮。国家停止给付神职人员薪酬、停止对宗教机构的拨款，教堂收归国有，神学院关停并转，从公立机构中清除宗教标识……该法通过一系列安排把以天主教会为首的宗教机构在日常公共生活中的地位边缘化到了无足轻重的程度，并借以确立了国家对社会和政治组织的垄断。在宣传领域，贬低教权主义和天主教会的言论一直是第

---

〔1〕 Herbert Fisher, *The Republican Tradition in Europe*（G.P.Putnam' s sons 1911）299.

〔2〕 Roger Magraw, *France, 1815–1914: The Bourgeois Century*（Oxford University Press 1983）212.

〔3〕 Géraldine Muhlmann et Claire Zalc, «La laïcité, de la IIIe à la VeRépublique», *Pouvoirs*, 2008, vol.126, n°3, p.101.

〔4〕 关于法国共和政府与世俗化立法，参见朱明哲：《论法国"世俗性"原则的斗争面向》，载《欧洲研究》2016年第6期，第117–135页。

三共和国公民教育的重要部分。官方的历史课本把皈依天主教的法兰克国王克洛维描述为野蛮人，又把天主教贬低为比高卢文明低劣的文明形式。[1]

本来法国共和主义的世俗性原则已经极力把宗教的影响限制在私人生活空间之中，但第三共和国时期打击教会的政治需求使共和派甚至不愿止步于此，而是进一步通过立法手段继续消除私人生活领域仅存的宗教影响。于是，长期以来得到天主教道德原则背书的家庭法制度就成了最需要改革的领域了。这也解释了为什么法国家庭法与传统的决裂发生在第三共和国时期，而非大革命之后。

改革的主线是性别平等的逐步实现，而已婚妇女与她们丈夫的权利日渐平等也就意味着家父制的式微。天主教会恰恰一直是捍卫家父权利的最重要的社会力量。考虑到大部分的法国人是天主教徒，起草并通过 1804 年《法国民法典》的法学家和政治家也以法典为天主教的家庭观念背书。[2]对比《法国民法典》生效时的文本和此前的草案便不难发现，父权制的家庭形式随着时间的推移逐渐战胜了更加平等主义的选择。尽管康巴塞雷斯（Jean-Jacques-Régis de Cambacérès）本人认为丈夫应当管理已婚妇女的财产，[3]他提出的最初两份草案仍

---

〔1〕 Patrick Cabanel, «Compromis historique et déceptions démocratiques: la laïcité républicaine», *in* Marion Fontaine, Frédéric Monier et Christophe Prochasson (eds), *Une contre-histoire de la IIIe République*, Paris, Dévouverte, 2013, p.285-297.

〔2〕 Jean-Etienne-Marie Portalis, «Discours préliminaire prononcé par Portalis, le 24 thermidor an Ⅷ, lors de la présentation du projet arrêté par la commission du gouvernement», *in Recueil complet des travaux préparatoires du Code civil*, Paris, Videcoq, 1836, vol. Ⅰ, p.463-524.

〔3〕 Jean-Jacques-Régis de Cambacérès, «Discours préliminaire prononcé par Cambacérès au Conseil des Cinq-Cents, lors de la présentation du troisième projet de Code civil, faite au nom de la commission de la classification des lois», *in Recueil complet des travaux préparatoires du Code civil*, Paris, Videcoq, 1836, vol. Ⅰ, p.140-177.

然选择了共同财产制作为法定婚姻财产制，在两性平等的名义下规定夫妇在处分财产方面享有相同的权利。出售共同财产需要双方的同意，而单纯的财产保全行为则可以由一方单独完成。“热月党人”政变后的康氏的第三份草案开始，《法国民法典》的起草者连夫妻平等的外衣都放弃了。根据这份草案，处分共同财产的权利由夫独享，〔1〕妻连处分自己特有财产都必须经过夫的特别同意。〔2〕最后生效的《法国民法典》中，夫有保护妻的义务，但是妻必须服从夫；〔3〕妇女必须随夫迁徙；〔4〕共同财产由夫一人管理；〔5〕妻若不是商人并且为商业目的的行为，除非经夫同意，否则纵得法院许可亦不影响共同财产；〔6〕妻的一切个人财产由夫管理之。〔7〕《法国民法典》各个草案的起草者都用启蒙思想为自己的主张辩护，却仍然设计出了和旧制度无异的婚姻财产制度。〔8〕

值得一提的是，法国共和主义传统本身非但不关心性别平等，〔9〕反而热衷于强调男女之间的德行差别。大革命之后成为画坛领袖的达维德多次以他的画笔表现共和主义美德，《贺拉斯兄弟之誓》（*Le*

---

〔1〕《法国民法典》第 293 条。本书所引之《法国民法典》条文，除非特别说明，皆为 1804 年生效的文本。且文字的使用均参考李浩培、吴传颐、孙鸣岗诸先生所译之《拿破仑法典》，商务印书馆 1997 年版。

〔2〕《法国民法典》第 295 条。

〔3〕《法国民法典》第 213 条。

〔4〕《法国民法典》第 214 条。

〔5〕《法国民法典》第 1421 条。

〔6〕《法国民法典》第 1427 条。

〔7〕《法国民法典》第 1428 条。

〔8〕更为详尽的研究，参见朱明哲：《“民法典时刻”的自然法——从〈法国民法典〉编纂看自然法话语的使用与变迁》，载《苏州大学学报（法学版）》2016 年第 2 期。

〔9〕David Deroussin, *Histoire du droit privé : XVIe-XXIe siècle*, Paris, Ellipses Marketing, 2010, p.205.

serment des Horaces)最形象地表现了共和主义对性别的观念：父亲紧绷的身体把大尺幅的画布分成两个区域，左边处于光线下的区域属于男性，是他们彰显为了共同的善不畏惧牺牲之美德的公共领域；而右边处于阴影中的区域则属于女性，是她们释放情感、表现柔弱的私人领域。但女性属于家庭的说法并没有让妇女在家庭内部事务上有更多的发言权。相反，在 50 年代亲属法改革之前，大部分的民法学家都会同意，丈夫作为一家之主、决定婚姻内部事务，无论对于公共秩序还是家庭关系都是至关重要的。就连现在意思为“女学生”的词 étudiante，在 19 世纪末刚出现的时候意思也不过是男大学生的情人，而不是他们的女性同学。〔1〕在大革命时期还以积极的公民形象出现在政治宣传中的女性，在革命后迅速变成了医学的研究对象和保护对象。〔2〕已经成了研究的客体的女性，当然不能成为学习 / 研究(étudier)的主体。

但形势比人强，现实的政治需要往往会迫使为政者喊着他自己并不相信的口号，从而打击敌对的力量。很简单的逻辑是：如果让女性继续留在家庭中，教会就可以继续向她们灌输反对共和的政治观念，而未来公民的母亲们还会继续把这些观念传递给下一代。既然共和派已经选择了把小学建设成灌输共和派价值观的场所，〔3〕似乎没有什么理由不做得更彻底一点。第三共和的立法者终于决定在 1880 年

---

〔1〕 Carole Lécuyer, «Une nouvelle figure de la jeune fille sous la IIIe République : l' étudiante», *Clio*, novembre 1996, vol.2, n°4, p.166-176.

〔2〕 Yvonne Knibiehler, «Les médecins et la "nature féminine" au temps du Code civil», *Annales.Histoire, Sciences Sociales*, 1976, vol.31, n°4, p.824-845.

〔3〕 Francine Muel-Dreyfus, «Les instituteurs, les paysans et l' ordre républicain», *Actes de la recherche en sciences sociales*, 1977, vol.17, n°1, p.37-61.

向女性开放中等教育。[1]虽然一直到 1923 年,博纳卡斯在写给他所青睐的年轻学者的信中仍坦白“您的这位女学生在律师事务所里没有地位”,[2]然而法学家队伍中也毕竟开始出现了女性。1887 年,来自罗马尼亚的比尔切斯库 - 阿利马内什泰亚努(Sarmiza Bilcescu-Alimănișteanu)从巴黎法学院毕业,成了法国第一位女法学学士,并在 1890 年取得法学博士学位,成了法国大学历史上第一位女法学博士。1892 年,肖万(Jeanne Chauvin)则在男学生一片喧哗中通过了博士论文答辩,成了第一位法国籍的女法学博士,并走上了职业律师之路。[3]肖万在她的博士论文中强调,正是在《圣经》和天主教的影响下,男女之间的不平等才在法律中不断强化。但是随着时代的进步,女性将会证明“除了母亲和妻子外,她们还是理性的人、公共生活的一员,可以作出与男性一样的社会服务”。[4]类似的主张显然既坚定了共和派政府通过降低法律中的性别不平等可以打击教会的信心,又为这样的立法提供了进步主义的合法性。

二、中国的共和时刻:以共和实现国家现代化

在 20 世纪初的中国,尽管重塑国家的愿望和法国共和主义者类似,中国的法学家却更关注政治的现代化。对于中国的共和派而言,

---

〔1〕 La loi du 21 décembre 1880 sur l'enseignement secondaire des jeunes filles.

〔2〕 Julien Bonnecase, «Lettre de Julien Bonnecase à René Savatier(26 décembre 1923)».

〔3〕 Anne-Laure Catinat, «Les premières avocates du barreau de Paris», *Mil neuf cent*, 1998, vol.16, n°1, p.43-56.

〔4〕 Jeanne Chauvin, *Étude historique sur les professions accessibles aux femmes*: *Influence du sémitisme sur l'évolution de la position économique de la femme dans la société*, Paris, A.Giard & E.Brière, 1892, p.285.

建立共和国是通往现代性和富强的重要一步。帝制时期以家庭为基本组织单位的社会形态看上去成了迈向现代国家的道路上的阻碍。所以，代表着“传统”的家庭组织形式在中国也成了希望实现国家现代化者口诛笔伐的对象，甚至彼时尚支持君主立宪的杨度也在《帝国日报》上高调谴责家族主义：

> 国家主义之国，必使国民直接于国家而不间接于国家。以此眼光观今中国，乃直接者至少而间接者至多，虽有四万万人，而实无一国民也。一国之人但可分为二级：一曰家长，一曰家人。家人之中又分二种：一为男家人，乃家长之所豢养而管束之者也；一为女家人，又家人中之附属品，无丝毫之能力以坐食者也。此二种家人皆与国家无丝毫之关系，义务不及其身，权利不及身，但无生计无能力，以为社会之蠹、国家之蠹而已。而其家长则为家人生计所迫，出而谋食于外。其为商为工不论矣，至于为官，则不仅于国家有权利义务之关系，且为国家治理人民而与以权利义务之人。然以服官之心则自始即为家族而来，虽曰有职务，而其心则非对国家负义务者，而实为对家族负义务者。……今欲转弱为强，则必自使官吏能尽心国事始；欲官吏尽心国事，则必自去其家人之累始；欲去其家人累，则必自使有独立之生计能力始；欲使有独立之生计能力，则必自与之以营业、居住、言论各种自由权利，及迫之以纳税、当兵之义务始。欲与之此种权利，迫之以此种之义务，则必自使之出于家人登于国

民始。假令如此,是与国家主义日行日近,而与家族主义日行日远也。[1]

杨度对家族主义的批判实际上也是对旧式家庭的批判,而且他对这种旧式家庭的认识其实也恰恰和法国共和主义者们所理解的传统家庭一样,也就是那种建立在家父制之上的家庭模式。拿破仑曾经评论:“民法中关于人的规定只有三个大类。关于每个人在公民社会中地位的规定,关于夫妻关系的规定,关于父亲与孩子关系的规定。”[2]应该没有读到过这段话的杨度却正好按照类似的分类来总结了家族主义和国家主义的区别。按照他的说法,家族主义规定每个个体在社会上的地位必须透过家庭而表现,在夫妻之间、长幼之间的秩序牢不可破,如此个人就无法享有权利、履行义务,也不可能成为平等的公民。于是民法上关于个人和家庭的人格以及家庭内部关系的规定,终究会演化为一个公法上的问题。反之,能否建立起公民的概念,进而以公民为基础建立强大的国家,简直取决于民法上如何规定家庭。

杨度的主张在20世纪初的中国知识精英之间绝非特例。王伯琦也曾强调新的民法已经用个人平等的理念取代家庭主义理念:“至于我们现行法律上,则充满了个人独立人格观念,而且可以说,抽去了这一独立人格观念,我们的现行法律制度必然整个垮台……这是中国四万万五千万的人,这是国本之所以立的‘人’,亦就是民族主义的

---

〔1〕 杨度:《论国家主义与家族主义之区别》,载刘晴波主编:《杨度集》,湖南人民出版社1986年版,第529-533页(原载《帝国日报》1910年12月5日)。

〔2〕 Pierre-Antoine Fenet, «Précis historique sur la confection du Code Civil», in *Recueil complet des travaux préparatoires du Code civil*, Paris, Videcoq, 1836, vol.I, p.xxxv-cxxxviij.

‘民’，民权主义的‘民’，更是民生主义的‘民’。这个‘人’字的精义倘不予以发扬，我敢说三民主义不会有真正实现之日。”[1]所以无论是在共和国建立之前还是之后，家庭都绝非一个民法上的问题，可以交由私人自治来决定。相反，家庭组织在很大程度上是一个关乎国家繁荣的政治问题。无论是国家主义还是三民主义，如果不通过个人主义式的家庭立法率先摧毁旧式家庭，都无从实现。因为在旧式家庭中，“个人难有地位，人格难于伸张，自己不觉知自己在法律上的独立人格和地位，必然就不能尊重他人的人格和地位，现行法律的秩序，亦就难能建立，而在今天这样复杂流动的社会中，想要恢复家族核心的社会组织，以礼教为政治的手段，显见其为不可能之事”。[2]

申言之，在建设现代国家的道路上，首先通过把个人从家庭中解放出来变成公民就成了相当重要的任务。正是在这一语境下，中国开始了包括家庭法在内的现代民事立法活动。前人的研究已经清楚地指出，在清末、北洋政府和南京国民政府三个时期，亲属法——特别是其中的婚姻法——立法指导思想有一定区别。[3]清末立法偏向于对家长权和夫权的保护，北洋政府延续了清末的草案。如果按照家庭成员之间地位是否平等、特定身份的亲属之间支配关系作为标准判断，那么甚至可以认为直至民国十七年的法制局草案，家族主义仍是占上风的。[4]然而在南京国民政府时期，则进行了根本性的改变和应对。至

---

〔1〕 王伯琦:《近代法律思潮与中国固有文化》，清华大学出版社 2005 年版，第 77 页。

〔2〕 王伯琦:《近代法律思潮与中国固有文化》，清华大学出版社 2005 年版，第 77 页。

〔3〕 参见王新宇:《民国时期婚姻法近代化研究》，中国政法大学 2005 年博士学位论文，“第二章”。

〔4〕 参见许莉:《家族本位还是个人本位——民国亲属法立法本位之争》，载《华东政法学院学报》2006 年第 6 期，第 73-83 页。

少让法律文本展现为对个人自由的保护,降低了家父的权威。

所以,无论是中国还是法国,在推翻帝制、建立共和的关键时刻,家庭改革都有重要的政治意义,要想建立和稳固新政体,就不得不先通过法律改革原有的家庭模式。而且在话语层面,两国的法律人都把个人描述成在家庭中受限制和压迫的人。国家一方面有责任把这些人从家庭中解放出来,另一方面本身也是父权制家庭的受害者。区别仅仅在于,第三共和国需要的是通过降低家庭的重要性以打击教会作为社会组织的影响力,[1]而中国需要的是打破家庭本身来保护国家。只不过,看上去相似的政治策略在实现的过程中展现出不同的样态,因为不同法律职业之间的关系在各个语境下大相径庭。

第二节　法律适应社会:法国19世纪亲属法演变

前文提出,虽然第三共和国的政治家与大革命之后的民法学家一样对性别平等无甚兴趣,他们却意识到家庭领域的革命有助于实现反教权主义的纲领。所以,第三共和国的立法者决定在1884年于《法国民法典》中重新引入离婚制度。虽然婚生子女和非婚生子女的区别远远没有取消,立法者却增加了推定子女为婚生的情况,并且加强了对非婚生子女的保护。1881年贯彻公立、世俗的义务教育的法律取消了监护人在子女教育方面的自主权。在传统家庭的捍卫者眼中,第三共

[1] 参见朱明哲:《论法国“世俗性”原则的斗争面向》,载《欧洲研究》2016年第6期,第117-135页。

和国不仅把家庭看作管制的对象,[1]更决定要让公共权威侵入家庭生活。[2]虽然在社会经济的发展面前,这些立法的改变还是太保守了,却还是招致了以天主教徒为主体的法学教授的强烈批评。反而是法官群体在个案中不断通过解释改变法律。

一、摇摆于革命和保守之间的立法

财产权方面的男女平等首先是经济发展的要求。19 世纪中期的工业化让女性劳动力成了社会上相当重要的组成部分。在城市,越来越多的妇女可以通过劳动从工厂中取酬;而在农村,越来越多的妇女需要在丈夫进城务工的情况下通过买卖商品获利。旧《法国民法典》第 1421 条所规定的丈夫在法定婚姻财产下对包括妻子全部收入在内的共同财产享有排他性管理权变得不合时宜。同样备受批评的还有关于妻子处分自己特别财产需要得到丈夫特别同意的规定。毕竟当妻子可以取得收入时、经济地位也有所提高时,她们根据自己的意志保留和处分财产的要求也就变得不可避免。关心政治和社会变革的人们把"妇女问题"作为"社会问题"的一部分广泛讨论,从 19 世纪末持续到

---

〔1〕 Gavouyère, «Le mariage entre chrétiens (Ⅲ)», *Revue catholique des institutions et du droit*, 1884, vol.12, n°1, p.38-61.

〔2〕 «Consultations relatives à la liberté d'enseignement, aux droits des Pères de famille et des Congrégations religieuses, et à la loi Jules Ferry», *Revue catholique des institutions et du droit*, 1879, vol.7, n°9, p.277-283; «Liberté d'enseignement.Les vrais principes et les vrais moyens de défense», *Revue catholique des institutions et du droit*, 1879, vol.7, n°12, p.357-373.

两次世界大战之间。[1]肖万本人也出版了小册子呼吁立法赋予女性支配其收入的权利。[2]然而，即便有如此明显的社会压力，第三共和国的立法者依然在夫妻财产权平等方面表现得相当迟缓。《已婚妇女工资法案》直到 1907 年才由左派政府通过。该法案赋予妻子保留工资收入作为特殊财产而不与共同财产混合的权利，借此在一定程度上削弱了丈夫的经济支配。该法案同样减少了妻子处分其工资时必须得到丈夫许可的限制，但是丈夫仍然可以以妻子的工资清偿因家务所需而负担的债务。《法国民法典》中关于夫对于婚姻财产之支配权的原则性规定仍然没有改变。第三共和国立法的特点之一就是往往吊诡地结合了进步主义的规定和保守主义的观念，1907 年的法案也不例外。[3]直到 1938 年，夫权才正式从民法中消失。

第三共和国在对非婚生子女权利保护方面同样犹豫。虽然人们还是认为婚姻是生育的必要条件，但在 1909 年，至少有 9% 的新生儿在他们父母结婚前就出生了，还不包括奉子成婚和亲子关系推定的

---

〔1〕 Élie Blanc, *La question sociale, principes les plus nécessaires et réformes les plus urgentes : conférence aux Facultés catholiques de Lyon ; suivie d'une Esquisse d'un programme électoral ; et de l'Examen de quelques opinions économiques*, Paris, V.Lecoffre, 1891; Maurice Deslandres, «Les travaux de Raymond Saleilles sur les questions sociales», *in* Robert Beudant, Henri Capitant et Edmond Eugene Thaller (eds), *L'œuvre juridique de Raymond Saleilles*, Librairie nouvelle de droit et de jurisprudence, Arthur Rousseau, 1914, p.241–273; Albert Michel, *La question sociale et les principes théologiques : justice légale et charité*, Paris, G.Beauchesne, 1921.

〔2〕 Jeanne Chauvin, *Proposition de loi sur la capacité des femmes mariées de disposer du produit de leur travail ou de leur industrie personnels*, Paris, impr.de May et Motteroz, 1893.

〔3〕 Jean-Louis Halpérin, «Un modèle français de droit républicain ?», *in* Annie Stora-Lamarre, Jean-Louis Halpérin et Frédéric Audren (eds), *La République et son droit, 1870-1930*, Presses universitaires de Franche-Comté, 2011, p.479–495.

情况。[1]虽然惨遭亲生父母抛弃的儿童能得到的社会福利正在增长，但成规模的社会抚养体系还远远没有建立。从1897年强制在出生证明上发誓新生儿为婚生子女，到不断降低门槛的亲子关系推定，再到1912年规定生父必须承担其子女的抚养和教育义务的法案，共和国仍然没有突破传统民法对子嗣合法性的顽固观念，只是想方设法把更多的儿童重新纳入传统亲属法上的监护关系之下，绝对无法真正把两种不同的儿童一视同仁。我们甚至还没有考虑继承上的巨大差别。如果用今天的眼光看，当时应该做的是抛弃亲子关系合法性的观念，如同1970年的立法者所做的那样。第三共和国政府通过把更多的儿童纳入"婚生子女"的范畴，当然为这些孩子提供了更好的生活，却反而让合法性观念本身受到的批评与冲击大幅减小。

真正证明共和派政府之进步主义决心的是1884年重新建立起了曾于1816年废除的离婚制度，尽管相比大革命时代的自由离婚而言增加了不少限制。1908年，立法进一步规定，在夫妻别居（séparation de corps）满三年后，只要其中一方提出离婚的要求，婚姻关系自动解除。允许人们选择结束一段婚姻是打击教会至关重要的一步。不能忘记，在第三共和国时期，大部分的法国人仍然是天主教徒。尽管确实有很多夫妇憎恨彼此，离婚在观念中仍然是道德上可谴责的。可世俗化的国家立法把它变成了一个合法的选择。而且工业化和城市化带来的人口流动性确实让很多夫妇无法生活在同一个地方。19世纪多个

[1] Jean-Louis Halpérin, *Histoire du droit privé français depuis 1804*, Paris, Presses Universitaires de France, 2001, p.222.

教皇通谕反复强调家庭的重要性、婚姻的永久性，谴责离婚，[1]恰恰从侧面佐证了信徒的焦虑与挣扎。也正因为如此，离婚问题激起了保守派学者的大规模讨论，我们将在下一个部分作一概览。

二、法律学说捍卫旧家庭

在进入正题前首先要说明的是，从 19 世纪中期开始，法国语境下的“学说”就很少指某一个学者个体的观点，而是法学家共同体作为一个整体对实在法的理解。[2]不能认为法律学说仅仅是对实在法的重述和整理。实际上，大体上尊重实在法秩序的法国法学家批评立法者决定的情况并不少见。第三共和国的民法学家对离婚制度几乎众口一词的批评就是一例。

法学教授们反对引入离婚的一个重要理由是保护家庭。最早的现代比较法研究成果之一便是巴黎大学私法学教授格拉松的《欧洲主要国家民事婚姻与离婚》。他在著作中把离婚描述成一个“问题”，需要得到解决，而且就算在新教国家没有引起混乱，也断然不该重新引入法国。他甚至使用了在当时看来相当新潮的研究方法，用统计数据说明只要离婚的口子一开，家庭的彻底解体就会变得不可避免。[3]另一位重要的民法学家惹尼甚至要捍卫婚姻之绝对永久性。这名从未

---

〔1〕 比如 *Acerbissimum*（1852），*Arcanum Divinae*（1880）and *Rerum novarum*（1891）.

〔2〕 Philippe Jestaz and Christophe Jamin, ‘The Entity of French Doctrine: Some Thoughts on the Community of French Legal Writers’（1998）18 *Legal Studies* 415.

〔3〕 Ernest-Désiré Glasson, *Le Mariage civil et le divorce dans les principaux pays de l'Europe, précédé d'un aperçu sur les origines du droit civil moderne, étude de législation comparée*, Paris, G.Pedone-Lauriel, 1879, p.273.

动摇的天主教保守派法学家与第三共和国的立法者针锋相对，强调婚姻的神圣属性。不过他也利用功利主义式的后果论证，强调离婚至少会对子女的教育造成极大的损害，而教育和照顾子女才是婚姻的首要目的。不仅如此，离婚的妻子还会因此流离失所、名誉受损、得不到救济。〔1〕只不过19世纪末超过六成的婚姻是由妻子提出的。

就连共和派的法学家也对离婚充满怀疑。巴黎大学私法学教授的卡皮唐直到1930年还在他流传甚广、多次再版的教科书中抨击大革命后单方宣告即可离婚的法律："就算婚姻是一种契约，也绝对不能允许单方声明就发生离婚的法律后果，因为这种便利会让婚姻契约比其他那些原则上需要双方意思表示才能解除的契约更加脆弱。"〔2〕波塔利斯对《法国民法典》草案的说明中高度评价了家庭和婚姻。此后的民法学家显然也相当看重家庭和婚姻对个人和社会的价值。〔3〕然而，他们似乎不相信其他的自然人也能认识到这一点，所以才需要不断地谴责离婚、至少为离婚制造更多的障碍，仿佛大部分的婚姻都令人感到如此的不幸，以至于社会上为数众多的人都在热切地盼望着离婚一样。

除了这些供职于公立法学院的"国家教授"（Professeurs d'Etat）之外，还有一些学者任教于由宗教团体和个人出资建立的"自由法学

---

〔1〕 François Gény, *Science et technique en droit privé positif : nouvelle contribution à la critique de la méthode juridique*, Paris, Sirey, 1915, vol. Ⅳ V/ Ⅱ, p.241.

〔2〕 Ambroise Colin et Henri Capitant, *Cours élémentaire de droit civil français.Tome 1er*, Paris, Dalloz, 1930, p.114.

〔3〕 Jean-Etienne-Marie Portalis, «Discours préliminaire prononcé par Portalis, le 24 thermidor an VIII, lors de la présentation du projet arrêté par la commission du gouvernement», *in Recueil complet des travaux préparatoires du Code civil*, Paris, Videcoq, 1836, vol. Ⅰ, p.463-524.

院"(Facultés libres)。他们在学说的生产上处于较为边缘的位置,却也因为放弃了体制内的财政、影响力等好处,反而受到的政治限制较少,可以更加自由地表达自己的观点。相反,公立大学的教师要时刻考虑学监和教育部官员的意见。他们主张法律允许离婚本来就是对自然法的亵渎,至少国家应该尊重基督教徒之间婚姻的神圣性。〔1〕至于那些非基督教徒的婚姻,国家愿意如何治理倒是无关紧要。〔2〕只是考虑到在19世纪末的法国,认为自己不是基督教徒的人大概比例不会很高,他们的主张也没有看上去那么宽容。除此之外,他们还主张义务公立教育就是对家长权威的无端干涉。〔3〕更引人注目的是,就连这些坚定而且较少受到国家限制的天主教徒,也熟练地引用着达尔文、边沁、孔德的作品来说明离婚对个人和社会都不啻为一场灾难。观点可以说从来不与共和国妥协的一名作者也写道:"孔德对离婚问题的判断跟教皇利奥十三世没有任何的区别。"〔4〕实证科学与宗教权威奇妙地并存于同一份文本,让人不难想象国家世俗化的进程已经推进到了如此地步,连写给天主教读者的作品都不得不考虑对方更愿意接受科学证据的可能性。

---

〔1〕 Gavouyère, «Le mariage entre chrétiens(Ⅲ)», *Revue catholique des institutions et du droit*, 1884, vol.12, n°1, p.38-61.

〔2〕 Charles Boucaud, *Les droits de l'État et les garanties civiques du droit naturel*, Paris, Bloud, 1908, p.72.

〔3〕 Plessis De Grenédan, «L'école unique et les principes généraux du droit naturel, du droit canonique et du droit civil», *Revue catholique des institutions et du droit*, 1926, vol.64, n°1, p.1-22; «Liberté d'enseignement.Les vrais principes et les vrais moyens de défense», *Revue catholique des institutions et du droit*, 1879, vol.7, n°12, p.357-373.

〔4〕 Gavouyère, «Le mariage entre chrétiens(Ⅲ)», *Revue catholique des institutions et du droit*, 1884, vol.12, n°1, p.38-61.

三、司法判决回应社会变迁

一般认为，第三共和国时期的法学家在教学与研究中开始比以前更加重视判例，并借由掌握在判例之中作出区分的权力实际上把判例置于学说的规训之下。[1]但是在家庭改革问题上，法官走得比立法者和学者更远。因一方过失而通过诉讼离婚是1884年《纳凯法》(Loi Naquet)唯一许可的离婚方式。正是在对“过失”的解释上，判例向我们展示，法官们确实不像学者那样乐于劝和不劝分。法官认为不可忍受之虐待不仅限于肉体伤害，也包括精神伤害。而且也不需要反复发生，严重的伤害哪怕只在私人场所发生了一次，也可能构成虐待。[2]在个别场合，甚至完全不需要有肢体的接触，也可以判定虐待的存在，比如婚姻之内关于宗教实践重大分歧。一方拒绝举办宗教婚礼，[3]或者拒绝子女接受洗礼，[4]都可以归为“虐待”的过失，从而导致婚姻结束。当然，上举判例吊诡之处在于无论是提出诉讼的一方还是法官本身，都认为家庭在宗教问题上的一致性至关重要，都相信一种认为婚姻应该永存的宗教，却偏偏选择了违背教义的方式解决问题。除了宗教以外，肉体的需求也在司法中得到尊重。如果婚姻的一方拒绝行房而且造成了另一方的痛苦，拒绝的一方同样有过失。[5]不过，如果房事

---

〔1〕 Pierre-Nicolas Barenot et Nader Hakim, «La jurisprudence et la doctrine: retour sur une relation clef de la pensée juridique française contemporaine», *Quaderni Fiorentini per la storia del pensiero giuridico moderno*, 2012, vol.42, p.251-297.

〔2〕 David Deroussin, *Histoire du droit privé* : *XVIe-XXIe siècle*, Paris, Ellipses Marketing, 2010, p.226-228.

〔3〕 Rouen, 29 avril 1910.

〔4〕 Req.30 novembre 1898, *D.*1899, 1, 358.

〔5〕 Cass.12 novembre 1900, *D.*1901, 1, 21.

不和谐的痛苦仅仅来源于一方不能人事,那么只有在不能人事的一方于婚前拒绝告知或因为过失而没有接受治疗的情况下可以构成离婚的理由。[1]

甚至在整个19世纪,司法的大趋势就是已婚妇女的财产权保护其实高于立法者所希望的标准。从事商业活动的妇女在管理婚姻共同财产时只要丈夫没有明示反对,她的行为就有效。那些需要丈夫特殊许可的行为,只要丈夫在缔约时在场,哪怕对交易一无所知,法官仍推定他作出了默示同意。总而言之,尽管法官都是从法学院毕业的,而法学院又是一个在道德和社会问题上相对保守的机构,他们还是既独立于政治权力,又独立于学术权威,得以在解决具体法律问题的时候寻求既不失为合法又能适应社会需求的方案。1884年之后,离婚的数量确实在逐渐增多,并在第一次世界大战结束后达到顶峰。在第一次世界大战的影响下,1920年全法国共有34,079起离婚,达到了第二次世界大战前的峰值。但是大规模的家庭解体并没有发生,离婚的数量在1920年后回落,并在维希政权之前一直维持在每年25,000起左右。[2]对女工人的财产权保护状况也差强人意,所以在第二次世界大战前的法国并未出现大规模的妇女运动——也有可能是这些妇女运动都已经吸收进工会运动中了。

---

〔1〕 Req.25 janvier 1922.

〔2〕 Jean-Paul Sardon, «L' évolution du divorce en France», *Population*, 1996, vol.51, n°3, p.717-749.

第三节　以法律改造社会：民国亲属法的演进

总体而言，进步主义的语言在中国关于家庭的讨论中占据支配地位。中国亲属法改革中，立法、学说和判例之间的合作与对抗并存，但合力还是占了主流。与法国的立法者一样，中国第一部现代民法典的起草者希望通过婚姻财产制和离婚制度的安排一方面强化性别平等，另一方面把家庭的法律人格重要性降到最小的地步。尽管家长仍然在家之内部事务上享有决定权，法律人仍然视《中华民国民法典》为一现代的法典，并希望把它施加于传统社会，从而实现社会和国家的现代化。学说与判例对《中华民国民法典》中关于离婚和家庭管理之规则的解释也基本上倾向于传统父权制家庭的解体。

一、激进与保守并存的《中华民国民法典》

《中华民国民法典》的亲属编总体而言体现了共和政府的革命立场。其内容与此前自晚清以降各民法典草案关于婚姻家庭部分的内容相当不同，尤其体现在对男女平等的坚持和最低限度的“家”观念上。然而就和法国的革命者一样，中国的立法者也保留了传统罗马民法上的家父制。

如果用罗马法的术语来表达中国传统民事法律制度，人们会说“家”是最重要的法律主体，是权利的享有者和义务的承担者。虽然围绕父权建立的家庭结构是中国古代法、罗马法、《拿破仑民法典》的共同特征，但传统法制对家的强调还是和法国大革命以来民法个人化的现代潮流格格不入。所以，只要中国的法律改革仍然希望借鉴欧洲的制度设计，让位于一种建立在个体自然人之想象上的民法制度似乎是围绕家观念展开的法律体系难以逃脱的宿命。[1]于是，从清末到民国的立法趋势是个人作为民法首要主体的制度化。在1928年法制局草案中，甚至彻底取消了家的法律主体地位。虽然这份草案饱受诟病，而且没有通过，但最终的《中华民国民法典》还是采取了最小化家庭的立场，把家定义为家庭成员以长久共同生活之目的而为之结合之产物。[2]所以，家长的权利仅得出于共同生活之目的而行使，在内容上限制在了部分财产性权利[3]和要求成年或已婚家属离家之权[4]。至少在立法层面而言，1930年的《中华民国民法典》标志着个人主义在家庭法领域的暂时胜利。其起草者确信，即便在关于亲属与继承习俗和判例中仍有守旧的成分在，那也不过是千年以来的古老法律和礼教之见证，与世界的大趋势和执政党的政治计划并不相容。[5]

在婚姻制度上，新的民法典也和中国传统相去甚远。婚姻如今成了纯粹契约性的法律行为。立法者采取了《瑞士民法典》的法定共同财产制。[6]虽然夫在没有夫妻协议的情况下可以处分共同婚姻财产，

---

〔1〕《法国民法典》所建立的个人形象表面上是理性的个人，其背后实际上是生活在乡村的手工业者、农业用地所有者、城市有产者等熟悉自己生活的环境和生意的人。André-Jean Arnaud, *Essai d'analyse structurale du code civil français*: *la règle du jeu dans la paix bourgeoise*, Paris, Pichon et Durand-Auzias, 1973.

〔2〕《中华民国民法典》第1122条。

〔3〕《中华民国民法典》第1125、1152条。

〔4〕《中华民国民法典》第1128条。

〔5〕参见谢振民编著：《中华民国立法史》，张知本校订，中国政法大学出版社2000年版，第749页。

〔6〕《中华民国民法典》第1005条。

但妻可以保留特别财产。〔1〕两愿离婚和诉讼离婚都在《中华民国民法典》中得到规定，而且在离婚问题上彻底体现了两性平等。夫不再是唯一能让婚姻关系归于消灭的主体。类似的变化也体现在继承权分配不问性别上。〔2〕

二、进步主义主宰的法律学说

民国时期大部分的重要中国民法学家都拥护共和主义关于性别平等的主张。与那些远离政治权力中心并因此无法形成对立法的制衡力量的法国民法学家不同，〔3〕中国的学术权威往往身居要职，成为立法的起草者或出任行政部门长官职位。〔4〕一方面，他们处于规范创造的中心；另一方面，他们对于在学说之中贯彻立法者的政治意图发挥了重要作用。

以胡长清为例，他曾既执掌20世纪30年代最具影响的法学杂志之一《法律评论》，又是南京政府民法典起草委员会成员。他便明确捍卫新亲属法的个人主义精神。胡长清认为，《中华民国民法典》中的家来自瑞士的"家庭共同体"（Familiengemeinschaft），而和我国家庭主义支配下的古代法毫无关系。他甚至还说，只要了解了家庭法背后

〔1〕《中华民国民法典》第1016、1025、1026、1027条。

〔2〕参见陈新宇、陈煜、江照信：《中国近代法律史讲义》，九州出版社2016年版，第227页。

〔3〕关于法国法学家的政治参与，参见Jacques Chevallier et Danièle Lochak, «Les juristes dans l' espace public》, *Droit et société*, juillet 2016, n°93, p.359-374。

〔4〕参见朱明哲：《东方巴黎——略论二十世纪上半叶法国法学在中国的传播》，载《北大法律评论》2014年第2期。

的个人主义精神，就理解了法典的一半。〔1〕从这一统领一切的意识形态出发，作者很快指出了包括重建家庭秩序、建立性别平等、民族健康考虑、对已婚妇女财产保护、婚生与非婚生子女的逐步平等化、鼓励独立等数项新家庭立法之特色。〔2〕其中对家庭秩序的重构、对非婚生子女的照顾和鼓励独立性等原则的确立都撼动了否认家庭成员之独立与平等的传统父权主义家庭法的基础。至于性别平等和对已婚妇女权利的平等保护则进一步试图消除夫权。另一名起草委员会成员、首位完成整个民法体系教科书的史尚宽也重复着同样的思想。〔3〕

在关于家庭立法的众多制度之中，又以诉讼离婚最能为现代观察者提供一个检验上述抽象原则如何通过学说解释而体现在具体规则之中。《中华民国民法典》在取消离婚方面的性别区分上，就首先远离了我国传统的婚姻制度。其第 1052 条罗列了诉讼离婚之理由，学说和判例则对虐待、遗弃、不可治愈之恶疾等采较宽泛解释，以至于事实上让离婚变得更加便利。从立法技术角度说，罗列离婚之原因而不设一般条款本身是立法对解释的一种限制。在此种情形下，包括教授和法官在内的法律的解释者仍然从较为宽泛的术语中找到了解释空间，更能体现他们的真实想法。

在两个独特的方面，中国法学家展现了他们便利离婚，从而从事实上推动家庭解体的心态。其一是对婚内性行为的法律干预。令人不悦的性行为可以归于“虐待”，从而构成起诉离婚的理由。其二则是

〔1〕 参见胡长清:《中国民法亲属论》，商务印书馆 1947 年版，第 7 页。
〔2〕 参见胡长清:《中国民法亲属论》，商务印书馆 1947 年版，第 7-10 页。
〔3〕 参见史尚宽:《亲属法论》，中国政法大学出版社 2000 年版，第 6-8 页。

对羞辱的引入。羞辱在《法国民法典》中是独立的离婚原因，而在中国则不是。但史尚宽等重要学者则在解释虐待时认为包括了广泛的精神方面的折磨，从而得以在事实上包括了法国法上羞辱的情形（虽然以“精神折磨”替代了法国法上对名誉的保护）。

以上学说解释体现了法学家以法律改造社会的雄心。他们完全乐意用先进的法律改变固执的社会实践和心态。对婚内性行为的司法介入主要为妻子提供了从婚姻中脱身的可能性。毕竟当时还是 20 世纪上半叶，妻子有与丈夫性交之义务的想法在世界上大部分国家还都相当流行。就连英国也是在 21 世纪行将到来时才从司法上认可了妻子并无与丈夫交欢之概括同意。〔1〕类似的现象也体现在对羞辱的事实承认之上。当时的法律对精神损害的认识相当有限，学说在保护家庭暴力之受害者方面向前迈进了一大步。另一个明显的现象是，学者们用以为自己立场辩护的甚至是外国判例而非本国的判例法。这种做法不难理解，毕竟新的立法需要时间才能提供充分的判例以供参考。

三、以能动司法削弱传统家庭

在王宠惠时期成型〔2〕、居正时期深化的司法党化，不仅意味着法官入党、党员进入司法机关，还意味着所有法官都必须以执政党的政治指导为圭臬，在每一个具体个案中贯彻其政治意图。〔3〕张知本进一

〔1〕 *R.v R.*［1991］2 WLR 1065; *CR v United Kingdom*（1996）21 EHRR 363.

〔2〕 参见王宠惠：《今后司法改良之方针一》，载《法律评论》第 6 卷第 21 期，1929 年 3 月，第 38-40 页。

〔3〕 参见居正：《司法党化问题》，载《东方杂志》第 32 卷第 10 期，1935 年 5 月，第 6-19 页。

步将其系统化为对司法权力的政治审查,并认为所有的法学家都不应脱离政治方向。[1]这显然是理解国民政府时期司法活动的必要背景。就连人们认为最远离政治生活的家庭,一旦进入司法场域,也逃不过政党意识形态的干预。从大城市不断攀升的离婚案可见一斑。

实际上,甚至在《中华民国民法典》生效之前,北京的离婚数量便缓慢上升。根据时人吴至信的统计,1917 年到 1928 年,北京一地离婚案件数量从 28 件增长到 64 件。[2]从 1928 年开始,随着诉讼离婚制度建立,离婚案件数量迅速增加。仅在 1929 年 10 月到 1930 年 9 月,司法机关便受理了 974 件离婚案,其中离婚判决达 611 例。[3]而在上海,1929 年的离婚案件数量为 645 件,到了 1930 年则增长到了 853 件。[4]不仅在京津沪这样的大城市,发展较为落后的广西到了 1936 年也有 627 件由妇女提出的离婚案件。实际上,尤其是在大城市,大部分的离婚是由妻子提出的。在北京和天津,女方提出离婚的比例总体上维持在六成以上,有些年份甚至达到八成。[5]

民国时代的女权主义宣传在妇女主动摆脱不幸福婚姻方面固然发挥了重要作用,但也要承认法院至少成了妇女追求平等与解放的场所。20 世纪 30 年代的经济发展对于性别平等意识、女性劳动力需

---

〔1〕 参见张知本:《中华民国法学会之使命》,载《中华法学杂志》第 1 卷第 1 期,1936 年 9 月,第 1-9 页。

〔2〕 参见吴至信:《最近十六年之北平离婚案》,载李文海主编:《民国时期社会调查丛编 - 婚姻家庭卷》,福建教育出版社 2005 年版。

〔3〕 参见朱汉国:《从离婚诉讼案看民国时期婚姻观念的演进》,载《河北学刊》2013 年第 6 期,第 76-81 页。

〔4〕 参见朱汉国:《从离婚诉讼案看民国时期婚姻观念的演进》,载《河北学刊》2013 年第 6 期,第 76-81 页。

〔5〕 参见朱汉国:《从离婚诉讼案看民国时期婚姻观念的演进》,载《河北学刊》2013 年第 6 期,第 76-81 页。

求的提高等方面的因素自然都有促进作用。但1930年出现的离婚潮无论如何是法律改革的结果。于是,法律成了一个所有男女都是平等国民的想象空间。法律的起草者、学说解释者和法律的适用者协力在一个家庭主义、性别主义仍然深刻的社会中通过摧毁传统家庭体系建立现代国家的家庭制度。诚然,未必所有的家庭矛盾都最终转化成法律问题,并成为这一政治意识形态控制的对象。甚至可以说,大部分的社会矛盾可能都在社会内部消化了,并未经法律干预。但只要一个矛盾进入法律场,以法律改造社会的机制就开始运行了。在这一意义上,中国的法律人形成了一个比他们的法国同行紧密得多的共同体。

第四节　结　语

无论在19世纪末的法国共和派还是20世纪初的中国共和主义者眼中,摧毁传统家庭都是建立共和政体必须完成的一步。传统家庭意味着家庭比个人更重要、其中一些个人比另一些个人更重要、家庭的存续比个人的自由与幸福更重要。但他们反对传统家庭的原因是不同的。第三共和国的缔造者们本身并不反对男女有别、父权至上的家庭建构,只不过他们需要通过摧毁作为天主教最后阵地的传统家庭和以天主教戒律为蓝本的传统家庭制度,从而实现社会的世俗化,并因此打击与他们竞争权力的天主教会。中国的共和主义者则认为:个人必须从家庭中解放出来才能成为公民,有了公民才能建立一个共和国,而且个人自由和两性平等的意识形态追求也必须一以贯之地落实在家庭制度上。两国的共和派出于不同的目的选择了相似的斗争策略。不论家庭法是否属于私法,也不论家庭是否构成个人私生活的堡垒,历史中不断重复的现象是:只要政治权力的掌握者认为有必要,改变家庭模式并非无法想象的事情,而且总会有各种不同的意识形态为此举背书。家庭法改革则成了实现政治变革的有效工具。这或许可以回答本章一开始提出的“公与私”的问题。

然而,“想做什么”“做了什么”和最后“做成了什么”三者之间有重要的不同。两国的共和主义者们无疑想要摧毁旧式家庭,他们无疑也都为此改革了法律。但这种努力到底取得了多大成功,则见仁见智了。在法国,立法者本身看上去只犹犹豫豫地进行了一些小修小补,学者又把本来就有限的法律改革进一步向他们所熟悉的那种传统家庭模式解释,反倒是司法在回应社会对流动性之需求方面更为果断。在中国,执政党看似可以把意志贯彻于立法、法学、司法之中,但当时法律在中国社会中本身的作用当不可高估,所以法律改革是否真的在1949年以前促进了妇女解放、家庭解体,也还需要进一步讨论。

在中国的共和时刻,西方的法律思想和法律制度确实都移植到了中国。但该过程不能视为一种被动的继受。首先,常常作为中西之别典型例证的家庭制度方面,其实以法国为代表的“西方家庭法”在19世纪晚期仍仅仅徒具个人主义之外表,与进步主义者常诟病为保守、腐朽的中国家庭共性多于区别。其次,作为法律的继受国,中国在家庭制度上其实比包括法国在内的欧洲许多国家都更“现代”——如果个人主义和性别平等是现代的标志的话。法国大革命确实提供了一种关于现代的理想和标准,但理想的宣扬者未必能实现理想,标准的提供者也未必能符合标准。反倒是继受了关于现代家庭关系之理想和标准的一方在规则与规则的实践中更一以贯之。再次，在家庭法制度和学说的继受上，中国法学界明显表现出高度的选择性。正是为了贯彻执政党的意识形态，在选择关于家庭制度的蓝本时才选择了《瑞士民法典》而非更保守的《德国民法典》，而且在解释时倾向于接受法国判例便利离婚的解释。最后，如果我们不仅关心立法文本，而且进一步考察实践的全貌，不难发现中国法学职业群体独特的结构所产生的合作态势与法国等欧洲国家也大不相同。所以，对于“东与西”的问题似乎不妨作如是回答：东方与西方的相遇和相知确实带来了融合、支配、模仿的意愿，然而他们终究有各自独立的命运，不为对方所决定。

第十章

判例造法之争与民国法律场

与自由法学在我国的传播相联系的是民国时期关于判例造法的争论。民国时期是我国法律与法学现代化的一个关键时期。我国不但首次有了现代意义的法典，也继受了法典化时期的法学。而且，到南京政府执政前期的20年，堪称民国时期的"法典化"时代。以民法为例，从1912年民国建立到1931年《中华民国民法典》全部施行，19年间一直处于希望编纂一部体系化的成文法典却一直没有真正实现的阶段。在此期间，大理院、司法院实际上先后发挥着规范创制的功能，并为日后的法典编纂奠定了坚实基础。其工作的材料除了《大清现行刑律》中不悖共和政体的民事部分和其他单行法规则以外，还有通过法学继受的欧陆法系概念、原理。〔1〕在《中华民国民法典》生效之初，司法又涉及新旧规范融合问题。我们不妨以此考察学说和判例在民法典的黎明中的互动，观察不同的法律职业从业者在此竞争对"说出法律"的垄断权。〔2〕当时的论争恰恰展现了立法、司法、学说三种力量之间的相互作用。

---

〔1〕 参见黄盛源:《中国法史导论》，广西师范大学出版社2014年版，第420-421页。

〔2〕 Pierre Bourdieu, «La force du droit.Éléments pour une sociologie du champ juridique», *Actes de la recherche en sciences sociales*, 1986, vol.64, n°1, p.3-19.

第一节　判例造法的双重属性

所谓“判例造法”，指的无非是司法机关在解释立法时实质上创造规范。其载体既包括了对具体案件的个案裁判（“判”），也包括了一般性发布的解释例（“例”）。我们首先从相关立法入手，揭示判例造法活动的实质。关于司法造法的论争之所以在民国法学界产生，正是因为成文法规范把判例和解释例作为权力和法律渊源来处理，却在权力之行使和渊源之位阶等问题上留下了太多不确定性。

一、作为权力的判例造法

民国的最高司法机构之沿革，大略分成 1912 年到 1927 年（北洋政府）的大理院时期和 1928 年到 1948 年（国民政府）的司法院时期。〔1〕1914 年的《平政院编制令》把行政诉讼和公务员惩戒交由平政院掌理。《司法院组织法》（1928 年）生效后，其第 1 条重新把民刑事案件、行政案件与公惩案件的最高审判权都划归司法院掌握。两个时期过渡之际，自然于司法权和司法行政权归属、行政诉讼管辖权等方面有显著的变化。如果说大理院大体上是最高司法机关的话，司法院因为审判权和司法行政权集于一体，表现出更复杂的性质。〔2〕为了行

〔1〕 参见张生：《民国初期的大理院——最高司法机关接管兼行民事立法职能》，载《政法论坛》1998 年第 6 期，第 118–123 页。1927 年大理院改为最高法院，后成为 1928 年《司法院组织法》所设立之司法院的一部分。参见聂鑫：《民国司法院——近代最高司法机关的新范式》，载《中国社会科学》2007 年第 6 期，第 143–159 页。

〔2〕 参见聂鑫：《民国司法院——近代最高司法机关的新范式》，载《中国社会科学》2007 年第 6 期，第 143–159 页。

文方便，本章仍以“最高司法机关”统称大理院和司法院。司法机关不仅有权就具体个案解释法律之适用，也有权发布对法律的抽象解释。这些解释就是以例造法的具体表现形式。

无论在大理院还是司法院时代，只有最高司法机关方能以判例造法。从大理院时代到1947年“行宪”之后，民国司法系统的规范创制权能以“法律解释”之名规定在各部法律之中。它一方面抽象地对法令发表意见、进行解释，并统一法律适用；另一方面以裁判的形式在具体个案中解释法律。〔1〕《暂行法院编制法》(1915年)著名的第35条便规定了“大理院卿有统一解释法令必应处置之权”，并有权因为审检衙门或其他国家机关之质问而统一解释法律之权。而第37条更规定，“大理院各庭审理上告案件，如解释法令之意见，与本庭或他庭成案有异，由大理院院长依法令之义类，开民事科或刑事科或民、刑两科之总会审判之”。可见，判例和解释例对大理院及地方各级审判机关有拘束力。〔2〕在大理院时期，至少民庭在具体的判决中进行的解释虽然裁断的是个案中的权利和义务，其判例的写作模式却是提出一般性的规则。〔3〕而且大理院各庭在解释法令的意见与成案有异的情况下可以总会审判，也就意味着总会可以变更之前的判例。可见大理院除了统一解释法律，也以判例和“总会”的方式经由具体的个案解释法律。刘

---

〔1〕 参见李相森:《当前案例指导制度存在的若干问题及其完善——以民国判例制度为参照》，载《东方法学》2016年第1期，第127-135页。

〔2〕 参见“十五年抗字第二〇号”，载郭卫编:《大理院判决例全书》(下)，上海法学编译社、会文堂新记书局1932年版，第823页；张生:《民国初年的大理院——最高司法接管兼行民事立法职能》，载《政法论坛》1998年第6期，第118-123页。

〔3〕 参见张生:《民国初年的大理院——最高司法接管兼行民事立法职能》，载《政法论坛》1998年第6期，第118-123页。

恩荣解释《修正暂行法院编制法》(1915年)第35条时认为,该条"既著有'统一'二字,则当然有拘束一切之效力,纵事实上或有反对之见解,而法律上不能认反对为有效"。[1]所以,此处所说判例,普遍性地确定法律的意义。就算是借判例而为之解释,也具有一定的抽象性。

到了司法院时代,《司法院组织法》(1928年)第3条规定:"司法院院长经最高法院院长及所属各庭庭长会议议决后,行使统一解释法令及变更判例之权。"所以司法院保留了对法令进行统一解释和通过判例变更调整对法律之解释的权力,和大理院时期几无二致。其判例继续保持了提出一般性规则的风格。黄源盛乃认为1922年以前,几乎"有一判即有一例",乃至"有谓此种判例的产生即不啻于大理院的立法矣"。[2]至于解释例,则如芮沐所言,司法院解释法律的制度安排令"其所解释者,规定当为抽象的疑问,解释例之效果自与判例之为某某切实案件所关系又不同"[3]。袁家城也强调:"既存之法律,一经有权者解释,其义遂定,不能更为他之解释,即所解释之意义,视为法律之真正意义,有一定效力,违反之者,须受制裁。"[4]

易言之,民国司法机关所发布的个案裁判和解释例其实都是抽象的规范创造。所以,以判例造法又在实践中成了一种由司法机关所掌握的规范创制权。后来1935年国民政府的《宪法草案》("五五宪草")

[1] 刘恩荣:《论大理院之解释与其判例》,载《法律评论(北京)》1924年第37期,第12-14页。

[2] 黄源盛:《民初法律变迁与裁判(1912-1928)》,台湾"政治大学"法学丛书(47),2000年4月,第74页。

[3] 芮沐:《司法院对行政法令之解释》,载《明日之中国》1936年第1卷第2期,第117-120页。

[4] 参见袁家城:《论法律解释权(续)》,载《越旭》1926年第6期,第3-5页。

第 79 条也为统一解释提供了宪法基础:“司法院有统一解释法律命令之权。”同年生效的《法院组织法》第 25 条进一步确定了变更判例会议制度:“最高法院各庭审理案件,关于法律上之见解,与本庭或他庭判决先例有异时,应由院长呈由司法院院长召集变更判例会议决定之。”〔1〕到了 1947 年《司法院组织法》时期,在司法院内再设大法官会议,解释宪法并统一解释法律命令。

综上,民国最高司法机关对法律的解释可以约束下级审判机关。大理院和司法院进行法律解释的途径都有三种:以解释例统一解释,以个案裁判解释法律,以变更判例会议改变此前的法律解释。可见,立法中规定的“法律解释”之权实际上是一种规范创制权。黄源盛敏锐地意识到民国司法机关“创例视同立法”。〔2〕乍看之下,最高司法机关以判例造法的权限和程序都已经很明确了。然而,事实是司法机关的权力在内部和外部两方面都不稳定。内部的不确定因素在于不同的法令应由哪个机关解释的问题。如行政法令的解释权应当属于行政法院还是最高法院的争议,便是上述不确定因素的一个面向。〔3〕而在外部,最高司法机关也一直面临来自立法者对解释权的竞争。盖一旦把解释作为一种“权力”,各机关之间相互竞争必然难以避免。《中华民国民法典》生效后,围绕判例产生的疑惑并未消弭,反而增加了。正

---

〔1〕 然而在 1989 年此条删除之前,仅台湾地区“司法院”在 1977 年 5 月 23 日召开过一次变更判例会议。参见游开亨:《“司法院”第一次变更判例会议纪要及观感》,载《法学丛刊》1977 年第 2 期,第 4-5 页。

〔2〕 黄源盛:《民初法律变迁与裁判(1912-1928)》,台湾“政治大学”法学丛书 2000 年版,第 73 页。

〔3〕 参见芮沐:《司法院对行政法令之解释》,载《明日之中国》1936 年第 1 卷第 2 期,第 117-120 页。

是在此契机下，民国法学中出现了围绕法律解释展开的一系列讨论。

二、作为法源的判例造法

最高司法机关无疑通过在例中解释法律而创造规范。争议在于这种实质上存在的（de facto）规范创制权力是否让判例在法律上（de jure）也具备了法律渊源的地位。甚至可以说，如果我们细致考察《中华民国民法典》的第1条，最好认为立法者有意把例排除在正式法律渊源之外。

（一）民国时期民法的法律渊源

法律渊源理论是19世纪欧洲民法学的一个重要理论增长点。〔1〕在继受时求新的20世纪中国民法学也接受了这一风潮。其表现就是在法典中对法律渊源采取了列举式规定。但历来法典的列举规定中均不见“例”字样。于是，学者对民国时代判例是否为法律渊源、与其他法律渊源的关系等问题争论不休。〔2〕在与同时期其他国家成文法中关于法律渊源的规定对比中，中国法典化中关于法律渊源规定的沿革将展现其独特的意义。

《大清民律草案》第1条的表达是：“民事本律所未载者，依习惯法，无习惯法者，依条理。”大理院时期，在废弃了《大清民律草案》的

---

〔1〕 Alain Papaux, «Aux sources du droit : L' autorité et la ruse», *Revue interdisciplinaire d'études juridiques*, 1 mai 2013, vol.70, n°1, p.207–223.

〔2〕 参见黄源盛：《民刑分立之后——民初大理院民事审判法源问题再探》，载柳立言主编：《中国史新论——法律史分册》，经联出版公司2008年版，第313–366页；黄圣棻：《大理院民事判决法源之研究（1912–1928）》，台湾“政治大学”法律学研究所2002年硕士学位论文。

情况下,"三年上字第七〇号"判决中的表达是"法律无明文者依习惯法,无习惯法者依条理"。[1]后来生效的《中华民国民法典》第1条的表达是,"民事,法律无规定者,依习惯,无习惯者,依法理"。通说认为,该条规定来自《瑞士民法典》第1条。[2]但这种说法无法成立。无论时人作如何声明,通过与《瑞士民法典》和其他可能出处对比可以看出,其实中国法典中对法律渊源的规定应当另有出处。对这一规定的来源辨析将揭示法典起草者对规范创制权配置的考虑。

(二)法律渊源条款的来源辨疑

首先,类似条款并非《瑞士民法典》所独创。1874年的《德国民法典草案》曾规定:"裁判官应依照本法进行裁判,本法没有规定的依习惯法;不存在习惯法的情况下,裁判官依照法理进行裁判。"[3]而日本《明治八年太政官布告第百三号》(1875年)(下文简称《太政官布告》)关于法律渊源的表述是:"于民事裁判,无成文法者,依习惯;无习惯者,推考条理而裁判之。"就时间顺序而言,不可能认为日本1875年的《太政官布告》承袭自1907年的《瑞士民法典》。就19世纪末法律学说交流的情况而言,似乎也不太可能认为《瑞士民法典》的起草

---

〔1〕"三年上字第七〇号",载郭卫编:《大理院判决例全书》(上),1933年上海法学编译社版,第29页。

〔2〕参见王伯琦:《近代法律思潮与中国固有文化》,清华大学出版社2005年版,第175页;苏永钦:《民法第一条的规范意义——从比较法、立法史与方法论角度解析》,载苏永钦:《跨越自治与管制》,台北,五南图书出版社1999年版,第283-321页。有论者进而认为《大清民律草案》(1911)也继受的是《瑞士民法典》的第1条,参见李敏:《〈瑞士民法典〉"著名的"第一条——基于法思想、方法论和司法实务的研究》,载《比较法研究》2015年第4期,第24-37页;张德美:《探索与抉择——晚清法律移植研究》,清华大学出版社2003年版,第375页。

〔3〕张生:《清末民事习惯调查与〈大清民律草案〉的编纂》,载《法学研究》2007年第1期,第125-134页。

者继受的是《太政官布告》。《太政官布告》和《瑞士民法典》可能有一个共同的渊源——《德国民法典草案》。《德国民法典草案》启发了《太政官布告》,而《瑞士民法典》的起草者除了《德国民法典草案》以外,可能还参照了惹尼 1899 年的著作《实证私法的法律渊源与解释方法》。[1]当然,几份文本之间的继承关系还需要更多的史料支持,而不能仅凭猜测。无论如何,《瑞士民法典》肯定不是《大清民律草案》和《中华民国民法典》唯一可以参考的资源。

其次,从文字上看,中国的法典与《太政官布告》的相似性更高。《瑞士民法典》第 1 条是:

> "(一)凡本法在文字上或解释上有相应规定的任何法律问题,一律适用本法。
>
> "(二)如本法没有可以适用的规定,法官应依据习惯法,无习惯法时,应依据他作为立法者所规定的规范裁判之。
>
> "(三)于此情形,法官应遵循公认的学理与判例。"[2]

我们不妨采取反证法。假设瑞士法是蓝本,那么南京政府的法典不但在第(二)项否定了裁判者可以取得立法者的地位,而且在第(三)项有意把"公认的学理与判例"替换成了"法理"。如此一来,起草者

---

〔1〕 至少惹尼在该书再版的附录文章中不无自得地提到了《瑞士民法典》对他理论的肯定。François Gény, «Les pouvoirs du juge d' après le Code civil suisse du 10 décembre 1907 (Chapitre troisième de l' épilogue)», *in Méthode d'interprétation et sources en droit privé positif: essai critique*, Paris, Librairie générale de droit et de jurisprudence, 1919, vol. Ⅱ / Ⅱ, p.308-329.

〔2〕 《瑞士民法典》的德文、法文、意大利文本第 1 条的表达稍有不同,另文探讨。本书使用谢怀栻从德文翻译的版本。参见谢怀栻:《大陆法国家民法典研究》,载《外国法译评》1995 年第 2 期,第 1-8 页。

反而把时间顺序上较晚、规定也更细致的瑞士法变回了 19 世纪末较为粗糙的表达，显然不合理。相反，把《德国民法典草案》《大清民律草案》《太政官布告》《瑞士民法典》《中华民国民法典》和“三年上字第七〇号”中法律渊源的不同表述放在一起，一个显而易见的结论是东亚国家的三个条文之间无论在结构还是用词上相似程度更高一些。

最后，最重要的是，《瑞士民法典》第 1 条背后的法哲学和其他的规范都有所不同。认为《瑞士民法典》更重要的观点可以因为《大清民律草案》也使用了极具特色的“本法”(La loi; Das Recht)而得到支持。但是对比之下，至少有两点理由说明后来的研究者可能高估了《瑞士民法典》在我国移植的重要性，却也低估了其特殊性和创新性。(1)无论在表达上还是结构上，东亚文本和德国草案的相似性显然更高。这种相似性令人不得不猜测，《太政官布告》可能直接受益于《德国民法典草案》，并在《大清民律草案》和《中华民国民法典》关于法源的规定形成过程中具有不可忽视的重要性。[1](2)《瑞士民法典》采取了极不同于其他规范的法哲学观点和立法技术。《瑞士民法典》的起草过程和“自由法运动”的风起云涌在时间上重合，在“自由法运动”的积极倡导者眼中，本条也确实是该运动的果实。[2]起草者意识到

---

〔1〕 参见孟祥沛：《〈大清民律草案〉法源辨析》，载《清史研究》2010 年第 4 期，第 103-106 页。

〔2〕 参见李敏：《〈瑞士民法典〉“著名的”第一条——基于法思想、方法论和司法实务的研究》，载《比较法研究》2015 年第 4 期，第 24-37 页。李敏的研究对该条文的立法史研究不可谓不深。值得一提的是，正如大部分基于德语文献的研究，该文认为法国民法学家惹尼是自由法学的首倡者。此说影响深远，在瑞士、日本和我国都有广泛的基础，却可能是一个误会。此处需要强调的是，惹尼本人、他的“自由客观的法律研究”、中欧的自由法运动、《瑞士民法典》第 1 条、美国现实主义、东亚社会本位思潮这几样事物之间的关系绝不像大部分研究想的那样简单和正相关。这个细节却有潜力勾连 1875-1911 年西欧、中欧、东亚三地的法制史和思想史，当单独撰文详述。

法典和对法典的解释是两种相对独立的事物。同时，他们还承认法律可能存在无论如何解释也无法填补的漏洞，为此需要超越制定法的法律渊源。但最具革命性的见解是，在穷尽成文法和习惯法仍无法解决法律问题时，允许法官在个案中取代立法者创制法律。〔1〕虽然“公认的学理与判例”可以作为一种对法官权力的限制，但是法官在很大程度上可以自行判断哪些学理和判例是“公认的”。从先于《瑞士民法典》的《太政官布告》到后来的《大清民律草案》和《中华民国民法典》，东亚的三个文本都相当明确地拒绝了法官取代裁判者地位的可能性。所以它们和《瑞士民法典》第 1 条有实质的、法哲学立场上的不同。

（三）法源条款来源争议的实质意义

对法源条款来源的辨析显示，起草者有意识地希望限缩法官在适用法律时进行“造法”以填补漏洞。不管法典起草者最终是从日本还是瑞士获得的启发，无可争议的是他们都一定同时知道两种可能的选项。就算最后《瑞士民法典》“著名的”第 1 条是来源，拒绝让裁判官享有立法者的地位和把“判例”移出列举的法源显然是起草者有意而为。甚至可以进一步推论，删除了“或解释上”的字眼也是有意否定通过法律解释创制规范的可能。可是，有着悠久制定法传统的帝制中国一直存在着通过判例形成的案例法，参考甚至还未经“通行”而著

---

〔1〕 类似观点，参见李敏：《〈瑞士民法典〉“著名的”第一条——基于法思想、方法论和司法实务的研究》，载《比较法研究》2015 年第 4 期，第 24-37 页。相比之下，我国《民法总则》（已失效）第 10 条的规定则比较保守。

为定例的先例，以至于在影响力上不次于英国司法上的先例。〔1〕到了共和时代，北洋政府时期需要法院于法典不存、法制并不齐备之时采取更积极的态度。到了南京政府时期又需要法院调和外来规范与本土实践之裂痕。就算不强调散见于各种法院组织法上对判例与解释例之拘束力的规定，法院——特别是最高司法机关——在一定程度上需要制定规范是不争的事实。

立法本身的文字创造了一个广阔的可能解释空间，让判例与解释例的性质变得更晦暗不明了。从法典文本看，判例和解释例最多作为“条理”或“法理”的组成部分而成为法律渊源。各组织法却又强调最高司法机构的判例具有“拘束力”。《中华民国民法典》中明确地拒绝了司法取代立法者地位的可能性，但判例又实际上创造着新规范。而且判例与解释例确实是司法上赖以回答法律问题的资源。“本院历来判例”“本院判例所屡经说明者”“本院采为判例者”“本院著为判例者”等类似的说法广泛出现在大理院的判例中，此种语言模态确实能“充分证明大理院是直接以判例作为审判依据，承认其具有法律上的拘束力”。〔2〕那么一个疑问旋即产生，并重新落回了法律渊源理论的规范性面向上：司法机关创制规则具有正当性吗？法官可以在某个时刻拥有立法者地位吗？如果说当时的成文法并没有明确答复的话，学说却给出了相当肯定的答案。下面将展现民国学者如何为判例造法背书。

---

〔1〕 参见陈新宇：《帝制中国的法源与适用——以比附问题为中心的展开》，上海人民出版社 2015 年版，第 101 页；王志强：《中英先例制度的历史比较》，载《法学研究》2008 年第 3 期，第 114-125 页。

〔2〕 黄圣棻：《大理院民事判决法源之研究》，台湾“政治大学”法律学研究所 2002 年硕士学位论文，第 146-147 页。

第二节　学说肯定判例造法

法学家几乎一致支持司法机关创制规范的权力，也肯定判例是一种法律渊源。许多法学家甚至在《中华民国民法典》生效后仍主张法官可以脱离实证法的约束而自行发现社会中的法律。当实证法为判例之地位创造出如此多可能性时，不但司法实践确实利用这种可能性的空间创制规范，学说的立场也出人意料地统一。法律理论在意识到司法造法的困难之后仍通过合力强调司法造法的现实必要、扩张法律的定义，从而正当化了司法官的造法权，让最高司法机构的法官实际上具有了《瑞士民法典》第 1 条规定之权力。关于法律解释方法的论著中，则有重要潮流主张法律解释不能拘泥于文义。而正是在这种合力中，我们发现了法典化时代的学说与判例之间存在的微妙关系。

一、判例造法的合理性

（一）判例造法的现实必要性

学者对司法造法之肯定，最直接地体现在学说作品中引用造法性判例。而且学者在引用判例时，又总是把它作为法律的一部分来处理。早在大理院时期，以《法政杂志》为代表的期刊便汇集出版了大理院关于某一事项的判例。如在《中华民国民法典》生效前争议较多的妾之身份问题上，该刊即录大理院刑事判决元字第 29 号，并加以评价："此案大理院以不认一夫多妻制之存在为前提，而法律上又不能以人为目的物，故廖礼耕之对于陈五妹遂成绝无关系之人，而不能取得告诉权。观之此案,吾国之多妻者当知所警矣。"〔1〕可见,成文法中虽未对妾之身份统一解决,大理院却不妨创造规则,而学界对这种由大理院创设的规则欣然接受。相较于期刊,教科书的肯定更为重要。即便20世纪30年代《中华民国民法典》生效后,许多具体的制度尚未细化落实,而法学特别是民法的体系又必须在课堂上讲授,法学家不可避免地把一些判例作为法律的规定纳入讲解具体内容的素材。如胡长清就在教科书中讲解关于外国人权利能力之限制时,举大理院1919年上字919号判决和1920年上字593号判决为例,说明外国人在土地所有权、资源所有权等方面的限制。〔2〕法条中只说外国人权利能力得为"法令"所限制,胡长清此举无异于以判例为法令了。史尚宽在其《亲属法论》中,亦常出于实质平等考虑而收录以例破律的判决。〔3〕类似的情况在其他民国法律教科书中并不罕见。

但是,在民国民法典的黎明,人们并未完全理解法律解释的性质。令最高司法机关头痛的解释提请滥用就是一个很好的例子。王宠惠曾经批评下级法院把具体个案改头换面直接询问大理院的意见,导致解释提请实际上成了大理院代替下级法院作判决。〔4〕纵使南京政府时期《司法院统一解释法令及变更判例规则》第3条第2项曰"请求解释以抽象之疑问为限,不得胪列具体事实",而实际上"请求解释之公牍

〔1〕《大理院关于妾之判例》,载《法政杂志(上海)》1913年第2卷第8期,第101-104页。

〔2〕参见胡长清:《中国民法总论》,中国政法大学出版社1997年版,第64页。

〔3〕参见史尚宽:《亲属法论》,中国政法大学出版社2000年版,第476页。

〔4〕参见王宠惠:《改良司法意见》,载《东方杂志》1920年第17卷第20期,第118-120页。

无不多少列述具体事实”。[1]由此可见，在整个民国时期，虽然在规范的意义上可以强调统一解释并非针对具体个案，但是在实践中却往往成了下级法院解决个案的一种手段。

虽然最高司法机关以此为苦，学者却表现出了对下级法院一定的理解。如果法律适用不可避免地涉及法律解释，又如何能把法律的解释之“权”统一于最高司法机关从而排除其他司法机关的法律解释活动？所以制定法中的规定本来就无遵守之可能。袁家城就留意到，“或谓法律一经解释，即不免有多寡之变更，既有变更，即为立法；故释法者表面虽无立法权，而实际则有之”。[2]他虽然“颇认为不正当”，却也承认这种思潮并非全无根据。采同样立场的还有刘恩荣。他认为大理院有权以新判例取代旧判例为解释就是让其判例具有拘束一切的效力，严格按照《法院编制法》，“此种见解，固难谓当”。因为《法院编制法》第45条（“大理院或分院，发交下级审判厅之案件，下级审判厅对于此案，不得违背该院法令上之意见。”）应解释为：大理院对上诉案件所为裁判仅能拘束受发回或发交的下级审判厅，而不能拘束其他的下级审判厅，而且受发回或发交的下级审判厅对于其他案件亦不受该判例拘束。[3]他却也承认，“但从实际论之，亦非无相当之理由。盖我国法典，多未编订，不啻不文法国……有判例作为准则，法院与人

〔1〕 芮沐：《司法院对行政法令之解释》，载《明日之中国》1936年第1卷第2期，第117-120页。

〔2〕 袁家城：《论法律解释权（续）》，载《越旭》1926年第6期，第3-5页。

〔3〕 参见刘恩荣：《论大理院之解释与其判例》，载《法律评论（北京）》1924年第37期，第12-14页。

民，均有所依据，不致感下无法守之苦”。[1]可见彼时法学家多认可最高司法机关的确有必要以判例造法补正规范缺省之弊。

一方面，释法提请泛滥，使对法律的抽象解释实际上变成具体个案中的解释；另一方面，无论判例还是解释例，司法机关又确确实实在创制法律。规范中区分的两种解释形态反而边界模糊。今天的观察者固然认为民国最高司法机关的解释形同立法，当时的法学家也有类似的认识。刘恩荣就说，大理院所为的解释“性质为抽象的，与法规性质完全相同，故又有谓解释权为立法权者，虽与三权分配之旨，似有抵触，要亦非无因之论，此可见解释效力之广大也”。[2]大理院和司法院的解释例和判决要旨都具有极高的抽象性，所以外观上与立法相似。而且刘恩荣也意识到，根据权力分立的原则，不能把解释作为一种立法权。只不过在国家政制和法律时刻处于变动当中的时代，允许解释不失为一种权宜之计。可以肯定的是，法律解释在一定程度上超出了立法权和司法权之间的分野。如此，学说的立场就昭然若揭了：虽然最高司法机关的法官没有像《瑞士民法典》第 1 条所说“作为立法者”，但实际上行使着，也出于实践的必要性应该继续行使规范的创制权。

（二）判例造法的理论可能性

当然，反对把判例作为法律渊源（至少反对作为正式法律渊源）

---

〔1〕 刘恩荣：《论大理院之解释与其判例》，载《法律评论（北京）》1924 年第 37 期，第 12-14 页。

〔2〕 刘恩荣：《论大理院之解释与其判例》，载《法律评论（北京）》1924 年第 37 期，第 12-14 页。

的主张并非不存在。特别是在“六法”生效后，朱显桢从实证主义的角度出发，认为法律解释因为本身并非由“国权而担保者”，所以不能具有法律渊源的地位。[1]但是实证主义的主权观未必一定反对司法造法，关键还是在于如何理解主权。罗鼎就举奥斯丁学说，把司法权也作为主权的一部分。[2]那么，不可分的主权如真的通过司法活动创造规范，于理论上并无滞涩之处。司法与立法之间的分野最终因为它们都统一于主权而让罗鼎绕过了。于实践中，最高司法机关也在判例“二年上字第三号”中明确了习惯法的判断标准和效力。这样一来，本来明确列举在《大清民律草案》中作为法律渊源的“习惯法”，最终却仅仅因为判例的承认而获得实证法的地位。[3]而前述判例“三年上字第七〇号”更是先于《中华民国民法典》确定了法律渊源的位阶。于成文法来说，在《中华民国民法典》生效之前，“现行律民事有效部分”固然是重要的甚至是最重要的法律渊源，却借由大理院的判例和解释例才解决了适用和民刑事规则之间的转换问题。[4]所以，最高司法机关的解释岂只是法律渊源，简直是最重要的法律渊源之一了。正是它，在法典的筹备阶段，也就是法典化的时代，决定着法律渊源的种类和位阶。

无怪乎蔡枢衡会如此强调法律解释在事实上的效力：

---

〔1〕 参见朱显桢：《法律解释论》，载《社会科学论丛》1935年法律专号第2卷第8、9号合刊，第225-266页。

〔2〕 参见罗鼎：《法律解释上之英美法源（续）》，载《法律评论（北京）》1923年第17期，第10-11页。

〔3〕 参见“二年上字第三号”，载郭卫编：《大理院判决例全书》（上），1933年上海法学编译社版，第29页。

〔4〕 参见段晓彦：《〈大清现行刑律〉与民初民事法源——大理院对“现行律民事有效部分”的适用》，载《法学研究》2013年第5期，第142-161页。

> 可是条文本身只是法律的形式，法的本质之一属性，全法律的一因素；不是法律的全本质，尤其不是全法律。成文法国家的条文以及六法全书的内容只是认识法律的指南针，发现法律的一个条件。法学的结论是裁判的判断之源泉，裁判之判断是法学之深刻化或发展了的法学。法学的结论和裁判的判断互为因果，法律便在这中间益趋完全。〔1〕

于是，判例不仅与成文法和法学并列组成“全法律”，更与法学一道，以法学为源泉，成为发展了的法学，从而是法律能够益趋完全的关键一步。在这个意义上，司法与法学合谋，超越了成文法，成了真正创制法律的力量。

在成文法的语义范围内地位暧昧的法律解释竟然在学说的解说下不但成了重要的法律渊源乃至形同立法，甚至具有了超然于其他法律渊源的地位。民国法学家关于法律解释的讨论从法律条文、实际需要、司法现实等角度全面捍卫法律解释的规范创制权，可谓煞费苦心。司法院统一解释在司法实践中变成了对个案中法律适用的解释，却又因为在个案中也采取抽象、普遍的解释，从而具有了适用在后续判例中的意义。学说对法律解释之实际拘束力的背书又令其得以证立，法官俨然以立法者的形象于司法实践中登台。《大清民律草案》和《中华民国民法典》的起草者有能力在文字上避免《瑞士民法典》第1条的设计，却无力阻止司法和学说合力让实践展现出甚至比“著名的第

---

〔1〕 蔡枢衡：《中国法治的根本问题》，载《当代评论》1941年第1卷第6期，第93-96页。

1 条”更自由的司法造法权。如此说来,《瑞士民法典》第 1 条到底是不是“民事,法律无规定者,依习惯,无习惯者,依法理”的源头,变得无足轻重。重要的是时人大多如此想象,又确实经由实践和理论的循环往复使瑞士的条文确实成为理解中国实践的钥匙。

二、源于社会的判例

上文分析了学说如何在论述中肯定司法机关以例造法的实践。但这种形式意义的结论并不足以展现学说与判例关系的全貌。从理论上说,既然学说认为司法之例本质上是法律解释,如果法律解释不能偏离文义或者不能偏离立法者的主观目的,那么判例仍然只是立法的派生作品。相反,如果学者认为司法不必拘泥文义和立法者的主观目的,那么可以说学说在形式和实质两方面都支持司法权确实拥有创造立法所没有的规则或者改变立法中的规则的权力。所以,判例之规范创造力又转化成了法律解释理论的问题。以下将说明,中国的法学家恰恰在法典化的时代孜孜不倦地提醒法律的解释者,正在准备中或刚生效的法典同样会和社会生活脱节,从而需要解释者自行判断是否受文义拘束。

此处或许可以选择一个传承脉络相当清晰、在民国法律解释讨论中具有普遍代表意义的“派别”为例。我们权且称为“石坂系”,因为其立场表达要么通过对日本民法学家石坂音四郎作品的翻译,要么通过受他启发的中国法学家自身的作品。石坂音四郎早年留学德国,是德国学说特别是自由法学在日本的代表人物。虽然他在 40 岁时英年早逝，却仍可与前代的富井政章、同代的鸠山秀夫以及后代的我妻荣并列为日本民法学权威。刚从日本明治大学回国从教于朝阳大学的胡长清复述了石坂音四郎的一些观点。1934年，同样收录于石坂音四郎的《民法研究（改纂·上卷）》的部分文字也由复旦大学毕业后留学日本、后任教于北平大学和燕京大学的彭时整理并翻译成《法律学与法律之解释及其适用》，发表于《法律评论》。〔1〕时任中山大学教师的朱显桢在他1936年的《法律解释论》“法律解释之方法”部分亲自承认，“日本民法学大家石坂音四郎颇有详细精到之研究。兹特介绍其概略，聊以代吾人之意见”。〔2〕这一系列作品恰好出现在从1926年到1936年这一段从大理院晚期一直到稳定下来的司法院时期，中间还有《中华民国民法典》起草颁行等重要事件。

胡长清在其篇幅最短的《常识的法律解释》中强调：“所谓文章解释，即以阐明法文所表示之意思与实质为目的之解释。欲达此目的，应并用文理解释与论理解释，自不待言。”〔3〕这种分类也是石坂音四郎的观点，虽然他用的是“文字解释”和“论理解释”的术语。而其中“论理解释之意义，殊欠明了”。〔4〕二者并不彼此独立，论理解释只是要求解释者参考立法材料、历史沿革、从体系出发、依据法律理由、依

---

〔1〕 参见石坂音四郎：《法律学与法律之解释及其适用（未完）》，彭时译，载《法律评论》1934年第12卷第3期，第13—21页，1934年第5期，第1—9页。彭时的翻译在《法律评论》发表时并未署作者的名字，只不过凑巧同样收录于石坂音四郎的《民法研究（改纂·上卷）》，得以通过对比原文和译文确定。

〔2〕 朱显桢：《法律解释论》，载《社会科学论丛》1935年法律专号第2卷第8、9号合刊，第225—266页。

〔3〕 胡长清：《常识的法律解释》，载《法律评论》1927年第44期，第13—15页。

〔4〕 ［日］石坂音四郎：《法律解释论》，涂身洁译，载《法律评论》1926年第3卷第39期，第5—10页。

法律原则、制定法律的原因、实际之结果诸种。[1]石坂音四郎接着又指出,“其中多半,实无何等价值可言”。[2]在法律解释方法上几乎对石坂音四郎全文照搬的朱显桢也同意,只有体系解释和目的解释是真正重要的,因为:“前者形式的依据法规之互相关系而解释法律,后者实质的观察法律之目的与实际生活之关系而解释法律;前者依论理方法,后者依价值判断。”[3]

这一场学说继受最终让解释者的价值判断成了法律解释时的决定性因素。用今天的话说,石坂音四郎的法律解释论无非把法律解释方法分成了文义解释和非文义解释两种。它把今天独立讨论的历史解释、体系解释、立法目的解释等方法一概放在了后一个大类中。相较于文义解释,倒是依价值判断而解释的非文义解释更能引起民国学者的兴趣。朱显桢认为:“立法者意思探究说,既受上述之种种攻击非难,则其说之无价值,当可想见,近来关于法律解释之目的,除少数学者而外,一般皆已唾弃此说而不顾了。”[4]官费留学日本并加入同盟会的罗鼎也曾提到:“吾人固主张立法与司法应取同一之态度,然非谓法律应对的依从立法者之意思以解释也。”[5]但“法律意思探究说,到底

---

〔1〕 参见[日]石坂音四郎:《法律解释论》,涂身洁译,载《法律评论》1926年第3卷第39期,第5-10页。

〔2〕 [日]石坂音四郎:《法律解释论》,涂身洁译,载《法律评论》1926年第3卷第39期,第5-10页。

〔3〕 朱显桢:《法律解释论》,载《社会科学论丛》1935年法律专号第2卷第8、9号合刊,第225-266页。

〔4〕 朱显桢:《法律解释论》,载《社会科学论丛》1935年法律专号第2卷第8、9号合刊,第225-266页。

〔5〕 罗鼎:《法律解释上之英美法源(续第十七期)(未完)》,载《法律评论(北京)》1923年第19期,第11-12页。

亦不免为一谬见”。〔1〕因为法律终究是人类的一种造物，所谓法律的意思不过是解释法律者自己内心对法律理解的投射而已。

有疑问的是，如果非要从文义之外寻找法律的解释，却既不能探求立法者意思，又不能假定法律有一定的客观意思，那么解释如何做到“方法论上的盲目飞行”？

后来进入民法编纂委员会的胡长清对此问题的回答是：“夫法律，所以调和实际生活现象者也，解释法律而不顾社会常识观念，则去法律之本旨远矣。”〔2〕朱显桢在8年后重复了这一说法：“实际法律解释家，不悉社会实际生活之情形，不能为法律解释之基础，而达法律最终之目的。”看来让法律适应社会生活是一个核心的立场，并没有因为成文法体系从旧律向“六法”的转变而发生改变。朱显桢进一步主张：“法律内容之规范的思想……从一定时代一定国民之思想上的要求，合理的判断法文，可以得到普遍一致之结论。”〔3〕所以法律解释的前提就变成了探究既定社会在思想上对法律提出的要求。于是，判例之所以成为创造法律规范的材料，是因为法官本身也是社会生活的观察者。在社会面前，成文法规范的约束力显得不重要了。于是我们就触及了民国法学上一项重要议题：法律社会化。

---

〔1〕 朱显桢：《法律解释论》，载《社会科学论丛》1935年法律专号第2卷第8、9号合刊，第225-266页。

〔2〕 胡长清：《常识的法律解释》，载《法律评论（北京）》1927年第4卷第44期，第13-15页。

〔3〕 朱显桢：《法律解释论》，载《社会科学论丛》1935年法律专号第2卷第8、9号合刊，第225-266页。

第三节 学说指导判例造法

让法律解释摆脱立法者的拘束、成为事实上的规范创制权到底有何意义？民国法学家选择了当时在欧美法学界颇流行的“法律社会化”主张来为自己的立场辩护。根据这种主张，法律一方面要适应社会发展，另一方面要推动社会发展。[1]判例不断弥合立法与社会之间的鸿沟，而决定社会有何发展、如何发展却成了学说的任务。所以，反倒是学说在指导判例如何造法。如果我们把整个法律实践作为一个社会场来观察、把学者和法官看作这个社会场中的行动者，我们会立刻发现两个群体之间既相互支持又相互竞争的关系。如果选择把学说当作这个关系的中心，不难看出实际上学说在证立判例造法的权力的同时，也规训着司法，并力图巩固自己在法律场中的地位。

一、“法律社会化”的中国叙事

（一）学说引领社会

法律的解释者如果“不悉社会实际生活之情形”，就“不能为社会实际生活建树立法之意见”，这样的法律人也就不是“真正善良之法律解释家”。[2]与其探讨立法者的意图，还不如去研究社会的需要和社会对法律的诉求。这也就是他为什么要强调法学不能和其他对社会生

〔1〕 参见朱明哲：《面对社会问题的自然法——论法律社会化中的自然法学说变迁》，载《清华法学》2017年第6期，第75-99页。

〔2〕 朱显桢：《法律解释论》，载《社会科学论丛》1935年法律专号第2卷第8、9号合刊，第225-266页。

活的研究相脱节：

> 从来之法律学及法律之解释，则全然只从法律方面观察，而与其他之观察，完全分离，毫不相干。……所以法律学必须与其他之社会学问，互相联络，以防止其孤立。如是则法律与实际生活，始能相互调和，而不发生隔离背弃之弊，法治之精神，始可以发挥尽致！〔1〕

如此一来，法律解释者就成了社会实际生活的探索者。他的解释是客观的，因为社会本身是客观的。但是客观的世界只能通过法学自我展现。所以法律适用者借助法学实现对客观社会生活的认识，并把这种认识转化为法律最终的意思。到头来，司法机关创制新规范的权力最终要在法学的范围内行使。司法机关以例造法的权力也实际上成了法学所限制的对象。如果说法学为判例赋予法律渊源的地位，并把司法中的法律解释从成文法的束缚中解放出来，那么它又立刻把司法置于自己的权威之下。因为判例为社会生活立法，而学说则权威性地表达社会生活。

此种立场也得到了蔡枢衡的认可："成文法国家当作现象和形式的对象——法条虽然是成文；当作内容和本质的对象——社会却是一本不成文的书。……正确理解这本书中有关事项的能力便是法学认识

〔1〕 朱显桢：《法律解释论》，载《社会科学论丛》1935 年法律专号第 2 卷第 8、9 号合刊，第 225-266 页。

所需要的能力之最低度。”〔1〕朱显桢甚至认为法学的成果就是规范本身：“法之解释，即法之认识，与法律学是绝对不能离开的。法律学之成果，即谓为一般的解释论，精确的法律学上之说明，即谓为法规，亦非过当。”〔2〕如此一来，法学反倒通过解释社会凌驾于社会之上，并最终成为法律的真正来源。

既然法律学说有必要探究社会生活的实质，以特定社会中的客观规范思想为法律解释的标尺，决定何者为社会生活实质的就只能是法学（家）。由此可见，法律解释的制度安排和对各种制度安排的讨论表现出强烈的权力面向（法律解释的主体、程序、效力），对法律解释的理论探讨又表现出了至少同样强烈的科学或知识面向。正是经由后者，法学家正当化了他们解释法律的活动。通过解释法律创制规范的权力，不声不响地从司法机关转移到了法学家共同体手中。确实，也有批评理论界缺乏权威无法在法律实践中发挥作用的声音：“至于实务和理论之所以缺少合作，半因没有这种需要，半因理论幼稚。实务不求理论帮忙，当然不会合作；理论没有获得支配实务的权威，当然没有合作的表现。”〔3〕然而，蔡枢衡此说虽然不失为通过尖锐的批判促使学说自我反省的努力，却未必可以看作对当时司法情况的准确反映。通盘考虑长时段内判例说理时的依据，西方理论和实证法的知识其实是非常重要的法律渊源，甚至比习惯还要重要。〔4〕

---

〔1〕 蔡枢衡：《中国法学的病和药》，载《当代评论》1941年第1卷第23期，第7-10页。

〔2〕 朱显桢：《法律解释论》，载《社会科学论丛》1935年法律专号第2卷第8、9号合刊，第225-266页。

〔3〕 蔡枢衡：《中国法学的病和药》，载《当代评论》1941年第23期，第7-10页。

〔4〕 参见王志强：《民国时期的司法与民间习惯——不同司法管辖权下民事诉讼的比较研究》，载《比较法研究》2000年第4期，第408-416页。

然而，这种强调法律解释之社会面向、强调解释者之自由的主张，未必真的切合民国时期我国法律与社会的关系。主张法学通过观察社会超越成文法更像是继受自德奥自由法学的立场。

（二）外来的"社会化"与本土的社会

饶有趣味的是，这种提倡研究社会现实的理论主张产生于和彼时中国社会完全不同的社会环境之中。作为法律社会化运动一部分的自由法学 20 世纪初兴起以后，虽然从来没在欧洲的法律实践中成为主流，却受到了许多东亚法学家的欢迎。石坂音四郎就说："近时德意志所谓自由法学勃兴，可谓至革新之气象矣。自由法学之所说，虽亦非尽可首肯者；然而指摘从来形式论理概念法学弊害之处，不可谓无倾听之价值也。"〔1〕于是，似乎外国法律与本土社会之间的矛盾，竟又要通过外来的理论来解决。须知自由法学不仅仅是一种客观和技术性的解释方法。其发展和继受很明显地与 20 世纪初对法律社会层面的关注相连。刑法学家江镇三对此早有省察：

> 吾人细推原由，盖从前个人制度，过度发达，契约自由与所有权之绝对性，极端滥用，以致社会交接，全离仁爱之意念，唯利己之方策是务，借主雇主等有产阶级，对于赤贫寒苦之无产阶级，可以任意要求，所谓双方意思之合致，事

〔1〕［日］石坂音四郎：《法律解释论》，涂身洁译，载《法律评论》1926 年第 3 卷第 39 期，第 4-7 页。

实上只为富者屈服贫者之结果。〔1〕

西欧所谓法律社会化，目的是校正工业化、城市化以后的弊病。在德、法、日等成文法国家，“法之解释成为重大问题，固毫无足怪”，因为：“成文法有使法固定停滞之倾向。一遇社会之事变情迁，不无与现实之法律现象扞格枘凿之弊。恃以补救者厥为法之解释。”〔2〕这种因为成文法生效时间距离适用时间过长、经济社会发生重大变革而产生的法律解释需要其实属于“后法典时代”。但民国时期的中国正处于新旧法制更替的交汇点，社会风尚保守而法律内容先进所造成的断裂固然不少，社会发展导致法律不合时宜还不多见。中国的法律和政治仍在致力于把农业社会转变为工业社会。同样是法律和社会不协调，在西欧表现为法典无法适应工业社会的生活，而在中国更像是外来的制度与本土之社会之间的矛盾。〔3〕连法学家也感叹，“在现在的法律之下，往往人民以为是者，法律以为非；法律以为是者，人民以为非”。〔4〕究其原因，无非“人民的是非观念是中国的；而法律的是非

---

〔1〕　江镇三：《法律与正义》，载《法轨》创刊号，1933 年 7 月，第 21-24 页。

〔2〕　罗鼎：《法律解释上之英美法源》，载《法律评论》1923 年第 9 期，第 15-17 页。

〔3〕　20 世纪初，法典文本和社会生活脱节最明显，表现在法国。毕竟《法国民法典》已经迎来了它的百年纪念。参见朱明哲：《面对社会问题的自然法——论法律社会化中的自然法学说变迁》，载《清华法学》2017 年第 6 期，第 75-99 页。但在德国也有同样的现象。维亚克尔（Franz Wieacker）暗示，自由法运动参与者们的不满一方面来自概念法学对教义学技术的过于推崇，另一方面则来自在概念法学支配下制定的《德国民法典》中的一般规则实际上只是对现实中种种社会矛盾的和稀泥。[德]弗朗茨·维亚克尔：《近代私法史：以德意志的发展为观察重点》，陈爱娥、黄建辉译，上海三联书店 2006 年版，第 552 页。

〔4〕　阮毅成：《怎样建设中国本位的法律》，载《政治评论》1935 年第 156-157 期合刊，第 7-9 页。

观念是外国的”。[1]于是，这里的“社会”不再是一个工业化后的城市社会，而是一个还没跟上法典步伐的传统社会。与其说落后的法典亟待自由解释以跟上社会的步伐，倒不如说法学家希望借改头换面后的“社会化”学说来缓和法律文本与传统心态之间的落差。

近代法律史的中心问题之一是如何看待移植和自主之间的张力。本章花相当笔墨讨论了成文法上为判例之地位与效力留下的解释空间，又明确提出从关于法律渊源的文本中应该得出起草者无意让法官创制法律的结论。但司法实践恰恰通过判例造法不断创造规范，学说则不仅为这种造法行为辩护，更进一步主张按照西欧最新学说，法律适用者甚至应该直接从社会中发现规范。而司法如果不想沦为专断，那么，就必须倚重法学，因为法学正是以最科学公允之方式观察社会的一方。

至此，民国时期关于法律解释的讨论背后隐然浮现出《瑞士民法典》起草者胡贝尔的微笑。学说让司法获得了规范的创制权，但这种创制权的行使必须遵循学界的共识。“著名的第 1 条”虽然没有出现在法律文本上，却成了对“行动中的法”最好的描述。

于是，在欧洲为调和社会进步与保守法律之矛盾而生的“法律社会化”命题，来到东亚却成了调和保守社会与进步法律之矛盾的工具。坚持概念纯洁性的人固然可以批评这种观念传播中的误读。我们却试图通过这种传播，理解民国时期的法律职业。我们主张法学家们高举“法律社会化”旗帜乃是根据当时法律职业的情况作出的策略性选择。

---

〔1〕 阮毅成:《怎样建设中国本位的法律》，载《政治评论》1935 年第 156-157 期合刊，第 7-9 页。

为证明这一观点，我们要引入法国社会学家布尔迪厄提出的“法律场”作为分析工具。

二、司法与政治之间的法学

首先，最容易理解的显然是社会化对法官地位的强化。在这一视角下回看法律社会化的理论选择，就会发现其“词”与其“物”的分立。在概念上，这种主张意味着“一种改良甚至带有一些革命色彩的运动……反对当时占据主导地位的形式主义和实证主义，力求全面现代化法学，并特别主张法学与社会学之间相互渗透”〔1〕。而概念背后的现实是，法律的解释者以法律和社会之间的中介之面貌出现，在定义法律和决定法律的意义方面享有了更大的权力。其实，判例法在我国古已有之。毕竟“规则有限，情伪无穷……在现实型的法适用模式中，便出现了法有正条却因为情罪重大而比附援引的现象”。〔2〕通过比附援引而成之判例，一旦经官方编纂认可，当然具有法律渊源的地位，而就算未成“通行”，往往也是事实上的法律渊源。以例为法源，既没有冒犯皇帝的绝对权威，又补充了律的不足。〔3〕民国时期我国法典化的黎明，恰恰也是世界范围内“法典化时代”的黄昏。此时的中国法学家以一种来自西方的理论，在“西法东渐”的潮流中保留了中国古代

〔1〕 Albert Foulkes, «On the German Free Law School (Freirechtsschule)», *ARSP: Archiv für Rechts-und Sozialphilosophie/Archives for Philosophy of Law and Social Philosophy*, 1969, vol.55, n°3, p.367–417.

〔2〕 陈新宇:《帝制中国的法源与适用——以比附问题为中心的展开》，上海人民出版社 2015 年版，第 130 页。

〔3〕 参见陈新宇:《帝制中国的法源与适用——以比附问题为中心的展开》，上海人民出版社 2015 年版，第 130 页。

法文化的多元主义特征。虽然这种结果很可能是法学知识生产中的一种“非意愿后果”，却在客观上避免了我国法律实践陷入那种理论上坚持立法至上、司法中却处处突破立法文义的矛盾。这种矛盾在《法国民法典》生效后曾经严重阻碍了法国法学的发展。

其次，要理解民国时期的法学知识，就得考察当时法律学说的性质。学说在当时是一种对政治生活的直接参与。〔1〕民国时期重要的法学家往往也同时是重要的政治活动家，王宠惠、史尚宽、谢冠生、吴经熊、王世杰、郑毓秀和魏道明夫妇等人皆然。而且法学家也一直认为法学需要服务于民族独立、救亡图存的政治事业。从清末民初领事裁判权废撤，到30年代中华法系建设，法学上热议的题目无不是当时政治发展中的重要课题。大陆法系其他国家学者把学说的任务看作“用立法和判例提供的初级材料建构雄伟的法律殿堂”〔2〕，又或者把学者说成“融贯法律体系之圣殿的守护者”〔3〕。但在民国时期，法学的任务却不是体系构建，而是以积极的方式推动民族现代化、参与国家的建设。虽然留法归来任教于中央政治学校的阮毅成认为外来的法律是于天灾人祸之外对人民的又一苦难，但以先进的欧洲法律助力中国社

〔1〕 法学家的政治参与恰恰是此前欧美学术史所忽视的一个方面，最近才有一些成果问世。在这个方面，我国的史学研究确实有可以贡献于世界学术之处。Laurent Frajerman, «L' engagement des enseignants (1918-1968)», *Histoire de l'éducation*, 1 janvier 2008, n°117, p.57-96; Nathalie Le Bouëdec, *Entre théorique juridique et engagement politique : Gustav Radbruch, un juriste de gauche sous la république de Weimar*, Thèse de doctorat, Paris 4, 2007; Marc Milet, «Les publicistes français et la CED, controverse doctrinale et engagement civique», *Relations internationales*, mai 2012, N° 149, n°1, p.101-113.

〔2〕 Adhémar Esmein, «La jurisprudence et la doctrine», *Revue trimestrielle de droit civil*, 1902, vol.1, n°1, p.5-19.

〔3〕 Pierre Catala, «Discours de M.Pierre Catala», *in Remise des études offertes à Pierre Catala*, Paris, La documentation française, 2001, p.47.

会的现代化，不但是很多法学家的心愿，[1]恐怕也是政府本身的意图。诚如蔡枢衡所言，“天下为公，亲爱精诚等概念固有其应有的意义，不失为彻底摧毁农业社会组织之一对症药”。[2]

所以，在民国的法律场中，法学的竞争优势就取决于其在多大程度上能够满足现代化、解放等一系列任务。在这种情况下，一种独立于政治生活的法学本来就不可能存在。与此同时，一种言说规范的语言模式也在当时的政治语境中产生和固化，要求法律的解释者适用三民主义、从具体时代的民族需要出发，推求革命人民心中主观的法律情感，从而在解释时采取“论理解释”，创造实在的法律。在这种风潮之下，本来就在政治生活之中的法学家选择法律社会化就成了一种自然而然的事情了。一方面，他们通过适应这种得到官方提倡的话语模式，取得高度的象征性权力。另一方面，他们又以自己的理论阐释为这种话语模式背书。

最后，通过理解法律社会化在我国传播的原因，我们还更深入地理解了法学本身。每一种法律学说不但有自己的历史，更有一段全球史。法律社会化的思想渊源在德国可以追溯到基尔希曼和耶林，在法国则有沙尔蒙主之最力。日本法学家进一步把惹尼其实十分保守的理论掺杂其间。所以民国法学家接触到的实际上是一个已经混合了多种影响与渊源的“法律社会化”和“判例造法”理论。但是，这种理论当时在欧洲虽然很有影响，却并不是最主流的理论。至少在法国，立法

---

〔1〕 参见朱明哲：《论王伯琦对法国学说的拣选与阐述》，载《清华法学》2015 年第 2 期，第 155-174 页。

〔2〕 蔡枢衡：《中国法治的根本问题》，载《当代评论》1941 年第 6 期，第 12-14 页。

至上的观点和自由主义的民法观仍占上风。鉴于此,我们最好把民国时期判例造法之争中出现的论点看作法学家有意识选择的结果。不论他们是否意识到了“法律场”的存在及其结构,这些法学家确实在根据他们所竞逐的特殊利益和所掌握的象征性资本作选择。那么,与其说把外国学说的传入视为一种“殖民”,我们不如将其视为法学家为巩固自己在法律场中地位的主动选择。法学家选择这一贬低立法、强调进步的学说,令法学家们在司法、法学和立法之间的客观结构中可以“做事”。

第四节 结 语

现在,有必要谈谈从民国法学关于判例造法的讨论中可以获得何种借鉴。首先,虽然我国今日法律体系中的规范已远非20世纪初“六法全书”时代所能比,但我们使用的概念、借以思考的理念仍有不少传承自当时。所以,回溯过去事件如何发生,对于理解我们今天“正在发生”本身是必要的。〔1〕

其次,民国最高司法机关同时在个案中解释法律,又接受下级法院请求而抽象地统一法律解释的双重功能对我们理解当代世界各法律体系都有重要意义。比如,预先审理制度授权欧盟成员国最高法院在对欧盟法的解释不确定时提请欧盟法院解释。那么,似乎不应该认

〔1〕 参见钱翰:《福柯的谱系学究竟何指》,载《学术研究》2016年第3期,第155-159页。

为司法仅仅把法律适用于个案，其本身具有统一解释乃至形成新规则的功能。而且，民国时代的历史经验显示，不管是否有法典，司法机关通过判例造法在实践中无法避免。所以，无论判例指导制度多么不完善，司法机关实际上都借以形成新的规范。面对新的情势，学说和判例都在各自创造着新的规范，而非“判例解决个案、学说整合成一整体”，正是因为它们是相互独立的法律渊源，规范才一再碎片化，法典统一评价的功能也才一再受到限制。从这个角度说，“解法典化”等现象的种子早在法典化的时代已经种下。就算承认了判例创制规范的功能，并不意味着学说要对司法亦步亦趋。只有正视其功能，学说对其展开的反思与批判才能更具有影响力。实际上，立法、司法、学说始终竞争着对法律的权威解释。

最后，回到本章的核心问题，我们可以说是一个时期法律场的内部结构决定了一个法律体系中法学与司法的关系。我们通过考察民国司法与学说之关系揭示了组成法律场的要素。法律实践的核心利益是创造规范并决定其意义。每个法律实践者都以其自身的方式参与竞争。当代法学普遍承认的立法、习惯、判例和学说四种法律渊源对应的是四种不同的人群：立法者、法律的使用者、法官和学者。他们用这些法律渊源竞争规范创造之权。如前所述，法典化的时代意味着所有的法律渊源都围绕法典形成与发展。那种在法典化时代以前的法律多元实践中存在的各种法律渊源之内容彼此明显不同、相互竞争对抗的局面不会再出现了。但是，只要法律场仍然存在，那么不论法典如何规定，其他法律渊源创造新规范是不可避免的情况。体系化的法典相对于一般单行立法而言往往更加稳定，这甚至意味着立法者在法典化的时代更难以垄断规范的创造。学说与判例、法学与司法的关系取决于相应的人群在法律实践中所享有的社会资本，他们反过来使用这种社会资本不断巩固、提高自己的地位。各种学说的引入与解释、各种司法决定的立场和方法，都可以看作学者与法官在法律场中选择的策略，体现着他们对自己所处之实践的认知。我们看到民国的法学家为学说和判例都争取了有限的独立性。法学家有其他可能采取的策略吗？或许有。其他策略会比他们真正采取了的策略更好吗？似乎未必。

我们用关于民国判例造法论争的经验性研究阐明了来自布尔迪厄反思社会学的一个理论性的主张。这种思路没有回答诸如我国目前法律实践中判例与学说各自地位这类的问题。相反，我们提出目前探讨民法典制定时没有提出的问题：我国目前法律场的构造如何？这个问题只能通过实证研究解决。当然，只有更全面的实证研究才能精确描绘当前法律场的构造，而这样的研究将有利于我们破除法典崇拜，并为正确评估学说与判例的造法功能提供经验证据。

结　论

作为实践的法学交流

在中国法律与法学现代化的过程中，法国法的知识一直扮演着重要的角色。留法中国学者和法国顾问都以他们的知识参与了民法、商法、宪法、行政法等国内法的制定，法国法由此也成了中国法的一面必不可少的镜子，照出了中国社会与文化的部分真相。其中至为明显的现实是法学知识的交流和传播展现出一种分散、动态的过程。从1877年马建忠赴法算起的中法法律交流史无法用一个一以贯之的宏大叙事来概括，也没有一种特定的精神在此展开。我们从中能看到的只是分散、弥漫在整个法学场之中的斗争、交流、合作，所有这些互动暂时确定了对某一种理论或规范的阐释和评价，并随时准备再次开启下一次斗争、交流、合作的机会。正是在这永不停息的交往中，学说场每每短暂形成其相对稳定的结构，为未来的交往提供平台，并因为后继的交往而继续改变。

外国学说的移植是一种社会实践。法国的法学界首先要在解决法律实践问题的过程中生产出各种不同的话语，以供挑选。前来学习的中国学生或者前往中国的法国顾问必须挑选出一系列话语，在此过程中，他们个人的倾向和气质、对法国法律实践的理解、对中国社会需要的观察都影响着他们的选择。然后，他们的听众再去理解由他们转述、评论、应用的话语，并进一步转述、评论、应用，形成新的话语。说即是做。话语就是在一个给定的语境中对公共事务的参与。话语行动之所以可能存在并且拥有一定的意义，完全是因为有一种给定的语言。不理解这种语言，便无法理解话语行动，亦即不能理解人们通过话语行动实现了什么。与此同时，语境也进一步因为话语的生产和再生产而不断变迁。学说的传入与交流就是围绕着外国法学话语展开的话语行动。

在我们所研究的时间范围内，中国刚经历“数千年未有之变局”，社会正在转型，旧的制度受到质疑，新的法律在酝酿之中，现代国家初现曙光。正是在这剧烈的动荡之中，无论是正式还是非正式的权力都出现了或大或小的孔隙或真空，等待着新生力量去填补。于是，来自不同社会群体的行动者在这场从晚清延续到民国的大戏中粉墨登场，根据各自掌握的经济资本、文化资本、社会资本、象征性资本等，在不同的社会场中精打细算、力争上游。神州大地一时间成了不同力量、不同思想、不同主张斗争、媾和、合纵连横的舞台。如果说军阀割据混战是这种互动最为激烈和明显的形式，法学家之间的竞争虽然更隐蔽，其戏剧性却丝毫不落下风。他们或笨拙或灵巧地在立法机构、政府机关、司法机关和法学院之间游走，不断地兑换手中不同的资本，以实现总资本的增值和象征化。其中，出洋和归国是相当重要的一步。中国年轻的精英希望通过来自欧美日的法学知识实现祖国法治现代化，同时也在或短或长的留洋经历中获得珍贵的文化资本，为他们回国后的事业发展奠定重要的基础。

与此同时，西方法学也不是铁板一块。卷入大变局之中的不仅有中国，还有列强。工业和自由经济的发展、代议制政府作为新的政治组织形式逐步成熟、国际交往日趋频繁等在产业组织、社会关系、政治合法性等重要议题上提出了新的问题，等待法学解答。身处不同社会地位和教学机构、怀抱不同政治野心和道德情操的法学家对这些问题给出了不同的答案，彼此竞争，实现了法学的革新。在欧亚大陆的西端，法国法学家关于所有法律问题都可以通过《法国民法典》的字面含义和逻辑推演找到答案的信念开始动摇。他们转而回溯到《法国民法典》起草的时刻寻找启发，并意识到：这部伟大法典的起草者并不指望用成文法一劳永逸地解决所有法律问题；相反，先贤们认为法典应该足够开放以容纳在习惯和判例中不断出现的新规则。于是，伴随着大革命而生的立法至上主义也受到了挑战。比奈那句曾经支配了19世纪前半叶的法国法学的名言“我不知道民法是什么。我教的是《拿破仑民法典》”，如今已经备受轻视。

在经历了对解释方法和法律渊源的初步探索和开拓之后，19世纪末的法国民法学整装待发，雄心勃勃地准备驯服正在扩张的立法权。法兰西第三共和国的建立终结了法国大革命以来频繁的政治动荡，主导了立法权的共和派希望用积极的立法计划巩固共和政体，也适应社会的发展。对此，深受传统道德影响的民法学家颇为担忧，主张维持原来的社会秩序和共同的行动目的，并以此为基础保护个人的独立和自由。传统的自然法思想从而必须以其关于理想秩序的真理光耀万丈，驱散虚无主义的阴影。与此同时，自然法思想本身也在发展，法国民法学也迎来了社会化的浪潮。法学上的人类形象从抽象的人转向具体的、嵌入各种职业和社会情景之中的人。在大革命的理想中附着了绝对、排他的属性的所有权开始逐渐受到种种限制，法律开始拒绝保护滥用权利的所有权人，动物权利也不再不可想象。法律严格的安定性也必须和社会对法律不断变化的期待相调和。虽然法国的社会主义者仍在幻想一部属于无产阶级的新民法典，但是其他民法学家似乎已经有足够的理论武器更新对已经生效近百年的《法国民法典》的解释，从而使其条文在不经历大修的情况下仍能为社会中的争议提供较为合理的解决办法。法国民法学的更新也成了中国学生最重要的学说资源。不过，在我们回首这段历史时，必须始终记得无论是直接身处学说更新之中的法国法学家还是他们的中国学生，都清楚地认识到，对自然法的回归、对多元法律渊源的开拓、对法律解释方法的开拓都没有形成一个统一的学派，只是在对时代问题之回应的种种声音中一些可以较为清楚分辨出来的音调。它们和高唱立法至上信念的高音、主张回到天主教价值的低音、试图规训国家的中声吟唱一起，构成了19世纪法国法学的大合唱。

在这场法学的革新中，巴黎法学院、外省法学院、天主教会设立的私立法学院和其他机构为远渡重洋的中国学生接触、理解、选择那些关于法律的论述提供了场所。其中，自由政治学院和里昂中法大学保留的完整学生档案让我们得以管窥他们在法国的生活和学习。这些年轻人既受到所在学校整体风气的感召，也希望掌握学业上的自主。自由政治学院和里昂中法大学在19世纪末和20世纪初的法国法学界中多少有些共性。它们都以围绕文本展开体系建构的体系方法之反对者的面目出现，希望用新生的社会科学改造法学。它们背后的支持者也都是抱持着自由、进步理想的名流。不同的是：自由政治学院试图塑造的是能够成为高级公务员和大企业高级管理人员的行政精英，让他们带着对波谲云诡的政治局势的敏锐洞察力，在权力中心运筹帷幄；而里昂中法大学则致力于培养社会的观察者和研究者。政治学院的主要赞助者也都是在政商两界有雄厚资本的名流，中法大学则以蔡元培、李石曾和里昂市长赫礼欧等人为主要推手，无论在资本总量还是在各种资本的组合上都相形见绌。而且，自由政治学院的学生往往也同时在巴黎法学院就学，里昂中法大学则只是一个管理机构，学生仅在里昂的各个学院念书。

就学于这两所学校的中国学生也有着不同的策略和命运。马建忠和陈季同在自由政治学院建校之初就已经在此注册。虽然陈季同此后也有着精彩纷呈的外交生涯，但是他并没有完成在自由政治学院的学习。相较之下，马建忠的成绩无论如何也能跻身中上游。回国后，这名大器晚成、英年早逝的洋务名臣凭借自己在巴黎学到的现代法学、政治学、外交学知识，不但在法律改革方面多有阐发，而且巧妙地在三次出使朝鲜时为江河日下的老大帝国争取到了难得的外交胜利。比二人稍晚、同样由船政局保举的柯鸿年和许寿仁虽然也完成了外交科的学习，却在归国后湮没无闻。林藩、高尔谦、王寿昌等的境遇也类似。时隔 30 年后，震旦大学的毕业生开始成了政治学院的常客。只不过相比于他们的船政局前辈，顾守熙、徐传宝、艾振麟、沈家诒、王自新等人并未以出将入相为人生追求，而是力图在学界和律师界立足。

里昂中法大学既然致力培养亲法的中国精英，在学生数量上当然远胜其他机构。哪怕仅考虑中法大学的学生，里昂法学院也为中国培养了76名法学专业学生，其中包括25名法学博士。不同于此前关于法学交流的研究中所提倡的移植—继受模式，里昂的中国法学博士生表现出了极高的自主性。虽然校方为他们制定了严格的管理制度，但是这些身在异乡的年轻人仍然能够用法语与学校的管理人员周旋，争取在导师、选题、外出求学方面的主动权。在此过程中，他们相当明显地体现出对中国在国际秩序中的地位和实现中国政治现代化的思考，巧妙地利用里昂法学院所提倡的法律社会化论题，主张中国必须在一个强有力的中央集权政党的领导下首先建立起一个现代国家，再由国家推动社会的现代化。正如蔡元培等所期待的那样，这些法学博士回国后大部分进入了学界，然后很快也成了那个风起云涌的时代的失踪者。卢干东是其中比较幸运的一个。他回国后先后出任中山大学教授、武汉大学法语系教授，批判过狄骥的社会连带主义，并在改革开放后参与了我国外法史和比较法学科的建设。可以想象，如果没有层出不穷的政治运动，卢干东和他的同学们本来可以为中国法学作出更大的贡献。在进入政界的里昂中法大学校友中，吴凯声的人生最具有戏剧性。他在上海短暂做律师后，成了国民政府驻国联的大使。不过，他此后投身汪伪政府，出任高官，并在南京审判中被判叛国罪。

除了机构以外，法学的交流还离不开具体的人。围绕着现代性的问题，本书重点考察了马建忠、宝道、爱斯嘉拉和王伯琦四人的著述。马建忠作为中国学生留法的开创者，在短暂的留法期间较为准确地理解了当时法国法学的主要争论和发展方向。他认为中国的现代化只是一个政治术化的问题，主要涉及正式机构改革，至于社会民情最好还是任其在传统伦理的指引下自行发展。从表面上看，这种理解并没有超越“中学为体、西学为用”的洋务思想框架。然而，从思想层面来说，马建忠已经把当时法国法学中关于变与常的辩证关系、法律解释的不确定性问题等重要议题引入中国。而且他向李鸿章提出的一系列建议，也有不少在他死后得以落实。和马建忠同为实务人士、外交家的宝道则意识到，就算有现代的机制设计，只要吏治和官场没有根本的改变，那就必然会陷入美制难行的困境之中。他认为，从目的和手段的角度看，民国政府所实行的一系列现代化法律根本无法在实践中实现调整目的。中国法律在 20 世纪前半叶的问题，一言以蔽之，就是超前的立法和固有的社会制度之间的紧张关系。究其原因，大致可以分为政局混乱、与中国素来习惯不相吻合、与中国固有传统断裂三大方面。所以，仅仅在正式制度上实现现代化还不够，中国必须通过渐进式的立法，实现社会的现代化。

不同于他们的前辈，爱斯嘉拉和王伯琦都是大学教授、书斋学人。他们对于现代化的讨论也少了很多目的理性的考虑，多了一些理念性的因素。两人都对某一种传统进行了较为理想化的描绘。爱斯嘉拉理想化了中国传统法律思想和习惯，王伯琦则理想化了当时看来较为“现代”的法国法。爱斯嘉拉认为，抽象概念和围绕着严格法律规则的文义展开的推理方法在中国古代并不存在，中国人习惯于把法律看作理想和典范而不是必须得到执行的规则，真正在实践中发挥作用的实际上是各种各样的地方习惯。他认为，民国政府的民商事立法不考虑传统社会的习惯，而指望用来自西方的规则和诉讼制度改造社会，必然方枘圆凿。王伯琦也同意传统社会组织机制和现代法律格格不入，然而他的解决方案则是用强大而有效的国家树立立法的绝对权威，并最终改造传统社会。即便两人的论点看上去针锋相对，他们都对复杂传统和多面向的现代化作了过于平面化的解读。同样，法国法学更新过程中产生出的那些关于多元法律渊源、法律文义的目的解释等理论同时为两种看上去完全向左的观点提供了论据。

在法律的交流中，还发生了一系列的事件。本书选取了三对较为典型的例子，说明相似的主张或者立场在不同的语境中如何产生完全不同的实践效果。在关于家庭法改革的争论中，为了确保共和政体在一个总体上还相当传统和保守的社会中丹宸永固，法国和中国的共和主义者都选择了传统的父权制家庭作为攻击目标。不过，法国改革家庭的立法遇到了来自法学家的抵制，反而是一事一议的司法在一系列并不起眼的个案中推进了家庭的现代化。在中国，立法者、法学家和司法人员紧密结合，在进步的旗帜下彻底地打击了传统的家族组织。不过，中法两国的法学家在面对司法造法时，态度则异常一致：法学应该评价判例、引导判例，并把判例整合进法律的完整体系之中。

中法法学知识交流是一场跨语际的社会实践。清末放洋前往自由政治学院的学生本身具有官派身份，其中马建忠和陈季同等甚至可以算是高级官员。他们职位所赋予的象征性资本让他们有了在欧亚大陆另一端积累文化资本的机会，并在回国后进一步用已经取得的文化资本，乘着洋务运动的东风，在变动的时局中换取更多的象征性资本。时至民国，留学法国又为自费生或公费生提供了一条把经济资本或者文化资本兑换成更多的文化资本的渠道。留洋即是镀金，他们比任何人都了解这一点。于是，这些壮志凌云的年轻精英们或带着关于国家现代化的财政和外交知识，或带着经过法国学术权威认可的关于中国现代化道路的知识，回到剧变之中的中国社会，准备在新的法学场中一展身手。至于他们最后并未取得预想中的成功，可能只不过是因为社会结构的变迁过于迅速，彻底摧毁了通过国民政府实现中国社会现代化的可能性。即便如此，通过留洋取得文化资本参与社会游戏的思路仍是多数人的选择。

当然，参与社会游戏的不仅仅是中国学生。外国顾问也通过他们的文化资本在一个急于现代化的政府中取得了他们在本国无法获得的巨量象征性资本。宝道作为泰国和中国的政府顾问而在法国的外交系统中稳步上升，爱斯嘉拉作为中国政府的顾问而一时成为欧洲人眼中的中国法权威并在比较法的历史发展上占据了一席之地，包括中国学生在内的外国留学生让自由政治学院成了一所真正的国际化学校，从而不但在法国国内证明了自己与法学院分庭抗礼的地位，而且在欧洲范围内具有了和德国的文官培训机构竞争的底气。里昂中法大学虽然可能没有实现当时创建者推动国际社会主义运动的野心，但也毕竟培养出了一批亲法的中国知识精英。同时，中国年轻学生的到达也让里昂的教授获取了更多关于东方的知识。这些文化交流中产生的实际效应，都不应该消失在历史的尘埃中。

法律文化研究文丛

第一辑

（中国政法大学出版社出版）

清代习惯法：社会与国家　梁治平 著
法律多元：从日本法律文化迈向一般理论　［日］千叶正士 著　强世功 等译
乡土社会的秩序、公正与权威　王铭铭　［英］王斯福 主编
中国法律教育之路　贺卫方 编
欧洲法学史导论　［葡］叶士朋 著　吕平义　苏　健 译
法治、启蒙与现代法的精神　陈弘毅 著
明清公牍秘本　郭成伟　田　涛 点校整理
清代法制导论：从社会学角度加以分析　［英］S.斯普林克尔 著　张守东 译
法治在中国：制度、话语与实践　梁治平 编
儒家伦理与法律文化：社会学观点的探索　林　端 著
法辨：中国法的过去、现在与未来　梁治平 著
寻求自然秩序中的和谐：中国传统法律文化研究　梁治平 著
法制与治理：国家转型中的法律　强世功 著
法理学的世界　陈弘毅 著
法律与宗教　［美］哈罗德·J.伯尔曼 著　梁治平 译
法治及其本土资源　苏　力 著
东西方之间的法律哲学：吴经熊早期法律哲学思想之比较研究　［奥］田默迪 著
论当代中国的普通法教育　何美欢 著

论私力救济 徐 昕 著

法治与文明秩序 於兴中 著

日本法与日本社会 ［日］六本佳平 著 刘银良 译

韦伯论中国传统法律：韦伯比较社会学的批判 林 端 著

第二辑

（广西师范大学出版社出版）

满地江湖吾尚在：章太炎与近代中国（1895-1916） 孙德鹏 著

迷信与暴力：历史中的宣誓、决斗、神判与酷刑 ［美］亨利·查尔斯·李 著 X.Li 译

明清法律运作中的权力与文化 邱澎生 陈熙远 编

沈家本传（修订本） 李贵连 著

动物社群：一种政治的动物权利理论 ［加］苏·唐纳森、威尔·金里卡 著 王 珀 译

第三辑

（法律出版社出版）

明清法律与社会变迁 邱澎生 何志辉 编

眼睛就是一切：“法”的语词与源流辨析 金 敏 著

案例、故事与明清时期的司法文化（修订版） 徐忠明 著

明清时期的民事审判与民间契约 王亚新 梁治平 赵 晶 编

“活法”：宋元明法律文化研究 蓝德彰 著 吴艳红 姜永琳 编校

法学知识的壮游：近代中法法学交流史 朱明哲 著